westermann

FLOREN · FRINTROP

Wirtschaft Politik

2

Für Gymnasien in Nordrhein-Westfalen

Doris Frintrop-Bechthold (Hg.)

Erarbeitet von
Doris Frintrop-Bechthold
Lukas Diekhans
Rebecca Kinzl
Dr. Michael Markussen
Reinhold von Rüden

Das Werk wurde begründet von Franz Josef Floren, der über Jahrzehnte alleiniger Herausgeber war. Fortgeführt und weiterentwickelt wird die Reihe nun von Doris Frintrop-Bechthold.

westermann GRUPPE

Druck A[1] / Jahr 2020
Alle Drucke der Serie A sind im Unterricht parallel verwendbar.

Umschlaggestaltung: Alexandra Brand, Paderborn
Umschlagfotos: iStockphoto.com/Mihajlo Maricic (vorne), iStockphoto.com/vm (hinten)
Druck und Bindung: Westermann Druck GmbH, Braunschweig

ISBN 978-3-14-**116590**-6

Inhaltsverzeichnis

NO RACISM

REFUGEES WELCOME

Hinweise zur Arbeit mit diesem Buch

Liebe Schülerinnen und Schüler,

vor euch liegt euer neues Buch für „Wirtschaft-Politik“. Ihr erfahrt darin viel über das Verhalten eurer Mitmenschen und könnt sie so besser verstehen und besser mit ihnen umgehen. Ihr erhaltet viele Informationen über die Gesellschaft, in der ihr lebt, und könnt euch somit leichter in ihr zurechtfinden und sie dann auch besser mitgestalten. Und wer kennt sich schon in der Wirtschaft aus? Ihr werdet wirtschaftliche Zusammenhänge so durchschauen lernen, dass dann die Wirtschaft für euch „kein Buch mit sieben Siegeln“ mehr ist.
Dabei hilft euch die Arbeit an den einzelnen Kapiteln dieses Buches, die wir für euch – so meinen wir – interessant und nach bestimmten Prinzipien gestaltet haben.

Doppelseite zum Einstieg
Jedes Kapitel beginnt mit einer Doppelseite. Auf der linken Seite haben wir zur „Einstimmung“ Bilder ausgesucht, die mit den Inhalten dieses Kapitels zu tun haben und euch schon erste Hinweise geben. Es lohnt sich also, sich mit ihnen zu beschäftigen. Außerdem wird ausgewiesen, welcher Teilbereich (Politik, Soziologie, Wirtschaft) bei der Bearbeitung des Themas im Vordergrund steht. Auf der rechten Seite („Darum wird es gehen“) verraten wir euch dann, was euch erwartet.

Fallbeispiel/Spiel oder Ähnliches zum Einstieg
Mit Beispielen, Spielen oder Ähnlichem kann man sehr gut verdeutlichen, worum es geht. Deshalb steigen wir in jedes Kapitel mit einem solchen Material ein, das euch etwas „Lust“ machen soll auf das, was noch kommt.

Materialien
Die einzelnen Kapitel bieten dann Materialien ganz unterschiedlicher Art an: Texte, die euch Informationen liefern, Karikaturen, die zum Nachdenken anregen, Schaubilder, die etwa Befragungsergebnisse zusammenfassen, oder Texte, in denen unterschiedliche Positionen deutlich werden. Einige dieser Materialien haben wir mit kleinen Bildern (Piktogrammen) gekennzeichnet, sodass ihr sofort erkennen könnt, um welche Art es sich handelt (Zum Einstieg, Fallbeispiel, Pro-und-Kontra-Positionen, ein Thema aus „unterschiedlichen Blickwinkeln“ betrachtet, Praxisbezug).

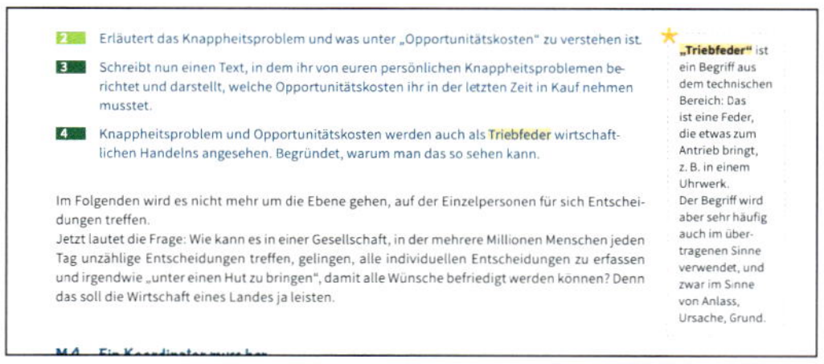
2 Erläutert das Knappheitsproblem und was unter „Opportunitätskosten" zu verstehen ist.
3 Schreibt nun einen Text, in dem ihr von euren persönlichen Knappheitsproblemen berichtet und darstellt, welche Opportunitätskosten ihr in der letzten Zeit in Kauf nehmen musstet.
4 Knappheitsproblem und Opportunitätskosten werden auch als Triebfeder wirtschaftlichen Handelns angesehen. Begründet, warum man das so sehen kann.

Im Folgenden wird es nicht mehr um die Ebene gehen, auf der Einzelpersonen für sich Entscheidungen treffen.
Jetzt lautet die Frage: Wie kann es in einer Gesellschaft, in der mehrere Millionen Menschen jeden Tag unzählige Entscheidungen treffen, gelingen, alle individuellen Entscheidungen zu erfassen und irgendwie „unter einen Hut zu bringen", damit alle Wünsche befriedigt werden können? Denn das soll die Wirtschaft eines Landes ja leisten.

„Triebfeder" ist ein Begriff aus dem technischen Bereich: Das ist eine Feder, die etwas zum Antrieb bringt, z. B. in einem Uhrwerk. Der Begriff wird aber sehr häufig auch im übertragenen Sinne verwendet, und zwar im Sinne von Anlass, Ursache, Grund.

3. Offline und online einkaufen
M10 Wie geht Online-Shopping?
Ein Fallbeispiel
Oma Elisabeth hat bei ihrer Freundin von einem Trinkwasser-Sprudler erfahren, mit dem man Leitungswasser mit Kohlensäure versetzen kann. Sie erhofft sich davon, dass

Worterklärungen

Manchmal kommen in den Materialien schwer verständliche Wörter oder Fremdwörter vor. Diese haben wir gelb gekennzeichnet und in einem kleinen Kästchen erklärt.

Medienkompetenzen

An den entsprechenden Stellen wird darauf hingewiesen, welche Medienkompetenzen ihr mit einem bestimmten Material oder Abschnitt erwerben könnt.

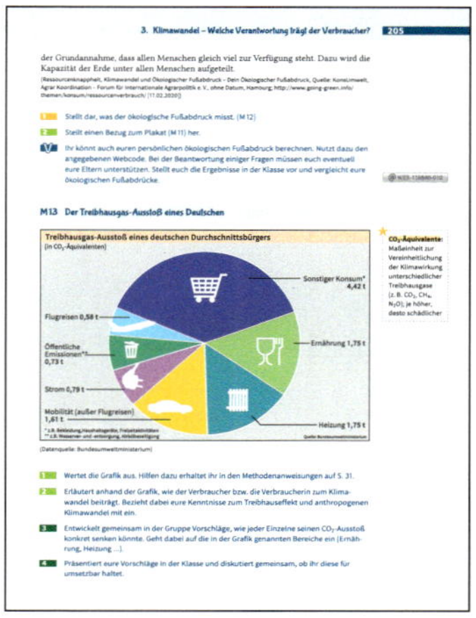

Unterschiedliche Aufgabentypen

Bei den Aufgaben, die wir euch zur Bearbeitung vorschlagen, haben wir ganz unterschiedliche Typen ausgesucht und diese auch jeweils farbig gekennzeichnet:

- ***Orange:*** Das sind in der Regel Aufgaben, die sich sehr eng auf das Material beziehen: Ihr sollt dann z. B. bestimmte Aspekte auflisten, das angesprochene Problem benennen oder einfach etwas herausschreiben.
- ***Hellgrün:*** Bei „hellgrünen" Aufgaben sollt ihr z. B. das im Text genannte Problem mit eigenen Worten erläutern. Dabei könnt ihr dann auch eigene Erfahrungen mit einbringen oder eigene Beispiele anführen.
- ***Dunkelgrüne*** Aufgaben gehen häufig über das Material hinaus. Wir bitten euch beispielsweise um eigene Beurteilungen, um die Vorbereitung von Diskussionen, um die Zusammenstellung von Pro- und Kontra-Argumenten, um die Vorbereitung und Durchführung von Präsentationen oder Internetrecherchen oder wir schicken euch auf „Erkundungsreise" außerhalb der Schule.
- ***Vertiefungsaufgaben*** **V** sind Aufgaben, mit denen ihr ein bestimmtes Thema vertiefend erarbeiten könnt.

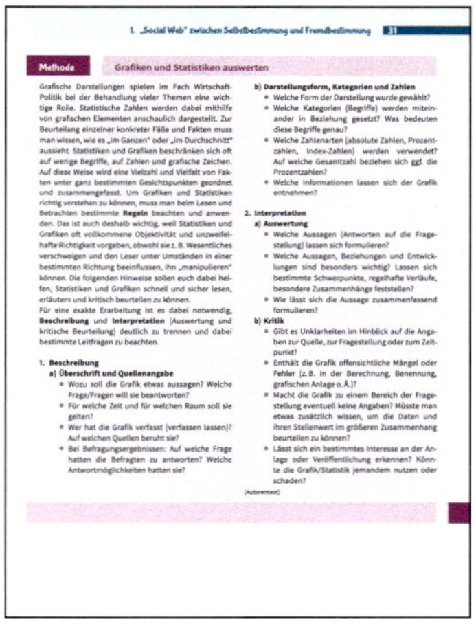

Besondere Seiten

- **Methodenseiten:** Auf diesen Seiten stellen wir euch eine Methode vor, mit der ihr ein Thema erarbeiten bzw. mit der ihr eine Aufgabe leichter lösen könnt oder mit der ihr eure Ergebnisse präsentieren könnt.
- Zum Schluss eines jeden Kapitels findet ihr weitere besondere Seiten: Mit **„Was ihr wisst – was ihr könnt – wie ihr es seht"** könnt ihr eure Lernergebnisse überprüfen. Auf den Seiten **„Wenn ihr noch mehr lernen wollt"** wird zusätzliches Material angeboten, mit dem sich besonders Interessierte beschäftigen können.

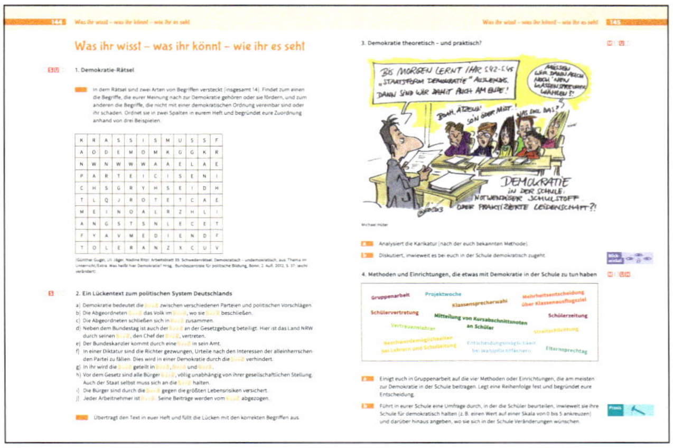

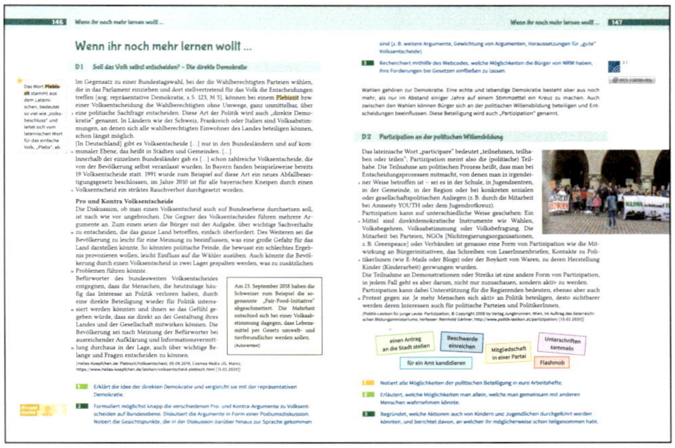

FUTURE

1

„Wie möchte ich leben? Was ist mir wichtig?" – Jugendliche in der Gesellschaft

Darum wird es gehen

Das Verhalten Jugendlicher wird von der Gesellschaft seit eh und je in besonderem Maße beobachtet und bewertet. „Die Jugend von heute" – so urteilt nahezu jede ältere Generation – unterscheidet sich erheblich von den vorherigen Generationen, und nicht selten entstehen dadurch z. B. Konflikte im Zusammenleben.
In diesem Kapitel soll untersucht werden, welche Einstellungen und Haltungen – man sagt auch: Wertvorstellungen – eure Generation auszeichnen und wodurch sie geprägt werden.

Der ***erste Abschnitt*** *dient der Klärung, was überhaupt unter Werten zu verstehen ist und welche Funktion sie für das Zusammenleben von Menschen haben. Dabei soll die Kritik älterer Generationen an der Jugend differenziert betrachtet werden. Dazu werdet ihr auch selbst befragt, was euch im Leben eigentlich wichtig ist.*

Im sich anschließenden ***zweiten Abschnitt*** *geht es dann darum, was bzw. wer die Wertvorstellungen und damit auch die Persönlichkeitsentwicklung von Jugendlichen beeinflusst.*

Im ***dritten Abschnitt*** *werdet ihr untersuchen, wie und wo Wertvorstellungen heutiger Jugendlicher sichtbar werden. Dazu werdet ihr ein Beispiel einer engagierten Jugendlichen kennenlernen und selbst überlegen können, ob bestimmte Formen ehrenamtlichen Engagements für euch interessant sind.*

1. „Die Jugend von heute ..." – War früher alles besser?

Zum Einstieg:

M1 „Die Jugend heutzutage"

„Die Jugend liebt heutzutage den Luxus. Sie hat schlechte Manieren, verachtet die Autorität, hat keinen Respekt vor den älteren Leuten und schwatzt, wo sie arbeiten sollte. Die jungen Leute stehen nicht mehr auf, wenn Ältere das Zimmer betreten. Sie widersprechen ihren Eltern, schwadronieren [unnötig wortreich und aufdringlich reden] in der Gesellschaft, verschlingen bei Tisch die Süßspeisen, legen die Beine übereinander und tyrannisieren ihre Lehrer."

(Zit. nach: http://www.gutzitiert.de/zitat_autor_sokrates_thema_jugend_zitat_11962.html [07.02.2020])

1 Findet ihr euch in der Beschreibung wieder? Erläutert.

2 Das Zitat stammt von dem griechischen Philosophen Sokrates und soll gut 2.500 Jahre alt sein. Könnte es so oder so ähnlich auch heute noch geäußert werden? Berichtet von eigenen Erfahrungen.

Methode — Befragung: Was ist euch wirklich wichtig?

Ihr möchtet etwas über die Haltungen, Meinungen und Einstellungen z. B. anderer Jugendlicher erfahren? Dann bietet es sich an, eine Befragung durchzuführen und auszuwerten. Im Folgenden erfahrt ihr anhand eines konkreten Beispiels, wie ihr dabei vorgehen könnt. Im Einzelnen geht es um die Frage: **„Was ist euch wichtig?" (Werteinstellungen von Jugendlichen)**.

1. Vorbereitung

a) Überlegt euch ein **Thema**, zu dem ihr die Befragung durchführen wollt (z. B.: Was ist Jugendlichen wichtig?).

b) Überlegt euch, **wen** ihr befragen wollt (z. B. Jugendliche zwischen 12 und 16 Jahren) und **wo** ihr die Befragung durchführen könnt (z. B. in der Schule).

c) Erstellt am besten mithilfe des Computers einen **Fragebogen**, mit dem ihr die gewünschten Informationen erheben wollt. Dazu könnt ihr zum Beispiel **geschlossene Fragen** stellen, auf die man mit „Ja" oder „Nein" bzw. mithilfe einer Skala (z. B. von „total wichtig" bis „überhaupt nicht wichtig") antworten kann. Diese Fragen sind einfacher auszuwerten. Ihr könnt aber auch **offene Fragen** stellen (z. B.: „Was ist dir wichtig im Leben?"), auf die die Befragten dann mit einem knappen Text antworten. Die Antworten auf offene Fragen sind jedoch etwas schwieriger auszuwerten. Auf der nächsten Seite seht ihr ein Beispiel für einen Fragebogen mit geschlossenen Fragen und einer Antwortskala. Sollte es für die Befragung wichtig sein, könnt ihr auch ein Feld erstellen, in dem allgemeine Informationen festgehalten werden (z. B. Geschlecht oder Alter). Der Name wird jedoch niemals angegeben.

2. Durchführung

Wenn ihr die Befragung durchführt, solltet ihr darauf achten, dass ihr genug Fragebögen vorbereitet habt und den Befragten ausreichend Zeit zur Bearbeitung lasst. Bedankt euch anschließend für die Mitarbeit.

3. Auswertung

a) **Nummeriert** alle Fragebögen. Die absolute Anzahl aller Befragten müsst ihr bei der abschließenden Präsentation angeben. Solltet ihr weitere Informationen erhoben haben (z. B. zum Geschlecht), könnt ihr die Fragebögen entsprechend **sortieren**.

b) **Wertet dann die Daten aus.** Zu dem Fragebogen unten könnt ihr z. B. eine Strichliste erstellen (s. Muster), sodass am Ende deutlich wird, wie wichtig die einzelnen Werte den Befragten sind:

Wie wichtig ist dir …?	total wichtig	wichtig	nicht so wichtig	überhaupt nicht wichtig
Vertrauen	𝍸 𝍸	IIII	I	III
Höflichkeit	II	𝍸 𝍸	IIII	I
Freundschaft	…	…	…	…

4. Präsentation

Präsentiert eure Ergebnisse, beispielsweise auf einem Plakat oder in einer PowerPoint-Präsentation. Die Daten zu dem Fragebogen könnt ihr z. B. als Säulen- oder Balkendiagramm darstellen. Wenn ihr die Ergebnisse einem größeren Publikum zur Verfügung stellen wollt, könnt ihr sie auch auf der Schulhomepage veröffentlichen.

Fragebogen zu den Wertvorstellungen Jugendlicher

Allgemeine Angaben:

Alter: ?? Geschlecht: [ ] weiblich [ ] männlich [ ] divers

Wie wichtig ist dir …?	total wichtig	wichtig	nicht so wichtig	überhaupt nicht wichtig
Vertrauen	??	??	??	??
Höflichkeit	??	??	??	??
Freundschaft	??	??	??	??
Ehrlichkeit	??	??	??	??
Pünktlichkeit	??	??	??	??
Familie	??	??	??	??
Gerechtigkeit	??	??	??	??
Respekt (andere ernst nehmen)	??	??	??	??
Leistungsbereitschaft	??	??	??	??
Hilfsbereitschaft	??	??	??	??
Ordnung	??	??	??	??
Durchsetzungsfähigkeit	??	??	??	??
Pflichtbewusstsein	??	??	??	??
Sparsamkeit/Bescheidenheit	??	??	??	??
Verantwortungsbewusstsein	??	??	??	??
Geld/Besitz	??	??	??	??
Toleranz	??	??	??	??
gesunde Lebensweise	??	??	??	??

(Autorentext)

1 Wählt eine der beiden Möglichkeiten aus, um mit dem Fragebogen zu arbeiten:
a) Füllt den Fragebogen zunächst alleine aus. Vergleicht anschließend die Antworten mit eurem Sitznachbarn. Besprecht die Ergebnisse abschließend in der Klasse. Welche Gemeinsamkeiten und Unterschiede stellt ihr fest? Welche Gründe könnte dies haben?
b) Führt die Befragung in unterschiedlichen Klassen und Jahrgangsstufen durch. Wertet die Ergebnisse aus und präsentiert sie in der Klasse. Welche Werte sind den Jugendlichen an eurer Schule besonders wichtig?

Praxis

2 Legt den Fragebogen euren Eltern und Großeltern vor. Vergleicht die Antworten mit euren eigenen Ergebnissen. Welche Unterschiede und Gemeinsamkeiten stellt ihr fest? Berichtet von euren Erkenntnissen in der Klasse.

M2 Was sind Werte?

- Zwei Jugendliche bewahren eine ältere Frau auf einem Bahnsteig davor, bestohlen zu werden. In den sozialen Netzwerken wird ihr Handeln tausendfach „geliked".
- Ein Taxifahrer bringt eine Tasche mit wichtigen Unterlagen, die ein Fahrgast im Taxi vergessen hat, zur Polizei. Sein Verhalten wird von den Beamten als vorbildlich herausgestellt.
- Eine junge Frau hilft einer Rollstuhlfahrerin bei der Erledigung ihrer Einkäufe. Ihre Hilfsbereitschaft findet allgemeine Anerkennung.
- Nach einer Klassenarbeit wird einem Schüler nachgewiesen, dass er die gesamten Aufgaben mit Hilfe von außen gelöst hat. Die Lehrerin bewertet daher die Arbeit mit „ungenügend".

Jeder von uns bewertet die Handlungen und Meinungen anderer Menschen. Ist eine Meinung verwerflich oder aufbauend, eine Entscheidung gerecht oder ungerecht, eine Handlung hilfreich oder eher nicht? Der Maßstab für diese Einschätzung sind **Wertvorstellungen**, die man hat bzw. die in unserer Gesellschaft Geltung haben. Ein Wert ist etwas, was als erstrebenswert, wichtig und wünschenswert angesehen wird (Beispiel: Ehrlichkeit). Werte helfen dabei, sich in der Welt zurechtzufinden. Sie bieten Orientierung für unser Denken und Handeln und für das Zusammenleben in der Gesellschaft.
Von Werten abgeleitet werden **Normen**. Normen sind Regeln oder Vorschriften, die uns sagen, wie wir uns verhalten sollen oder müssen, damit man den entsprechenden Werten gemäß leben kann. Normen werden formuliert, um „dahinterliegende" Werte zur Geltung kommen zu lassen. Die Norm „Man soll nicht lügen" entspricht zum Beispiel dem Wert „Ehrlichkeit". Wird eine Norm vom Gesetzgeber als allgemein verbindlich festgeschrieben, spricht man von einem **Gesetz**.
(Autorentext)

1 Erläutert, was man unter „Werten" und „Normen" versteht.

2 Erklärt, welche Werte in den Beispielen (s. Spiegelpunkte in M2) deutlich werden.

3 Stellt die Bedeutung von Werten für das Zusammenleben in der Gesellschaft dar.

4 Findet weitere Beispiele aus eurem Alltag, in denen in Handlungen und Meinungen bestimmte Werte sichtbar werden. (Beispiel: Einer Person nach einem Sturz wieder aufzuhelfen, entspricht dem Wert „Hilfsbereitschaft".)

M3 Welche Werte sind Jugendlichen wichtig?

Die Shell Jugendstudie ist eine Untersuchung der Einstellungen, Werte und Gewohnheiten von Jugendlichen in Deutschland, die vom Mineralölkonzern Shell seit 1953 herausgegeben wird. Sie erscheint etwa alle vier Jahre und stützt sich auf Befragungen von Jugendlichen und jungen Erwachsenen im Alter von 12 bis 25 Jahren. In der Grafik sind Ergebnisse aus den letzten drei Studien bezüglich der Wertorientierungen („Was ist Jugendlichen wichtig?“) der Befragten dargestellt:

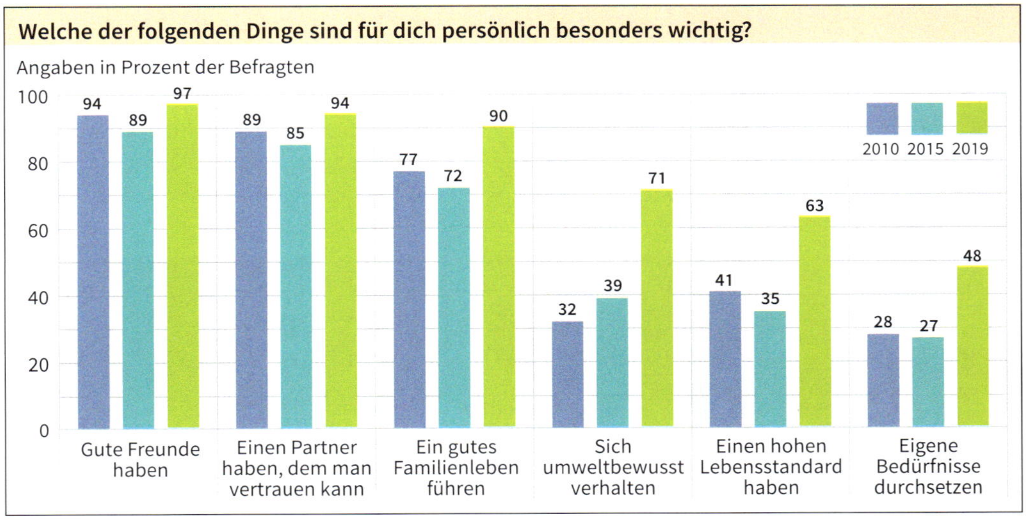

(Grafik: L. Diekhans nach Daten der 16., 17. und 18. Shell Jugendstudie)

1 Wertet die Grafik aus: Welche Werte sind Jugendlichen besonders wichtig? Welche Veränderungen haben sich gegenüber 2010 und 2015 ergeben?

2 Bewertet die Ergebnisse: Zeichnen sie eher ein positives oder eher ein negatives Bild von Jugendlichen? Welche Entwicklungen erachtet ihr als gut, welche eher nicht?

M4 Klima-Demo statt rumdaddeln: Wie politisch ist die Jugend heute?

[…] Es gibt in vielen Städten Jugendliche, die sich politisch engagieren. […] Am augenfälligsten: Seit Längerem gehen freitags Schüler statt in die Schule auf die Straße und fordern von der Bundesregierung, mehr für den Klimaschutz zu tun. Die schwedische Schülerin Greta Thunberg brachte diese weltweite Bewegung in Gang. Was ist mit der Jugend los? Ist sie politischer als noch vor Jahren?

Von Wissenschaftlern ist zu hören, dass das politische Interesse bei Jugendlichen in Deutschland zugenommen habe. […] An den aktuellen Klima-Demos „Fridays for Future“ zeige sich, dass junge Leute nicht nur politisch interessiert seien, sondern dass sie das auch in politische Aktionen umsetzen können. […] Wissenschaftler schlussfolgern aus Befragungen, dass das politische Interesse bei Jugendlichen […] im vergangenen Jahrzehnt leicht angestiegen sei. Als Anhaltspunkte gelten demnach zum Beispiel Nachfragen danach, ob sich Jugendliche zu Hause mit den Eltern oder in der Schule zu politischen Themen austauschen. [...]

(Anna Ringle, © dpa)

1 Erklärt, welcher Wert bzw. welche Werte Jugendlichen laut Text besonders wichtig ist/sind.

2 „Von Wissenschaftlern ist zu hören, dass das politische Interesse bei Jugendlichen in Deutschland zugenommen habe“ (Z. 8f.). Stimmt ihr mit Blick auf euch und euer soziales Umfeld dieser Aussage zu? Berichtet von eigenen Erfahrungen.

3 Häufig hört man von älteren Menschen: „Die Jugend hat heutzutage an nichts mehr Interesse.“ Antwortet auf diese Kritik. Bezieht euch dabei sowohl auf die Grafik und den Text (M 3, M 4) als auch auf eigene Erfahrungen bzw. auf die Ergebnisse eurer Umfrage.

2. Wer bestimmt, wer wir sind? – Der Einfluss sozialer Erwartungen auf die Identitätsbildung

Im vorherigen Abschnitt ging es darum herauszufinden, welche Werte heutigen Jugendlichen besonders wichtig sind. Nun wird danach gefragt, wie Werte entstehen und welchen Einfluss die Menschen, die uns umgeben, auf uns und unsere persönliche Entwicklung haben.

M5 Ein ganz normaler Tag in Mias Leben ...

Fallbeispiel

6:30 Uhr. Mias Wecker auf dem Smartphone weckt sie. Seit einigen Wochen steht sie extra etwas früher auf, um sich in Ruhe fertig machen zu können. Zusammen mit ihrem besten Freund Jonas geht sie gerne shoppen; ihr ist es wichtig, sich mit ihren Klamotten ein wenig von den anderen abzuheben. Die Jeans darf ruhig ein bisschen zerrissener, der Pullover ein bisschen kürzer als bei den anderen sein. Auch an diesem Morgen gibt es deshalb Streit mit ihren Eltern, den Mia aber gerne in Kauf nimmt. Auf dem Weg zur Schule checkt sie auf dem Smartphone die Storys ihrer Vorbilder. Hier holt sie sich auch gerne Anregungen für ihren eigenen Kleiderschrank.
In der Schule trifft sie auf Jonas, Yasin, Nele, Luana und die anderen ihrer Clique, die sich über den neuesten Action-Film unterhalten, der seit gestern im Kino läuft. „Kommst du später?" Eigentlich wollte sie für den Bio-Test morgen lernen, und beim Fußball-Training war sie in letzter Zeit auch nicht mehr so regelmäßig wie früher. Wenn sie noch einmal fehlt, streicht ihre Trainerin sie aus dem Kader fürs Spiel am Wochenende. Und ihrer Mutter hatte sie versprochen, mit ihrem kleinen Bruder für die Mathe-Arbeit zu lernen. Mia ist hin- und hergerissen. „Ich überleg's mir!" In den ersten beiden Stunden schreibt Mias Klasse eine Mathearbeit. Die Aufgaben fallen ihr nicht schwer; sie ist gut vorbereitet, wie eigentlich immer in Mathematik. Mit Zahlen und Graphen umgehen hat ihr schon immer Freude bereitet. Sie kann sich gut vorstellen, später selbst als Mathe-Lehrerin zu arbeiten; so wie Frau Seibert, ihre Lieblingslehrerin. Wie meistens gibt sie zehn Minuten vor Ende zufrieden ihr Heft ab und freut sich, als Frau Seibert sie anlächelt.
6. Stunde, kurz vor Schulschluss: Im Französisch-Unterricht hält ein Mitschüler ein Referat. Er ist sehr aufgeregt und verspricht sich immer wieder. „Klasse Leistung!", ruft Jonas plötzlich und alle lachen; auch Mia, obwohl sie es eigentlich gar nicht möchte. Nach der Schule geht sie dann doch mit den anderen ins Kino; ihr Smartphone stellt sie lieber aus. Als sie es später wieder anstellt, sieht sie, dass sie vier verpasste Anrufe von ihrer Mutter hat und ihre Trainerin ihr geschrieben hat. Zu Hause angekommen gibt es gleich den nächsten Streit, weil sie ihrem Bruder nicht beim Lernen geholfen hat. Sie weiß, dass er es nicht so leicht in der Schule hat, und es tut ihr ehrlich leid, dass sie heute nicht für ihn da war. Nur nach außen zeigen möchte sie das nicht und verzieht sich lieber auf ihr Zimmer ...

(Autorentext)

1 Vergleicht Mias Tag mit eurem eigenen Alltag. Welche Gemeinsamkeiten und Unterschiede stellt ihr fest?

2 Beschreibt, welche Werte Mia wichtig im Leben sind bzw. sein könnten.

3 Erläutert, welche Verhaltensweisen von Mia auf die Erwartungen anderer Personen zurückgeführt werden können.

„Wer bin ich, was macht mich aus, wie sehen mich andere?" Diese und andere Fragen stellt sich nicht nur Mia; auch ihr kennt solche oder ähnliche Fragen bestimmt. Sie drehen sich alle um die eigene **Identität**. Was man genau darunter versteht, wird im Folgenden thematisiert.

M 6 Identität

- **„Was will ich?"** Jeder Mensch wünscht sich, als eigenständige Person wahrgenommen und geschätzt zu werden. Man möchte unverwechselbar sein, sich von anderen abheben und die eigenen Bedürfnisse erfüllen **(Ich-Identität)**. Die eigene **Identität** zu entdecken bzw. auszubilden gehört zum Erwachsenwerden dazu und ist auch nicht ab einem bestimmten Alter abgeschlossen. Auch als Erwachsener entwickelt man sich noch weiter.
- **„Was wollen andere von mir?"** Die Ausbildung der eigenen Identität hängt dabei nicht nur von einem selbst ab, von dem, was man erlebt, erreicht und mitbekommt. Die Menschen, die uns täglich umgeben, haben nämlich ebenfalls einen großen Einfluss auf uns und darauf, wie wir uns sehen. Es ist uns schließlich nicht egal, was andere von uns halten. So versucht man eben auch, die Erwartungen anderer zu erfüllen, um nicht als „Sonderling" ausgeschlossen zu werden **(soziale Identität)**. Auf diese Weise bestimmen also auch andere Menschen unsere eigene Identität mit.

(Autorentext)

M 7 Wer bestimmt, wer wir sind? – Ein Schaubild zum Thema „Identität"

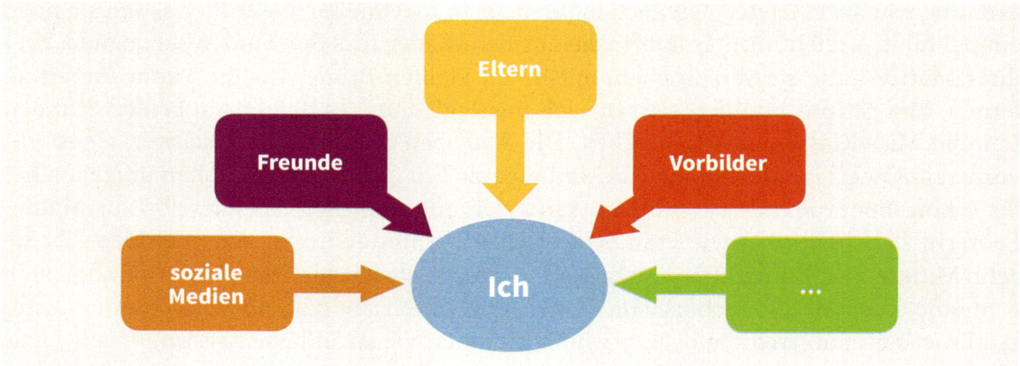

1 Erklärt das Schaubild mithilfe der Informationen aus M 6.

2 Erklärt die Begriffe „Ich-Identität" und „soziale Identität" am Beispiel von Mia.

3 Diskutiert, welche Folgen es haben könnte, wenn die Ich-Identität oder die soziale Identität zu stark ausgebildet ist.

4 Stellt dar, welchen Einfluss andere Menschen oder die sozialen Medien in eurem Alltag auf euch haben. Erstellt dazu eine Übersicht wie im Beispiel (M 7). Notiert möglichst Beispiele, die zeigen, wie dieser Einfluss konkret aussieht.

5 Diskutiert in kleinen Gruppen: Den eigenen Weg gehen oder die Erwartungen anderer erfüllen – was ist euch wichtiger? Haltet die wichtigsten Ergebnisse der Diskussion auf einem Plakat fest und besprecht diese anschließend in der Klasse.

3. „Ich möchte etwas verändern ..." – Was könnt ihr tun?

Sich für andere einzusetzen ist vielen Jugendlichen wichtig. Warum dies so ist und wie auch ihr euch ehrenamtlich (d. h. freiwillig, ohne Bezahlung) engagieren könnt, wird im Folgenden thematisiert.

M 8 Ein Erfahrungsbericht: „Darum engagiere ich mich!"

Fallbeispiel

Lea ist 18 Jahre alt, geht in die 12. Klasse und engagiert sich bei Greenpeace.
„Ich finde es extrem wichtig, dass sich junge Leute für Politik und das Treiben auf der Welt interessieren. Wie soll man sich sonst seine eigene Meinung bilden, wenn man gar nicht Bescheid weiß? Schließlich sind wir die Generation, die schon bald die wichtigen Entscheidungen treffen wird.

Bei Greenpeace mache ich seit etwa drei Jahren mit. Meine Mutter ist Biologin, sie hat mit meinen vier Geschwistern und mir immer viel über Nachhaltigkeit gesprochen. Sie fand es natürlich toll, dass ich zu Greenpeace gegangen bin, und freut sich, wenn ich tolle Aktionen auf die Beine stelle.
Einmal die Woche treffen wir uns im Greenpeace-Büro und reden über aktuelle Themen und Aktionen. Wir sind circa 25 aktive Jugendliche, danach kochen wir oft zusammen oder gehen etwas essen. Wir organisieren uns selbst, werden nicht von Erwachsenen geleitet. Wenn wir zum Beispiel eine Aktion gegen Kohlekraft machen wollen, planen wir alle Schritte – ohne dass sich jemand einmischt. Wie sollen die Flyer aussehen? Wie können wir am meisten bewirken?
Ich bin durch mein Engagement bei der Greenpeace-Jugend in meinem Auftreten selbstsicherer geworden, weil ich mir inzwischen mehr zutraue. Am Anfang war ich in der Gruppe relativ schüchtern – mittlerweile tut es mir total gut, Verantwortung zu übernehmen. Ich habe auch gelernt, für meine Meinung einzustehen. Dieses Jahr war ich sogar beim Greenpeace-Jugend-Jahrestreffen in Hamburg, dafür habe ich schulfrei bekommen.
Wir sind in meiner Schule tausend Schüler – aber ich bin die Einzige, die sich bei Greenpeace engagiert. Klar ist es schön, auch Sport zu machen und ein Instrument zu spielen. Aber dass sich Jugendliche so wenig engagieren, finde ich echt schade. Ich bekomme manchmal sogar Sprüche gedrückt von wegen: ‚Na, hast du am Wochenende mal wieder die Wale gerettet oder einen Baum umarmt?' Das nehme ich natürlich nicht ernst.
Vielleicht denken manche, wir seien verbissen und reden nur darüber, wie wir die Welt verbessern können – aber so läuft das nicht bei uns. Wir haben zusammen immer viel Spaß und unternehmen auch als Freunde etwas gemeinsam. Bei unseren Aktivitäten vernetzen wir uns deutschlandweit auch mit anderen Greenpeace-Gruppen, und es ist schön zu wissen, dass diese Zusammenarbeit problemlos klappt, Spaß macht und sich vielleicht sogar neue Freundschaften ergeben."

(Gespräch mit Kira Brück für das Jugendmagazin „Yaez": Junge Umweltschützer – Wir tun, was wir können, SPIEGEL Panorama, 25.11.2013, DER SPIEGEL, Hamburg; https://www.spiegel.de/lebenundlernen/schule/umweltschutz-jugendliche-erklaeren-warum-sie-sich-engagieren-a-934930.html [07.02.2020])

1 Stellt dar, welche positiven, aber auch negativen Erfahrungen Lea im Rahmen ihres sozialen Engagements gemacht hat. Wie bewertet sie ihr Engagement insgesamt?

2 Erklärt, welche **Werte** Lea in ihrem Leben besonders wichtig sind.

3 Bewertet Leas Engagement. Berücksichtigt dabei
a) sowohl die Auswirkungen auf ihre persönliche Entwicklung
b) als auch die möglichen Folgen für die Gesellschaft.
Könntet ihr euch vorstellen, etwas Ähnliches selbst zu machen?

M9 So engagieren sich Jugendliche

1 Auf den Fotos sind unterschiedliche Möglichkeiten dargestellt, sich zu engagieren. Stellt Vermutungen darüber an, um welche Art von Engagement es sich jeweils handeln könnte.

2 Engagiert ihr euch ehrenamtlich? Sprecht darüber in der Klasse.

M 10 Zahlen zum ehrenamtlichen Engagement von Jugendlichen

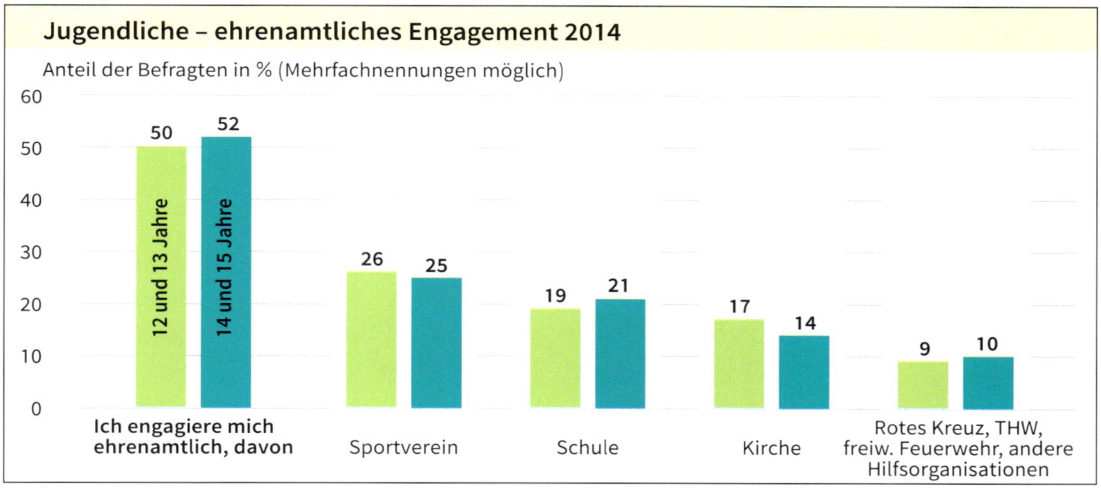

1 Wertet die Statistik M 10 aus. Beachtet dabei auch die Veränderungen bei den Altersklassen. Wie erklärt ihr euch diese Entwicklung?

2 Die Statistik ist schon einige Jahre alt, da noch keine aktuellere Umfrage durchgeführt wurde. Führt selbst eine Befragung durch und vergleicht die von euch erhobenen Ergebnisse mit denen von 2014. Wie ihr dabei vorgeht, könnt ihr der Methodenbeschreibung auf S. 10 f. entnehmen.

3 Diskutiert in der Klasse, inwieweit ehrenamtliches Engagement für eine Gesellschaft wichtig ist. Beachtet dazu die methodischen Hinweise zur Vorbereitung und Durchführung von Diskussionen auf S. 216.

M 11 Wie kann ich mich ehrenamtlich engagieren?

Ihr seid neugierig geworden und könnt euch grundsätzlich vorstellen, euch ehrenamtlich zu betätigen? Es gibt zahlreiche und ganz unterschiedliche Angebote. Eine Auswahl findet ihr in der folgenden Übersicht. Es bietet sich an, dass ihr euch arbeitsteilig über die zahlreichen Angebote informiert und die Ergebnisse dann in der Klasse vorstellt. Die Arbeitsaufträge unten helfen euch dabei. Nutzt auch die Webcodes, um im Internet zu recherchieren.

2.1, 2.2, 4.1

@ WES-116590-001	**Arbeiter-Samariter-Bund e. V. (ASB)** Der ASB ist eine nationale Hilfs- und Wohlfahrtsorganisation und steht vor allem für die Notfallrettung und Erste Hilfe. [...]
@ WES-116590-002	**Die Johanniter** [...] Ihr könnt als Mitglied einer regionalen Johanniter-Jugendgruppe arbeiten oder euch über die Schule als Schulsanitäter betätigen. Ähnliches bieten auch die Arbeiterwohlfahrtsorganisation (AWO) und die Malteser an (siehe Webcode). [...]
www.tafel.de	**Bundesverband Deutsche Tafel e. V.** Die Tafeln bemühen sich, zwischen reichen und ärmeren Menschen Lebensmittel auszutauschen. Das bedeutet, dass Einzelhändler oder Privatpersonen ihre einwandfreien, aber ungenutzten Lebensmittel an die Tafel spenden können, an der sich anschließend bedürftige Menschen bedienen. [...]
BUND [...] Vom praktischen Naturschutz bis hin zu einem persönlichen Klimaexperiment können sich Kinder und Jugendliche rauspicken, was ihren Interessen entspricht, aber auch eigene Aktionen planen. [...]	www.bundjugend.de
Greenpeace Jugendliche unter 16 Jahren können sich bei Greenpeace in sogenannten „Greenteams" engagieren. Das sind kleine Gruppen, die Kinder mit Freunden oder in der Schule gründen, um sich zu selbst gewählten Umweltthemen einzusetzen. [...]	www.kids.greenpeace.de
Naturschutzbund Deutschland e. V. (NABU) [...] Hier engagieren sich Kinder und Jugendliche in über 1.000 Gruppen vor Ort für den Schutz der Natur und Umwelt. [...]	www.naju.de
www.ehrenamt-im-sport.de	**Deutscher Olympischer Sportbund** [...] Viele Vereine arbeiten mittlerweile mit jungen Ehrenamtlichen zusammen. So kannst du beispielsweise als Helfer in einer Kindergruppe arbeiten oder organisatorische Aufgaben für den Verein übernehmen. [...]
www.younicef.de	**Younicef Juniorbotschafter** UNICEF, die größte internationale Organisation für Kinderrechte, schreibt einmal jährlich den Wettbewerb zum Juniorbotschafter aus. Jeder unter 18 Jahren kann teilnehmen und ein Projekt oder eine Aktion starten, die auf Kinderrechte aufmerksam macht. [...]
Technisches Hilfswerk (THW) Wie bei den anderen Hilfsorganisationen ist es auch bei der THW-Jugend möglich, als Kind und Jugendlicher ehrenamtlich aktiv zu werden. [...]	www.thw-jugend.de
Die Jugendfeuerwehr(en) [...] Jugendfeuerwehren gibt es fast überall. Sie werden gebraucht, um die Freiwilligkeit innerhalb der Feuerwehren zu sichern und gesellschaftliches Leben aufrechtzuhalten. [...]	https://www.jugendfeuerwehr.de/

Vorleseclub der Stiftung Lesen Jugendlichen unter 16 Jahren ist ehrenamtliches Engagement für das Lesen zum Beispiel als „Lesescout" möglich. […]	www.stiftunglesen.de

(Quellen: Jugendfeuerwehr(en): Deutsche Jugendfeuerwehr im Deutschen Feuerwehrverband e. V., Berlin, ohne Datum; https://jugendfeuerwehr.de/index.php?id=136 [04.03.2020]; alle anderen: Wiebke Plasse: Ehrenamt braucht dich!, ohne Datum, GEOlino, G+J Medien GmbH, Hamburg; https://www.geo.de/geolino/mensch/1904-rtkl-ehrenamt-braucht-dich [07.02.2020])

1 Stellt die vielfältigen Möglichkeiten eines ehrenamtlichen Engagements dar. Welche Aufgaben kann man jeweils erfüllen?

2 Listet auf, welche Eigenschaften bzw. Voraussetzungen man mitbringen sollte, um die jeweilige ehrenamtliche Tätigkeit auszuführen.

3 Informiert euch darüber, in welcher Form die aufgeführten Organisationen auch in eurer Gemeinde oder eurem Stadtviertel aktiv sind und welche Teilhabemöglichkeiten ihr als Jugendliche dort habt. Ladet ggf. Vertreter entsprechender Organisationen zu euch in die Schule ein oder besucht sie vor Ort.

Praxis

4 Welche ehrenamtliche Tätigkeit interessiert euch besonders? Begründet.

Was ihr jetzt wissen und können solltet:

- ✓ **M** S U **H** eine Befragung durchführen und auswerten;
- ✓ M **S** U H erläutern, was man unter „Normen" und „Werten" versteht;
- ✓ M **S** U H die Bedeutung von Werten für das Zusammenleben in der Gesellschaft aufzeigen;
- ✓ M **S** **U** H erklären und begründen, welche Werte den heutigen Jugendlichen besonders wichtig sind;
- ✓ M **S** U H wissen, was unter „Ich-Identität" und „sozialer Identität" zu verstehen ist;
- ✓ M **S** U H erläutern, dass viele andere Menschen und die sozialen Medien den Prozess der Entwicklung der eigenen Identität beeinflussen;
- ✓ **M** **S** **U** H diskutieren, dass es schwierig sein kann, zwischen eigener Identität und dem, was die Gesellschaft erwartet, zu vermitteln, und für sich entscheiden, was einem wichtiger ist;
- ✓ **M** S U H eine Statistik sachgemäß auswerten;
- ✓ M **S** U H wissen, dass ein ehrenamtliches Engagement eine Möglichkeit ist, eigene Werte zu verfolgen;
- ✓ **M** **S** **U** **H** Möglichkeiten ehrenamtlichen Engagements recherchieren, darüber informieren und ggf. für sich eine eigene Entscheidung treffen

Was ihr wisst – was ihr könnt – wie ihr es seht

M S U H

1. Werte und Normen

a Erklärt den Unterschied zwischen Werten und Normen in eigenen Worten.

b Benennt, welcher Wert in den folgenden Beispielen jeweils nicht beachtet wird.
- Paul hat sich mit Leon verabredet, um die Hausaufgaben gemeinsam zu machen. Leon kommt 30 Minuten zu spät.
- Lisa besteht darauf, dass sie in der Klasse nicht neben Amud sitzen will. Amud ist ein Flüchtling aus Syrien.
- In einer Diskussion im Unterricht vertritt Sarah eine andere Meinung als Tim. Er sagt daraufhin zu ihr, sie hätte ja keine Ahnung.
- Marie schwänzt regelmäßig die Schule. Sie sagt, sie habe „Null Bock" auf Schule.
- Tina hat ihrer Freundin Leonie anvertraut, dass sie sehr traurig ist, weil ihr Hund gestorben ist, aber dass das keiner wissen soll. Am anderen Tag wissen alle in der Klasse Bescheid.
- Markus sieht, wie drei Mitschüler aus seiner Klasse in der Pause in einer Ecke des Schulhofes einen Schüler aus der Parallelklasse verprügeln. Er tut so, als ob er das nicht gesehen hätte.
- Während eines Restaurantbesuchs mit ihrer Familie beschäftigt sich Ina immer wieder mit den Nachrichten, die sie von ihren Freundinnen auf dem Smartphone erhält.

c Diskutiert mit eurem Sitznachbarn: Welche der in b) beschriebenen Beispiele haltet ihr für besonders problematisch?

M S U H

2. Sozialisation

Schwarwel

a Analysiert die Karikatur.

b Stellt einen Bezug zum Thema „Sozialisation" und „Sozialisationsinstanzen" her.

3. Gesellschaftliches Engagement

M S U H

Forderung: „Allgemeine Dienstpflicht“

Worum geht es bei der allgemeinen Dienstpflicht?
Gemeint ist ein Pflichtjahr für gemeinnützige Tätigkeiten für junge Frauen und Männer, analog zur früheren Wehrpflicht beziehungsweise dem Zivildienst. Abzuleisten wäre es nach der Schulzeit, etwa bei der Bundeswehr, im sozialen, ökologischen oder kulturellen Bereich. Mögliche Einsatzorte wären beispielsweise Pflegeeinrichtungen, die Feuerwehr, Sportvereine oder das Technische Hilfswerk.

Welche Idee steckt hinter dem Vorstoß?
Im August 2018 hat Annegret Kramp-Karrenbauer, damals noch CDU-Generalsekretärin, eine Debatte zu einer allgemeinen Dienstpflicht für Männer und Frauen angestoßen. [...] In etwa die gleiche Idee verfolgt der Bundesfreiwilligendienst, der 2011 eingeführt wurde und aktuell von etwa 40.000 Menschen pro Jahr absolviert wird. Der Dienst trat an die Stelle der im gleichen Jahr ausgesetzten allgemeinen Wehrpflicht und des Zivildienstes, ist aber, wie der Name schon sagt, ein rein freiwilliges Angebot. [...]

(Sandra Stalinski: Wie sinnvoll ist eine Dienstpflicht?, tagesschau.de, 28.11.2019, Norddeutscher Rundfunk, Hamburg; https://www.tagesschau.de/inland/faq-dienstpflicht-101.html [07.02.2020])

a Erklärt, was man unter der allgemeinen Dienstpflicht versteht.

b Bewertet die Einführung einer allgemeinen Dienstpflicht für alle Schulabgänger. Berücksichtigt dabei eure persönliche Perspektive, aber auch die möglichen Folgen für die gesamte Gesellschaft.

Wenn ihr noch mehr lernen wollt ...

D1 War früher alles besser?

Als wir Kinder waren, waren wir viele. Kerskens gegenüber hatten neun, Oelingers die Straße hoch fünf, und zu Hause waren wir sechs. Jungs spielten Fußball und Mädchen „Gummitwist", wir schnitzten Steinschleudern, jagten Hasen. Die Eltern ließen uns laufen, und wenn die Erwachsenen zusammensaßen, bekamen wir einen eigenen Tisch. Aus der ersten Zigarette, so mit elf, wurde gleich eine ganze Packung, danach war uns schlecht, aber niemand hat es bemerkt. Die Welt war groß, die Kinder waren klein. Wir haben Regenwürmer zerteilt und Heuschrecken geschluckt. Bauten Höhlen hinter Hecken und klauten Äpfel von den Bäumen. Machten Feuer, was wir nicht sollten, und fielen von Mauern, was wir nicht wollten. Wir streunten durch die Felder, stauten den Bach und waren immer dreckig. Die schlimmste Strafe war Hausarrest. Wenn wir eine Uhr brauchten, schauten wir hoch zur Kirche. Wir hatten Zeit. [...]
Das ist nicht lange her. 30, 40 Jahre. Heute ernten Eltern von drei Kindern mitleidige oder bewundernde Blicke. Wenn Jungen und Mädchen sich verabreden wollen, brauchen sie ein Smartphone. In der Küche hängen Terminpläne. Auf dem Fußballplatz, ein paar Häuser weiter, bolzt niemand. Der zwölfjährige Lewin hätte noch donnerstagnachmittags Zeit, aber sein bester Freund sitzt bei der Nachhilfe, sonst schafft der in sechs Jahren das Abi nicht. Lewins zweitbester Kumpel wohnt einen Kilometer weiter, darf aber allein nicht los. Konrad von gegenüber übt nach den Hausaufgaben Klavier, und Elian, dreizehn, hockt lieber am Computer. Da kann er so tun, als sei er schon 18. [...]
Welche Kindheit meinen wir denn? Die eigene in den 60er- oder 70er-Jahren, als der liebe Gott alles sah? [...] Waren die Zeiten wirklich besser, als im Fernsehen niemand Erziehungsberater spielte? Ein „befriedigend" in der Schule keine Heulkrämpfe auslöste? „Pisa" an einen schiefen Turm und nicht an „höher, schneller, weiter" erinnerte? Schüler eher ans Schwänzen dachten als an die schlauen finnischen Kinder, die im internationalen Vergleich so gut sein sollen?

(Uli Hauser, Andrea Schaper: War früher alles besser? – Die Kindheit schon, stern, 20.12.2007, stern.de GmbH, Hamburg; http://www.stern.de/panorama/gesellschaft/erziehung-war-frueher-alles-besser----die-kindheit-schon-3218252.html [07.02.2020])

1 Beschreibt die Erfahrungen der Verfasser, die sie in ihrer Jugendzeit gemacht haben.

2 Vergleicht ihre Erfahrungen mit denen, die sie der heutigen Jugend zuschreiben.

3 Was meint ihr, worauf möchten die Verfasser dieses Artikels hinweisen?

4 Könnt ihr ihre Ansicht verstehen? Diskutiert in der Klasse die Frage: „War früher alles besser?"

D2 Es reicht!

„Verehrter Sokrates, wie recht du hast! In allem und immer noch. Es ist zum Heulen. Heute möchte ich dir, da du nicht mehr auf dem neuesten Stand bist, noch ein paar mehr Zeitmoden in der Benimmkultur der heutigen Jugend erzählen. Das Fazit jedoch kann ich schon vorab ziehen: Es ist alles noch schrecklicher geworden als zu deiner Zeit. [...] Doch höre! Das mit dem Luxus hat sich nicht verändert. Beginnen wir also mit den schlechten Manieren. Dieses Wort wissen nur noch wenige in unserer Jugend zu buchstabieren – und noch weniger von ihnen auch mit konkretem Inhalt zu füllen. Ihr zuverlässig mangelnder Respekt betrifft heute nicht nur die älteren Leute, sondern ist mittlerweile auf die Obrigkeit des Staates und gar auf die Götterwelt ausgedehnt. [...] Heutzutage trägt die männliche Jugend zum Beispiel auch häufig Kappen auf dem Haupte, selbstverständlich falsch herum aufgesetzt, was nicht weiter erwähnenswert wäre, würden diese doch wenigstens bei Tisch, in Kirchen und zu besonderen Anlässen abgenommen. Doch daran denkt nicht nur niemand, sondern weiß es noch nicht einmal, dass sich dies nicht gehört. Schamlosigkeit meets Unwissen? [...] Man nennt dies dann: die freie Entfaltung der Persönlichkeit. [...]
Was das Widersprechen der Eltern angeht, so muss ich sagen, dass dies bereits heute schon in der frühen Kindheit beginnt und ab der frühen Pubertät wieder beendet ist. Denn Jugendliche sprechen in aller Regel nicht mit ihren Eltern! Wenn überhaupt, dann geben sie kurze Befehle und schmeißen ihnen dabei Substantive an den Kopf wie „Hunger“ oder „Frühstück“ oder „Taschengeld“. Das reicht aus. Das ist üblich. Die Eltern wissen dann schon Bescheid und sind bemüht, dieser Botschaft flugs nachzukommen, damit die Jugendlichen kein Donnerwetter veranstalten. [...]
Auch das Schwadronieren in Gesellschaft, von dem du sprichst, hat sich verändert, leider ebenfalls nicht verbessert. Da die Jugend kaum außerhalb ihrer eigenen Clique mit anderen menschlichen Wesen spricht, schwadroniert sie meist nicht mehr laut im Raum herum, sondern starrt angestrengt aufs Smartphone.
Pardon Sokrates, das kennst du ja noch nicht. Das muss ich kurz erklären. Ein Smartphone ist eine Art Akasha-Chronik [hier: das geistige Weltengedächtnis], wo alle Geheimnisse des Universums gespeichert sind und mit dem man weltweit mit jedermann direkt Wichtiges austauschen kann. Wichtig ist heutzutage beispielsweise, einem Mitschüler nach Schulschluss mitzuteilen: „Hi, ich stehe gerade an der Bushaltestelle.“ Das interessiert jemand anderen auf der Welt so brennend, dass der jedes Gespräch, in dem er sich möglicherweise befindet, dafür abbricht, um diesen bedeutenden und außergewöhnlichen Tatbestand nach Schulschluss per Smartphone zu kommentieren. Meist mit dem Superwort: „Cool!“ [...] In und mit diesem modernen Apparat, der fast alles kann, spielt die Musik. [...] Wer hier nicht mitmischt, ist nicht. Nie und nimmer. [...]
Verehrter Sokrates. Soweit mein kurzer Bericht zu Beginn des 3. Jahrtausends.“ [...]

(Gedanken zum Zitat von Christa Schyboll, © 1996–2020 Alojado Publishing; http://www.gutzitiert.de/zitat_autor_sokrates_thema_jugend_zitat_11962.html [07.02.2020])

1 Die Verfasserin schreibt hier eine sehr ironische Antwort auf die Kritik von Sokrates an der Jugend, die ihr ja schon zu Beginn dieses Kapitels kennengelernt habt. „Es ist aber alles noch schrecklicher als zu deiner Zeit geworden!“, meint sie. Arbeitet die Kritikpunkte der Verfasserin am Verhalten der Jugendlichen von heute heraus.

2 Hat die Verfasserin mit ihrer Kritik recht? Könnt ihr sie verstehen? Verfasst einen Antwortbrief.

Was tun bei
(Cyber)Mobbing?
Systemische Intervention und
Prävention in der Schule
klicksafe meets Konflikt
Konflikt-KULT
klicksafe

2

„Was von mir im Netz steht, bestimme ich!" – Selbstbestimmt und sicher in der digitalisierten Welt?

Darum wird es gehen

Im vorigen Kapitel wurde bereits deutlich, dass Eltern, Freunde, Vorbilder und insbesondere auch soziale Medien eine zentrale Rolle spielen für euer Erwachsenwerden. Schaut euch dazu noch einmal die Grafik M 7 (ein Schaubild zum Thema „Identität") auf S. 16 an. Um diesen Einfluss der sozialen Medien wird es nun im Folgenden gehen.

Laut einer Studie sind Vertrauen, Zugehörigkeit, Sicherheit und Selbstbestimmung die wichtigsten Themen für junge Menschen in Deutschland. Aber was heißt Selbstbestimmung eigentlich und was heißt Selbstbestimmung für euch? Und gibt es so etwas wie digitale Selbstbestimmung? Welchen Einfluss habt ihr darauf, was mit euch im Netz passiert, und welchen Beitrag leisten die sozialen Netzwerke bei eurer Persönlichkeitsentwicklung? Um diese Fragen wird es im ***ersten Abschnitt*** *gehen.*

Soziale Netzwerke haben für Jugendliche wie für Erwachsene eine enorm wichtige Bedeutung. Aber die digitale Mediennutzung muss aus verschiedenen Blickwinkeln betrachtet werden. Im ***zweiten Abschnitt*** *werdet ihr euch schwerpunktmäßig mit den Gefahren im World Wide Web auseinandersetzen. Cybermobbing, Trojaner und Chatrooms, aber auch Rechtsextremismus im Internet und Internetsucht bei Teenagern werden in diesem Abschnitt thematisiert. Dabei steht das Gruppenpuzzle als besondere Arbeitsmethode im Vordergrund.*

3.3, 4.4, 5.3

1. „Social Web“ zwischen Selbstbestimmung und Fremdbestimmung

Zum Einstieg:

M1 „Das ist ja total peinlich!“

(© Deutsches Kinderhilfswerk/ Indeed/Getty Images)

(© Deutsches Kinderhilfswerk Alexandralaw1977/thinkstockfotos.de)

1 Die Abbildungen in M 1 stammen aus Kampagnen (Aktionen) gegen Kinderfotos im Internet. Beschreibt die vier Abbildungen.

2 Erläutert die jeweiligen Aufschriften und Slogans. Welche Zielgruppe soll mit diesen Aktionen erreicht werden?

3 Wie ist eure Meinung dazu? Nehmt selbst Stellung.

M2 Dürfen Eltern Kinderfotos im Netz posten? – Die rechtliche Situation

Der erste Zahn, der erste Brei, das erste Mal aufs Töpfchen: Stolz fotografieren Eltern jeden kleinen Schritt ihres Nachwuchses – und stellen die Bilder ins Internet. […] Rechtlich gesehen darf nur dann ein Foto online gestellt werden, wenn die Person, die darauf zu erkennen ist, auch damit einverstanden ist. Dieses Recht am eigenen Bild hat jeder Mensch – egal, wie alt er ist. Ein Säugling oder Kleinkind kann jedoch noch nicht selbst entscheiden, ob es mit der Verbreitung des Fotos einverstanden ist. Solange die

Kinder noch klein sind, nehmen die Eltern das Recht am eigenen Bild stellvertretend für ihren Nachwuchs wahr. Das heißt: Die Eltern können entscheiden, ob sie die Bilder beispielsweise in sozialen Netzwerken einstellen wollen oder nicht. […]

Recht am eigenen Bild gilt auch für Kleinkinder
Mit sieben Jahren, so sagt die Rechtsprechung, wird das Kind teileinsichtsfähig. Bereits von diesem Alter an sollten die Eltern mit ihren Kindern abstimmen, ob es für die Kleinen okay ist, dass ihre Bilder online erscheinen. Die letztendliche Entscheidung übernehmen aber nach wie vor die Eltern. Spätestens mit Vollendung des 14. Lebensjahres jedoch müssen die Kinder zustimmen, wenn die Eltern Fotos von ihnen ins Netz stellen wollen. Sind sie strikt dagegen, dürfen sich die Eltern nicht mehr gegen den Willen des Kindes wehren. Im schlimmsten Fall könnten die Kinder sonst gegen ihre Eltern […] klagen. Großeltern, andere Verwandte oder Freunde des Kindes dürfen keine Fotos online stellen, ohne die Einwilligung der Eltern oder des Kindes einzuholen. Das gilt auch für Kindergärten und Schulen, wenn sie Gruppenfotos verbreiten wollen.

Mit Kinderfotos verantwortungsvoll umgehen
Die Tatsache, dass die Eltern bei kleineren Kindern noch die Entscheidungsgewalt über das Hochladen von Fotos haben, bedeutet aber nicht, dass sie uneingeschränkt davon Gebrauch machen sollten, und zwar im Interesse der eigenen Kinder. Eltern sollten sich bewusst sein, dass sich die Fotos im Internet verbreiten könnten, vor allem, wenn sie tatsächlich frei zugänglich von allen Nutzern eines sozialen Netzwerkes angeschaut werden können oder wenn Freunde sie weiter teilen. Die Bilder könnten dann auch missbraucht werden, für Werbezwecke zum Beispiel oder sie könnten Pädophilen [Menschen mit sexuellen Interessen an Kindern] in die Hände fallen. Je mehr Informationen über Fotos preisgegeben werden, umso anfälliger wird das Kind potenziell als Opfer von Straftaten. Bilder mit eindeutiger Zuordnung zu einem Namen oder einer Adresse sollten möglichst nicht hochgeladen werden. […]

Tipps: Fotos sorgsam auswählen und Einstellungen der Netzwerke beachten
Um das Kind zu schützen, sollten möglichst wenige Fotos veröffentlicht werden. Tabu sind Fotos von nackten oder halbnackten Kindern, denn sie könnten in die falschen Hände gelangen und missbraucht werden. Ein Kompromiss, um die Erlebnisse mit den Kindern auch online zu teilen und dennoch nicht zu viel zu zeigen, könnte sein, die Kleinen nicht frontal, sondern von hinten zu fotografieren oder bei Babys nur Händchen oder Füßchen zu zeigen statt des Gesichts.
Wichtig ist auch, die Privatsphäre-Einstellungen der sozialen Netzwerke zu checken. So kann zum Beispiel eingestellt werden, dass nur ein eingeschränkter Nutzerkreis die Bilder sehen kann und nicht die ganze Welt. Das hindert zwar niemanden aus diesem Nutzerkreis daran, die Fotos herunterzuladen und weiterzuverbreiten, aber immerhin sind die Bilder dann nicht öffentlich zugänglich. Das ist auch aus einem anderen Grund gefährlich: Laut Facebook-AGBs ist es dem Konzern beispielsweise gestattet, öffentlich hochgeladene Fotos weiterzuverwenden und sie beispielsweise für Werbezwecke zu nutzen. […]

(MDR Jump: Dürfen Eltern Kinderfotos im Netz posten?, Mitteldeutscher Rundfunk, 04.04.2019, Leipzig; https://www.jumpradio.de/thema/quicktipp/quicktipp-kinderfotos-soziale-netzwerke-102.html [20.02.2020])

1 Erläutert, wie die Frage „Dürfen Eltern Kinderfotos im Netz posten?“ rechtlich geklärt ist.

2 Arbeitet die im Text angesprochenen Probleme heraus, die durch das Posten von (Kinder-)Bildern entstehen können, und listet sie auf.

3 Berichtet davon, wie ihr diese Angelegenheit mit euren Eltern geregelt habt.

M3 Wer will ich sein? – Junge Menschen im Netz

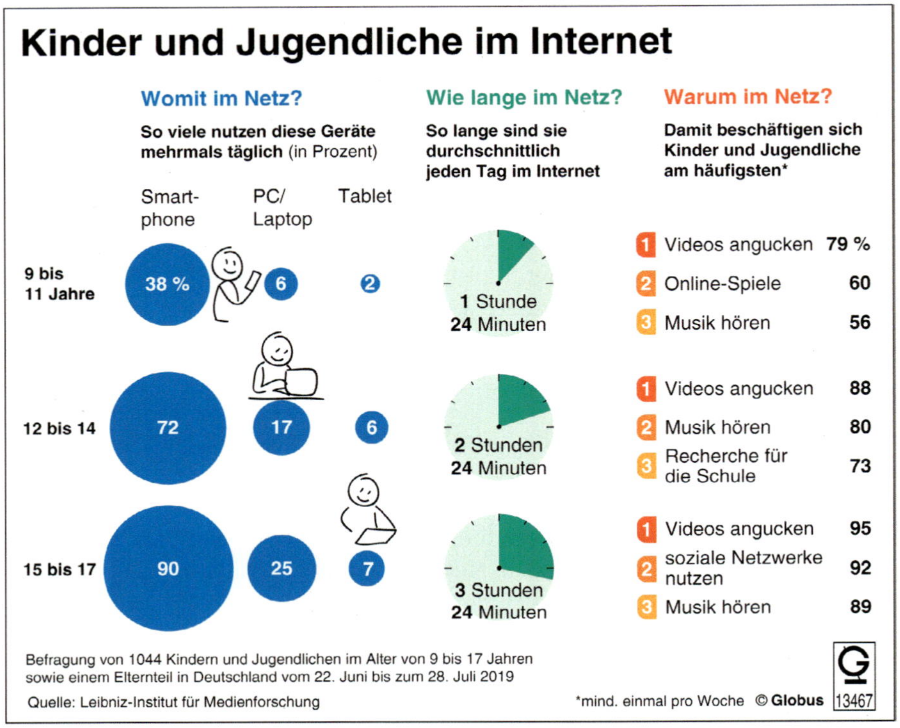

In der Jugend ist es ein Grundbedürfnis, sich mit Gleichaltrigen auszutauschen, zum Beispiel über die Erwartungen von Freunden und Eltern. Es ist für Jugendliche auch äußerst interessant zu wissen, wie sie bei Gleichaltrigen ankommen. Sie sind noch auf der Suche nach der eigenen Persönlichkeit und setzen sich mit unterschiedlichen Lebensentwürfen auseinander. Auch Medien spielen dabei eine große Rolle. Man kann sich im Social Web selbst darstellen, aber auch feststellen, was anderen wichtig ist, und sich daran ggf. orientieren.

Bereits in der Grundschulzeit haben sich sicherlich viele von euch z.B. in „Freundebüchern“ gerne selbst dargestellt und auch Fragen zu eurer Person beantwortet. Ähnliche Fragen zur Person tauchen auch in sozialen Netzwerken auf. Was gebt ihr von euch preis? Was haltet ihr für wichtig und richtig in Bezug auf die Darstellung eurer Person im Internet? Mit eurem individuellen Profil in sozialen Netzwerken, mit Fotos, Posts etc. stellt ihr euch vor und lasst andere an euren Erlebnissen teilhaben. Mit Kommentaren, Likes oder Freundschaftsanfragen gebt ihr anderen ein Feedback und bekommt selbst ein Feedback zu eurer Person. Soziale Netzwerke nehmen bei dieser „Identitätsarbeit“ eine sehr wichtige Rolle ein.

(Autorentext)

1 Erläutert, warum die sozialen Medien bei der Entwicklung der Persönlichkeit eine bedeutende Rolle spielen.

2 Wertet die Grafik mithilfe der folgenden Methodenbeschreibung aus und haltet eure Ergebnisse stichwortartig schriftlich fest.

Methode

Grafiken und Statistiken auswerten

Grafische Darstellungen spielen im Fach Wirtschaft-Politik bei der Behandlung vieler Themen eine wichtige Rolle. Statistische Zahlen werden dabei mithilfe von grafischen Elementen anschaulich dargestellt. Zur Beurteilung einzelner konkreter Fälle und Fakten muss man wissen, wie es „im Ganzen" oder „im Durchschnitt" aussieht. Statistiken und Grafiken beschränken sich oft auf wenige Begriffe, auf Zahlen und grafische Zeichen. Auf diese Weise wird eine Vielzahl und Vielfalt von Fakten unter ganz bestimmten Gesichtspunkten geordnet und zusammengefasst. Um Grafiken und Statistiken richtig verstehen zu können, muss man beim Lesen und Betrachten bestimmte **Regeln** beachten und anwenden. Das ist auch deshalb wichtig, weil Statistiken und Grafiken oft vollkommene Objektivität und unzweifelhafte Richtigkeit vorgeben, obwohl sie z. B. Wesentliches verschweigen und den Leser unter Umständen in einer bestimmten Richtung beeinflussen, ihn „manipulieren" können. Die folgenden Hinweise sollen euch dabei helfen, Statistiken und Grafiken schnell und sicher lesen, erläutern und kritisch beurteilen zu können.
Für eine exakte Erarbeitung ist es dabei notwendig, **Beschreibung** und **Interpretation** (Auswertung und kritische Beurteilung) deutlich zu trennen und dabei bestimmte Leitfragen zu beachten.

1. Beschreibung

a) Überschrift und Quellenangabe

- Wozu soll die Grafik etwas aussagen? Welche Frage/Fragen will sie beantworten?
- Für welche Zeit und für welchen Raum soll sie gelten?
- Wer hat die Grafik verfasst (verfassen lassen)? Auf welchen Quellen beruht sie?
- Bei Befragungsergebnissen: Auf welche Frage hatten die Befragten zu antworten? Welche Antwortmöglichkeiten hatten sie?

b) Darstellungsform, Kategorien und Zahlen

- Welche Form der Darstellung wurde gewählt?
- Welche Kategorien (Begriffe) werden miteinander in Beziehung gesetzt? Was bedeuten diese Begriffe genau?
- Welche Zahlenarten (absolute Zahlen, Prozentzahlen, Index-Zahlen) werden verwendet? Auf welche Gesamtzahl beziehen sich ggf. die Prozentzahlen?
- Welche Informationen lassen sich der Grafik entnehmen?

2. Interpretation

a) Auswertung

- Welche Aussagen (Antworten auf die Fragestellung) lassen sich formulieren?
- Welche Aussagen, Beziehungen und Entwicklungen sind besonders wichtig? Lassen sich bestimmte Schwerpunkte, regelhafte Verläufe, besondere Zusammenhänge feststellen?
- Wie lässt sich die Aussage zusammenfassend formulieren?

b) Kritik

- Gibt es Unklarheiten im Hinblick auf die Angaben zur Quelle, zur Fragestellung oder zum Zeitpunkt?
- Enthält die Grafik offensichtliche Mängel oder Fehler (z. B. in der Berechnung, Benennung, grafischen Anlage o. Ä.)?
- Macht die Grafik zu einem Bereich der Fragestellung eventuell keine Angaben? Müsste man etwas zusätzlich wissen, um die Daten und ihren Stellenwert im größeren Zusammenhang beurteilen zu können?
- Lässt sich ein bestimmtes Interesse an der Anlage oder Veröffentlichung erkennen? Könnte die Grafik/Statistik jemandem nutzen oder schaden?

(Autorentext)

M 4a Smartphone und soziale Netzwerke als ständige Begleiter?

Junge Menschen, die durch die Fußgängerzone laufen und dabei nicht den Blick von ihrem Smartphone lassen können. Schülergruppen, die zusammensitzen und sich gleichzeitig Textnachrichten mit anderen, die weit weg sind, hin und her schicken. Kinder, die auf Displays starren.

Es sind heute vertraute Bilder, die Technik ist zum ständigen Begleiter der Pubertät geworden. [...] Die heutige Jugend ist die erste Generation, die mit mobilem Internet und in sozialen Netzwerken aufwächst. „Bis auf ein paar Leute ist eigentlich jeder bei Facebook", sagt Moritz Lang. Der 15-Jährige besucht die neunte Klasse der Leibniz-Oberschule in Kreuzberg. Wie viele seiner Klassenkameraden nutzt er das soziale Netzwerk. Etwa 300 Freunde hat er dort. „So etwas vereint uns, weil einfach alle das haben." Fast jeder seiner Mitschüler besitzt zudem ein Smartphone. Er selbst hat seit der vierten Klasse ein Handy, dazu einen internetfähigen iPod, [soziale Netzwerke] inklusive.

Das gehört mittlerweile zur Basisausstattung deutscher Teenager. [...] Das Alter, in dem Kinder das erste Handy bekommen, ist in den vergangenen Jahren stetig gesunken, die mobile Internetnutzung nahm währenddessen rasant zu. Durchschnittlich drei Stunden täglich sind Jugendliche jetzt online. [...]

Für Jugendliche wird das Online-Verhalten zur Prüfung in Sachen Selbstbeherrschung. Bei Frühstück und Abendessen mit der Familie lege er seinen iPod aus der Hand, sagt Moritz Lang. [...] Das Ablenkungspotenzial durch die Medien ist enorm. „Einerseits macht es natürlich Spaß, und man erhält [...] ständig Neuigkeiten von Seiten, die man gelikt hat", so der Schüler. Andererseits vergesse man das Gelesene im flüchtigen Nachrichtenstream schnell wieder. „Ich persönlich verfange mich da manchmal auch drin." [...]

Viele Bildungseinrichtungen vertrauen längst nicht mehr auf die Selbstkontrolle der Schüler. Sie zogen den Stecker und setzen nun auf ein absolutes Handyverbot, sowohl im Unterricht als auch auf dem Pausenhof. Die Leibniz-Oberschule hat im Schuljahr 2012/13 beschlossen, die Mobilfunknutzung auf dem Schulgelände zu verbieten, mit Ausnahme der Mittagspause. Bei Verstoß droht der vorübergehende Entzug des Geräts.

Christiane Thies, Lehrerin an der Kreuzberger Ganztagsschule, sagt, man wollte damit einem Trend entgegenwirken: „Wir haben festgestellt, dass Pausen nicht mehr zur Erholung genutzt, sondern Spiele gezockt wurden – insbesondere von den jüngeren Schülern." Pausenaktivitäten wie Gespräche, Essen und Toilettengänge hätten die Schüler dann im Unterricht nachgeholt. Auch die Konzentration der Schüler würde darunter leiden. Diese Entwicklung habe laut Thies vor allem in den vergangenen drei bis vier Jahren zugenommen. Die Schülervertretung protestierte gegen die Maßnahme der Schule. Ohne Erfolg. „Handyentzug ist für die Schüler fast das Schlimmste, selbst wenn es nur für einen Tag ist", sagt Thies. [...]

(Philipp Sickmann: Immer online, nie mehr allein, Tagesspiegel online, 22.03.2014, Berlin; http://www.tagesspiegel.de/medien/mediennutzung-von-jugendlichen-immer-online-nie-mehr-allein/9652054.html [20.02.2020])

M 4b Warum lieben Jugendliche soziale Netzwerke?

Alexander Knigge, Lennart Steffens, Klasse 8c, Heisenberg-Gymnasium, Gladbeck:
„Unserer Meinung nach ist die Sache ganz einfach: Die Jugendlichen können sich neu erfinden und ihre Interessen ganz in Ruhe ausleben. Der Mensch liebt es, sich so zu entfalten, wie er es möchte, und sich in ein gutes Licht zu stellen. Die Netzwerke bieten ihnen zudem Informationen der Welt und einen Einblick in das Privatleben von Freunden oder Prominenten. So kommen keine Fragen auf wie: Habe ich etwas verpasst? Was hat mein Freund am Wochenende erlebt? So gibt es immer was Neues und Interessantes zu entdecken – rund um die Uhr, denn die Netzwerke schlafen nie. Wie der Lieblingsverein gespielt hat oder was mein Lieblingssänger am Wochenende gemacht hat, erfährt man auch in den sozialen Netzwerken.
Natürlich besteht die Gefahr, auf Fakeprofile zu stoßen, allerdings ist diese eher gering. Neue Freunde kennenzulernen, die die gleichen Interessen teilen, ist oft ein schönes Erlebnis. Fast jeder Netzwerknutzer hat das schon einmal erlebt.
Unserer Meinung nach sind die sozialen Netzwerke eine Revolution für die Menschheit, weil sie viel in unserer Gesellschaft verändert haben, sowohl zum Positiven als auch zum Negativen.“

(WAZ online, 09.05.2017, Funke Medien NRW GmbH, Essen; https://www.waz.de/mediacampus/fuer-schueler/zeus-regional/bottrop-und-gladbeck/warum-lieben-jugendliche-soziale-netzwerke-id210515871.html [20.02.2020])

1 In M 4a werden positive und negative Seiten der Handynutzung angesprochen. Listet sie auf und erläutert sie.

2 Stellt dar, wie wichtig den beiden Schülern Alexander und Lennart (M 4b) soziale Netzwerke sind, und nehmt ihre Argumente in die zu Aufgabe 1 angefertigte Liste auf.

3 Stimmt ihr den beiden zu? Nehmt selbst Stellung dazu und berücksichtigt dabei auch eure Ergebnisse aus der Bearbeitung von M 4a.

4 Wie sieht es an eurer Schule mit der Handynutzung aus? Ein Handy(nutzungs)verbot an Schulen – nehmt dazu Stellung.

Blickwinkel

M 5 „Heute hatte ich mehr als 100 Nachrichten“

Zoë ist als eine der Letzten in den Klassenchat eingestiegen. Darüber hat sie für ZEIT LEO Tagebuch geführt. Wie verändert eine Chatgruppe den Umgang miteinander?

Tag 1: Samstag

Ich bin drin. Endlich habe ich mich bei Telegram angemeldet. Ich musste nur die App runterladen, meine Telefonnummer und einen Benutzernamen eingeben. Und schon konnte ich unseren Klassenchat besuchen. Den hat meine Freundin gegründet, weil wir WhatsApp an meiner Schule nicht mehr benutzen sollen. Jetzt sind fast alle aus der Klasse bei Telegram. Zuerst ist mir gar nicht aufgefallen, dass sich einige plötzlich über die App austauschten. Aber dann haben immer mehr Leute mitgemacht. Irgendwann haben meine Freundinnen mich gar nicht mehr angerufen. Und wenn ich morgens in die Klasse kam, redeten alle über irgendein witziges Video, das jemand gepostet hatte. Nur ich hatte es nicht gesehen und stand allein rum. Das fand ich blöd. Jetzt will ich dabei sein!

Tag 2: Sonntag

Die erste Gruppennachricht: Einer aus der Klasse fragt, ob jemand mit zum Burgerladen kommt. Dass sich viele über den Klassenchat verabreden, hatte mir meine Freundin

schon erzählt. Jetzt am Wochenende finde ich das praktisch. Ich habe sonntags sonst oft eine Freundin angerufen, und wenn sie nicht konnte, musste ich allein was machen. Im Chat kann man einfach fragen, wer Zeit hat. Irgendjemand antwortet meistens.

Tag 3: Montag

Vor der ersten Stunde sind alle Freundinnen auf mich zugerannt: „Wow, du bist im Klassenchat!" Das hat sich gut angefühlt. Wenn ich allein bin, habe ich allerdings noch ein paar Zweifel: Sieht nicht doch jemand außer unserer Klasse unsere Nachrichten? Wo werden eigentlich die Bilder und Videos aus dem Chat gespeichert? Viele meiner Freundinnen posten Videos von sich. Das mache ich nicht. Ich habe Angst, dass die Bilder im Internet verstreut werden.

Tag 4: Dienstag

Im Klassenchat gab es heute Streit. Ein Mädchen hatte den Account von einer anderen geknackt und deren Benutzernamen geändert. Die war natürlich total sauer. In den Streit klickten sich andere ein. Einige beschimpften die Täterin, ein paar andere schrieben: „Schimpfwörter sind nicht die richtige Waffe." Ich bin erst am Ende dazugekommen und habe mich nicht eingemischt. Aber ich habe das Gefühl, dass man im Chat schneller was Gemeines sagt, als wenn man sich gegenübersteht. Mehr als 100 Nachrichten kamen heute [...]. Irgendwann habe ich den Piepston ausgestellt, weil ich so genervt davon war.

Tag 5: Mittwoch

Immer wieder gucke ich, ob ich eine Nachricht habe. Ich komme mir schon fast vor wie das Mädchen, das ich mal auf einer Geburtstagsparty getroffen habe. Sie hatte im Handy einen Lichtblitz eingestellt. Wenn eine Nachricht kam, blitzte es aus ihrer Jackentasche. Dann hat sie das Telefon rausgeholt und zurückgepostet. Alle paar Minuten. Ich konnte keinen Satz mir ihr sprechen, weil sie immer vom Blitzen abgelenkt wurde. Das fand ich schon nervig.

Tag 6: Donnerstag

In der Schule war heute ein doofer Tag. Davon wollte ich meiner Freundin erzählen. Eigentlich wollte ich sie deswegen anrufen, aber dann fand ich das zu anstrengend. Ich habe ihr über Telegram geschrieben.

Ich: „Hey, bin richtig schlecht drauf!"

Sie: „Mir geht's gut. Warum?"

Ich: „Habe Ärger mit einem Lehrer bekommen."

Sie: „Oh!", und schickte ein Emoji mit runterzeigenden Mundwinkeln. Das hat überhaupt nicht geholfen. Ich hätte mich lieber mit ihr getroffen, ihr meine Sorgen erzählt. Mit Emojis kann man keine richtigen Gefühle ausdrücken.

Tag 7: Freitag

Heute war ich nicht online. Ich wollte einfach nur rausgehen, Fußball spielen und nicht von den Leuten im Chat genervt werden. Länger als eine Stunde will ich am Tag eh nicht on sein. Ich vergesse sonst, dass ich noch andere Sachen machen muss – Klavierüben zum Beispiel und Hausaufgaben. Aber heute war es andersrum. Ich hatte so viel zu tun, dass ich vergessen habe, [in den Chat] zu gehen.

(Zoë Panzer, in: ZEIT LEO 3/2016, S. 32/33; © Zeitverlag, Hamburg)

1 Arbeitet Chancen und Probleme heraus, die sich für Zoë mit dem Chatbeitritt ergeben haben, und erläutert sie.

2 Stellt Zoës Tagebucheinträge grafisch dar (z. B. als Comic, mithilfe eines Stimmungsbarometers, mit Smileys o. Ä.).

3 Wie würdest du an Zoës Stelle handeln?

4 Wie sieht es bei euch in der Klasse aus? Gibt es ähnliche Verhaltensweisen?

M 6 Was heißt „selbstbestimmt“, was heißt „fremdbestimmt“?

Mit **Fremdbestimmung** ist gemeint, dass man das tut bzw. tun muss, was andere von einem wollen. Das kann durch Zwang oder Verbote geschehen, aber auch durch Überredung oder Beeinflussung, die man kaum merkt.

Mit **Selbstbestimmung** ist gemeint, dass man das tut, was man will, was man für richtig hält. Selbstbestimmung ist nur dann möglich, wenn man die Freiheit hat, über sein Handeln selbst zu entscheiden.

(Autorentext)

1 Erläutert, was man unter Fremdbestimmung und Selbstbestimmung versteht (M 6).

2 Könnt ihr Aspekte von Fremdbestimmung im Tagebucheintrag von Zoë (M 5) entdecken? Begründet eure Meinung.

M 7 Tim Bendzko: Programmiert (2013)

Heute bin ich digital, ich denke nur noch an Zahlen.
Einsen und Nullen machen meine Träume wahr,
die Welt da draußen ist mir egal.
Ich bestell ne Pizza im Netz.
Das geht heut alles wie von selbst.
Sozialer Kontakt wird überschätzt.
Ich feier ne virtuelle Party mit meinen virtuellen Fans.

Denn ich bin programmiert.
Oho, ich bin eigentlich nicht hier.
Oho, ich bin an zwei verschiedenen Orten zur selben Zeit
und das Absurde daran ist, ich bin nicht alleine hier.
Oho, wir sind alle programmiert.

Heute bin ich digital, extrem kritisch und mitteilsam.
Was ich denke, das wird auch gesagt,
mir’s egal, ob man mich nach meiner Meinung fragt.

Ich bin sowas von verliebt.
Sie ist jung und schön, genau mein Typ.
Ich verdräng für nen Moment mein Spiegelbild,
schick ihr ein Foto von nem Typ, den sie mit Sicherheit will.

Denn ich bin programmiert.
Oho, ich bin eigentlich nicht hier.
Oho, ich bin an zwei verschiedenen Orten zur selben Zeit
und das Absurde daran ist, ich bin nicht alleine hier.
Oho, wir sind alle programmiert

Oho, wir sind an zwei verschiedenen Orten zur selben Zeit
und das Absurde daran ist, ich bin nicht alleine hier.
Oho, wir sind alle programmiert.

Wie fühlen sich echte Sonnenstrahlen an?
Ich weiß es nicht mehr.
Wie fühlt sich echte Nähe an?
Ich weiß es nicht mehr.
Wie fühlt sich das echte Leben an?
Ich weiß es nicht mehr.
Wie fühlt sich echte Liebe an?
Ich weiß es nicht mehr.

Denn ich bin programmiert.
Oho, ich bin eigentlich nicht hier.
Oho, ich bin an zwei verschiedenen Orten zur selben Zeit
und das Absurde daran ist, ich bin nicht alleine hier.
Oho, wir sind alle programmiert.

Wir sind an zwei verschiedenen Orten zur selben Zeit
und das Absurde daran ist, ich bin nicht alleine hier.
Oho, wir sind alle programmiert.
Wir sind alle programmiert.

1 Tim Bendzko sieht die Nutzung des Internets und der sozialen Medien in seinem Lied „Programmiert" eher kritisch. Hört es euch an und lest den Songtext. Geht Strophe für Strophe durch und erläutert das Problem, auf das der Sänger hinweisen will. Überlegt, ob auch hier „fremdbestimmtes Verhalten" thematisiert wird.

2 Teilt ihr seine Einschätzung? Nehmt dazu begründet Stellung.

Das Internet wird nicht nur genutzt, um zwischen einzelnen Personen zu kommunizieren. Manche nutzen die sozialen Netzwerke auch, um ein Millionenpublikum damit zu erreichen. Dafür wird das Internet von Jugendlichen ganz unterschiedlich genutzt. Die Zwillinge Lisa und Lena oder auch die Lochis kennt ihr vielleicht. Diese Jugendlichen haben es zu beinahe weltweiter Berühmtheit gebracht. Doch zu der folgenden Frage herrschen unterschiedliche Meinungen.

Pro und Kontra

M 8 Sollten Kinder bei YouTube auftreten?

„Ja", sagen die Lochis, beide 17, die mit ihren Videos auf YouTube berühmt geworden sind: „Auf YouTube können sich Kinder kreativ ausprobieren." Kristin Langer vom Medienratgeber „Schau hin!" ist dagegen: „Kinder schätzen die Gefahren von YouTube falsch ein."

Dafür:	Dagegen:
Wir posten Videos auf YouTube, seit wir zwölf Jahre alt waren. Das haben wir nie bereut.	**Wenn Kinder Videos auf YouTube posten, dann steht dahinter ein Traum: berühmt zu werden.**
Denn auf YouTube haben wir viel gelernt: selbstbewusst zu sein, an unsere Träume zu glauben und nie aufzugeben. Außerdem haben wir gelernt, mit Verantwortung umzugehen. Denn die Reichweite auf YouTube ist größer, als man denkt. Deshalb muss man mit seinen Videos verantwortungsbewusst umgehen. Da hilft es, wenn die Eltern darüber Bescheid wissen, was man im Internet macht. Wir hatten am Anfang nicht damit gerechnet, dass unser Kanal so gut läuft. Unsere ersten Videos sind zwar nicht besonders toll, wir finden sie trotzdem nicht peinlich. Wir sind sogar stolz darauf und verbinden damit schöne Erinnerungen. Außerdem sehen wir uns gern an, wie wir uns in den letzten fünf Jahren entwickelt und verbessert haben. YouTube hat natürlich auch eine schlechte Seite. Gemeine Kommentare gehören leider dazu, wenn man Videos postet. Aber wenn man damit umgehen muss, dann lernt man, auch später im Leben besser mit Streit klarzukommen – und auch mal nachzugeben. Für uns war es jedenfalls die richtige Entscheidung, schon so früh mit YouTube anzufangen. Wenn man Lust darauf hat, Videos zu machen, dann sollte man es ausprobieren. Mit der Unterstützung der Eltern geht das umso besser.	Manche Kinder wollen sich auch selbst darstellen, weil sie sich Bestätigung wünschen. Ein Like fühlt sich dabei an wie ein Lob. Dabei wissen sie gar nicht, warum jemand ein Like vergeben hat. Genauso wie Likes schätzen Kinder auch Kritik oft nicht richtig ein. Schreibt jemand unter ihr Video, dass er es schlecht fand, kann ihnen das sehr wehtun. Kinder wissen, dass es ziemlich unwahrscheinlich ist, berühmt zu werden. Doch selbst wenn ihr Video viele Klicks bekommt, ist es nicht unbedingt toll, ein YouTube-Star zu sein. Denn es gibt große Firmen, die viel Geld damit verdienen, dass YouTuber für sie Werbung machen. Die Unabhängigkeit, die Kinder eigentlich an YouTube mögen, geht so ganz schnell verloren. Außerdem ist vielen Kindern überhaupt nicht klar, wie viele Menschen das Video sehen können. So kann es sein, dass sie zu viel von sich preisgeben, zum Beispiel wo sie wohnen oder Dinge, die nur die Familie etwas angehen. Das wollen sie später vielleicht rückgängig machen. Aber etwas im Internet zu löschen, ist beinahe unmöglich. Selbst wenn die Kinder das Video vom eigenen Kanal entfernen, ist es womöglich immer noch irgendwo im Netz zu finden.

(Meinung: Sollten Kinder bei YouTube auftreten?, S. 19; © Dein SPIEGEL 11/2016)

M 8 könnt ihr gut mit der folgenden Methode bearbeiten.

Methode Lerntempoduett

Schülerin bzw. Schüler A liest die DAFÜR-Spalte mit der Aufgabenstellung, Argumente herauszuarbeiten, die dafür sprechen, dass Kinder bei YouTube auftreten.

Schülerin bzw. Schüler B liest die DAGEGEN-Spalte mit der Aufgabenstellung, Argumente herauszuarbeiten, die dagegen sprechen, dass Kinder bei YouTube auftreten.

Wer mit der Aufgabe fertig ist, steht auf. Jeweils ein/eine A-Schüler/in und ein/eine B-Schüler/in bilden ein Paar. Beide stellen sich gegenseitig ihre Argumente vor.

Je zwei AB-Paare bilden eine Vierergruppe. Sie diskutieren ihre Ergebnisse und vergleichen diese mit ihrer persönlichen Einschätzung.

(Autorentext)

M 9 Soziale Medien – wichtig für die Persönlichkeitsentwicklung?

Jugendliche unterscheiden nicht zwischen digitaler und analoger Welt, die Übergänge der Lebenswelten sind fließend und gehören für sie zusammen.
Die Beziehungen und Kontakte von Jugendlichen müssen heutzutage auf sehr viel mehr Bühnen und vor einem großen Publikum koordiniert werden.

- Beim Aufbau von Beziehungen sind in der digitalen Welt vor allem die Rückmeldungen (Likes, Kommentare etc.) durch Gleichaltrige wichtig.
- Im Netz wird in Videos und auf Bildern häufig ein unrealistisches Körperideal vermittelt.
- Jugendliche können in unterschiedlichen Netzwerken verschiedene Rollen ausprobieren.
- Jugendliche müssen zwischen echten Freunden und Bekannten unterscheiden.
- Jugendliche entziehen sich im digitalen Umfeld den Kontrollen z. B. durch die Eltern.
- Über soziale Netzwerke können sich Jugendliche auch bezüglich der beruflichen Zukunft informieren, mit möglichen Arbeitgebern austauschen und vernetzen und Interessen sowie sich selbst gezielt darstellen. Das Web hat viele neue Berufsmöglichkeiten hervorgebracht.
- Über das Smartphone werden Beziehungen und Familien um neue Kanäle erweitert. In Messenger-Familiengruppen oder durch Videotelefonie besteht beispielsweise eine dauerhafte Verbindung auch über räumliche Trennung und Generationen hinweg.
- Klarheit über sich selbst finden Jugendliche in der digitalen Welt über die Beziehung und die Auseinandersetzung mit anderen. Durch Selfies stellen sie sich dar, erhalten Rückmeldungen zu neuen Kleidern und Frisuren und erfahren dadurch auch etwas über die Sicht anderer auf sie. Auch auf im Internet geäußerte Meinungen und Einstellungen bekommen Jugendliche Rückmeldungen aus ihrer Peergroup.
- Im Netz werden Nutzer mit einer großen Vielfalt an Normen und Werten [siehe auch Kapitel 1] konfrontiert, die sie mit ihren eigenen abgleichen können. Viele Werte müssen im Netz ganz neu ausgehandelt werden, z. B. das Recht auf Meinungsfreiheit: Dies bietet Chancen, aber auch Risiken.
- Eigene Ziele werden auch an Vorbildern festgemacht. Das ist nicht mehr nur das unmittelbare Umfeld, wie bspw. die Eltern oder die Peers, sondern es sind in zunehmendem Maße auch Netz-Persönlichkeiten, denen heute nachgeeifert wird. Das Internet bietet hier neben Vorbildern auch Ideen für [eigene] Lebenskonzepte.

(Stefanie Rack, Fabian Sauer: Entwicklungsaufgaben in der digitalen Welt, in: klicksafe, Handysektor [Hrsg.]: Mobile Medien – Neue Herausforderungen: Selfies, Sexting, Selbstdarstellung, 2. Auflage Juli 2018, S. 7; Landeszentrale für Medien und Kommunikation (LMK) Rheinland-Pfalz, Ludwigshafen; https://www.klicksafe.de/fileadmin/media/documents/pdf/klicksafe_Materialien/Lehrer_Always_On/Selfies_Sexting_Selbstdarstellung_Mobile_Medien_3.pdf [20.02.2020]; leicht verändert)

1 Erläutert zunächst die im Text angeführten Argumente sozialer Medien bzw. des Internets für die Identitätsentwicklung.

Blickwinkel

2 Sortiert sie anschließend danach, ob ihr sie eher als Vorteil oder eher als Nachteil empfindet, und begründet eure Meinung, ggf. auch anhand eurer eigenen Erfahrungen.

2. Gefahren im World Wide Web

3.4

Für die weitere Arbeit sollt ihr die Methode „Gruppenpuzzle“ nutzen. Die Gefahren im World Wide Web sollen in folgenden fünf Gruppen erarbeitet werden:
Gruppe A: Cybermobbing (M 10)
Gruppe B: „Hacker“, „Trojaner“ und „Viren“ (M 11, M 12)
Gruppe C: Chatrooms (M 13)
Gruppe D: Rechtsextremismus im Internet (M 14)
Gruppe E: Internetsucht bei Jugendlichen (M 15)
Haltet eure Ergebnisse jeweils zum Beispiel auf Karteikarten fest oder schreibt sie in euer Heft.

Methode Gruppenpuzzle

Das Gruppenpuzzle dient der Erarbeitung verschiedener Teilthemen. Durch das Zusammenfügen der einzelnen Teilthemen ergibt sich dann ein vollständiges „Puzzle“.

Der Ablauf:

Stammgruppen (Phase 1):
In den Stammgruppen sitzen jeweils 5 Personen, von denen jede ein eigenes Thema bearbeiten soll.

Expertengruppen (Phase 2):
Die Stammgruppen werden vorübergehend aufgelöst und je nach Teilthema werden Expertengruppen gebildet. Das Material wird gemeinsam in der Gruppe bearbeitet und so der „Expertenstatus“ erreicht.

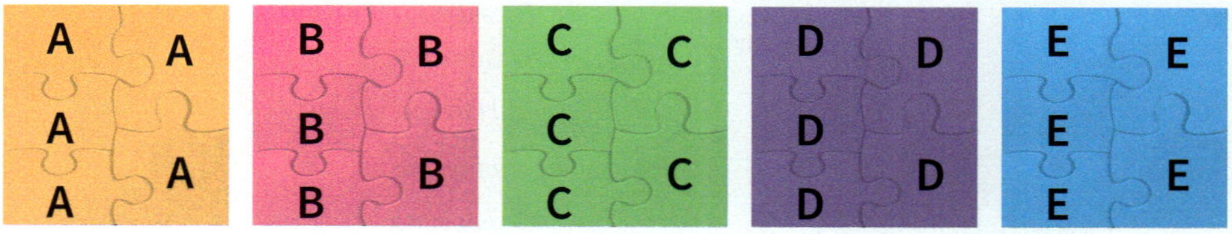

Stammgruppen (Phase 3):
Jeder Experte geht zurück in seine Stammgruppe und präsentiert dort sein erarbeitetes Wissen, sodass am Ende alle „Puzzlemitglieder“ über alle Teilthemen informiert sind.

(Autorentext)

Gruppe A: Cybermobbing

M10 „Tatort" Smartphone – Cybermobbing bei Jugendlichen

„Klassisches" Mobbing ist ein aggressives Verhalten, mit dem ein anderer Mensch **absichtlich körperlich oder psychisch über einen längeren Zeitraum geschädigt** wird. Mobbing ist in der Regel kein individuelles Problem zwischen Täter(in) und Opfer, sondern muss als Prozess betrachtet werden, an dem eine ganze Klasse oder Gruppe in verschiedenen Rollen beteiligt ist. Die Ursachen für Mobbing sind vielfältig, es kann sich praktisch überall entwickeln, wo Menschen zusammen leben, lernen oder arbeiten. Die **Anlässe für Mobbing sind häufig banal**, mitunter genügt es, dass ein späteres Opfer „anders" als die anderen ist. Dies können äußere Merkmale sein (Kleidung, Style, Sozialstatus etc.). Aber auch Verhaltens- oder Arbeitsweisen, politische, kulturelle oder religiöse Zugehörigkeiten können einen Anlass für Mobbing geben.

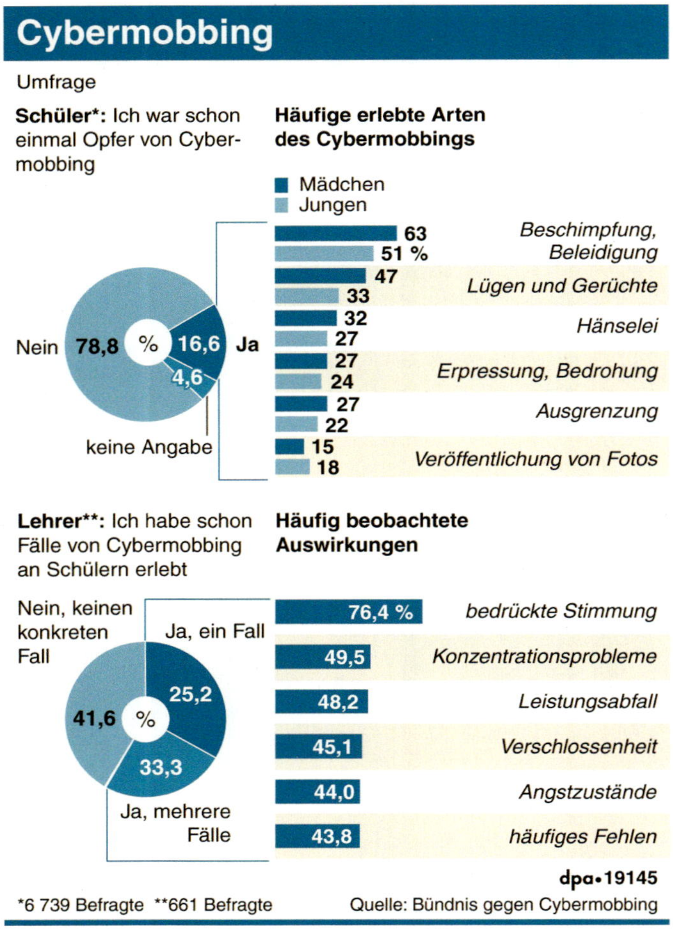

Cybermobbing ist eine Sonderform des Mobbings.

Cybermobbing weist im Grunde die gleichen Tatumstände auf, es bedient sich lediglich anderer Methoden. **Die Täter(innen) nutzen Internet- und Mobiltelefondienste zum Bloßstellen und Schikanieren ihrer Opfer.** Hierzu zählen im Internet E-Mail, Online-Communities, Mikroblogs, Chats (Chatrooms, Instant Messenger), Diskussionsforen, Gästebücher und Boards, Video- und Fotoplattformen, Websites und andere Anwendungen. Mobiltelefone werden für Mobbingaktivitäten genutzt, um die Opfer mit Anrufen, SMS, MMS oder E-Mails zu tyrannisieren. Die multimediale Ausstattung der Mobiltelefone mit Foto- und Videokamera, Sprachaufzeichnungsmöglichkeit und Internetzugang gibt jungen Menschen im Kontext des Mobbings leicht nutzbare Technologien an die Hand.

Das Internet scheint die Hemmschwelle für Mobbingaktivitäten zu senken. Viele Kinder und Jugendliche trauen sich in der scheinbar anonymen virtuellen Welt eher, eigene Angriffe gegen andere, Beleidigungen oder Bloßstellungen von Menschen zu vollziehen. Dabei gibt es einen fließenden Übergang von „Spaß" oder „Neckereien" zur Gewaltausübung im Sinne von Mobbing. Mit Aussagen wie „Das war doch nicht ernst gemeint, das war nur Spaß“ **verdeutlichen junge Menschen, dass ihnen häufig das notwendige Unrechtsbewusstsein, die erforderliche Sensibilität für ihr eigenes Handeln fehlt**. Andererseits erleben sie in Schule, sozialem Umfeld, Medien und Politik Erscheinungen und Personen, die durch vergleichbares Handeln den Eindruck entstehen lassen, dass es „in Ordnung“ sei, andere bloßzustellen oder zu beleidigen.

Beim Cybermobbing können die Täter(innen) rund um die Uhr aktiv sein, das heißt, ihre Aktivitäten erfordern keinen direkten Kontakt zum Opfer. **Die Täter(innen) finden im Internet zudem ein großes Publikum: Tausende Menschen können die Taten verfolgen, sie kommentieren oder unterstützen.** Die veröffentlichten Texte, Fotos oder Videos werden durch andere Personen weiterverbreitet und somit weiteren Menschen zugänglich gemacht. Umfang und Auswirkungen der Veröffentlichungen zum Nachteil des Opfers sind somit weder zu steuern, noch sind sie überschaubar. Da das Internet nichts vergisst, also selbst gelöschte Inhalte immer wieder auftauchen können, ist es möglich, dass das Opfer auch nach einer Beendigung des Konfliktes mit dem Täter immer wieder mit den Veröffentlichungen konfrontiert wird.

(Cybermobbing ist digitale Gewalt, © 2019 Polizeiliche Kriminalprävention der Länder und des Bundes [ProPK], Zentrale Geschäftsstelle, Stuttgart; http://www.polizei-beratung.de/themen-und-tipps/gefahren-im-internet/cybermobbing.html [20.02.2020])

1 Nennt Merkmale des Mobbings und stellt Cybermobbing als Sonderform des Mobbings dar.

2 Analysiert die Grafik im Hinblick auf die Ergebnisse der Umfrage unter Schülern und Lehrern zum Thema „Cybermobbing“.

3 Entwickelt mögliche Lösungsstrategien, wie man gegen Cybermobbing vorgehen kann.

Gruppe B: „Hacker“, „Trojaner“ und „Viren“

M 11 Spam und Viren: Krankmacher für den PC

[... Bei E-Mail-Konten] kann es passieren, dass man schnell mal eine Nachricht mit dem Betreff Mahnung erhält. Aus Sorge, etwas Wichtiges zu ignorieren, wird die Mail geöffnet und binnen von Sekunden ist unser Rechner mit Viren verseucht. Solche unerwünschten Nachrichten werden im Allgemeinen als Spam bezeichnet. Dieser enthält allerdings nur im schlimmsten Fall Viren. Meistens sind die Mitteilungen nur Werbemails. [...]

Was Viren anrichten können, haben viele schon am eigenen Leib erfahren. Unmengen an persönlichen Daten mussten gelöscht werden, weil der Computer einfach nicht mehr benutzbar war. [...] Firewalls und Antivirenprogramme bieten ... Schutz, um sich gegen Schädlinge zu verteidigen.

(TKR: Gefahren im World Wide Web: Wie schütze ich meine Kinder?, Wissen.de, 18.8.2016, Konradin Medien GmbH, Leinfelden-Echterdingen; http://www.wissen.de/gefahren-im-world-wide-web-wie-schuetze-ich-meine-kinder [20.02.2020])

M12 Achtung, hier drohen Gefahren!

Leopold Maurer

Das World Wide Web ist inzwischen so groß, dass es unmöglich zu kontrollieren ist. Und wie im wirklichen Leben gibt es in diesem Netz auch Leute, die andere bestehlen oder einfach nur etwas kaputt machen wollen.

„Hacker" Ede

Das ist einer, der in fremde Seiten von Behörden, Firmen und Privatleuten eindringt. **Hacker** Ede ist schlau und kennt sich mit Computern bestens aus. Er späht geheime Daten oder Passwörter aus und klaut zum Beispiel mit diesen Informationen Geld von fremden Bankkonten.

„Trojaner" Jo

Der Kollege von Hacker Ede ist ein Programm für den Computer, das auf den ersten Blick gar nicht so übel ist. Der **Trojaner** will aber nur spionieren, was alles auf dem Computer drauf ist. Bankdaten und geheime Aufzeichnungen werden kopiert und an denjenigen zurückgeschickt, der das Spionageprogramm losgeschickt hat. So ganz nebenbei kann Trojaner Jo die ganze Festplatte zerstören. Dort ist das „Gedächtnis" deines Computers, wo alles gespeichert ist: die Programme, die Dateien, einfach alles.

„Virus" Kalli

Ganz gemein sind **Viren**. Es gibt ganz verschiedene Typen. Eins davon ist der Wurm, der meistens mit einer E-Mail angereist kommt. Er versteckt sich in einem Anhang, den man öffnen soll. Macht man das, dann nistet sich, schwupps, der Virus in einem Programm ein und verbreitet sich in Windeseile auf der ganzen Festplatte. Es werden Dateien gelöscht oder verändert. Und er verschickt sich manchmal selber weiter an alle Adressen, die er im Computer findet.

(Hallo – Kids wissen mehr. Erst denken, dann klicken! © 2019 Polizeiliche Kriminalprävention der Länder und des Bundes [ProPK], Zentrale Geschäftsstelle, Stuttgart)

1 Listet in einer Tabelle die Gefahren auf, die mit der Internetnutzung verbunden sein können.

2 Erklärt, was mit Cyberkriminalität gemeint ist.

3 Entwickelt Lösungsstrategien, wie man gegen Spam, Viren und Trojaner vorgehen kann.

Gruppe C: Chatrooms

M13 Chatrooms: Anonymität macht sie gefährlich

[...] Natürlich möchten [Kinder und Jugendliche] mit den neuen Freunden aus der Schule Kontakt halten. Was bietet sich da besser an als ein Chatroom im Internet? Hier können sie sich untereinander über gemeinsame Erlebnisse austauschen und eventuell sogar neue „Freunde" kennenlernen.

Diese neuen „Freunde" können allerdings für eine böse Überraschung sorgen. So nutzen viele dubiose Gestalten die Chatrooms, um einen sexuellen Kontakt zu Minderjährigen aufzubauen, rassistische Ideologien zu verbreiten oder Ähnliches. Deshalb ist es wichtig, Kindern beizubringen, ihre persönlichen Daten in einem Chatgespräch nicht preiszugeben.

Zusätzlich sollten [sich Eltern und Kinder] gemeinsam ein paar Chatrooms ansehen. So bekommt man selbst einen Überblick über die Chatlandschaft und kann gemeinsam mit dem Kind entscheiden, welche Chatrooms geeignet sind.

Soziale Medien können genauso kritisch sein wie die ganz normalen Internetforen. Facebook-Profile sollten deshalb bestmöglich über die Privatsphäre-Einstellungen geschützt werden. Diese bieten unter anderem Funktionen wie das Verbergen von geposteten Inhalten oder auch das Nichtlisten in Suchmaschinen. [...]

Fallbeispiel: Die elfjährige Laura spielt gerne FarmVille auf Facebook. Als sie eines Tages von einem ihr Unbekannten eine große Menge der FarmVille-Spielwährung geschenkt bekommt, beginnt sie mit diesem zu chatten. Der Unbekannte stellt sich ihr als 14-Jähriger vor und bietet Laura an, ihr noch mehr der FarmVille-Spielwährung zu schenken, wenn sie ihm Bilder von ihrer Unterwäsche schickt.

Fallbeispiel: Markus ist 13 und spielt viele seiner Spiele über die Onlineplattform Steam. Irgendwann bekommt er eine Chatnachricht von einem User, der ihm bis dahin unbekannt war. Dieser stellt sich ihm als 14-Jährige vor, die total begeistert von seiner Spielesammlung ist und sich gerne mal zum gemeinsamen Zocken treffen möchte.

(TKR: Gefahren im World Wide Web: Wie schütze ich meine Kinder?, Wissen.de, 18.8.2016, Konradin Medien GmbH, Leinfelden-Echterdingen; http://www.wissen.de/gefahren-im-world-wide-web-wie-schuetze-ich-meine-kinder [20.02.2020]; Fallbeispiele: Auszug aus: klicksafe.de: Cyber-Grooming, Landeszentrale für Medien und Kommunikation [LMK] Rheinland-Pfalz, ohne Datum, Ludwigshafen; https://www.klicksafe.de/themen/kommunizieren/cyber-grooming/ [20.02.2020])

1 Beschreibt die Gefahren, die vom Chatten ausgehen können.

2 Erläutert die dargestellten Fallbeispiele und ergänzt diese Darstellungen ggf. um eigene Erfahrungen mit dem Chatten.

3 Entwickelt Lösungsstrategien, um sich vor den Gefahren des Chattens zu schützen.

Gruppe D: Rechtsextremismus im Internet

M14a Wie Neonazis im Netz Nachwuchs ködern

Das Internet ist heute das wichtigste Propagandamittel der Rechtsextremen. Die rechtsextremen Mechanismen sind dabei so raffiniert, dass selbst Erwachsene sie auf den ersten Blick nicht durchschauen. Jugendliche, die noch auf der Suche nach der eigenen Identität und einem (politischen) Weltbild sind, fängt man besonders leicht. Im Netz sind außerdem nicht nur praktisch alle Jugendlichen erreichbar, sondern es ist auch geradezu ideal, um rechtsextreme Inhalte […] zu vermitteln. Die Internetpräsenzen von Rechtsextremen sehen mitunter harmlos aus, modern und jugendlich – und doch ist die Ideologie [Weltanschauung] dahinter immer die gleiche: antidemokratisch, fremdenfeindlich, rassistisch. Rechtsextreme geben sich ein eher bürgerliches Erscheinungsbild, sie nehmen die politischen Themen auf, die Jugendliche ohnehin interessieren, wie Arbeitslosigkeit, Umwelt, Politikverdruss, und sie bieten eine Erlebniswelt und ein Zugehörigkeitsgefühl durch spannende Zeltlager, hippe Flashmob-Aktionen oder einen ansprechenden Kleidungsstil.

Propaganda: die schriftliche, mündliche oder auch elektronische (mobile) Verbreitung politischer, religiöser oder anderer Überzeugungen

Rechtsextremismus im Internet ist vielschichtig und multimedial. Autonome Nationalisten, die Neue Rechte, Neonazikameradschaften, die NPD, Szene-Versandhändler – sie alle nutzen die unterschiedlichen Internetdienste und verlagern ihre Anwerbeversuche zunehmend in den Social-Media-Bereich. […]

(klicksafe: Rechtsextremismus im Netz, Landeszentrale für Medien und Kommunikation [LMK] Rheinland-Pfalz, ohne Datum, Ludwigshafen; https://www.klicksafe.de/rechtsextremismus/rechtsextremismus-im-netz/ [21.02.2020])

[…] Am Dienstag hat jugendschutz.net seinen neuen Jahresbericht über rechtsextreme Hetze im Netz veröffentlicht. Die Organisation wurde 1997 von den Bundesländern gegründet und scannt das Internet nach jugendgefährdenden Angeboten. In ihrem Report warnen die Jugendschützer:

„Das Social Web ist für den modernen Rechtsextremismus das wichtigste Mittel, um Jugendliche […] mit menschenverachtenden Ideologien zu beeinflussen."

Im vergangenen Jahr sichtete das Team von jugendschutz.net allein 5.507 rechtsextreme Web-Angebote, davon befanden sich 70 Prozent auf Facebook, YouTube, Twitter, Tumblr und VK.com, einem Netzwerk aus Russland. Die Dunkelziffer des braunen Netzangebots dürfte aber weitaus höher liegen, zumal Hass und Rassismus nicht nur offen, sondern auch immer häufiger scheinbar harmlos daherkommen – eine Strategie der Rechtsextremisten, die mit ihrer Ideologie in der Mitte der Gesellschaft Fuß fassen wollen. […]

(Wie Neonazis im Netz Nachwuchs ködern, Christina Hebel, © DER SPIEGEL [online], Christina Hebel, 12.08.2014; http://www.spiegel.de/politik/deutschland/rechtsextremismus-studie-wie-neonazis-im-netz-koedern-a-985559.html [21.02.2020])

M14b Inhalte rechtsextremer Hetze im Netz

[…] Rechtsextreme Inhalte im Netz bestehen laut eines Reports von jugendschutz.net vor allem aus

- rassistischer Hetze gegen Geflüchtete,
- Falschmeldungen (sog. Fake News),

- drastischen Gewaltszenen als Propaganda,
- Verschwörungstheorien sowie
- Hassbeiträgen gegen Juden (Antisemitismus), Sinti und Roma (Antiziganismus) sowie gegen Homosexuelle (Homophobie).

[…]

(Projektbüro SCHAU HIN!: Extremismus im Netz: Rechtsextremismus, ohne Datum, WE DO communication GmbH GWA, Berlin; https://www.schau-hin.info/sicherheit-risiken/rechtsextremismus-im-netz [21.02.2020])

M14c Wie rechtsextreme Propaganda im Netz funktioniert

Nicht immer ist auf den ersten Blick ersichtlich, dass hinter gut gemachten, zeitgemäßen Seiten rechtsextreme Inhalte stecken. Das Instrumentarium der Rechtsextremen im Internet stützt sich auf einige Grundstrategien, die in den nachfolgenden Beispielen praktisch erläutert werden.

Modernes Design

Entgegen dem Bild des „ewig gestrigen Neonazis" präsentieren sich rechtsextreme Gruppen im Netz mit zeitgemäßen Auftritten. Professionelles Webdesign und eine reizvolle Optik sprechen die Sehgewohnheiten von Jugendlichen an.

Tarnung

Viele Auftritte rechtsextremer Gruppen tarnen sich durch eine vermeintliche Harmlosigkeit oder indem sie ihre ideologischen Absichten hinter einer vorgeschobenen Thematik verbergen.

Jugendliche Subkultur

Rechtsextreme knüpfen bewusst an jugendliche Subkulturen an. Sie suchen online die Nähe zu angesagten Themen und Aktivitäten, um ihre Zielgruppe zu erreichen.

[…]

Gesunder Lebensstil

Viele Jugendliche interessieren sich für Sport und Ernährungsthemen. Auch im Netz sind entsprechende Angebote unter Schlagworten wie „Food-Porn" oder „Motivation" beliebt. Einige rechtsextreme Gruppen versuchen hier anzudocken.

[…]

Aktionsorientierung

Mit ihren Aktionen, die bewusst für die spätere Verbreitung in sozialen Netzwerken konzipiert sind, versucht die rechtsextreme Szene, sich besonders rebellisch und erfolgreich zu inszenieren.

[…]

Musik

Über Musik lassen sich Jugendliche besonders leicht ködern. Auf Websites, Blogs und in sozialen Netzwerken sind rechtsextreme Musikvideos problemlos einzubinden.

(klicksafe: Praxisbeispiele – wie rechtsextreme Agitation im Netz funktioniert, Landeszentrale für Medien und Kommunikation [LMK] Rheinland-Pfalz, ohne Datum, Ludwigshafen; https://www.klicksafe.de/rechtsextremismus/praxisbeispiele-wie-rechtsextreme-agitation-im-netz-funktioniert/ [21.02.2020])

> **Ideologie:** Weltanschauung, die vorgibt, für alle gesellschaftlichen Probleme die richtige Lösung zu haben
>
> **Subkultur:** soziale, kulturelle usw. Eigenarten bestimmter gesellschaftlicher Teilgruppen

1 Beschreibt die Gefahren, die von Internetseiten mit rechtsextremistischen Inhalten ausgehen können.

2 Erläutert eigene Erfahrungen, die ihr mit Rechtsextremismus im Internet gemacht habt.

3 Entwickelt Handlungsmöglichkeiten, wie ihr mit rechtsextremistischen Inhalten auf Internetseiten umgehen könnt.

V Besonders Interessierte von euch könnten ein Referat über Rechtsextremismus halten und dafür z. B. folgenden Link verwenden: https://www.bpb.de/politik/extremismus/rechtsextremismus/. Das Materialangebot ist dort sehr reichhaltig und umfasst z. B. auch Videos.

Gruppe E: Internetsucht bei Teenagern

5.3, 5.4

M 15 Wann ist man internetsüchtig?

Heutzutage sind Computer aus unserem Leben nicht mehr wegzudenken. Schon Schulkinder brauchen für ihre Hausaufgaben öfters verschiedene Informationen aus dem Internet. In diesem Fall sind Computer sehr sinnvoll und hilfreich. Viele nutzen den Rechner aber auch zum Spielen, Surfen oder Chatten. Solange die Nutzung des Computers nur einen Teil der Freizeit ausmacht und sich die Kinder und Jugendlichen auch mit anderen Dingen beschäftigen, ist alles im grünen Bereich. Problematisch wird es, wenn bei der Nutzung des Computers das Zeitgefühl verloren geht und Mahlzeiten, Termine und schlimmstenfalls sogar Freunde vernachlässigt werden. Der Übergang zur Sucht ist meist fließend.

Wie erkennt man, ob man […] gefährdet ist?
Ein deutliches Warnzeichen ist der Leistungsabfall in der Schule. Betroffene sind oft leicht reizbar, lustlos und von anderen Aktivitäten wenig begeistert. Wenn soziale Kontakte nur noch online gepflegt werden und „echte“ Freunde immer weniger werden, kann das auch ein Hinweis auf eine Internetsucht sein. Jungen im Alter zwischen 15 und 18 Jahren sind für Computersucht besonders anfällig.
Wenn über einen längeren Zeitraum mindestens drei der folgenden Merkmale erfüllt werden, spricht man von einer Sucht.

- Kontrollverlust: Betroffene können mit dem Spielen, Surfen oder Chatten nicht mehr aufhören.
- Toleranzentwicklung: Um dieselbe Befriedigung zu erlangen, müssen Betroffene immer länger am PC bleiben.
- Entzugserscheinungen: Auf Computerverbot reagieren Betroffene oft unruhig oder aggressiv.
- Vernachlässigung des Alltags: Für Schule, Freunde oder andere soziale Aktivitäten bleibt immer weniger Zeit.

Wie kann man Internetsucht verhindern?
Eltern sollten sich von ihren Kindern immer zeigen lassen, womit sie ihre Zeit am Computer verbringen, und auch mit ihnen darüber reden. Die Bundeszentrale für gesundheitliche Aufklärung rät, dass Kinder unter 3 Jahren nicht am Computer spielen sollten. Im Alter zwischen 3 und 5 Jahren sollte die Zeit am Computer täglich nicht mehr als 30 Minuten betragen. Kinder bis 10 Jahre sollten höchstens 1 Stunde am Tag am Computer verbringen und es sollte immer ein Elternteil dabei sein. Bei Jugendlichen kann man ein Wochenbudget für die Zeit am Computer von beispielsweise 8 Stunden vereinbaren. Eine tägliche Computernutzung von über 4 Stunden ist bei Jugendlichen schon bedenklich.

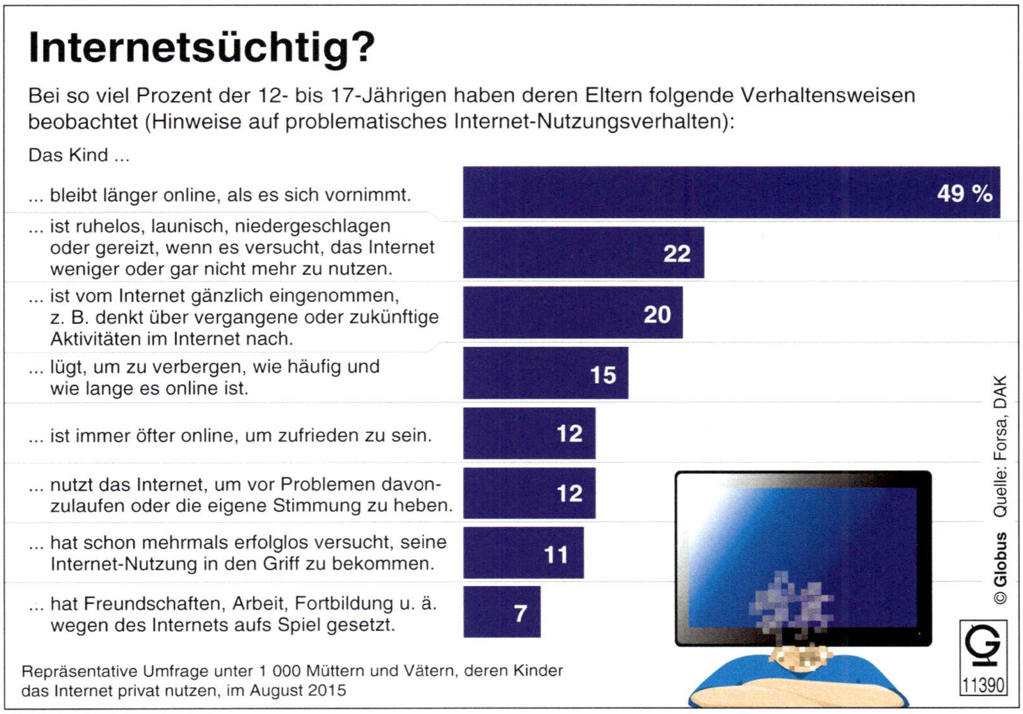

Kinder und Onlinespiele

Beim altersgerechten Umgang mit Onlinespielen helfen folgende Tipps:

- Klare Regeln vereinbaren: Es sollten [...] klare Regeln und Zeiten für die Computernutzung vereinbart werden, die dann auch eingehalten werden müssen. Außerdem sollte die Zeit vor dem Fernseher mit berücksichtigt werden.
- Auf die Spiele schauen: Passende Onlinespiele sollten gemeinsam mit dem Kind ausgesucht werden. Eltern sollten sich einen Überblick über den Inhalt der Spiele verschaffen.
- Auf das Kind schauen: Eltern sollten darauf achten, welche Spiele das Kind nutzt und ob es dadurch sein Verhalten ändert. Kinder reagieren unterschiedlich auf die Anforderungen oder Darstellungen in den Spielen.
- Mit dem Kind spielen: Elektronische Spiele sollten gemeinsam genutzt werden. Eltern sollten sich die Spiele, die das Kind spielt, erklären lassen.

(Redaktion kinder-themen.net: Internetsucht bei Teenagern, © 2014 kinder-themen.net; http://www.kinder-themen.net/Ratgeber-Schulkinder/internetsucht-bei-teenagern.html [21.02.2020])

1 Stellt dar, wie in diesem Text – der sich an Eltern richtet – beschrieben wird, wie sich Internetsucht entwickeln kann und welche Gefahren davon ausgehen können.

2 Erläutert die Hinweise auf problematisches Internet-Nutzungsverhalten.

3 Entwickelt Handlungsmöglichkeiten, wie man Internetsucht vorbeugen kann.

V Der Text M 15 richtet sich an Eltern. Beachten eure Eltern diese Tipps, gehen sie auch so vor? Habt ihr noch weitere nützliche Tipps?

Überlegt nach der Durchführung des Gruppenpuzzles, wie ihr die zusammenfassenden Ergebnisse am besten präsentieren könnt. Ihr könnt zum Beispiel einen Blog-Eintrag verfassen, eine Website konzipieren, einen zusammenhängenden Text schreiben, eine PowerPoint-Präsentation machen …

Was ihr jetzt wissen und können solltet:

- ✓ M S U H das Posten von Bildern im Netz unter verschiedenen Blickwinkeln beurteilen;
- ✓ M S U H erläutern und bewerten, welche Bedeutung soziale Medien für die Identitätsentwicklung haben;
- ✓ M S U H den Unterschied zwischen Selbst- und Fremdbestimmung erläutern;
- ✓ M S U H Fachbegriffe korrekt definieren;
- ✓ M S U H Chancen und Risiken bei der Nutzung neuer Medien als Kommunikationsmittel erläutern und beurteilen;
- ✓ M S U H unterschiedliche Maßnahmen zum Umgang mit Cybergewalt, Cyberkriminalität, Internetsucht und rechtsextremistischer Propaganda entwickeln und diskutieren;
- ✓ M S U H Ergebnisse strukturiert präsentieren;
- ✓ M S U H Grafiken auswerten und zwischen Beschreibung und Interpretation unterscheiden;
- ✓ M S U H die eigene Position vertreten und dabei auch andere Positionen anerkennen;
- ✓ M S U H Karikaturen beschreiben und auswerten

Was ihr wisst – was ihr könnt – wie ihr es seht

1. Eine Karikatur: Gefahren im Internet

MSUH

a Beschreibt die Karikatur.

b Benennt das Problem, das dargestellt wird.

c Analysiert die Absicht, die der Karikaturist mit seiner Darstellung zum Ausdruck bringen möchte.

d Beurteilt, ob die Karikatur gelungen ist (in Bezug auf das Thema und auf die Art der Darstellung).

Christian Möller

2. Fremdbestimmung durch soziale Medien

MSUH

Der soziale Druck der Gesellschaft wird zunehmend von Werbung und den sozialen Medien angefeuert. Das Schwierige dabei ist, dass die psychologischen Tricks der Medien immer raffinierter werden, um unser Unterbewusstsein zu erreichen, sodass wir Fremdbestimmung gar nicht mehr aktiv wahrnehmen können:

- Man kauft sich Gegenstände, die man sich gar nicht leisten kann.
- Es wird Essen gepostet, anstatt es zu genießen.
- Im Urlaub wird der Standort geteilt und eine Story erstellt, anstatt sich zu erholen und die Momente zu genießen.
- Das Selbstbewusstsein wird von oberflächlichen Klicks abhängig gemacht und nicht von der Meinung echter Freunde und der Familie.
- Man kleidet sich so, dass man anderen gefällt und nicht sich selbst.
- Es werden Fitnessprogramme gestartet, um andere zu beeindrucken, und nicht, um sich wohler zu fühlen und etwas für seine Gesundheit zu tun.
- Man pflegt viele falsche Freundschaften, anstatt wenige echte und dafür wertvolle.
- Partner werden nach den Profilbildern ausgesucht und nicht nach der Persönlichkeit.
- Man vergleicht sein äußeres Erscheinungsbild und sein Verhalten mit Models und Filmstars, die im Extremfall sogar nicht einmal real sind.

(Daniel Weiß: Warum Du fremdbestimmt bist und wie Du Dich davon lösen kannst, Be-Rocket.de, 15.12.2018, Leipzig; https://be-rocket.de/warum-du-fremdbestimmt-bist-und-wie-du-dich-davon-losen-kannst/ [21.02.2020])

a Diskutiert in einer kleinen Gruppe, ob ihr die Beispiele als „fremdbestimmtes Verhalten" anerkennen würdet.

b Jeder für sich: Überprüft euer eigenes Verhalten daraufhin, ob ihr Gefahr lauft, auch eher „fremdbestimmt" zu handeln. Überlegt, wie ihr das ggf. ändern könnt.

Wenn ihr noch mehr lernen wollt ...

D1 Normales Ärgern unter Mitschülern oder bereits kriminelles Handeln?

Fall 1: Seit Wochen erhält die 14-jährige Sarah über einen Messenger-Dienst beleidigende Nachrichten von ihrem 15-jährigen Mitschüler Leon. Sarah hat Leon schon mehrmals gebeten, das zu unterlassen.

Fall 2: Tom und Bastian, Schüler in der 8. Klasse, haben eine neue Pausenbeschäftigung, die ihnen großen Spaß macht: Sie filmen ihre Mitschüler heimlich auf dem Pausenhof und laden die Filme im Internet hoch. Nun machen sich viele Nutzer lustig über einige der Mitschüler.

Cybermobbing selbst ist kein Straftatbestand. Aber in Cybermobbing vereinigen sich einzelne Straftaten – das ist vielen Tätern/Täterinnen nicht bewusst. Beleidigungen, Drohungen oder die scheinbar harmlose Verbreitung von Bildern und Videos können ernsthafte Folgen auch für den oder die Täter haben. Grundsätzlich sind Kinder unter 14 Jahren strafunmündig. Bei Jugendlichen im Alter von 14 bis 17 Jahren steht nicht die Bestrafung, sondern der Erziehungsgedanke im Vordergrund. In Betracht kommen in erster Linie erzieherische Weisungen und Auflagen im Sinne des Jugendgerichtsgesetzes (JGG). [...]

(Täter von Cybermobbing machen sich strafbar, Polizeiliche Kriminalprävention der Länder und des Bundes [ProPK], Zentrale Geschäftsstelle, ohne Datum, Stuttgart; https://www.polizei-beratung.de/themen-und-tipps/gefahren-im-internet/cybermobbing/folgen-fuer-taeter/ [21.02.2020])

Auszüge aus dem Strafgesetzbuch:

Beleidigung [§ 185]

Die Beleidigung wird mit Freiheitsstrafe bis zu einem Jahr oder mit Geldstrafe und, wenn die Beleidigung mittels einer Tätlichkeit begangen wird, mit Freiheitsstrafe bis zu zwei Jahren oder mit Geldstrafe bestraft.

Üble Nachrede [§ 186]

Wer in Beziehung auf einen anderen eine Tatsache behauptet oder verbreitet, welche denselben verächtlich zu machen oder in der öffentlichen Meinung herabzuwürdigen geeignet ist, wird, wenn nicht diese Tatsache erweislich wahr ist, mit Freiheitsstrafe bis zu einem Jahr oder mit Geldstrafe und, wenn die Tat öffentlich oder durch Verbreiten von Schriften (§ 11 Abs. 3) begangen ist, mit Freiheitsstrafe bis zu zwei Jahren oder mit Geldstrafe bestraft.

Verleumdung [§ 187]

Wer wider besseres Wissen in Beziehung auf einen anderen eine unwahre Tatsache behauptet oder verbreitet, welche denselben verächtlich zu machen oder in der öffentlichen Meinung herabzuwürdigen [...] geeignet ist, wird mit Freiheitsstrafe bis zu zwei Jahren oder mit Geldstrafe und, wenn die Tat öffentlich, in einer Versammlung oder durch Verbreiten von Schriften (§ 11 Abs. 3) begangen ist, mit Freiheitsstrafe bis zu fünf Jahren oder mit Geldstrafe bestraft.

(Strafgesetzbuch [StGB], Ein Service des Bundesministeriums der Justiz und für Verbraucherschutz sowie des Bundesamts für Justiz – www.gesetze-im-internet.de, Stand: 20.11.2019; https://www.gesetze-im-internet.de/stgb/StGB.pdf, S. 102 f. [21.02.2020])

Auszüge aus dem Grundgesetz der Bundesrepublik Deutschland:

Artikel 1

(1) Die Würde des Menschen ist unantastbar. Sie zu achten und zu schützen ist Verpflichtung aller staatlichen Gewalt.

Artikel 2

(1) Jeder hat das Recht auf die freie Entfaltung seiner Persönlichkeit, soweit er nicht die Rechte anderer verletzt und nicht gegen die verfassungsmäßige Ordnung oder das Sittengesetz verstößt.

(2) Jeder hat das Recht auf Leben und körperliche Unversehrtheit. Die Freiheit der Person ist unverletzlich. In diese Rechte darf nur auf Grund eines Gesetzes eingegriffen werden.

Artikel 5

(1) Jeder hat das Recht, seine Meinung in Wort, Schrift und Bild frei zu äußern und zu verbreiten und sich aus allgemein zugänglichen Quellen ungehindert zu unterrichten. Die Pressefreiheit und die Freiheit der Berichterstattung durch Rundfunk und Film werden gewährleistet. Eine Zensur findet nicht statt.

(2) Diese Rechte finden ihre Schranken in den Vorschriften der allgemeinen Gesetze, den gesetzlichen Bestimmungen zum Schutze der Jugend und in dem Recht der persönlichen Ehre.

(Deutscher Bundestag, Berlin; https://www.bundestag.de/parlament/aufgaben/rechtsgrundlagen/grundgesetz/gg_01-245122 [21.02.2020])

1 Ordnet die Verstöße in den beiden Fallbeispielen dem jeweiligen Paragraphen des Strafgesetzbuches und den Artikeln des Grundgesetzes zu und begründet.

2 Formuliert für die in Aufgabe 1 nicht zugeordneten Paragraphen jeweils selbst Fallbeispiele, in denen deutlich wird, dass gegen geltendes Recht verstoßen wird.

3 Damit ein Handeln strafrechtlich verfolgt wird, muss man selbst Anzeige bei der Polizei erstatten. Erkläre, weshalb Opfer von Cybermobbing oft keine Anzeige erstatten.

4 In Schweden wurden Eltern verurteilt, weil ihre Kinder im Netz andere gemobbt haben. Erörtert das Pro und Kontra dieser Maßnahme.

5 Gestaltet für eure Schule – ggf. zu zweit – einen Flyer, mit dem über die gesetzlichen Regelungen beim Cybermobbing informiert wird.

D2 Cookies

1 Erklärt, was man unter Cookies versteht und wie sie funktionieren.

2 Erläutert die dargestellten Tipps im Umgang mit Cookies.

3 Berichtet von eigenen Erfahrungen mit Cookies.

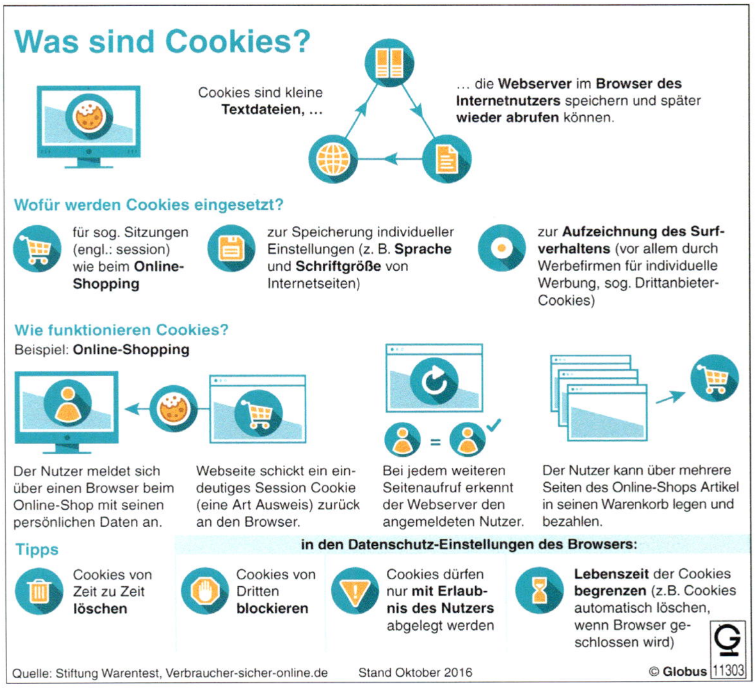

3

Von wegen Schlaraffenland! – Wie Märkte die Wirtschaft lenken

Darum wird es gehen

Wofür hat die Wirtschaft eines Landes zu sorgen? – Antworten auf diese Frage sollt ihr im ***ersten Abschnitt*** *dieses Kapitels erarbeiten. Ja, ein Leben im Schlaraffenland wäre schön, ist aber in der Realität eher nicht zu finden. Ausgehend von diesem Beispiel wird erklärt, wofür die Wirtschaft eines Landes zuständig ist und wie es gelingen kann, (fast) alle Wünsche der Menschen zu erfüllen, auch wenn sie nicht im Schlaraffenland wohnen.*

Millionen von Menschen treffen tagtäglich Entscheidungen, die mit der Herstellung, dem Verkauf und dem Kauf von Gütern zu tun haben. Aber wie gelingt es, dass alles ineinandergreift und aufeinander abgestimmt ist und es nicht zu einem Chaos kommt? Wer koordiniert all diese Entscheidungen und Handlungen? Das ist die Frage, der im ***zweiten Abschnitt*** *nachgegangen wird. Wir leben in einer Marktwirtschaft, das wisst ihr bereits. Wann spricht man von Märkten, welche unterschiedlichen Formen gibt es und wie haben sie sich im Laufe der Zeit entwickelt? Diese Fragen werdet ihr zum Teil selbst anhand einer Präsentation, die ihr erstellen sollt, beantworten und feststellen, dass im Laufe der Jahrhunderte eine enorme Veränderung stattgefunden hat, nämlich vom Bauernmarkt des Mittelalters zu den digitalisierten Märkten des 21. Jahrhunderts.*

Im ***dritten Abschnitt*** *geht es um einen Markt, der im Zuge der Digitalisierung eine besondere Bedeutung erlangt hat: den Online-Markt. Dieser Markt verändert vieles: das Verhalten der Konsumenten, aber auch die Fußgängerzonen in den Innenstädten. Warum, das sollt ihr in diesem Abschnitt erarbeiten und außerdem Überlegungen anstellen, wie die Unternehmen und auch die Politiker sich auf diese Veränderungen einstellen könnten.*

Im ***vierten Abschnitt*** *sollt ihr euch noch einmal mit der Funktion des Geldes in der Wirtschaft beschäftigen. Außerdem lernt ihr ein Instrument kennen, mit dem man sich einen Überblick darüber verschaffen kann, mit welchen Aktionen die Menschen in Haushalten und Betrieben z. B. im Laufe eines Jahres zur Wirtschaft beigetragen haben, in welchen wirtschaftlichen Beziehungen sie zueinander gestanden haben und wie viel Geld dabei geflossen ist. Dazu wird ein Modell genutzt, nämlich das Modell des Wirtschaftskreislaufs.*

1. Was die Wirtschaft leisten muss

Zum Einstieg:

M1 Das Leben im Schlaraffenland

Es gibt ein fernes merkwürdiges Land, in das viele Leute gern auswandern wollten, wenn sie den Weg dahin wüssten. Wer das Land betreten will, muss sich erst durch einen großen Berg von Reisbrei essen. Danach sieht er wunderbare Dinge: Die Häuser sind aus Braten gebaut und die Dächer mit Pfannkuchen gedeckt. Die Gartenzäune bestehen aus warmen Würstchen. In den Bächen fließt Milch und am Rand der Bäche stehen Büsche, auf denen frische Brötchen wachsen. Aus den Brunnen fließt guter Wein, und die Steine auf dem Weg sind Käse. Tauben, Hühner und Gänse fliegen gebraten in der Luft herum und den Hungrigen gerade in den Mund hinein. Auch Schweinchen laufen herum, fertig gebraten zum Essen. Die Fische in den Seen sind schon gekocht oder gebraten und kommen ans Ufer, damit man sie leichter fangen kann. Es regnet nicht Wasser, sondern Honig, und es schneit Zucker. Die schönsten Kleider und Schuhe wachsen auf den Bäumen, man braucht sie nur herunterzuschütteln.

(Thema im Unterricht/Extra: Wirtschaft für Einsteiger, Arbeitsblatt 01: Das Geld reicht nie … – Das Problem der Knappheit, Bundeszentrale für politische Bildung, Bonn, Oktober 2018; Verf.: Bruno Zandonella)

So stellt man sich das Leben im Schlaraffenland vor! Aber warum kann in der Wirklichkeit ein solches Leben nicht funktionieren?

Bildet Gruppen von jeweils drei bis vier Personen und listet auf, was eurer Meinung nach wirtschaftlich geregelt werden muss, damit Dinge für das alltägliche Leben zur Verfügung stehen – wofür muss die Wirtschaft sorgen? Versucht anschließend, Oberbegriffe für eure Nennungen zu finden, und fertigt dazu ein Plakat an. Stellt eure Ergebnisse im Plenum vor und ergänzt ggf. das Plakat.

Mögliche Leitfragen:

- *Wer produziert Güter?*
- *Welche Güter sollen produziert werden?*
- *…?*

M2 Die drei großen Fragen der Wirtschaft

Wovon hängt es eigentlich ab, was du oder deine Eltern morgen im Supermarkt kaufen können? Und wer hat eigentlich entschieden, was dort angeboten wird?
Für diese und ähnliche Fragen haben Wissenschaftler, die sich mit dem beschäftigen, was in der Wirtschaft geschieht, Antworten gesucht und auch gefunden. Die Ökonomen, so heißen diese Wissenschaftler, meinen, jedes Land auf der Welt muss für sich „die drei großen Fragen" der Wirtschaft beantworten. Diese Fragen lauten:

1. Was und wie viel soll von einer Sache hergestellt und angeboten werden?
Mit dieser Frage schlagen sich Betriebe wie die Bäckerei herum – Kuchen oder Brot? – genauso wie andere Unternehmen oder Regierungen rund um den Globus: Soll Erdöl

für die Herstellung von Benzin genommen werden oder für die Produktion von Plastikblumen? Soll aus Stahl ein Auto werden oder ein Taschenmesser? Soll auf dem Grundstück in der Innenstadt eine Schule, eine Bank oder eine Diskothek gebaut werden?

2. Wer übernimmt die Herstellung?
Der Bäcker oder die Brotfabrik? Japan oder Deutschland? Brasilien oder Mecklenburg-Vorpommern? Die Regierung oder ein Privatunternehmen?

3. Wie kann alles verteilt werden? Wer kriegt wie viel von was?
Diese Frage zu beantworten ist nicht einfach! Wer soll die Entscheidungen treffen? Was muss dabei beachtet werden und welche Folgen haben die getroffenen Entscheidungen? Mit diesen Fragen sollt ihr euch in den nächsten Materialien beschäftigen.

(Autorentext nach: Winand von Petersdorff: Das Geld reicht nie – Ein Wirtschaftsbuch für Jugendliche, Frankfurter Allgemeine Buch, Frankfurt am Main 2007, S. 12 f.)

1 Vergleicht nun eure Ergebnisse zu M 1 mit den in M 2 formulierten „drei großen Fragen“ an eine Wirtschaft. Welche Gemeinsamkeiten, welche Unterschiede stellt ihr fest?

2 Erläutert die drei Fragen anhand weiterer Beispiele.

Die Antworten auf diese Fragen werden maßgeblich davon beeinflusst, wie mit folgenden Tatsachen umgegangen wird:
Jeder von uns wird immer wieder mit den Erfahrungen von **Knappheit** und **Kosten** konfrontiert, die dazu zwingen, Entscheidungen zwischen unterschiedlichen Möglichkeiten zu treffen. Und jede dieser Entscheidungen wird sehr folgenreich sein. Warum das so ist, soll am Beispiel von Paul, seiner Schwester Emma und ihren Eltern verdeutlicht werden.

M 3 Das Leben ist kein Wunschkonzert – von der Knappheit und den Kosten

Fallbeispiel

Paul, Emma und ihre Eltern sind ausgewandert und haben auf ihrer Wunschinsel ein neues Leben begonnen.
Die Eltern wollen für die Familie ein Haus bauen, damit sie wieder ein eigenes Dach über dem Kopf haben, und sie wollen es sich gemütlich einrichten. Der Vater will als Tischler arbeiten und kann damit das Geld verdienen, das die Familie benötigt, um die Handwerker zu bezahlen und etwas zu sparen, damit das Haus eingerichtet werden kann. Die Mutter hat ebenfalls Arbeit gefunden; sie arbeitet bei einer Bank und berät deren Kunden über Kreditmöglichkeiten.
Paul hat sich einer Fußballmannschaft angeschlossen, die zweimal in der Woche trainiert, und seine Schwester Emma spielt Tennis in einer Mädchenmannschaft. Als Familie wollen sie auch gerne wieder gemeinsam Sport machen, z. B. mindestens einmal in der Woche zehn Kilometer joggen. Doch die Schule beansprucht sehr viel Zeit, Paul geht in die 8. Klasse, Emma in die 7. Der Stundenplan ist recht umfangreich, es werden aber auch interessante AGs angeboten, z. B. Surfen oder Überlebenstraining. Beide benötigen leider viel Zeit für ihre Hausaufgaben; dabei würden sie gerne mehr Zeit mit ihren Freundinnen und Freunden verbringen, die sie mittlerweile gefunden haben. Es gibt auch einen Supermarkt auf der Insel, den Paul und Emma gern aufsuchen, denn das Angebot kann sich sehen lassen: Es reicht von Lebensmitteln bis hin zu Kleidung, Sportartikeln und Elektronik. Paul und Emma möchten unbedingt neue Sportkleidung haben und ein aktuelles Tablet, das sie sich allerdings selbst verdienen müs-

sen, z. B. mit Babysitten, Zeitungen austragen, Nachhilfe geben, je nachdem, was gerade gefragt ist. Wichtig für sie ist auch, dass sie ihr Sparkonto auffüllen können. Die Eltern arbeiten selbst sehr viel, sodass sie für sich und ihre Freunde ebenfalls wenig Zeit haben; sie möchten aber vor allem im nächsten Sommer in das neu eingerichtete, eigene Haus einziehen. Der Vater kann zwar viel selber machen, aber nicht alles. Es geht also nicht ohne Geld, das verdient werden muss; die Mutter macht sogar häufig Überstunden.

Alle in der Familie haben somit dasselbe Problem: Die Wünsche sind zahlreich, und **Zeit und Geld** sind knapp. Genauso ergeht es fast allen Menschen – nicht nur auf der Insel! Die Wünsche sind zahlreicher als die Möglichkeiten und Mittel, diese zu erfüllen.

Dieses Phänomen nennen die Wirtschaftswissenschaftler **Knappheit**. Es ist das Knappheitsproblem, das gelöst werden muss, denn alle Menschen wollen immer mehr von irgendetwas: mehr Zeit, mehr Möbel, mehr Autos, mehr Gesundheit, mehr Liebe, mehr Computer, mehr saubere Luft, mehr Ferien, mehr Schokolade oder Hamburger.

Es ist die Knappheit, die Paul und alle anderen zwingt, Entscheidungen zu treffen: Sie können nicht alles haben, aber was wollen sie am liebsten haben und auf was können sie verzichten? Sie werden für die Erfüllung eines Wunsches auf etwas anderes verzichten müssen: das Geld, das das neue Haus gekostet hat, kann nicht für etwas anderes verwendet werden. Geht Paul zum Fußballtraining, kann er nicht Babysitten und damit Geld verdienen. Emma ergeht es ebenso, wenn sie zum Tennistraining geht.

Jede Entscheidung **für etwas** ist eine Entscheidung **gegen etwas** und kostet: entweder Geld oder Zeit oder materielle Ressourcen. Dies ist einer der wichtigsten Gedanken der Wirtschaft. Die Ökonomen sagen: **Jede Entscheidung erzeugt „Opportunitätskosten“**, Kosten für etwas, was in der gegenwärtigen Situation „opportun“ (lat.: zweckmäßig, angebracht) ist. Mit diesem Wort meinen sie nicht unbedingt Geldbeträge. Kosten sind in einem umfassenderen Sinn gemeint: Sie bezeichnen den Wert einer entgangenen Möglichkeit (des Nutzens, den ein anderes, nicht gewähltes Gut erbracht hätte).

Die Entscheidung für das Fußballtraining „kostet“ Paul die Möglichkeit, Geld zu verdienen oder etwas anderes zu tun. Mit anderen Worten: Die Kosten entstehen, weil man sich entscheiden muss, weil man nicht alles haben kann. Das Leben ist eben kein Wunschkonzert. Es ist nicht alles unendlich vorhanden.

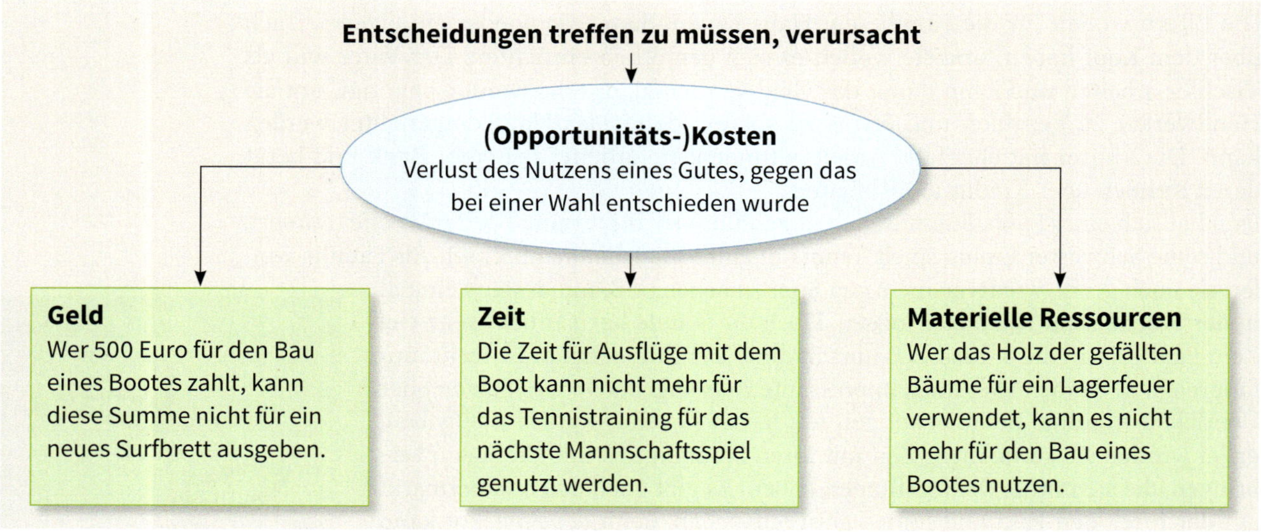

(Autorentext und -grafik)

1 Beschreibt zunächst die Situation der Familie (Z. 1–27).

2 Erläutert das Knappheitsproblem und was unter „Opportunitätskosten“ zu verstehen ist.

3 Schreibt nun einen Text, in dem ihr von euren persönlichen Knappheitsproblemen berichtet und darstellt, welche Opportunitätskosten ihr in der letzten Zeit in Kauf nehmen musstet.

4 Knappheitsproblem und Opportunitätskosten werden auch als Triebfeder wirtschaftlichen Handelns angesehen. Begründet, warum man das so sehen kann.

„Triebfeder“ ist ein Begriff aus dem technischen Bereich: Das ist eine Feder, die etwas zum Antrieb bringt, z. B. in einem Uhrwerk. Der Begriff wird aber sehr häufig auch im übertragenen Sinne verwendet, und zwar im Sinne von Anlass, Ursache, Grund.

Im Folgenden wird es nicht mehr um die Ebene gehen, auf der Einzelpersonen für sich Entscheidungen treffen.
Jetzt lautet die Frage: Wie kann es in einer Gesellschaft, in der mehrere Millionen Menschen jeden Tag unzählige Entscheidungen treffen, gelingen, alle individuellen Entscheidungen zu erfassen und irgendwie „unter einen Hut zu bringen“, damit alle Wünsche befriedigt werden können? Denn das soll die Wirtschaft eines Landes ja leisten.

M 4 Ein Koordinator muss her

Wenn es auch schwerfallen mag, so kann doch jeder für sich entscheiden, wie er sein Knappheitsproblem löst, wie er mit seinem Geld und seiner Zeit umgeht und wofür er sich im Zweifel entscheidet, wenn er dabei auch auf anderes verzichten muss.
Doch: Wo werden all diese Einzelentscheidungen notiert, gesammelt oder verwertet, damit die Wirtschaft eines Landes „weiß“, wann wo und wie viel zur Verfügung stehen muss? Und wer sorgt dafür, dass mit den knappen Gütern sorgsam umgegangen wird und eine Verteilung erfolgt, die sinnvoll und für alle zufriedenstellend ist? Wer sorgt dafür, dass nicht alles im Chaos endet?
Wirtschaftswissenschaftler bieten dafür **zwei Möglichkeiten** an:
1. Entweder übernimmt eine **zentrale Planungsbehörde** im Auftrag des Staates diese Aufgabe und bestimmt, wer welches Getreide anbaut, wie viel Mehl gemahlen und wie viel Brot gebacken und wie es verteilt wird. Dieses System nennt man **Planwirtschaft**; denn es muss langfristig geplant werden, was die Menschen in einem Land wohl brauchen. Doch man hat festgestellt – z. B. auch in der ehemaligen DDR (Deutsche Demokratische Republik) –, dass solche zentralen Planungsbehörden es nicht so gut schaffen, die Menschen eines Landes mit allem zur rechten Zeit zu versorgen.
2. In den meisten Ländern herrscht deshalb ein anderes System: das System der **Marktwirtschaft**. Das ist die zweite Möglichkeit, die Menschen mit den gewünschten Gütern und Dienstleistungen (z. B. Friseurbesuch) zu versorgen.
Die ganze Wirtschaft wird als Marktplatz angesehen, auf dem Käufer und Verkäufer sich treffen und Preise für Dinge aushandeln, die sie kaufen und verkaufen wollen. Es ist hier der **Markt**, der die wirtschaftlichen Aktivitäten koordiniert. Die Freiheit des Einzelnen wird als oberstes Prinzip angesehen: Jeder darf kaufen, was er möchte, und arbeiten, wo und als was er möchte, Unternehmer und Konsumenten können frei über ihr Geld verfügen und frei entscheiden, ob sie konsumieren, sparen oder investieren möchten. Es gilt das Recht auf Privateigentum, und jeder hat auch das Recht auf eine freie Berufswahl.
(Autorentext)

Dienstleistungen: Hierbei wird nichts hergestellt, aber auch eine Leistung erbracht; es gibt personenbezogene Dienstleistungen (z. B. Arztbehandlung, Friseurbesuch) und sachbezogene Dienstleistungen (z. B. Autoreparatur).

1 Erläutert, warum alle wirtschaftlichen Aktivitäten koordiniert werden müssen (M 4).

2 Erläutert kurz die beiden unterschiedlichen Prinzipien einer planwirtschaftlich und einer marktwirtschaftlich organisierten Wirtschaft.

2. Der Markt als Lenker des Geschehens

M5 Wie auf dem Markt Preise und neue Angebote entstehen

Um das System der **Marktwirtschaft** besser zu verstehen, gehen wir einmal auf einen Wochenmarkt. Dort bieten zehn Händler Äpfel an. Alle haben die gleiche Sorte in der gleichen Größe, ein Apfel sieht aus wie der andere. Doch ein Verkäufer verlangt 1,50 Euro pro Kilo, drei fordern 1,45 Euro, vier wollen 1,40 Euro für die gleiche Menge, und bei zwei Händlern beträgt der Preis 1,38 Euro. Logisch, dass die beiden Apfelverkäufer, die 1,38 Euro verlangen, ihre Ware als Erste verkauft haben. Erst wenn es keine Äpfel zu 1,38 Euro mehr gibt, wenden sich die Käufer dem Stand mit den nächstbilligen Preisen zu. Nach wenigen Stunden haben sechs Apfelhändler ihr Obst verkauft, nur die vier teuersten sind auf ihrer Ware sitzen geblieben. Sie haben nun die Wahl: Entweder sie warten weiter, oder sie senken die Preise, um ihre Äpfel verkaufen zu können. Da sie auch Geld verdienen wollen, bieten sie das Obst nun ebenfalls für 1,40 Euro oder sogar für 1,38 Euro an.

Am nächsten Tag sind wieder zehn Apfelhändler auf dem Markt, die alle 1,38 Euro für ihre Ware verlangen. Plötzlich taucht ein neuer Verkäufer auf, der Bananen anbietet. Und zwar für 2 Euro das Kilo. Da die Käufer Äpfel schon etwas langweilig finden, stürzen sie sich auf die Bananen, obwohl sie teurer sind als die Äpfel. Im Handumdrehen ist der Tisch des Bananenhändlers leer. Die Apfelverkäufer sind frustriert, weil ihr Geschäft trotz einheitlicher Preise kaum in Gang kommt. Schließlich senken sie ihre Preise auf 1 Euro, um doch noch Käufer anzulocken. Alle zehn verdienen deutlich weniger als am Vortag. Vier von ihnen entscheiden deshalb schnell, am nächsten Tag auch Bananen anzubieten, und zwar zum gleichen Preis wie der Bananenmann. Doch sie haben den Appetit der Kunden auf Bananen überschätzt. Es gibt nicht fünfmal so viele Käufer, die bereit sind, 2 Euro für ein Kilo Bananen zu zahlen. Also müssen alle die Preise senken, bis sie genügend Abnehmer für ihre Bananen finden.

Diese Geschichte zeigt zweierlei:

Erstens: Wenn mehrere Händler die gleiche Ware anbieten und genug davon vorhanden ist, sinken die Preise auf das für die Käufer günstigste Niveau, das den Händlern aber noch erlaubt, einen kleinen Gewinn aus ihren Geschäften zu erwirtschaften.

Zweitens: Wenn die Verkäufer frei entscheiden können, versuchen sie, ihr Angebot durch neue Produkte zu erweitern, um ihren *Profit [Gewinn]* zu erhöhen. Wenn die Profite groß genug sind, werden auch andere Händler angelockt, die ebenfalls diese neuen Produkte verkaufen. Es entsteht **Wettbewerb**. Vom Wettbewerb haben auch die Käufer etwas: eine größere Auswahl zu den günstigsten Preisen.

(Christine Oppermann: Nachgefragt: Wirtschaft, Basiswissen zum Mitreden, Loewe Verlag, Bindlach 2003, S. 16)

Gewinn: Der Gewinn ist das Maß für den wirtschaftlichen Erfolg eines Unternehmens. Ein Unternehmen macht Gewinn, wenn es am Ende des Jahres einen Überschuss erwirtschaftet hat, das heißt, wenn die Einnahmen höher sind als die Ausgaben. Das ist für jedes Unternehmen überlebenswichtig. Denn nur dann, wenn ein Überschuss erwirtschaftet wurde, steht auch wieder Geld für neue Anschaffungen und für die Entwicklung neuer Produkte zur Verfügung. Außerdem will ja auch der Unternehmer etwas verdienen. Ein Einkommen bezieht er aus dem Gewinn.

(Was ist Was? special: Wirtschaft, Tessloff Verlag, Nürnberg 2002, S. 33 f.)

Erklärt, welche Interessen sich auf einem Wochenmarkt begegnen und wie der Markt es schafft, die unterschiedlichen Interessen zu koordinieren. Beschreibt dabei auch die Rolle des Wettbewerbs auf dem Markt.

2.1, 2.2

V In M 4 wurden euch zwei Möglichkeiten zur Ordnung und Koordinierung der vielfältigen wirtschaftlichen Einzelentscheidungen vorgestellt. Im Band für die Jahrgangsstufen 9/10 werdet ihr noch mehr darüber erfahren und auch über das System der Planwirtschaft, das heute eigentlich nur noch in Nordkorea und in Kuba und China herrscht, wobei auch in Kuba und China schon Ansätze marktwirtschaftlichen Geschehens zu verzeichnen sind. Wer schon jetzt mehr darüber erfahren möchte, findet ergiebiges Material dazu bei der Bundeszentrale für politische Bildung: http://www.bpb.de/ (Stichworte: Planwirtschaft, Marktwirtschaft). Wenn sich eine Gruppe von euch auf ein Kurzreferat (s. methodische Hinweise auf S. 199) zur Planwirtschaft vorbereitet, könntet ihr euch in der Klasse besser darüber verständigen, warum planwirtschaftliche Systeme in der Vergangenheit nicht so erfolgreich wie marktwirtschaftliche Systeme waren.

V Eine Anregung für eine „Planungsgruppe Wirtschaftsordnung“:

Blickwinkel

a) *Befürworter der Planwirtschaft:* Angenommen, auf einer Insel soll die Planwirtschaft eingeführt werden: Welche Festlegungen müsste die Planungsbehörde treffen? Entwickelt einen möglichen Plan für die nächsten zwei bis drei Jahre und orientiert euch dabei an den drei zentralen Fragen einer Wirtschaft.
b) *Befürworter der Marktwirtschaft:* Entwickelt eine Begründung dafür, warum eine Marktwirtschaft in der Lage ist, die drei zentralen Fragen einer Wirtschaft auf einer Insel über den Marktmechanismus zu beantworten.

Im Folgenden stehen marktwirtschaftliche Systeme und ihre Leistungsfähigkeit im Mittelpunkt, denn planwirtschaftliche Systeme als wirtschaftliche Ordnung sind kaum noch vorzufinden.

M 6 Eine Präsentation: Alles rund um das Thema „Markt“

2.1, 2.2, 4.1, 4.2

Am Beispiel des Wochenmarktes in M 5 wurden wesentliche marktwirtschaftliche Abläufe an einem einfachen Beispiel verdeutlicht. Es gibt aber nahezu unzählige unterschiedliche Märkte, denen allerdings sehr viel gemeinsam ist.
Ihr sollt nun in einer **Gruppenarbeit** (vier Mitglieder pro Gruppe) den folgenden Text bearbeiten und die wesentlichen Informationen für eine Präsentation (siehe Methode S. 63) aufbereiten bzw. gestalten. Je eine/r übernimmt einen der vier Themenbereiche und stellt den anderen Mitgliedern ihre/seine Ergebnisse vor, und gemeinsam erstellt ihr dann eine Präsentation. Besonders anschaulich wird es, wenn ihr Sachverhalte anhand eigener Beispiele erläutern könnt. In der sich anschließenden Methodenbeschreibung findet ihr noch weitere Tipps.

Titel der Präsentation: Alles rund um das Thema „Markt“

1. Wer trifft sich auf einem Markt?

Da Menschen nicht alles selbst herstellen können oder zur Verfügung haben, was sie möchten, suchen sie Gelegenheiten, es zu erwerben. Und wenn sie Menschen finden, die das Gesuchte anbieten und verkaufen wollen, treffen sich die Käufer **(Nachfrager)** und die Verkäufer **(Anbieter)**, um ihre Geschäfte zu tätigen.

Damit ist schon ein Markt entstanden: Es treffen sich Menschen, die bestimmte Güter haben wollen, um sie zu gebrauchen oder zu konsumieren (**Konsumenten**), und Menschen, die diese Güter hergestellt haben und anbieten (**Produzenten**). Andere haben zwar keine Güter hergestellt, die sie verkaufen können, müssen aber auch Geld verdienen, um leben zu können. Deshalb bieten sie ihre Dienstleistungen oder ihre Arbeitskraft an.
Anbieter auf einem Markt wollen so hohe Preise wie möglich erzielen, um möglichst viel zu verdienen. Die Nachfrager wollen qualitativ hochwertige Produkte zu einem günstigen Preis kaufen. Und wenn sich beide einig geworden sind, dann wechselt der Eigentümer. Der neue Besitzer darf über das erworbene Gut so verfügen, wie er es möchte, und der Verkäufer kann mit dem Geld des Käufers wieder andere Güter kaufen.

(Autorentext)

2. Wo befinden sich Märkte?

Nun finden solche Tauschaktionen nicht nur an ganz konkreten Orten statt. Sehr viele Märkte sind überhaupt *nicht an einen geografischen Ort* gebunden. Der Ort, wo sich Anbieter und Nachfrager austauschen über ihre Angebote und Kaufwünsche, ist manchmal eher als ein Treffpunkt in Gedanken zu verstehen oder im Internet. Das muss nicht auf einem Wochenmarkt sein oder in einem Supermarkt. Auch dort, wo zwei Personen z. B. am Telefon ein Geschäft tätigen, entsteht ein Markt. Wenn jemand zu seinem 30. Geburtstag eine Sängerin auftreten lassen will, die von einer Band begleitet wird, und er deshalb bei einer Künstleragentur anruft und am Telefon die Sängerin engagiert, hat eine Tauschaktion stattgefunden, ohne dass sich Personen direkt gegenübergestanden haben. Oder wenn jemand im Internet seine alten CDs anbietet und dafür einen Käufer findet, der diese per Mausklick bestellt, hat eine Tauschaktion stattgefunden, ohne dass sich Käufer und Verkäufer direkt gegenübergestanden haben. Ein **Markt** ist also **kein konkreter Ort**, sondern eher **ein Verfahren**, **ein Mechanismus**, mit dem in einer arbeitsteiligen Wirtschaft Güter gegen Geld getauscht werden.

(Autorentext)

3. Was wird auf Märkten angeboten und nachgefragt?

Auf Märkten können **Sachgüter** (z.B. T-Shirts, Bücher) oder **Dienstleistungen** (Versicherung, Friseur) angeboten und nachgefragt werden. Je nachdem, ob z.B. Sachgüter, Dienstleistungen oder Immobilien (z.B. Grundstücke, Gebäude) umgeschlagen werden, sprechen wir von einem **Warenmarkt**, einem **Dienstleistungsmarkt** oder einem **Immobilienmarkt** usw.

Von **Warenmärkten** (**Konsumgüter-** und **Produktionsgütermärkte**) spricht man, wenn es z.B. um Getränke, Bücher, Möbel geht, es wird also Handel mit Konsumgütern für den Endverbraucher betrieben. Mit Produktionsgütern wird gehandelt, wenn z.B. Unternehmen Güter brauchen, die wiederum zur Herstellung anderer Güter eingesetzt werden, z.B. Maschinen, Rohstoffe, Werkzeuge.

Auf **Dienstleistungsmärkten** werden Dienste entweder an Personen verrichtet (z.B. beim Friseur oder beim Arzt) oder sie werden an Sachen vorgenommen (z.B. Reparaturen oder Gütertransport). Wenn zum Beispiel Jugendliche im Internet Schminktipps oder Empfehlungen für Modelabels („Influencer") geben, bieten sie damit Dienstleistungen („Fachberatung") an.

Auf **Immobilienmärkten** wird mit Grundstücken und Gebäuden (Wohn- und Bürogebäude) gehandelt, die verpachtet, verkauft oder vermietet werden.

(Autorentext)

4. Wer darf am Marktgeschehen teilnehmen?

Es kann nicht jeder so ohne Weiteres Marktteilnehmer werden und sein. Es müssen ganz bestimmte *Spielregeln* beachtet werden. Und je ausgefeilter das Regelsystem ist, desto wirkungsvoller und reibungsloser funktioniert das Marktgeschehen. Wenn jeder weiß, dass man z.B. auf einem Wochenmarkt „Standgeld" zu bezahlen hat oder bei ebay glaubwürdig sein muss, um dort Dinge zum Kauf anbieten zu dürfen, oder der Käufer weiß, dass er im Voraus bezahlen muss, läuft alles geregelt ab. Solche „Spielregeln" vermindern die Unsicherheit für die am Wirtschaftsgeschehen Beteiligten, denn jeder weiß, woran er sich zu halten hat und woran andere sich zu halten haben. **Rechtliche Vorschriften** sind zum Beispiel solche Spielregeln. Diese Vorschriften erlässt der **Staat**, z.B. in Form von **Gesetzen**. Darf beispielsweise ein minderjähriges Mitglied einer Theatergruppe abends öffentlich auftreten? Zählen solche Auftritte und Reisen nicht zur „Kinder-

Frage von Facebookjunk, 13.6.2020:
Theater, öffentlicher Auftritt, bis wann mit 17?
Hallo,
ich bin in einer Theatergruppe und habe bald eine Aufführung. Das Stück geht mit Pause 120 Minuten und beginnt um 19.15 Uhr. Bis wie viel Uhr darf ich öffentlich auftreten?

arbeit“, die durch das Jugendarbeitsschutzgesetz zunächst einmal generell verboten ist? Wer entscheidet über die Verwendung der Einkünfte der Theatergruppe? Oder wie lange darf ein Supermarkt geöffnet haben, an wen darf in einer Gaststätte Alkohol ausgeschenkt werden und was geschieht, wenn der Gastwirt sich nicht an die Bestimmungen hält? Wer darf in einer Werkstatt Autos reparieren oder Lehrlinge ausbilden? Wer beispielsweise ein Open-Air-Konzert veranstalten will, muss Genehmigungen einholen, Platzgebühren bezahlen, Sicherheitsvorkehrungen treffen, für öffentliche Toiletten sorgen, Sanitätsräume und -personal beschaffen u. v. a. m., sonst darf er dieses Ereignis gar nicht anbieten. Und wenn die Besucher nicht wüssten, dass darauf geachtet wird, dass all diese Vorschriften auch eingehalten werden, würden sie sehr wahrscheinlich dieses Konzert nicht besuchen und kein Geld dafür ausgeben.

(Autorentext)

Methode

Computergestützte Präsentation

Überall wird heute präsentiert – in Schulen und Universitäten, in der Arbeitswelt, im Vereinsleben, in der Politik. Von einer guten Präsentation erwartet das Publikum mittlerweile in der Regel, dass sie computerunterstützt gestaltet wird. PowerPoint hat sich dabei als das Programm zur Herstellung von Folien etabliert, das weltweit am häufigsten zum Einsatz kommt. Schlecht gemachte PowerPoint-Präsentationen sind ein Ärgernis für das Publikum und erzeugen Unzufriedenheit bei den Präsentierenden. Gut gemachte Präsentationen hingegen helfen dem Publikum, dem Vortrag zu folgen, machen ihn lehrreicher und führen dazu, dass die Kompetenz der Vortragenden hoch bewertet wird. Hier findet ihr Ratschläge, wie man bei der Erstellung einer Präsentation am besten vorgehen sollte:

Die inhaltliche Vorbereitung

Eine Präsentation beginnt immer mit der **inhaltlichen Vorbereitung**. Haltet euch an folgende Vorgehensweise:

1. **Planung des Vortrags:**
   a) Was will ich sagen?
   b) Wie gebe ich meinem Vortrag eine angemessene Struktur?
2. **Gestaltung der Folien**
   a) Welche Informationen auf den Folien können meinen Vortrag inhaltlich unterstützen?
   b) Welche formale Gestaltung der Folien fördert die Aufmerksamkeit des Publikums?

Die häufigsten Fehler

Ein ärgerlicher Fehler ist es, wenn die technischen Möglichkeiten in übertriebener Weise genutzt werden. Spielereien lenken vom Inhalt ab. Außerdem kann man heute davon ausgehen, dass die Mehrheit der Zuschauer das Programm kennt. Man muss also nicht alle technischen Möglichkeiten ausprobieren. Das Gleiche gilt mittlerweile für den Einsatz vorgefertigter Folienlayouts und sogenannter Clipart-Bilder. Problematisch ist es auch, wenn die Folien vom eigentlichen Vortrag ablenken, zum Beispiel, wenn auf den Folien etwas anderes steht als das, worüber die Vortragenden sprechen. Besonders hinderlich ist auch die Verwendung von längeren Textabschnitten – besser sind Aufzählungen in Form von kurzen Sätzen.

So geht es gut und schnell

- Einigt euch auf ein durchgängiges Folienlayout.
- Verwendet gut lesbare Schrifttypen. Setzt Farben behutsam ein.
- Wählt möglichst keinen schneeweißen Hintergrund. Er blendet leicht und führt zu Ermüdung.
- Orientiert euch bei der Bestimmung der Textmenge für die Präsentation an der folgenden Faustregel (3-mal-7-Regel):

✓ *maximal 7 Zeilen pro Folie*
✓ *pro Zeile höchstens 7 Wörter*
✓ *7 Folien für eine Kurzpräsentation insgesamt*

Worauf ihr besonders achten solltet

Jedes Foto im Internet ist urheberrechtlich geschützt und darf daher nicht beliebig durch andere Nutzer verwendet werden. Für den Unterricht gilt: Wenn die Präsentation nur innerhalb eurer Klasse gezeigt wird, gilt das nicht als Veröffentlichung. Hierzu dürft ihr Bilder aus dem Internet verwenden. Wenn die Präsentation auf einer Schulveranstaltung gezeigt oder in die Homepage eurer Schule eingestellt wird, gilt diese Freiheit nicht. Dafür könnt ihr auf legale Art Fotos verwenden, wenn ihr euch aus Internetadressen bedient, in denen Privatleute ihre Fotos ausdrücklich zur kostenlosen Nutzung zur Verfügung stellen.

(Nach: Wolfgang Mattes [Hg.]: Team, Band 3, Schöningh im Westermann Verlag, Paderborn 2010, S. 172 f.; leicht bearbeitet und gekürzt)

Tipp: Persönlichkeitsrecht

Auch wenn ihr selbst Fotos oder Videos erstellt, müsst ihr das Persönlichkeitsrecht beachten. Das heißt, dass Personen nur so fotografiert oder gefilmt werden dürfen, dass sie nicht erkennbar sind (insbesondere das Gesicht darf nicht zu erkennen sein). Für Aufnahmen, auf denen Schülerinnen oder Schüler unter 18 Jahren zu erkennen sind, braucht ihr eine Einverständniserklärung der Eltern.

6.1

3. Online oder offline? – Marktplätze im digitalen Zeitalter

M7 Bildimpuls: Marktplätze im Wandel der Zeit

Findet euch zu zweit zusammen und tauscht euch darüber aus, ob auf den Bildern „Märkte“ dargestellt werden und welche Veränderungen die Bilder zeigen.

M 8a Die Umsatzzahlen im Online-Handel

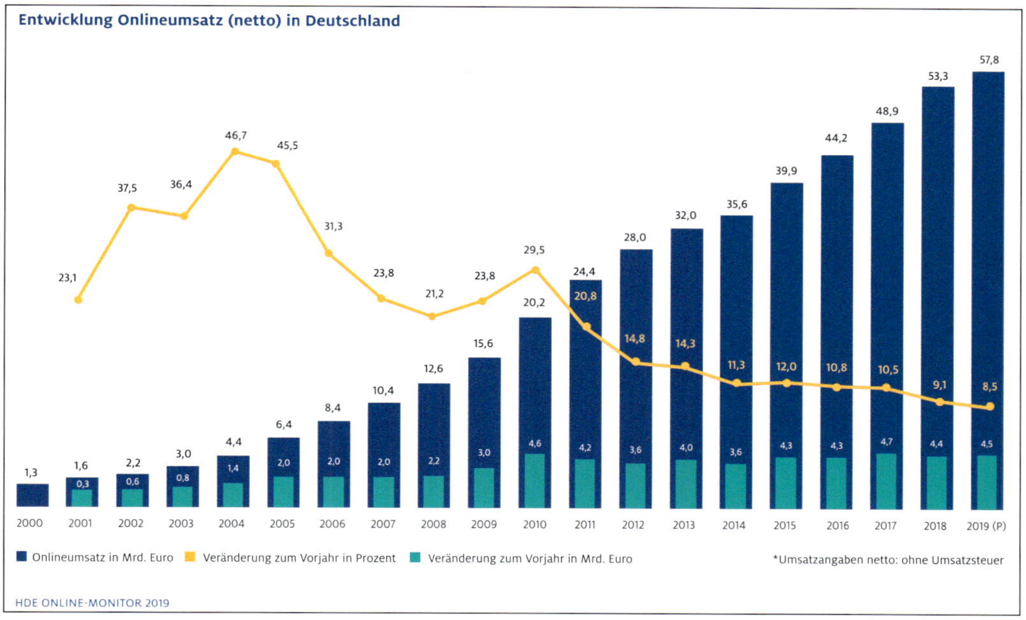

(Handelsverband Deutschland – HDE e. V./HDE-Online-Monitor 2019)

HDE: Handelsverband Deutschland e. V., die Spitzenorganisation des deutschen Einzelhandels

M 8b Die zehn umsatzstärksten Warengruppen im Online-Handel

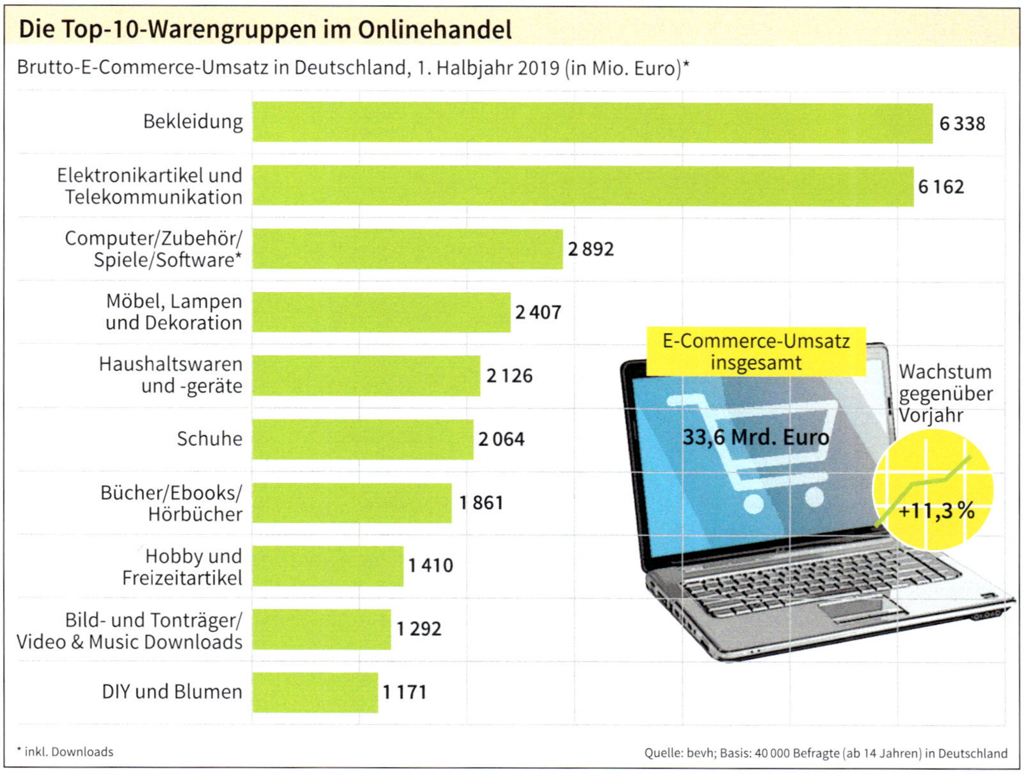

1 Wertet die Grafiken M 8a und M 8b aus (vgl. Methode S. 31) und haltet eure Ergebnisse stichwortartig fest.

2.1, 2.2 **2** Recherchiert nach weiteren Informationen, z. B. über die Altersstruktur der Kunden, die Top-Ten des Onlinehandels o. Ä., und informiert entweder anhand eines Plakates oder einer kurzen Präsentation über eure Ergebnisse.

M 9 Wichtige Entwicklungen im Handel

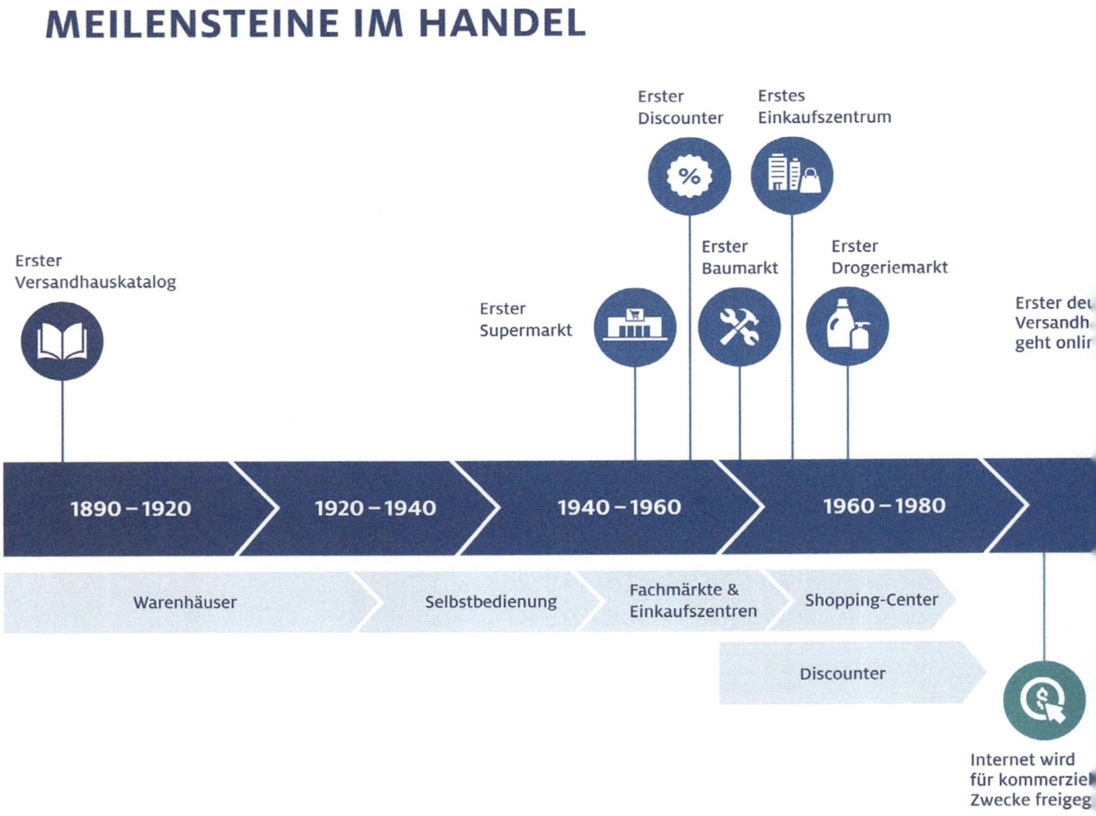

* Umsatzangaben netto: ohne Umsatzsteuer

(Handelsverband Deutschland – HDE e. V./HDE-Online-Monitor 2019)

New Retail: neuer Einzelhandel
Sprachsteuerung: mithilfe eines Sprach-Assistenten (z. B. Siri, Alexa) einkaufen
Instant Shopping: über soziale Netzwerke einkaufen: Facebook, Instagram und Co. finanzieren sich nicht mehr nur über Werbung, sondern werden zunehmend zur Verkaufsplattform. Marken können ihre Produkte dort platzieren und die Nutzer werden durch den Kaufprozess geleitet.
Internet der Dinge (Internet of Things): Kommunikation smarter Geräte untereinander. Beispiel: Leere Kühlschränke ordern selbstständig Lebensmittelnachschub oder Rasierer neue Klingen. Auch beim Smart Home läuft die Steuerung, Datenerfassung und -auswertung vielfach über eine App, über die sich beispielsweise Heizungen, Rollläden, Beleuchtung etc. bedienen lassen.

Multi Channel: Marketing auf verschiedenen Kommunikationswegen, z. B. Firmen-Homepage, Firmen-Blog und Online-Kundenzeitschrift, Präsenz in sozialen Netzwerken, Filmkanal auf YouTube, App mit Informationen und Kaufmöglichkeiten auf dem Smartphone und dem Tablet.
Plattformökonomie: internetbasierte Geschäftsmodelle, die Anbieter (im weitesten Sinne) mit Interessenten/Kunden auf einem digitalen Marktplatz zusammenbringen, z. B. Käufer und Verkäufer (Handelsplattformen), Hungrige und Gastronomie (Lieferservice), Reisende und Hotels (Hotelportale)

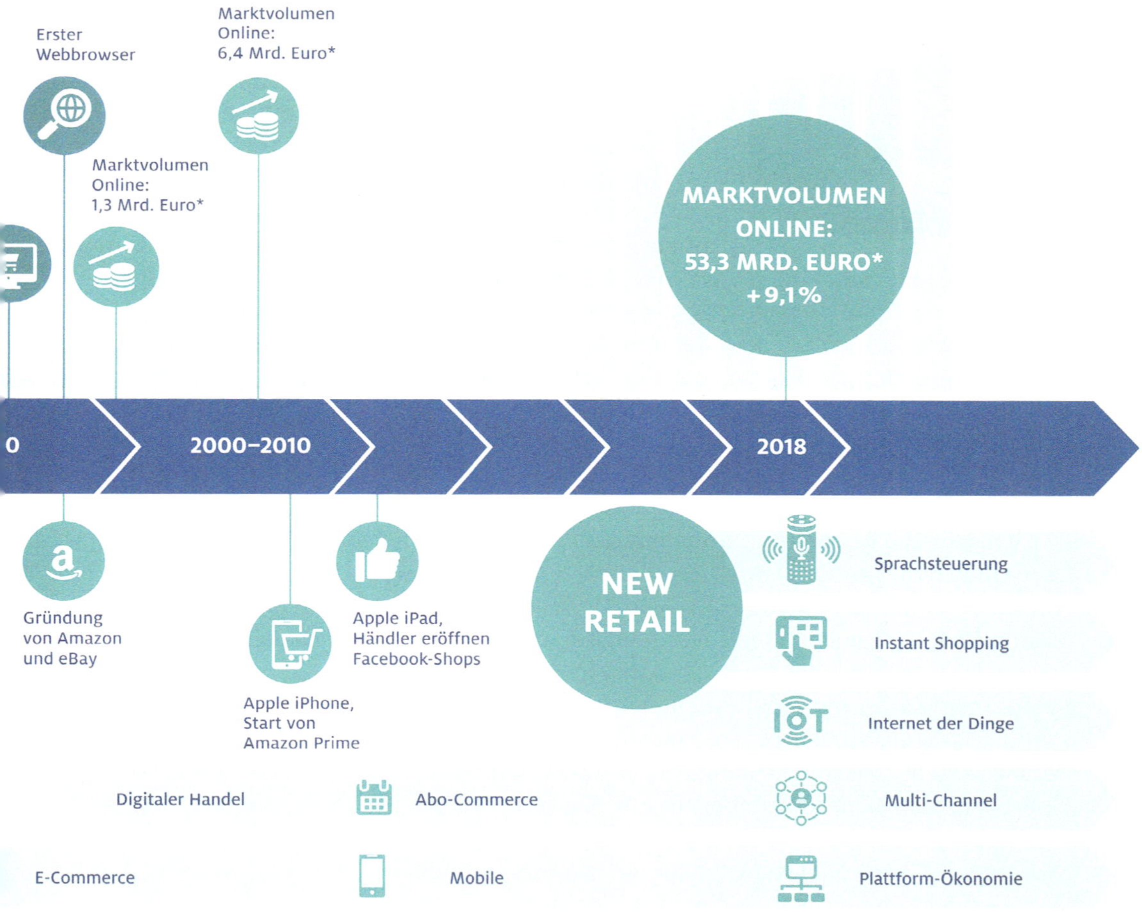

1 Erläutert die in der Grafik dargestellten Schritte, die für die Entwicklung des Handels als wichtig erachtet werden. Findet weitere konkrete Beispiele für die einzelnen Bestandteile des „neuen Einzelhandels" (New Retail) bzw. für konkrete Unternehmen, die z. B. der Plattform-Ökonomie zugeordnet werden können.

2 Habt ihr selbst bereits Erfahrungen mit einzelnen dieser Einkaufsformen gemacht? Berichtet darüber.

3 Beschreibt die Entwicklung des Marktvolumens (= Absatzmenge ausgedrückt im Umsatz in Euro) des Online-Handels.

Fallbeispiel

M10 Traditionsbuchhandlung schließt – Sind städtische Fußgängerzonen noch zu retten?

19.12.2018, Paderborn – Eine traurige Nachricht aus der Paderborner Innenstadt: Die dortige Filiale der Buchhandlung Linnemann in der Westernstraße wird Mitte Januar geschlossen. Damit verliert die Paderborner Innenstadt ein weiteres Traditionsgeschäft. Wieder einmal wirft eine Schließung die Frage auf: Sind die Fußgängerzonen bald von der Online-Konkurrenz leer gefegt?

Katharina und Antonius Linnemann mit Sohn Marcus

[...]

Wie das Traditionsunternehmen auf seinem Facebook-Profil bekannt gab, sei die erdrückende Konkurrenz von Online-Shops für die Entscheidung ausschlaggebend gewesen: „Wir haben gekämpft und der zunehmenden Online-Konkurrenz und den geänderten Lesegewohnheiten unsere Leidenschaft für das Buch und persönliches Engagement im Kulturleben unserer Stadt entgegengesetzt. Unser umweltfreundlicher Fahrradkurierdienst hat die Bücher schneller als ein Online-Gigant zu den Kunden gebracht“, heißt es in einem Post vom 17. Dezember 2018. [...]

Antonius Linnemann benennt noch ein weiteres Problem und mahnt in dem Interview: „Die Innenstädte stehen und fallen mit dem Branchenmix, den sie potenziellen Kunden anbieten können. Das müssen auch die Vermieter begreifen. Die sehr hohen Mieten bleiben das zentrale Problem.“ Buchhandlungen kämpfen nicht nur in Paderborn, sondern in ganz Deutschland gegen die Konkurrenz aus dem Internet.

Wie können sich Innenstadtläden gegen die Online-Konkurrenz behaupten?

Der Fall der Buchhandlung Linnemann ist nur einer unter vielen in der Branche. [...] Laut eines Beitrags der Deutschen Welle ist der stationäre Buchhandel zwar noch „mit Abstand (4,3 Milliarden Euro) der wichtigste Vertriebsweg für Bücher“ – doch die Betonung liegt auf „noch“. Denn während die Online-Konkurrenz immer wichtiger wird, nimmt die Leselaune der Deutschen im gleichen Atemzug ab.

Symptomatisch ist der Fall Linnemann auch für den inhabergeführten Einzelhandel an sich: Die teuren Mieten in der Innenstadt können sich meist nur noch internationale Ketten leisten. Extrembeispiel dafür ist München: Dort machen Filialisten schon jetzt 97 Prozent der Neueröffnungen in der Kaufingerstraße aus. Nicht anders sieht es in der Hamburger Innenstadt aus: Dort schließen inzwischen sogar schon internationale Marken wie Esprit oder die Jeansmarke Diesel unrentable Filialen mit großer Verkaufsfläche – nicht etwa in Randlagen, sondern an Top-Locations.

Damit Ketten und dem Online-Handel etwas entgegengesetzt werden kann, ist zunehmend auch die Politik gefordert. Die Beispiele zeigen: Die Mietpreisspirale darf sich auch für Geschäftsflächen in guter Lage nicht endlos weiterdrehen. Zudem sind neue Strategien gefordert.

In einigen kleineren Städten laufen bereits Gemeinschaftsprojekte örtlicher Einzelhändler, die gemeinsame Online-Plattformen aufbauen. Auch sogenannte Multi-Channel-Strategien – also der Verkauf über ein Ladengeschäft und diverse Online- oder Versandkanäle – werden vielfach als Ausweg aus der Einzelhandelskrise beschrieben. [...]

(Traditionsbuchhandlung in Paderborn macht dicht: Sind städtische Fußgängerzonen noch zu retten?, TAG24.de, 19.12.2018, Dresden; https://www.tag24.de/nachrichten/traditionsbuchhandlung-in-paderborn-macht-dicht-sind-staedtische-fussgaengerzonen-noch-zu-retten-909168 [10.02.2020])

M 11 Digitalcoaches helfen Händlern, im Internet präsent zu sein

Das Land NRW hat zusammen mit dem Handelsverband NRW Ende 2019 ein Projekt gestartet, um Händlern auf dem Weg zur stärkeren Nutzung des Internets für ihre Belange Hilfestellung zu leisten. Das Land und der Handelsverband NRW stellen 1, 4 Millionen Euro zur Verfügung, um drei Jahre lang vier sogenannte „Digitalcoaches“ für die Regionen Bielefeld, Dortmund, Düsseldorf und Köln zu bezahlen, die vor allem kleine und mittelgroße Händler dabei unterstützen sollen, ihren Weg in die digitale Welt zu finden.
Kundinnen und Kunden haben mittlerweile ihre Kaufgewohnheiten verändert und bewegen sich heute ganz selbstverständlich zwischen digitaler und analoger Welt hin und her, so die Einschätzung des Einzelhandelsverbandes. Die stationären Händler sollten aber die Verbraucher in beiden Welten abholen. Dabei sollen die Coaches helfen. Sie haben bisher die Erfahrung gemacht, dass viele Einzelhändler noch eine gewisse Angst vor dem Internet haben. Sie sorgen sich beispielsweise um die ausreichende Beachtung von Datenschutzrichtlinien oder befürchten heftige Kundenkritik oder „Shit-Storms“ im Netz. Hinzu käme die Sorge, dass das Internet die Preise und das stationäre Geschäft „kaputt mache“. Diese Vorurteile sollen abgebaut werden. Es geht grundsätzlich darum, dafür zu sorgen, dass die Einzelhandelsgeschäfte im Internet präsent sind. Und da gibt es mehrere Möglichkeiten: eine eigene Homepage, Accounts bei sozialen Medien wie Instagram oder Facebook oder ein Online-Shop. Vielen Händlern fehlen schlicht die Zeit, das Geld oder auch entsprechende Kenntnisse, um die digitalen Möglichkeiten und Chancen zu nutzen.
Die Digitalcoaches beraten die Händler individuell und können sich so auf ihre spezifischen Belange einstellen, sei es ein Schuhladen, ein Optiker oder ein Blumengeschäft. Außerdem organisieren sie Schulungen, um die Händler für die Zeit nach dem Start in den Handel 4.0 unabhängig und fit zu machen.

(Autorentext)

1 Stellt die Gründe dar, die die Inhaber für die Schließung ihrer Buchhandlung angeben (M 10).

2 Beschreibt, wie sie der Konkurrenz durch den Onlinehandel begegnet sind.

3 Erarbeitet die Probleme, die Herr Linnemann und darüber hinaus auch der Verfasser des Textes für die Entwicklung der Innenstädte sehen.

4 Erläutert die Forderung, die der Verfasser an die Politik stellt, und die Forderungen nach neuen (Verkaufs-)Strategien.

5 Erkundet die Fußgängerzone in eurer Stadt oder eurem Ort und notiert, welche Geschäfte dort vertreten sind. Welche gehören einer großen Kette an, welche sind inhabergeführt (d. h., gehören einem privaten Unternehmer)? Praxis

6 Stellt die Aufgabe der Digitalcoaches (M 11) vor und ordnet die angesprochenen neuen Strategien und Projekte (M 10, M 11) in das Schaubild M 9 ein.

Praxis

Blick-winkel

7 **Erkundungsvorschlag:** Ihr könnt örtliche **Einzelhändler** auf die Konkurrenzsituation durch den Online-Handel hin befragen. Eventuell kommen sie auch in euren Unterricht. Erfragt auch, wie sie auf diese Situation reagiert haben, um ihre Kunden zu behalten bzw. zu „überleben“, und inwieweit sich das veränderte Käuferverhalten ihrer Meinung nach auf die Innenstädte ausgewirkt hat.
Außerdem könnten auch **Kommunalpolitiker** eingeladen und nach ihrem Konzept zur Unterstützung des heimischen Einzelhandels befragt werden
Haltet die Ergebnisse eurer Befragung fest (ggf. bezieht ihr auch Erkenntnisse aus M 11 mit ein) und verwendet sie

- für einen Bericht über die örtliche Situation in der Lokalzeitung,
- für eine eigene Handlungsempfehlung an Unternehmen und Politik.

M 12 New Retail – Handel im Jahr 2025

„Einzelhandelsapokalypse“ [hier: Untergang des Einzelhandels] oder „Darwinismus im Handel“ [hier: Auslese im Handel], das sind die Schlagzeilen aus den USA, wenn es um den Handel 2025 geht. Die Durchdringung des Online-Handels steigt dort von derzeit 16 % auf 25 %. Und mit jeder 1%-igen Steigerung werden rund 8.500 Filialen oder Geschäfte in den USA geschlossen. Das bedeutet, dass bis 2026 etwa 75.000 Filialen verschwinden, was etwa 7 % der heute 1.044.754 stationären Geschäfte in den USA entspricht.

Retail in China

Auf der anderen Seite des Erdballs beginnt in Asien, speziell in China, eine neue „Retail-Renaissance“ [hier: Einzelhandels-Wiedergeburt]: Mehr Menschen kaufen an mehr Orten immer mehr Produkte. In China liegt der Einzelhandelsumsatz im stationären Handel bei circa 80 Prozent. Gleichzeitig ist weltweit die Nutzung des Online-Handels in China am höchsten. Zudem wuchs Chinas Konsumentenbasis von rund 20 Millionen im Jahr 1990 auf 700 Millionen im Jahr 2018.

Aber über allem wird seit Jahren die spannende Frage im Handel diskutiert: „Wer wird gewinnen, der stationäre Handel oder der Online-Handel?“ China zeigt den Weg auf: Keiner von beiden wird gewinnen. Gewinner ist der New Retail aus China – Handel in 2025, der neue Handel. […]

Was verbirgt sich hinter New Retail? New Retail wurde von Alibaba, dem größten Einzel- und Onlinehändler in China, geprägt und beschreibt die Zukunft des Handels. […] New Retail ist die vollständige Integration von Online, Offline, Logistik und Technologie […]. Das Mobiltelefon der Kunden*innen spielt dabei eine zentrale Rolle beim Einkaufen. Es wird zunehmend zum Einkaufsinstrument. […] Alibaba verbrachte die letzten Jahre damit, dieses Konzept umzusetzen. Entstanden ist ein ganzes System von Online-, Offline-, Logistik- und Technologie-Ökosystemen, die alle integriert sind.

Der Unterschied zwischen ursprünglichem Handel und Online-Handel und dem New Retail liegt in der Erkenntnis, dass der stationäre Handel nicht nur noch wichtig ist, sondern auch für den Bestand von Marken, Einzelhändlern, Marktplätzen und Verbrauchern von entscheidender Bedeutung ist.

Hema – Beispiel für New Retail

Nach Jack Ma [Alibaba-Gründer] ist der zukünftige Einzelhandel keine Frage von on- oder offline, sondern deren ideale Verknüpfung. Alibaba setzt das auch schon um, zum Beispiel in der Supermarktkette Hema. Mit Hema, heute Freshippo, hat das Unternehmen ein Einzelhandelsformat geschaffen, um New Retail auszutesten und weiterzuentwickeln. […] Im Kern verbindet Hema On- und Offline-Kauf über das Mobiltelefon. Das klingt innovativ, aber nicht spektakulär. Doch dieser Grad „barrierefreier" Konsummöglichkeiten gelingt weltweit bislang keinem anderen Unternehmen so.

Hema ist ein breit sortierter Supermarkt mit Schwerpunkt auf Frische bis hin zu lebenden Fischen, die „fangfrisch" eingekauft werden können. Beim Einkaufen können die Käufer entscheiden, ob der ausgewählte Fisch in den Einkaufskorb wandert oder vom Koch im Supermarkt frisch zubereitet wird, um diesen dann zu Hause zu verspeisen. Oder der Käufer kann den Fisch auch direkt bei Hema essen. [...]

Einkaufen mit dem QR-Code und Mobiltelefon

Bevor es nach Hause geht, erledigen die Käufer noch rasch die Einkäufe. Jeder Artikel lässt sich mithilfe des QR-Codes am Produkt über das Mobiltelefon einscannen, um darüber nähere Informationen zu bekommen. Im Service sind ergänzende oder verwandte Produktempfehlungen. Nach Abschluss des Einkaufes scannt der Kunde seinen Warenkorb am Checkout-Terminal ein, selbst das zubereitete Essen wird mit verrechnet. Wer wiederkommt, erhält beim Betreten des Geschäfts aufgrund seiner Kauf- und Suchhistorie neue Empfehlungen. Am Ende wird bezahlt per Mobiltelefon über die Alibaba-eigene Alipay-App. [...]

Der Kunde kann seine Einkäufe auch online bestellen und im Geschäft an der Abholstation in Empfang nehmen. [...] Die Käufer, die allerdings im Umkreis von drei Kilometern eines Hema-Supermarktes wohnen müssen, müssen nicht unbedingt ins Geschäft kommen. Hema liefert ihre Online-Bestellung innerhalb von 30 Minuten.

Hema – kurz gefasst: Was bietet der Supermarkt dem Kunden?

- Ein Einchecken im Geschäft; dabei wird eine Verbindung zum Online-Zahlungssystem beim Betreten des Geschäftes hergestellt.
- Elektronische Preisschilder variieren die Preise in Echtzeit abhängig von bestimmten Faktoren.
- Gewährung von Rabatten auf Artikel, die Kunden bereits online gesucht haben.
- Virtuelles Ausprobieren: Mithilfe der RFID- (Radiofrequenz-Identifikation) und AR- (Augmented Reality)-Technologie können Kunden Kleidungsstücke und Make-up virtuell „an- und ausprobieren".
- Verkaufsautomaten: Käufer können Artikel auch mithilfe von Verkaufsautomaten durch Scannen eines QR-Codes kaufen und die Produkte mit wenigen Klicks nach Hause liefern lassen.
- Lieferung gekaufter Produkte aus dem Markt heraus. Die Angabe von Zustelldetails ist nicht erforderlich, da das System bereits die Heimatadresse des Käufers hinterlegt hat.

[...]

(Gerd Wolfram: New Retail – Handel 2025, digitalconnection, 27.07.2019, Köln; https://www.digitalconnection.de/connected-customer/new-retail-handel-2025/ [11.02.2020]; Digital Connection bietet Unternehmen Konzepte an, mit denen sie ihre Kundenkommunikation durch Nutzung aller digitalen Möglichkeiten gestalten können.)

1 Beschreibt zunächst in Partnerarbeit die Einkaufsmöglichkeiten im chinesischen Supermarkt Hema (M 12) (macht euch dazu Notizen).

2 Tauscht euch darüber aus, ob ihr hier gerne einkaufen möchtet. Welche nicht wünschenswerten Aspekte seht ihr?

3 Führt abschließend in der Klasse eine Diskussion über die Auswirkungen der Digitalisierung im Handel und nehmt dabei den Blickwinkel des Konsumenten, der Unternehmen und der gesamten Wirtschaft ein. Haltet die Argumente in einem Ergebnisprotokoll fest.

Blickwinkel

4. Der einfache Wirtschaftskreislauf – „Money makes the world go round!“

Zum Einstieg:

Im Band 1 für die Jahrgangsstufen 5/6 habt ihr euch schon mit dem Thema „Geld“ beschäftigt und erfahren, welche Aufgaben das Geld übernehmen kann.
Was wisst ihr noch darüber? Zum Einstieg einige Aufgaben zur Wiederholung! Bearbeitet sie in eurem Heft.

M13 Wofür Geld wichtig ist – was wisst ihr noch?

1. Tauschhandel

a) Angenommen, in einem versunkenen Königreich des Mittelalters wurden Schwerter als Geld verwendet. Ihr Wert steht in folgendem Verhältnis zu anderen Gütern:

2 Schwerter = 1 Lanze
2 Schwerter + 1 Lanze = 1 Pferd
2 Schwerter + 1 Lanze + 1 Pferd = 1 Kanone

Ritter **Kunibert** besitzt 2 Kanonen, 2 Pferde und 6 Schwerter.
Ritter **Dagobert** besitzt 3 Kanonen, 3 Lanzen und 3 Schwerter.

Wer von ihnen ist der reichste Ritter?

b) Ihr erinnert euch noch: Warum hat das Geld den Handel erleichtert? Führt verschiedene Gründe an.

2.1, 2.2, 4.1, 4.2

2. Stationen des Geldes

Im Laufe der Jahrhunderte haben sich ganz unterschiedliche Formen von Geld entwickelt. Erstellt eine kleine Präsentation (siehe auch Methode, S. 63) zur Geschichte des Geldes und stellt mit ihrer Unterstützung unterschiedliche Stationen vor. Nutzt dazu die angegebenen Links (siehe Webcode).

@ WES-116590-003

3. Funktionen des Geldes

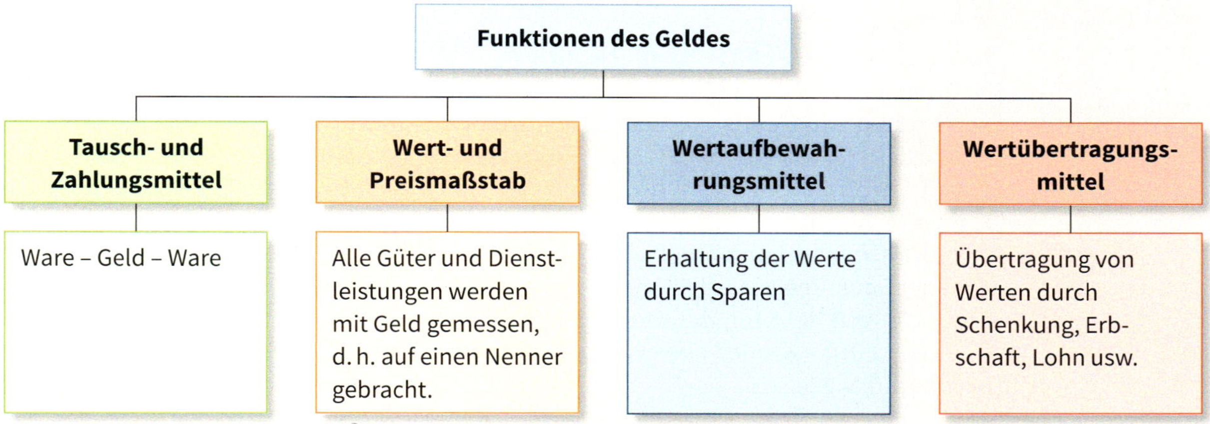

(https://www.lernhelfer.de/sites/default/files/lexicon/image/BWS-POL-0916-01.gif [11.02.2020]; © Duden Lernattack GmbH)

a) Versucht anhand der folgenden Beispiele die jeweilige Geldfunktion zu erschließen:
1. Carolin freut sich. Heute hat sie Zeit, in die Stadt zu gehen, um sich für das Geburtstagsgeld von ihrer Oma die lang ersehnten Sneaker zu kaufen. Dafür tauscht sie das Geld gerne ein.
2. Es bleibt sogar noch etwas Geld übrig, das legt Carolin zur Seite und bewahrt es in ihrer Lieblingsdose auf.
3. Ihr Bruder hatte sich einen Monat zuvor ebenfalls Sneaker von seinem Geburtstagsgeld gekauft, doch diese lagen im Preis deutlich höher.
4. Carolins Vater freut sich: Er bekommt vom nächsten Monat an eine deutliche Lohnerhöhung.

b) Findet für die einzelnen Geldfunktionen eigene Beispiele.

c) Geld kommt in ganz unterschiedlichen Formen vor: als Banknoten und Münzen, als Buchgeld auf Bankkonten oder als digitales Geld auf Karten und dem Smartphone. Was meint ihr: Erfüllt das Smartphone-Geld dieselben Funktionen wie z. B das Bargeld? Unterhaltet euch mit eurem Sitznachbarn darüber und begründet dann gemeinsam eure Meinung.

(Autorentext)

M14 Habt ihr Geld auf der Bank? – Konten für Kinder und Jugendliche

Girokonten für Kinder und junge Leute bieten nahezu alle Banken und Sparkassen an. Die Stiftung Warentest hat die Konditionen für 148 Girokonten für junge Leute von 112 Banken verglichen und ermittelt, ob und zu welchen Bedingungen Kinder, Schüler, Auszubildende und Studenten ein Konto eröffnen können. […]

Gratiskarte zum Girokonto und viele Automaten

Die Hausbank der Eltern kommt dann infrage, wenn auch alle anderen Kriterien zum jungen Kunden passen. So sollte nicht nur die Kontoführung gratis sein, sondern auch die Karte zum Konto. […] Außerdem sollte die Bank genügend Automaten fürs kostenlose Geldabheben bieten. Wer Bargeld an einem Geldautomaten zieht, der nicht zur

eigenen Bank oder zum Bankenverbund gehört, muss dafür bezahlen. Pro Abhebung können das bis zu 5 Euro sein.
[...]

Das richtige Alter fürs Kinderkonto
Den idealen Zeitpunkt für das erste Girokonto gibt es nicht. Viele Banken [...] eröffnen Konten von Geburt an, andere erst für Schulkinder, und manchmal muss das Kind mindestens zwölf Jahre alt sein. Insbesondere Direktbanken – die keine Filialen haben – eröffnen sogar erst für Volljährige ein Girokonto. Wann das Kind bereit für ein eigenes Konto ist, entscheiden Eltern am besten anhand der Entwicklung des Kindes. Der Branchenverband Deutsche Kreditwirtschaft empfiehlt: „Kinder ab zwölf Jahre haben in der Regel die Fähigkeit, eigenverantwortlich über das eigene Geld zu verfügen." Eltern könnten das monatliche Taschengeld regelmäßig per Dauerauftrag auf das Konto ihres Kindes überweisen und junge Menschen lernten so den Umgang mit Konto und Karte.

Eltern müssen Kontoeröffnung begleiten
Zur Kontoeröffnung gehen beide Eltern mit dem Kind in die Filiale – möglichst nachdem sie einen Termin vereinbart haben. Dort müssen sich alle ausweisen. Manche erlauben, dass erst ein Elternteil mit dem Kind die Kontoeröffnung erledigt und der andere an den Tagen danach seine Unterschriften dort leistet. Anderen genügt es, wenn einer vom anderen eine Vollmacht zur Kontoeröffnung mitbringt.

Onlinebanking möglich
Gleich bei Kontoeröffnung können sich die jungen Leute entscheiden, ihr Konto auch online zu nutzen. [...] Viele Banken haben auch eine Banking-App, mit der sie den Kontostand checken, Umsätze nachvollziehen, Überweisungen erledigen und sich über jede Kontobewegung informieren lassen können. Die Zugangsdaten für das Konto und die Debitkarte (Girocard, früher EC-Karte) kommen per getrennter Post, allgemein dauert das etwa zehn Tage. Mit der Plastikkarte können die Jugendlichen im Laden bezahlen und auch Geld abheben – auch im Ausland. Am Anfang können Eltern bei vielen Jugendkonten für Bargeldabhebungen Höchstbeträge pro Woche oder Monat festlegen.

Kein Dispokredit für Jugendliche
Es besteht keine Gefahr, dass ein Jugendlicher mehr ausgibt, als sein Konto hergibt. Girokonten für Minderjährige führen alle Banken nur auf Guthabenbasis. [...]

Kreditkarten für Auslandsreisen
Es gibt auch eine Kreditkarte zum Girokonto für Minderjährige – das ist dann eine Prepaid-Kreditkarte auf Guthabenbasis: Der Kontoinhaber kann damit nur so viel ausgeben, wie er vorher auf die Karte geladen hat. Nur wenige Banken haben dieses Angebot nicht. [...] Prepaid-Kreditkarten sind gut geeignet für Kinder und Jugendliche auf Reisen. Eltern können von zu Hause aus Geld auf die Karten laden, falls das Guthaben nicht reicht. Manchmal lässt sich damit kostenlos Bargeld am Automaten ziehen.

(Konto für Kinder und Jugendliche – Bei diesen Banken ist das Konto gratis, Stiftung Warentest, FInanztest 2/2019; https://www.test.de/Konto-fuer-Kinder-und-Jugendliche-Bei-diesen-Banken-ist-das-Konto-gratis-4731064-tabelle/kostenlosePrepaidkarte/ [11.02.2020])

1 Wenn du schon ein eigenes Konto hast, berichte darüber, wie du es verwendest und welche Erfahrungen du damit gemacht hast.

2 Stellt dar, welche Möglichkeiten euch ein eigenes Konto eröffnet (M 14).

Praxis

3 Informiert euch bei den Banken vor Ort, unter welchen Bedingungen ihr ein Konto eröffnen könnt und was ihr dafür geboten bekommt. (Ggf. können diejenigen von euch, die schon ein Konto haben, die aktuellen Informationen für eine Überprüfung des eigenen Kontovertrages nutzen.)

Hier sind die Testergebnisse zu finden: @ WES-116590-004

M 15a „Money makes the world go round!" – Geld im Wirtschaftskreislauf

„Money makes the world go round!" – das ist eine Zeile aus dem Lied „Money, Money, Money", das für die Verfilmung des Musicals „Cabaret" (1972) geschrieben wurde und wohl auf der ganzen Welt bekannt ist.
Das Musical ist unterhaltsam, aber Wirtschaftswissenschaftler beschreiben die Rolle des Geldes in einer Wirtschaft sehr sachlich und systematisch. Aber wie können die millionenfachen Aktivitäten der vielen Konsumenten, Arbeitenden, Unternehmen usw. innerhalb eines Jahres festgehalten werden? Sie kaufen, verkaufen, stellen Arbeitskräfte ein und bezahlen sie, zahlen Steuern, bekommen Kindergeld usw. Die Wirtschaftswissenschaftler nutzen dafür ein **Modell, mit dem alle Geldströme erfasst werden können**. Im Prinzip ist es schon im 18. Jahrhundert entwickelt worden. François Quesnay (1694 – 1774), Leibarzt am Hofe des französischen Königs Ludwig XV., entwickelte ein „ökonomisches Tableau", ein erstes Schema des wirtschaftlichen Kreislaufs, das die wechselseitigen Beziehungen der Geld- und Güterströme aufzeigte. Es geht davon aus, dass die vielen Wirtschaftsteilnehmer zu Bereichen/Sektoren zusammengefasst werden können, denn es sollen die wirtschaftlichen Aktivitäten z. B. zwischen den Unternehmen und den Haushalten allgemein erfasst werden, nicht zwischen dem Haushalt „Müller" und dem Unternehmen „Weber". Deshalb fasst man alle Haushalte und alle Unternehmen zu jeweils einer Einheit (einem Sektor) zusammen.

(Autorentext)

M 15b Der einfache Wirtschaftskreislauf

Private Haushalte

Du bildest zum Beispiel mit deiner Familie eine Wirtschaftseinheit, die **„privater Haushalt"** genannt und deren wirtschaftliche Tätigkeit als **Konsum** bezeichnet wird. Konsum (von dem lateinischen „consumere") heißt übersetzt: Verbrauch. In eurem Haushalt werden täglich viele Dinge gebraucht und verbraucht: Haushaltsgeräte, Fernseher, Smartphones, Computer, Mineralwasser, Obst, Strom, Brot, Zahnpasta, Käse u. v. a. m. Nicht alle Menschen in der Bundesrepublik leben allerdings in Familien. Manchmal leben ältere Menschen allein oder zu zweit oder auch junge Menschen, die nicht mehr bei den Eltern wohnen wollen oder können (sog. Singles). Sie bilden zwar keine Familie, gehören im Wirtschaftskreislauf aber auch zu den „Haushalten".

Unternehmen

Die Haushalte kaufen die von ihnen gewünschten Güter von den unterschiedlichsten **Unternehmen**, die sie hergestellt haben (Produktion) und nun über den Handel zum Kauf anbieten. Es gibt auch Unternehmen, die keine Waren produzieren, sondern ihre **Dienstleistungen** anbieten, z. B. Friseure oder Versicherungen.

Beziehungen zwischen den Haushalten und den Unternehmen

Die Unternehmen produzieren **Konsumgüter** aller Art und bieten diese oder auch **Dienstleistungen** den Haushalten zum Kauf an (Angebot). Auf diese Weise erzielen sie ihre Einnahmen. Für die Güter und Dienstleistungen zahlen die Haushalte den Unternehmen **Konsumausgaben** (Nachfrage). Das dazu notwendige Einkommen erhalten die Haushalte dafür, dass sie für die Unternehmen ganz bestimmte Leistungen erbringen: Sie arbeiten dort und erhalten dafür **Lohn** oder **Gehalt**, sie vermieten ggf. Grundstücke an sie oder leihen ihnen für die Produktion Geld und bekommen dafür Zinsen. Anders formuliert: Sie „verkaufen" an die Unternehmen die sogenannten Produktionsfaktoren: **Arbeit**, **Boden** und **Kapital**.

Haushalte und Unternehmen haben auf zweierlei Märkten miteinander zu tun. Die Haushalte sind auf den **Gütermärkten bzw. Dienstleistungsmärkten** Käufer (sie kaufen Waren und Dienstleistungen) und die Unternehmen sind dort Verkäufer.

Auf den Märkten für die **Produktionsfaktoren** (Faktormärkte) sind die Haushalte Verkäufer (sie verkaufen den Gebrauch ihrer Arbeitskraft, die Nutzung ihrer Grundstücke und Gebäude sowie die Nutzung ihres Kapitals für die Herstellung von Gütern), und die Unternehmen sind Käufer. Sie verwenden die Einnahmen aus den Güterverkäufen teilweise dazu, um die Produktionsfaktoren zu bezahlen (z. B. die Arbeitskräfte zu entlohnen); einen anderen Teil verwenden sie für den Kauf von Rohstoffen und Maschinen.

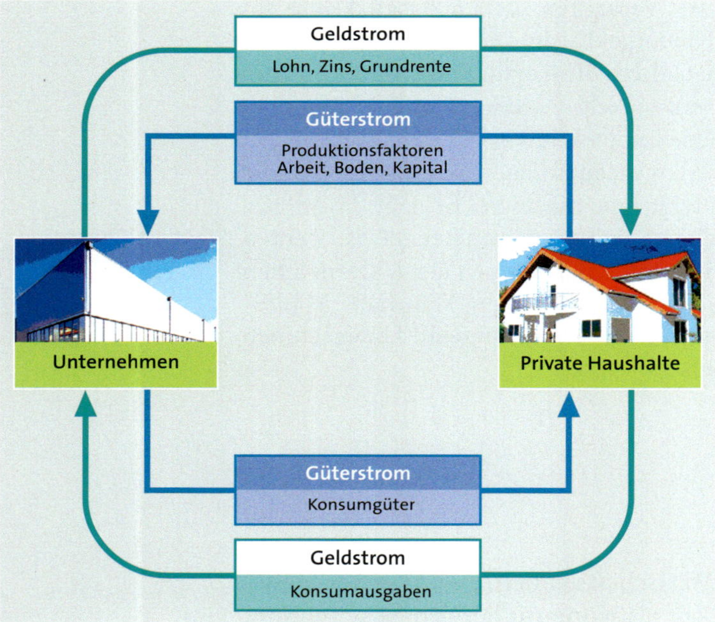

Dieses Kreislaufdiagramm, das nur die zwei Sektoren „Haushalt" und „Unternehmen" betrachtet, ist sehr vereinfacht. Am wirtschaftlichen Geschehen sind nämlich auch noch andere Einheiten beteiligt, beispielsweise der „Staat", wenn er z. B. Autobahnen bauen lässt, oder das „Ausland", wenn z. B. ein Unternehmen Rohstoffe aus dem Ausland kauft. Es gibt Modelldarstellungen, in denen auch diese Einheiten erfasst sind. Doch wir wollen uns vorerst auf die Sektoren „Haushalte" und „Unternehmen" beschränken, denn ihr sollt zunächst das Grundmodell kennenlernen, und dafür reichen diese zwei Sektoren aus.

(Autorentext)

1 Erläutert, was mit dem Modell des Wirtschaftskreislaufs erfasst werden soll (M 15a).

2 Erklärt die beiden Sektoren „Haushalte" und „Unternehmen" (M 15b).

3 Erläutert zunächst die wirtschaftlichen Prozesse zwischen den Unternehmen und den Haushalten mithilfe des Schaubilds. Verdeutlicht sie dann beispielhaft an eurer Familie und den Unternehmen, mit denen eure Familie zu tun hat.

M 16 Was biologische und ökonomische Modelle gemeinsam haben

Biologielehrer im Gymnasium lehren die Grundlagen der Anatomie mit Nachbildungen des menschlichen Körpers aus Plastik. Diese Modelle haben alle wichtigen Organe – das Herz, die Leber, die Nieren und so fort. Das Modell ermöglicht es dem Lehrer, auf einfache Weise zu zeigen, wie die wichtigsten Körperteile zusammenpassen. Selbstverständlich sind diese Plastik-Modelle keine wirklichen menschlichen Körper, und niemand

würde das Modell als eine lebende Person ansehen. Derartige Modelle sind vereinfacht und lassen viele Einzelheiten weg. Trotz dieses Abstands zur Wirklichkeit ist das Studium des Modells nützlich, um zu lernen, wie der menschliche Körper funktioniert.

Auch Ökonomen verwenden Modelle, um etwas über die Welt zu lernen. Aber statt Plastik werden bei der Modellierung Diagramme und Gleichungen verwendet. Wie im Plastikmodell des Biologielehrers fehlen viele Einzelheiten, damit man das Wesentliche besser sieht. So wie das Modell des Biologielehrers nicht alle Muskeln und Kapillaren des Körpers enthält, zeigt auch das ökonomische Modell nicht jede Einzelheit der Volkswirtschaft. Und zwar werden die Details ausgeschlossen, die für die Untersuchung einer bestimmten Frage unbedeutend sind: die Realität wird vereinfacht, um das Verständnis der Wirklichkeit zu verbessern. So arbeitet die Biologie, die Physik – und eben auch die Ökonomie (Wirtschaftswissenschaften). Man muss bei der Erstellung eines Modells vorab nur die Entscheidung darüber treffen, was für das Untersuchungsziel oder den Untersuchungsgegenstand als wesentlich und was als vernachlässigbar anzusehen ist.

(Nach: N. Gregory Mankiw/Mark P. Taylor: Grundzüge der Volkswirtschaftslehre, Schäffer-Poeschel Verlag, 4. Auflage Stuttgart 2008, S. 26; übers. von Adolf Wagner und Marco Herrmann)

1 Erklärt, was ökonomische und biologische Modelle gemeinsam haben und was sie voneinander unterscheidet.

2 Worin bestehen im Modell des Wirtschaftskreislaufs die Vereinfachungen der Realität?

3 Die Abbildung im Text zeigt eine Karte eines Stadtteils. Begründet, warum es sich auch hier um eine „modellhafte“ Darstellung handelt.

Was ihr jetzt wissen und können solltet:

- ✓ M **S** U H erläutern, welche Aufgaben jede Wirtschaftsordnung lösen muss;
- ✓ M **S** U H begründen, warum das Knappheitsproblem der Ursprung wirtschaftlichen Handelns ist;
- ✓ M **S** U H erläutern, was „Opportunitätskosten“ sind und wann sie entstehen;
- ✓ M **S** U H erläutern, was man unter einem „Markt“ versteht und was allen Märkten gemeinsam ist;
- ✓ M **S** U H unterschiedliche Märkte beschreiben;
- ✓ **M** S U H einen computergestützten Vortrag halten;
- ✓ M **S** U H die zunehmende Bedeutung des Online-Handels beschreiben;
- ✓ M **S** **U** **H** Chancen und Risiken des Online-Handels für unterschiedliche Marktakteure erkunden, beschreiben und beurteilen;
- ✓ M **S** **U** H die zunehmende Digitalisierung der Wirtschaft aus unterschiedlichen Blickwinkeln der Marktakteure erläutern und beurteilen;
- ✓ M **S** U H Geschichte und Funktionen des Geldes (wiederholend) erläutern;
- ✓ M **S** U **H** Möglichkeiten des Zahlungsverkehrs am Beispiel eines Kinder- und Jugendkontos erkunden und erläutern;
- ✓ M **S** U H das Modell des einfachen Wirtschaftskreislaufs erläutern;
- ✓ **M** S U H erklären, was bei der Arbeit mit Modellen zu beachten ist

Was ihr wisst – was ihr könnt – wie ihr es seht

1. Wie passt das in den Wirtschaftskreislauf?

a) Du kaufst dir eine Eintrittskarte für das Heimspiel von Schalke 04 gegen Borussia Dortmund.

b) Außerdem willst du deine treue Anhängerschaft zeigen und kaufst dir den neuesten Fanschal.

c) Du verdienst dir regelmäßig etwas zu deinem Taschengeld dazu und mähst jeden Samstag den Rasen des Nachbarn.

d) Die Eltern deiner Freundin wollen im Sommer nach Spanien fliegen und buchen Tickets bei einer deutschen Fluggesellschaft.

e) Dein größerer Bruder kommt nie mit seinem Taschengeld aus. Deshalb trägt er für ein Fitness-Center Werbeprospekte aus.

f) Schon lange wolltest du Rastazöpfe tragen. 70 € kostet der Spaß!

g) Unternehmer R. freut sich über sein gutes Geschäftsjahr und gönnt sich einen Urlaub in der Karibik.

h) Einen Teil des Gewinns des letzten Geschäftsjahres verwendet Unternehmer R., um Maschinen für die neue Produktionshalle zu kaufen.

i) Dein Onkel ist schon längere Zeit arbeitslos. Mit einer Annonce in der Zeitung sucht er eine Stelle als Mechatroniker. Er wird auch von einer Firma eingestellt und freut sich schon auf seinen ersten Monatslohn. (Zweimal „verbuchbar“!)

2. Für jeden Käufer einen eigenen Preis? – Personalisierte Preisgestaltung

4.2

Verbraucherinnen und Verbraucher können im Internet für das gleiche Produkt beim gleichen Anbieter mitunter ganz unterschiedliche Preise bezahlen. Zumindest in der Tourismus-Branche ist eine personalisierte Preisgestaltung von Angeboten bereits nachgewiesen worden. Technisch ist es nämlich möglich, Online-Preise auf der Grundlage von Datenauswertungen auf den Kunden zuzuschneiden – zu personalisieren. Anbieter können dabei von persönlichen Informationen, die sie beim Online-Kauf über den Kunden erhalten können, beispielsweise seinem Wohnort oder dem verwendeten Computer oder mobilen Endgerät, auf sein Kaufinteresse oder seine Zahlungsbereitschaft schließen – und den Preis entsprechend variieren.
Verbraucherinnen und Verbraucher stehen solchen personalisierten Preisgestaltungen im Online-Handel ablehnend gegenüber und kritisieren vor allem die fehlende Transparenz bei der Festlegung von Preisen. Dies hat eine […] Befragung von Bürgerinnen und Bürgern in Nordrhein-Westfalen im Auftrag des NRW-Verbraucherschutzministeriums ergeben. Knapp 90 Prozent der Befragten lehnten Preisgestaltungen, die auf der Basis von individualisierten Daten wie etwa Zahlungsbereitschaft, Wohnort oder Kaufinteresse ermittelt werden, als unfair ab. Die Befragten sprachen sich stattdessen mehrheitlich für einheitliche Preise aus.

(Ministerium für Umwelt, Landwirtschaft, Natur- und Verbraucherschutz des Landes Nordrhein-Westfalen, Düsseldorf: Verbraucherschutz in der digitalen Welt – Personalisierte Preise, ohne Datum; https://www.umwelt.nrw.de/verbraucherschutz/verbraucherschutz-im-alltag/verbraucherschutz-in-der-digitalen-welt/personalisierte-preise/ [11.02.2020])

a Stellt zunächst noch einmal dar, wie die Preisbildung auf Märkten erfolgt (vgl. M 5, S. 58).

b Erläutert nun, was unter „personalisierter Preisbildung“ verstanden wird und worin sich diese von der Preisbildung auf Märkten – wie sie in M 5 dargestellt wird – unterscheidet.

c 90 Prozent der befragten Bürger lehnen „personalisierte“ Preise ab. Wie ist eure Meinung? Listet unterschiedliche Argumente auf und bezieht selbst Stellung.

Wenn ihr noch mehr lernen wollt ...

D1 Schweden bald ohne Bargeld – ein offenes Experiment

2.1, 2.2, 6.1

[...] Die Meldungen häufen sich: Erste Coffeeshops in Berlin nehmen kein Bargeld mehr entgegen. Zahlung nur noch elektronisch. Was hierzulande noch die Ausnahme darstellt, ist etwa in skandinavischen Ländern längst üblich. Mehr noch: Schweden will Bargeld sogar abschaffen. Angeblich plant das Land den Ausstieg einige Jahre früher als ursprünglich vorgesehen. Ab 24. März 2023 gehört Bargeld in Schweden der Vergangenheit an.
[...] Die Vorteile im Leistungsaustausch zwischen Privatpersonen, Gewerbe und Dienstleister sind schnell genannt: Keine Kosten für Herstellung oder Transport von physischem Geld, Beträge werden exakt und ohne Suche nach Wechselgeld beglichen und Diebstahl von Bargeld ist genauso wenig möglich wie der Raubüberfall auf Banken und Geldtransporter.
In Schweden sind Münzen und Scheine schon seit Jahren auf dem Rückzug. Selbst Kleinstbeträge am Kiosk, Spenden in der Kirche, Museumseintritt, Busse, Bahnen oder Toiletten – überall wird mit Karte bzw. mit dem Handy bezahlt. So weit ist kein anderes Land weltweit. Bargeld wird erst gar nicht mehr angenommen und ist aus dem Alltag weitgehend verschwunden. Da erscheint der Schritt zur Abschaffung nahezu zwangsläufig. [...] Auch Banken und einige Ökonomen betonen gerne, dass Bargeld zu Korruption, Schwarzgeld, Geldwäsche und auch dazu führt, dass in Krisenzeiten Menschen ihr Geld lieber horten, als es in Umlauf zu bringen. Wer auf ein Konto angewiesen ist, weil er kein Bargeld mehr abheben kann, hat keine Möglichkeit, Negativzinsen [d.h., man bezahlt quasi für Geld auf der Bank] auszuweichen. Damit entsteht Druck, mehr auszugeben.
[...] Auch haben sie offenbar weniger Probleme mit der totalen Transparenz und Nachvollziehbarkeit von Verhaltensprofilen. [...] Weniger nachvollziehbar ist, dass die ansonsten in Sachen Diskriminierung (Benachteiligung) sensible schwedische Gesellschaft in Kauf nimmt, ältere Menschen, Obdachlose oder Staatenlose ohne Kontozugang ins Aus zu drängen.
Auch wenn die Einführung eines Bargeldlos-Systems mit digitaler Währung im überschaubaren, stabilen Schweden [...] gelingen kann, so wäre es in weniger demokratischen Ländern allein durch die totale Überwachungsmöglichkeit ein ideales Mittel zur Unterdrückung oppositioneller [regierungskritischer] Kräfte. Abgesehen davon entstehen mitunter ungewollte Parallelwährungen (z.B. Zigaretten). Auch ist zu bedenken, dass das Netz nicht völlig sicher vor digitalen Räubern, sprich Hackern, ist.
Sofern das System aber reibungslos läuft, scheinen Verbraucher nach ersten Erfahrungen tendenziell mehr Geld auszugeben. Offenbar ist es ein Unterschied, wenn man etwas mit Wert aus der Hand gibt. In Deutschland zumindest wird Bargeld unverändert als hohes Gut und Symbol von Handlungsfreiheit gesehen. Daran ändert auch die Tatsache nichts, dass sich in diesem Jahr Bargeld und elektronische Transaktionen bereits die Waage halten. [...]

(Ralf Hartmann: Schweden bald ohne Bargeld – ein offenes Experiment, 14.10.2019, GeVestor Financial Publishing Group, Bonn; https://www.gevestor.de/details/schweden-bald-ohne-bargeld-ein-offenes-experiment-877422.html [11.02.2020])

1 Arbeitet die im Text genannten Vor- und Nachteile einer Abschaffung des Bargelds heraus und haltet sie stichwortartig fest.

2 Recherchiert weitere Argumente für oder gegen eine Bargeldabschaffung.

3 Nehmt eine persönliche Gewichtung der einzelnen Argumente vor und bezieht in einem Leserbrief Stellung zu diesem Thema.

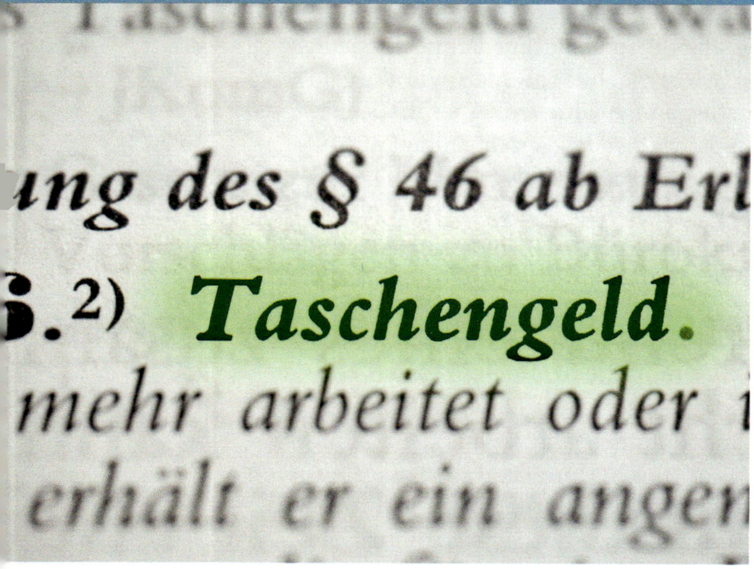
ung des § 46 ab Erl
S.2) Taschengeld.
mehr arbeitet oder i
erhält er ein angen

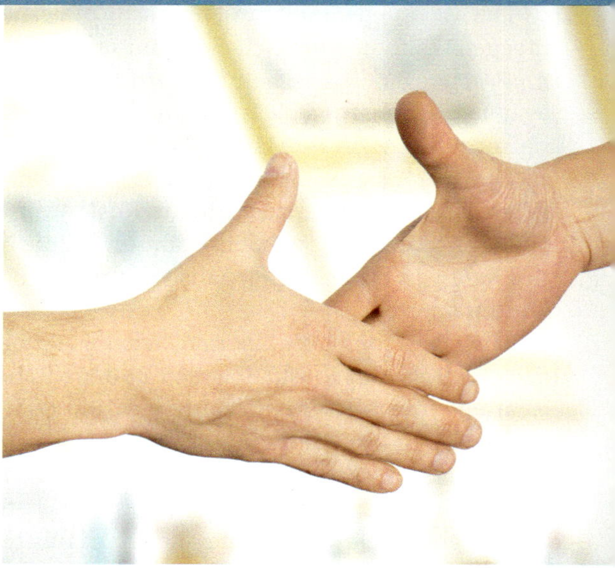

Pay

FOTOS
VERBOTEN

4

Online wie offline – Unsere Rechte als Verbraucher

Darum wird es gehen

„Bei uns ist der Kunde König!“ – diese Äußerung habt ihr bestimmt schon häufiger gehört. Doch manchmal sieht das ganz anders aus, denn Kaufen und Verkaufen sind oft ganz schön „knifflige“ Angelegenheiten. Was Jugendliche beim Kauf von Gütern auf jeden Fall beachten müssen und was man unter einem Kaufvertrag versteht, das wird im ***ersten Abschnitt*** *dargestellt.*

Im ***zweiten Abschnitt*** *geht es um eure Rechte als Verbraucher, aber auch um rechtliche Vorschriften, die ihr zum Beispiel einhalten müsst, wenn ihr als Verbraucher das Internet nutzt.*

Im ***dritten Abschnitt*** *steht das Online-Shopping im Mittelpunkt der Betrachtung. Wie unterscheidet es sich vom Einkauf im Geschäft und welche Rolle spielen z. B. Filter und Algorithmen bei der Produktauswahl? Die Frage nach der Umweltverträglichkeit des Online-Shoppings wird hier ebenfalls gestellt.*

Mit der Überschuldung und Schuldenfallen beschäftigt sich der ***vierte Abschnitt*** *dieses Kapitels. Hier werden Ursachen, aber auch Maßnahmen beschrieben.*

Wer helfen und beraten kann, wenn Probleme für den Verbraucher auftauchen, darum geht es im ***fünften Abschnitt****. Dort lernt ihr Informationsmöglichkeiten für Verbraucher kennen, die auch ihr nutzen könnt.*

1. Zu jung für's Shopping? – Die Geschäftsfähigkeit von Jugendlichen

Können Kinder und Jugendliche eigentlich frei über ihr Geld verfügen oder gibt es Grenzen, die ihnen gesetzt werden? In den folgenden Materialien sollen Antworten auf diese Frage gegeben werden.

Zum Einstieg:

Fallbeispiel

M1 Dana und ihr neues Shirt

Endlich sind die Ferien da! Dana läuft mit ihren zwei Freundinnen ausgelassen durch die Stadt, als sie das Shirt sieht, das sie schon seit Wochen haben möchte. „Es ist auch noch um 30 Prozent reduziert und kostet nur noch 40 Euro! Dafür reicht mein gespartes Taschengeld, jetzt kaufe ich es mir", sagt sie und geht zum Bezahlen in das Geschäft.

Als die drei Freundinnen nach dem Einkauf bei Dana zu Hause ankommen, werden sie von Danas Vater begrüßt. Freudestrahlend zeigt Dana ihm ihr neues Shirt und erzählt, wie viel sie beim Kauf gespart hat. Zu ihrem Erstaunen freut sich ihr Vater nicht mit ihr, sondern findet das Shirt viel zu teuer. Er sagt: „Mit deinen vierzehn Jahren musst du uns außerdem fragen, bevor du etwas kaufst. Das ist schließlich ein Kaufvertrag, den du da abgeschlossen hast." Dana wird sauer und entgegnet: „Ich habe gar keinen Vertrag unterschrieben, und mit meinem Taschengeld darf ich ja wohl machen, was ich will!" Um die Situation zu entschärfen, entgegnet ihr Vater: „Das klären wir in Ruhe, wenn dein Besuch weg ist." Dana geht wütend mit ihren Freundinnen auf ihr Zimmer.

(Autorentext)

Methode – Fallstudie – einen Fall untersuchen und Handlungsmöglichkeiten erarbeiten

Sicherlich ist es dir schon oft passiert, dass du ein Problem von jemandem mitbekommen hast. Wir schlagen dir hier eine Methode vor, die dir dabei helfen kann, einen möglichst guten Vorschlag für die Lösung des Problems zu machen. Das genaue Vorgehen hängt natürlich immer vom einzelnen Fall ab, aber hier sind einige Schritte, die meist hilfreich sind:

Schritt 1: Den Fall kennenlernen

Um eine Lösung vorzuschlagen, ist es notwendig, sich mit diesem Problem, also dem Fall, genauer zu beschäftigen. So kann man sichergehen, dass man den Beteiligten auch eine gute und durchdachte Lösung vorschlägt. Hierbei helfen dir die W-Fragen:

Wer ist beteiligt?
Welche Ziele verfolgen die Beteiligten?
Worum geht es zusammenfassend in diesem Fall?
Wie stehst du zu diesem Fall?
Welche Fragen müssen geklärt werden, um eine Lösung für den Fall vorstellen zu können?

Schritt 2: Informationen sammeln und auswerten
Niemand kann sofort alles wissen. Deshalb ist es notwendig, sich in einen Fall einzuarbeiten und Hintergrundinformationen zu sammeln. Hierbei sollten alle Fragen, die ihr im ersten Schritt gesammelt habt, beantwortet werden.

Schritt 3: Handlungsmöglichkeiten entwickeln und diskutieren
Tauscht euch nun in einer Gruppe über eure Ergebnisse aus und nutzt sie, um Lösungsvorschläge für die beteiligten Personen vorzuschlagen. Diskutiert eure Vorschläge und prüft, ob sie sachlich richtig und umsetzbar sind.

(Autorentext; Schrittfolge in Anlehnung an: Sibylle Reinhardt: Politikdidaktik. Praxishandbuch für die Sekundarstufe I und II. Cornelsen Scriptor, Berlin 2005)

1 Urteilt ganz spontan: Sollte Dana das Shirt zurückgeben?

2 Macht euch mit der Methode „Fallstudie" vertraut. Bearbeitet den ersten Schritt zum Fall „Dana" in Stichpunkten in eurem Heft.

Die folgenden Materialien sollen euch dabei helfen, den Fall „Dana und das Shirt" zu untersuchen und Handlungsmöglichkeiten aufzuzeigen. Die Aufgaben sind als Hilfestellungen innerhalb der einzelnen Schritte gedacht. Ihr könnt die Fallbeispiele in M 3 auch in **Gruppenarbeit** bearbeiten.

M 2 Verträge, Taschengeld und die Rechte Jugendlicher

M 2a Das ist doch kein Vertrag!?

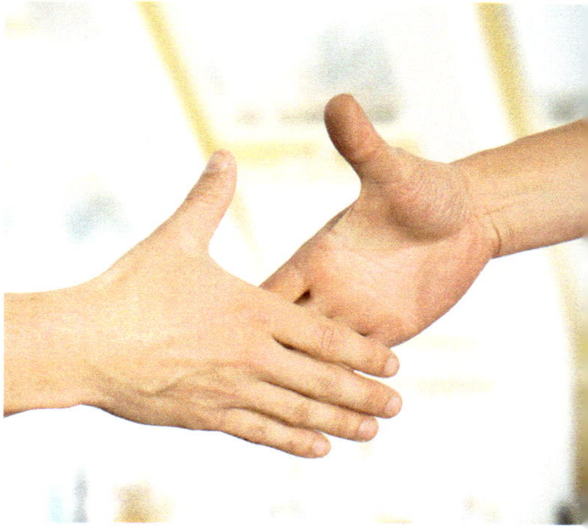

Beim Einkauf im Supermarkt, bei der Anschaffung eines Gebrauchtwagens oder beim Haustürgeschäft: Überall kommt ein Kaufvertrag zustande. Dabei gibt es feste Regeln, an die sich Käufer und Verkäufer halten müssen.

Wird ein Kaufvertrag geschlossen, verpflichtet sich der Käufer, den vereinbarten Preis zu zahlen und die Ware abzunehmen. Meist wird dem Käufer die Ware direkt ausgehändigt: ob im Kaufhaus, am Kiosk oder im Secondhandladen. Ist das nicht möglich, weil die Ware beispielsweise im Lager fehlt, können die Vertragspartner vereinbaren, die Ware später vom Kunden abholen oder durch den Händler liefern zu lassen. Der Verkäufer haftet dafür, dass Übergabetermine eingehalten werden. Der Kunde muss die Ware abnehmen. […]

(Verbraucherzentrale Bundesverband: Regeln beim Abschluss eines Kaufvertrags, 28.08.2017, Berlin; https://www.verbraucherzentrale.de/wissen/vertraege-reklamation/kundenrechte/regeln-beim-abschluss-eines-kaufvertrags-5032 [18.02.2020])

M 2b Taschengeld und die Rechte Jugendlicher

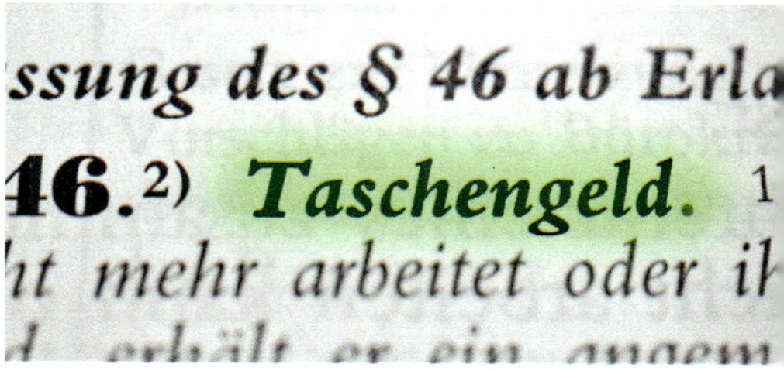

Was ihr mit eurem Geld machen dürft und was nicht, ist im Bürgerlichen Gesetzbuch (BGB) festgelegt: Welche Einkäufe du machen darfst, das heißt, ob du geschäftsfähig bist, ist […] abhängig von deinem Alter. Kinder unter 7 Jahren sind nicht geschäftsfähig. Wenn ein 6-jähriges Kind trotzdem etwas kauft, gilt der Kauf nicht. Die Eltern können den Gegenstand wieder in den Laden zurückbringen, wenn sie nicht damit einverstanden sind. Anders wird die Sache nun aber, wenn ein Kind, das mindestens 7 Jahre ist, Einkäufe von seinem Taschengeld bezahlt.

In diesem Fall geht das Bürgerliche Gesetzbuch (BGB) davon aus, dass das Taschengeld den Kindern zur freien Verfügung steht und sie damit machen können, was sie wollen, und nicht die Erlaubnis der Eltern brauchen.

Welche Geschäfte darf man unter 18 nicht alleine machen? Alles, was mit schriftlichen Verträgen und Verpflichtungen zu tun hat (Handykauf, Zeitungsabos abschließen, Kreditaufnahme usw.); Käufe von Dingen, die Jugendliche nicht besitzen dürfen (Zigaretten, Waffen, Alkohol usw.); Käufe teurer Geräte und Anschaffungen, die normales Taschengeld überschreiten (Autos, Häuser, teure Elektronik).

Der Taschengeldparagraf sagt allerdings nicht, für wie viel Geld die Kinder einkaufen dürfen. Vielleicht zweifelt ein Verkäufer daran, dass ein 8-jähriges Kind eine CD für 50 Euro von seinem Taschengeld kaufen kann. Dann kann es sein, dass er trotzdem eine Erlaubnis der Eltern sehen will.

(Redaktion kindersache.de: Antworten zu Kinderrechten: Taschengeldparagraph, 12.02.2010, Deutsches Kinderhilfswerk e. V., Berlin; https://www.kindersache.de/bereiche/kinderrechte/antworten-zu-kinderrechten/taschengeldparagraph [18.02.2020])

§ 110 BGB („Taschengeldparagraf“)
Bewirken der Leistung mit eigenen Mitteln

Ein von dem Minderjährigen ohne Zustimmung des gesetzlichen Vertreters [Eltern] geschlossener Vertrag gilt als von Anfang an wirksam, wenn der Minderjährige die vertragsmäßige Leistung mit Mitteln [hier: Geld] bewirkt, die ihm zu diesem Zweck oder zu freier Verfügung von dem Vertreter oder mit dessen Zustimmung von einem Dritten überlassen worden sind.

§ 108 BGB
Vertragsschluss ohne Einwilligung

(1) Schließt der Minderjährige einen Vertrag ohne die erforderliche Einwilligung des gesetzlichen Vertreters [meist der Eltern], so hängt die Wirksamkeit des Vertrags von der Genehmigung des Vertreters ab.

§ 107 BGB
Einwilligung des gesetzlichen Vertreters [der Eltern]

Der Minderjährige bedarf zu einer Willenserklärung [zum Vertragsabschluss], durch die er nicht lediglich einen rechtlichen Vorteil erlangt, der Einwilligung seines gesetzlichen Vertreters.

Mögliche Arbeitsschritte zum zweiten Schritt einer Fallstudie: „Informationen sammeln und auswerten“:

1 Im vorliegenden Fall sagt Danas Vater: „Das ist schließlich ein Kaufvertrag, den du da abgeschlossen hast.“ Beurteilt anhand der Informationen aus M 2a, ob er recht hat, und begründet euer Urteil.

2 Muss Dana das Shirt, rein rechtlich gesehen, zurückgeben? Notiert in eurem Heft. Lasst etwa 2 cm mehr Rand als sonst an der rechten Seite.

3 Wenn Rechtsanwälte einen Fall begründen, dann verweisen sie auf die passenden Stellen in Gesetzestexten, um ihre Argumente zu stützen. In den Kästen in M 2b findet ihr passende Stellen aus dem BGB. Notiert den jeweiligen Paragrafen (abgekürzt: §) neben den Antworten aus der zweiten Aufgabe.

Mögliche Arbeitsschritte zum dritten Schritt einer Fallstudie: „Handlungsmöglichkeiten erarbeiten und diskutieren“:

4 Stellt euch vor, ihr seid Dana und bereitet euch auf das Gespräch am Abend vor. Eure Notizen zu den Aufgaben 1 bis 3 werdet ihr mitnehmen. Aber wie verhaltet ihr euch, wenn der Vater weiterhin unzufrieden mit dem T-Shirt-Kauf ist? Notiert euch auch hierzu Stichpunkte.

5 Erarbeitet in Partnerarbeit ein kleines Rollenspiel (vgl. Methode S. 88), das eure Lösung des Falls wiedergibt. Diskutiert die Lösungsvorschläge in der Klasse.

M3 Fallbeispiele: Welche Geschäfte sind erlaubt?

Fallbeispiel

Fall 1: Der 10-jährige Julian bekommt von seiner Mutter 15 Euro, um Schulsachen zu kaufen. Statt für Hefte und Stifte gibt Julian das Geld für zwei Computerzeitschriften aus. Die Mutter nimmt die Zeitschriften mit in das Geschäft und fordert von dem Verkäufer das Geld zurück.

Fall 2: Zu ihrem 14. Geburtstag bekommt Jessica von ihren Großeltern 100 Euro geschenkt. Ihre Eltern finden zwar, dass die Großeltern es zu gut mit Jessica meinen, sagen aber nichts. Als Jessica das komplette Geld für neue Kleidung ausgibt, wird es den Eltern jedoch zu viel. Sie wollen, dass Jessica die Kleidung zurückgibt.

Fall 3: Der 17-jährige Johannes möchte sich schon lange einen MP3-Player kaufen. Zufällig hat sich sein Freund Leon gerade ein neues Gerät gekauft und bietet Johannes sein altes für 50 Euro an. Johannes willigt ein und leistet eine Anzahlung von 30 Euro. Den Rest will er vom Taschengeld des nächsten Monats zahlen. [...]

Fall 4: Claudia wird nächsten Monat 16 Jahre und meint zu ihrem Freund Hussein: „Wenn ich 16 bin, kann ich mir endlich, ohne meine Eltern zu fragen, von meinem Taschengeld ein günstiges Prepaid-Handy kaufen.“ Hussein hat Bedenken und sagt: „Da brauchst du doch erst das Einverständnis deiner Eltern.“

Fall 5: Der 14-jährige Felix ist ein großer Fußballfan und will eine Sportzeitschrift abonnieren. Die jeden Monat anfallenden Kosten von 15,80 Euro kann er problemlos von seinem Taschengeld zahlen. Sein Freund Niko meint jedoch, dass Felix trotzdem die Zustimmung seiner Eltern braucht.

(Wochenschau Nr. 6/2010, S. 27, Wochenschau Verlag, Schwalbach/Ts. 2010)

Prüft die Fallbeispiele in M3 und entscheidet, welche der dargestellten Geschäfte erlaubt sind.

2. Umtausch und Rücktritt ausgeschlossen? – Verbraucherrechte

In diesem Unterabschnitt geht es um die Frage, unter welchen Voraussetzungen Verbraucher getätigte Geschäfte wieder rückgängig machen können. Auch hier untersucht ihr Fallbeispiele: Jannis will gekaufte Turnschuhe umtauschen und Marco hat im Internet einen Vertrag abgeschlossen, den er gar nicht wollte.

Fallbeispiel

M 4 Umtausch ausgeschlossen?

Jannis hat sich schon lange für ein bestimmtes Paar Turnschuhe entschieden. Deshalb freut er sich sehr, als seine Mutter ihm endlich erlaubt, sich nun die gewünschten Schuhe zu kaufen.

Zielgerichtet verlangt er im Sportgeschäft seine „Marke“, probiert sie kurz an und freut sich, dass dieses Paar im Preis heruntergesetzt ist. „Da hab‘ ich aber Glück gehabt“, denkt er und kann gar nicht schnell genug nach Hause kommen, um die Schuhe dort stolz zu zeigen. „Mensch, die sehen ja echt super aus!“, meint sein Bruder Moritz, als er sie prüfend in den Händen hält. „Aber leider haben sie einen Riss! Hast du den denn nicht gesehen?“

Jannis bekommt einen Schrecken: „Wo? Zeig‘ her!“ Tatsächlich, an einer Stelle am rechten Schuh sind Leder und Sohle nicht richtig verschweißt. „Was mach ich nun? Vielleicht waren sie deshalb im Preis heruntergesetzt!“, befürchtet Jannis. „Die Verkäuferin hat noch zu mir gesagt: ‚Heruntergesetzte Ware ist vom Umtausch ausgeschlossen‘. Von einem kaputten Schuh hat sie aber nichts gesagt! So eine Gemeinheit!“

Auch für solche Fälle findet man im BGB entsprechende Bestimmungen, die in M 7 zusammengefasst werden. Auch die Internetseite der nordrhein-westfälischen Verbraucherzentrale (s. S. 110) bietet gute Hilfen zu vielen Fragen des Verbraucherrechts.

(Autorentext: D. Frintrop-Bechthold)

M 5 Rechte und Pflichten von Käufern und Verkäufern

Mängelarten

Art	Menge	Qualität	Beschaffenheit
= falsche Ware, z. B. Rotwein statt Weißwein	= zu viel oder zu wenig, z. B. 30 Stück statt 20	= andere Qualität, z. B. schlechtere Handelsklasse	= verdorbene oder beschädigte Ware, z. B. neuer Schrank hat Kratzer

Umtausch, Gewährleistung, Garantie – Was ist eigentlich was?

Gewährleistung

Gewährleistung (Sachmängelhaftung) ist ein gesetzliches Recht gegenüber dem Händler, das gilt, wenn die Ware Fehler hat. Der Kunde kann zwischen Reparatur und Neu-

lieferung wählen. Der Händler kann die Neulieferung nur in seltenen Fällen ablehnen.
Das Recht hat man zwei Jahre ab Kauf. In den ersten sechs Monaten muss der Händler beweisen, dass der Fehler beim Kauf noch nicht vorhanden war. Danach muss der Kunde beweisen, dass der Fehler nicht durch ihn verursacht wurde.
Nach Ablauf der ersten sechs Monate kann es sich wegen der Beweispflicht lohnen, falls die Gewährleistungsansprüche fehlschlagen, auch die Garantie zu prüfen.

Garantie
Garantie ist eine freiwillige Verpflichtung meist des Herstellers. Die Garantieleistungen kann der Hersteller frei bestimmen. [...] Die Garantie ist aber in der Regel auf Reparatur beschränkt und schließt selten eine Neulieferung ein.

Umtauschrecht
Beim Kauf in einem Laden ist der Händler nur dann verpflichtet, die Ware umzutauschen, wenn sie mangelhaft ist. Umtausch aus anderen Gründen, zum Beispiel weil die Größe nicht passt, ist reine Kulanz [Entgegenkommen] des Händlers.
Der darf auch die Bedingungen und Fristen frei bestimmen. Andere Regeln gelten beim Online-Shopping. Dort gilt in den meisten Fällen ein 14-tägiges Rückgaberecht.

Umtausch nur mit Kassenzettel?
Ist die Ware fehlerhaft, muss der Händler sie gegen neue Ware tauschen, wenn der Kunde es verlangt. Der Händler kann das nicht von der Vorlage des Kassenzettels abhängig machen. Ist der Kassenzettel verblasst, unleserlich oder verschwunden, muss der Käufer beweisen, dass er das Produkt beim Händler gekauft hat und wann. Das kann durch Zeugen, Kreditkartenbelege oder sogar mit dem Barcode am Produkt erfolgen. [...]

Originalkarton aufheben?
Viele Händler verlangen den Originalkarton, wenn der Kunde reklamieren will. Doch das ist nicht zulässig. Wenn ein Produkt mangelhaft ist, kann ich reklamieren – selbst ohne Originalverpackung. Das gilt auch beim Onlineshopping (OLG Frankfurt, Urteil vom 10.11.2005, AZ: 1 U 127/05). Wenn ich die Ware zurückschicken muss, bin ich allerdings verpflichtet, sie sicher zu verpacken.

Andere Regeln bei Umtausch und Garantie
Achtung: Beim Umtausch gelten andere Regeln. Umtausch einwandfreier Ware ist Kulanz des Händlers. Da darf er verlangen, dass die Originalverpackung dabei ist. Das Gleiche gilt bei der Garantie. Auch diese ist eine freiwillige Leistung – meist des Herstellers. Er kann die Bedingungen dafür selbst bestimmen.

(Südwestrundfunk, ohne Datum, Stuttgart; http://www.swr.de/marktcheck/umtausch-reklamation-moeller/-/id=100834/did=16414534/nid=100834/txfxs4/ [2017]; Verf.: Karl-Dieter Möller)

1 Ihr habt am Beispiel Dana (M 1) gelernt, welche Arbeitsschritte bei einer Fallanalyse sinnvoll sind. Führt nun in Partnerarbeit eine Fallstudie zum Fall Jannis nach der auf Seite 82 f. beschriebenen Methode durch. Achtet auf die Verwendung von Fachbegriffen.

2 Macht euch mit der folgenden Methode „Rollenspiel“ vertraut und stellt eure Lösung in einem Rollenspiel dar.

Methode: Rollenspiele durchführen und besprechen

Jannis und Moritz haben aufgrund der Informationen schnell eine Lösung des Problems gefunden, wenn auch kleine Spitzfindigkeiten zu beachten waren. Auf jeden Fall hat es ihnen richtig Spaß gemacht, den Fall zu lösen. Sie gingen zum Sportgeschäft zurück und fragten nach der Verkäuferin. Stellt – nach entsprechender Vorbereitung – in einem Rollenspiel ein mögliches Gespräch dar.

„Rollenspiel: Warum macht man das?

Im Rollenspiel schlüpfen die Spielerinnen und Spieler in die Haut einer anderen Person. Das ist ungefähr so wie bei einer Theaterrolle. Allerdings ist das Spiel nicht fest vorgeschrieben. Ihr müsst vorher überlegen, wie sich die Personen in der betreffenden Situation verhalten könnten. Alle Spielerinnen und Spieler können dann ihre Rolle selbst ausgestalten.

Wenn man sich in eine andere Person hineinversetzt, kann man viel lernen. Spielt man zum Beispiel jemanden, der geschlagen, verletzt oder beleidigt wurde, kann man lernen, wie man sich als Opfer in einem Streit fühlt. Für den Umgang mit Konflikten kann man im Rollenspiel üben, wie man sich in einem echten Konflikt verhalten sollte.

Worauf ihr besonders achten müsst

Rollenspiele gliedern sich in eine Vorbereitungsphase, eine Spielphase und eine Besprechungsphase. Bevor ihr mit der Planung beginnt, müsst ihr in der Klasse gemeinsam überlegen, welche Situation ihr vorspielen wollt. Dann müsst ihr euch in Spielgruppen einteilen.

Verhalten der Spielgruppen

- Legt fest, welche Szene ihr spielen wollt.
- Verteilt die Rollen innerhalb eurer Gruppe.
- Besprecht, wie sich die einzelnen Mitspieler ihrer Rolle entsprechend verhalten sollten.
- Plant den Ablauf eurer Szene und wie lange sie dauern soll.
- Übt das Rollenspiel, ohne laut zu werden. Besprecht, was ihr verbessern könnt.
- Achtet darauf, dass ihr die vereinbarte Zeit einhaltet.
- Macht keinen Quatsch!

Verhalten der Beobachter

In einem Rollenspiel sind die Beobachter nicht nur Zuschauer. Sie sind sozusagen die Schiedsrichter und Mitdenker. Achtet als Beobachter besonders auf die folgenden Fragen:

1. Haben die Spieler ihre Rolle glaubwürdig dargestellt?
2. Ist das Rollenspiel so verlaufen, wie es während der Vorbereitung abgesprochen wurde?
3. Was könnte man verbessern?

Nach jedem Rollenspiel gibt es eine Besprechungsrunde, in der sich die Beobachter zu diesen Fragen äußern.“

(Wolfgang Mattes: Methoden für den Unterricht, Schöningh im Westermann Verlag, Paderborn 2004, S. 106; leicht gekürzt und verändert)

Fallbeispiel

M6 Eine App als Kostenfalle

Alina ist 16 Jahre alt und spielt häufig Gratis-Spiele auf ihrem Smartphone. Aus Versehen tippt sie beim Spielen auf eine Werbeeinblendung, und ein Fenster in ihrem Browser öffnet sich. Sie ärgert sich kurz, weil ihr Spiel unterbrochen worden ist, und schließt den Browser schnell. Einige Wochen später kommt mit der Post eine Rechnung über 120 Euro. Ohne es zu wollen, hat Alina mit dem Klick auf das Werbefenster ein Abo über Klingeltöne abgeschlossen. Welche Handlungsmöglichkeiten hat die Familie nun? Wie sollte sie sich verhalten?

(Autorentext)

M7 Abzocke im Internet – was tun?

2.4

Gratis-SMS-Dienste, Rezepte oder Routenplaner – kurze Anmeldung genügt und plötzlich kommt Post: Ihr habt angeblich einen Vertrag abgeschlossen und sollt eine saftige Rechnung zahlen. Onlineabzocke läuft längst im großen Stil. Dabei ist die Masche immer ähnlich. Beim ahnungslosen Surfen im Netz lassen sich schnell dubiose Internetseiten mit verlockenden Gratisangeboten finden: Kostenlose SMS verschicken, Gedichte oder Rezepte gratis runterladen oder eine Route planen – doch statt tatsächlich kostenlosen Service zu bieten, will der Anbieter später eine einmalige Nutzungsgebühr für seine Dienste kassieren. Und die kann dann locker dreistellig sein. Andere Seitenbetreiber wollen euch mit einem Eintrag ins Anmeldeformular gleich ein zweijähriges Abo angedreht haben. Doch davon wisst ihr gar nichts. Eine andere Methode ist die Nachricht per SMS über ein angeblich abgeschlossenes Abo, nachdem man eine Werbung auf dem Smartphone angetippt hat. Die wird im Text über Abzocke per Smartphone erklärt.

Tausende tappen in die Internet-Falle

Zurück zur Falle mit den angeblichen Gratis-Diensten: Nach der Rechnung folgt meist ziemlich schnell die erste Mahnung, manchmal auch ein Anwaltsschreiben mit Zahlungsaufforderung oder gar die Drohung mit einem Inkasso-Unternehmen, das die Schulden bei euch eintreiben will. Spätestens dann kommt ihr mächtig ins Schwitzen. Um es gleich vorab zu sagen: Ihr seid nicht allein. Tausende Verbraucher werden so täglich im Internet reingelegt. Doch was ist da eigentlich schiefgelaufen? „Das ist ein ganz typisches Beispiel für Internet-Abzocke", sagt Thomas Bradler, Jurist bei der Verbraucherzentrale NRW. Die Anbieter setzen nämlich darauf, dass der User den Preishinweis ganz schlecht findet, weil er zum Beispiel nur im Kleingedruckten steht. Manchmal ist der Hinweis auf die Folgekosten auch farblich so getarnt, dass man ihn ganz leicht übersehen kann. Doch so geht es nicht, erklärt Bradler: „Der Anbieter muss darauf hinweisen, dass das Angebot kostenpflichtig ist, und zwar so, dass man es auch sofort findet. Der Preis muss unmittelbar vor Abgabe der Bestellung durch den Käufer auf der Internetseite hervorgehoben angegeben werden. Gleiches gilt für die Laufzeit des Vertrages sowie gegebenenfalls anfallende Versand- oder andere Zusatzkosten." Außerdem kommt ein wirksamer kostenpflichtiger Vertrag im Internet überhaupt nur dann zustande, wenn die Schaltfläche (der Button) zur Bestellung eindeutig und gut lesbar so beschriftet ist, dass der Nutzer weiß, dass ihn der Klick etwas kosten wird. Der Button darf daher mit nichts anderem beschriftet sein als mit den Worten „zahlungspflichtig bestellen" oder einer entsprechend eindeutigen Formulierung. Ist auf dem Button nur von „Bestellen" oder „Anmelden" die Rede, kommt kein wirksamer Vertrag zustande und es muss auch nichts bezahlt werden! Diese **Button-Lösung** hat der Gesetzgeber 2014 eingeführt.

* **Inkasso-Unternehmen** sind Unternehmen, die beauftragt werden, nicht bezahlte Schulden einzutreiben.

14 Tage Rücktrittsrecht

Und noch etwas muss der Online-Anbieter tun. Er muss euch darüber informieren, dass ihr innerhalb von zwei Wochen von einem so geschlossenen Vertrag zurücktreten könnt. Dieses sogenannte **Widerrufsrecht** gilt für fast alle Internetgeschäfte. Allerdings hül-

len sich auch hier die Internet-Abzocker gerne in Schweigen. Oft kommt die Rechnung erst, wenn die Zwei-Wochen-Frist längst verstrichen ist. Trotzdem gilt: Hat euch der Anbieter nicht klar und verständlich auf der Internetseite oder z. B. per E-Mail über euer Recht auf Widerruf informiert, kann der Vertrag nach Abschluss sogar noch 1 Jahr und 14 Tage lang widerrufen werden. Dann kommt es also gar nicht mehr entscheidend darauf an, ob der Vertrag überhaupt jemals wirksam geschlossen wurde. Somit gibt es also schon zwei gute Gründe, warum der Anbieter mit dieser linken Nummer nicht durchkommen dürfte.

Verträge mit Musterbriefen anfechten
Was also ist zu tun, wenn euch unberechtigt eine Rechnung ins Haus flattert? Wem so etwas passiert, der sollte den Vertragsschluss in jedem Fall schriftlich bestreiten und den Vertrag „hilfsweise widerrufen" und „wegen arglistiger Täuschung" anfechten. [...] Es gibt nämlich noch einen triftigen Grund, warum ein Vertrag ungültig sein kann. Und zwar wenn der, der den Vertrag angeblich abgeschlossen hat, noch minderjährig ist. [...]

(Verbraucherzentrale Nordrhein-Westfalen e. V.: Internetsicherheit: Abzocke im Internet – was tun?, 19.08.2016, Düsseldorf; Verf.: Katja Goebel; https://www.checked4you.de/computer-internet/internet/abzocke-im-internet-was-tun-137400 [18.02.2020])

1 Habt ihr schon ähnliche Erfahrungen wie Alina (M 6) gemacht? Berichtet.

2 Führt eine Fallanalyse zu M 6 durch. Orientiert euch dabei an den in der Methode auf S. 82 f. dargestellten Schritten.

3 Stellt euch vor, ihr seid Alina und möchtet eure Mitschüler über Internet-Fallen informieren. Erstellt mithilfe von M 7 einen Flyer, der über Gefahren im Internet informiert. Ihr könnt den Flyer so aufbauen:

Vorsicht Falle! Diese Gefahren lauern online:	**Ins Netz gegangen? Das kannst du tun:**	**Hier erhältst du Unterstützung:**
• Beim Versand von kostenlosen SMS schließt man ein Abo ab. • … • …	• … • …	• … • …
(Lasst hier noch etwas Platz, um weitere Informationen ergänzen zu können.)		

Wie ihr seht, lauern im Internet viele Gefahren. Um sich dort sicher zu bewegen und nicht aus Versehen einen Vertrag abzuschließen, ohne es zu bemerken, sollte man sich immer die sogenannten Allgemeinen Geschäftsbedingungen (AGB) durchlesen. Das folgende Material informiert euch darüber.

2.4

M 8 Allgemeine Geschäftsbedingungen

„Nutzung erst ab 18 Jahren, nach 12 Monaten wird diese App kostenpflichtig, zusätzlich wird ein kostenpflichtiges Abo installiert": Die Allgemeinen Geschäftsbedingungen (kurz: AGB) können viele, auch böse, Überraschungen bereithalten. Wusstest du zum Beispiel, dass WhatsApp laut AGB erst mit 13 Jahren [seit 2018 erst ab 16 Jahren] erlaubt ist?

AGB? Was ist das?

Lädst du dir eine App auf dein Handy runter, musst du nicht nur den Berechtigungen der jeweiligen App zustimmen, sondern auch den Allgemeinen Geschäftsbedingungen. Diese AGB haben häufig den Nachteil, dass es durch viele juristische Fachausdrücke, die eigentlich nur ein Anwalt richtig versteht, sehr schwer wird, den Text zu verstehen. Zusätzlich schreckt dich wahrscheinlich schon meist die Länge der AGB ab. Wenn du dir z. B. die AGB von Facebook durchlesen möchtest, solltest du schon einiges an Zeit mitbringen.

Oft gestaltet sich schon das Finden der AGB schwierig. Diese werden entweder nach der Installation beim ersten Öffnen der App angezeigt oder sind etwas versteckter und damit nicht ganz leicht zu finden.

Auch wenn fast alle Handynutzer ohne genaues Lesen den Haken bei „Akzeptieren" setzen, empfiehlt es sich vor der Zustimmung, dass du zumindest auf einige Abschnitte der AGB einen kurzen Blick wirfst. Diese stellen wir dir jetzt vor!

Terms of Service

Hier solltest du genau hinschauen!

Die Terms of Service sind die Nutzungsbedingungen, die in englischsprachigen Apps meist den AGB entsprechen. Auch diese enthalten viele Fachbegriffe. Jedoch stehst du hier noch vor einem viel größeren Problem: Du findest die AGB meist nur in englischer Sprache. Das macht das Verstehen der AGB noch schwieriger.

Dein Alter ist entscheidend

Bist du unter 18 Jahre alt, wird das Ganze noch komplizierter. Streng genommen müssen eigentlich deine Eltern die AGB akzeptieren.

Zusätzlich schließen viele Apps die Nutzung durch manche Altersgruppen von vornherein aus. Die meisten Apps verbieten die Nutzung durch unter 13-Jährige, manche Apps sind erst ab 16 erlaubt und ein paar Apps verbieten die Nutzung durch Minderjährige komplett.

Bei allen Apps wird aber mindestens vorausgesetzt, dass deine Erziehungsberechtigten zustimmen müssen, wenn du die App nutzt und unter 18 Jahre alt bist.

Auf was du achten musst

[...] Punkte, die bei dir Misstrauen wecken sollten, sind Regelungen über den Zahlungsverkehr. Insbesondere dann, wenn die App kostenlos angeboten wird. Anzeichen für kostenpflichtige Dienste sind häufig die Zeichen „€" oder „$" oder in Worten „Euro", bzw. „Dollar". Ebenso solltest du unbedingt immer das in den AGB angegebene Mindestalter überprüfen.

Sehr gut kann dir auch eine kurze Recherche im Internet helfen. Fallen dir hier insbesondere schlechte Bewertungen und Einschätzungen ins Auge, solltest du von einer Installation absehen. [...]

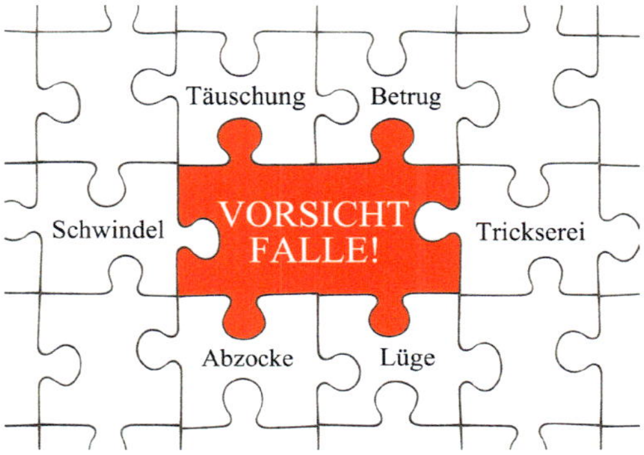

(Markus Merkle: Allgemeine Geschäftsbedingungen – Worauf muss ich bei den AGB achten?, handysektor.de, ohne Datum, Landesanstalt für Kommunikation, Stuttgart; https://www.handysektor.de/artikel/allgemeine-geschaeftsbedingungen-worauf-muss-ich-bei-den-agb-achten/ [18.02.2020])

1 Nachmittags installierst du mit deinem Freund Lukas ein neues Gratis-Spiel auf seinem Handy, weil ihr es testen wollt. Als die AGB-Information auftaucht, reagiert Lukas genervt: „Immer dieser nervige Text. Der ist doch vollkommen überflüssig!" Nutze die Informationen aus M 8, um ihn vom Gegenteil zu überzeugen. Schreibe aber auch auf, wenn du ihm in gewissen Punkten Recht gibst.

2 Ihr habt nun noch mehr Informationen über Internet-Fallen erhalten. Ergänzt diese auf eurem Flyer.

V Diese Internetseite der Verbraucherzentrale Nordrhein-Westfalen ist speziell für Jugendliche eingerichtet: https://www.checked4you.de/home (© Verbraucherzentrale Nordrhein-Westfalen e. V.). Dort könnt ihr zu einigen Verbraucherthemen gute Hinweise bekommen.

4.4

M 9 Ist das erlaubt? Urheberrecht im Internet

Vier Fälle – Vorschlag für eine Gruppenarbeit

Die neuesten Hits aus den Charts auf den iPod laden, einen Hollywood-Blockbuster auf den PC „ziehen“, Streamen oder Fotos von Promis als Profilbild verwenden – heutzutage alles kein Problem. Doch was darf man überhaupt runterladen? Und welche Downloads sind illegal? Nicht immer gibt es klare Antworten, aber eine genauere Beschäftigung mit dem Thema lohnt sich. Das sollt ihr in der folgenden Gruppenarbeit machen!

Teilt euch in vier Gruppen auf und arbeitet arbeitsteilig mit den Materialien M 9a – d. Führt eine Fallstudie zu eurem Thema durch und präsentiert euer Ergebnis der Klasse. Bereitet für die Begründung ein Plakat vor, das die wesentlichen Informationen enthält. Das Plakat könnte beispielsweise folgende Elemente enthalten:

Unser Fall:	**wichtige Fragen:**	**Antworten:**
Katharina möchte auf einer Internetseite Lieder herunterladen.	*Darf man Lieder aus dem Internet herunterladen?*	*Das hängt davon ab, ob …*
Janosch …		

M 9a Musik herunterladen

Fallbeispiel

Der Fall

Katharina und ihr Bruder Janosch haben nicht viel gemeinsam, aber der neueste Song einer US-Sängerin begeistert beide. Beim Surfen stößt Katharina auf eine Seite, auf der man sich anmelden und dann sehr viele Songs oder ganze Alben herunterladen kann, ohne dass man etwas bezahlen muss. Das neue Lieblingslied ist auch dabei. Janosch hat das Musikvideo zum Song bei YouTube gefunden und lädt gerade ein Programm, mit dem er sich den Song dann von dieser Seite herunterladen kann. Verstoßen die beiden gegen das Gesetz? (Autorentext)

Die Hintergrundinformationen

Auf einer Webseite gibt es die neuesten Hits kostenlos herunterzuladen – ist das legal?

Im Normalfall nicht. Häufig handelt es sich hier um sogenannte „Tauschbörsen", in denen Nutzer Musik kostenlos zur Verfügung stellen und herunterladen. Getauscht werden hier aber oft Musikstücke und Videos, für die man eigentlich Geld bezahlen müsste. Sie sind meist illegal zum Download ins Internet gestellt worden. Auch wer diese Musik dann herunterlädt, macht sich strafbar.
Allgemein gilt: Unwissenheit schützt vor Strafe nicht. Große Vorsicht ist also angebracht, auch wenn eine Seite offiziell und legal aussieht. Also: Die „Top 100-Charts zum kostenlosen Download" gibt es nicht legal!

Darf [man] Lieder von YouTube herunterladen, also Musikvideos in mp3-Dateien umwandeln?

Der Download von YouTube-Videos ist mit entsprechenden Programmen eine einfache Sache. Komplizierter ist die Frage, ob das Herunterladen überhaupt legal ist. YouTube ist ein großes, öffentliches, legales Videoportal. Dessen Nutzungsbedingungen sehen vor, dass nur urheberrechtlich einwandfreies Material hochgeladen werden darf. Die Durchsetzung dieser Bedingungen ist Aufgabe von YouTube. Dies würde den Nutzer von der Verantwortung für die Legalität der Inhalte, die er herunterladen möchte, freisprechen.
Allerdings: YouTube selbst verbietet in seinen Nutzungsbedingungen das Herunterladen von Videos! Den Bedingungen stimmt jedoch nur derjenige zu, der auch ein Nutzerkonto bei YouTube hat. Das heißt: Wenn [man] ein YouTube-Konto besitzt, ist das Downloaden eines Videos und damit auch die Umwandlung eines Videos in MP3-Dateien in jedem Fall verboten. Wenn nicht, dann sieht es momentan danach aus, dass es rechtlich unbedenklich ist, eine private Kopie eines YouTube-Videos zu erstellen, die nicht wieder veröffentlicht wird (siehe irights.info). Jedoch gibt es dazu noch keine Grundsatzentscheidung. Die Aussagen beruhen auf Gerichtsurteilen, die jedoch nicht für die weitere Rechtsprechung bindend sind.
Daher sollte man mit YouTube-Downloads, obwohl es rechtlich momentan gut aussieht, sehr vorsichtig sein – vor allem bei Videos mit offensichtlich nicht legalen Inhalten, also zum Beispiel privaten Konzertmitschnitten oder Musikvideos bekannter Künstler auf privaten YouTube-Nutzerkonten.

(Internet-ABC e. V., Düsseldorf, ohne Datum; https://www.internet-abc.de/eltern/familie-medien/medien-musik-videos-fotos/musik-hoeren-und-downloaden/; [2017])

Fallbeispiel

M 9b Filme oder Serien online streamen

Der Fall

Jan muss es einfach wissen: Wie geht seine Lieblingsserie weiter? Im Fernsehen werden die neuen Folgen aber erst in einem halben Jahr ausgestrahlt. Neugierig sucht er jetzt im Internet nach Hinweisen darauf, wie seine Serie wohl weitergeht. Dabei stößt er auf ein Online-Portal, bei dem er sich die neuen Folgen direkt und in voller Länge ansehen kann. Das kommt ihm zwar etwas komisch vor, aber er startet das Video und schaut die erste Folge an. Als seine Mutter nach ihm schaut, sieht sie, was Jan macht. „Das ist verboten! Schalt das sofort ab!" und „Das wird teuer für uns!" sind die Sätze, die sie als Erstes sagt. Hat sie recht?

(Autorentext)

Die Hintergrundinformationen

Darf ich mir Filme von illegalen Plattformen per Stream anschauen?

Es ist rechtlich noch nicht endgültig geklärt, ob neben den Anbietern auch die Nutzer das Urheberrecht verletzen, wenn sie sich im Internet illegal eingestellte Filme via Streaming anschauen. Im Gegensatz zum Download speichert man beim Streaming in der Regel keine dauerhafte, vollständige Videodatei auf dem eigenen Rechner. Stattdessen werden flüchtige Kopien im Arbeitsspeicher erzeugt. Das sind Kopien, die während des Anschauens eines Films per Streaming nur vorübergehend gespeichert werden. Der Europäische Gerichtshof hat über eine solche Konstellation bereits im Fall von externen Streaming-Playern entschieden, mit denen sich Filme aus illegalen Online-Quellen direkt am Fernseher abspielen lassen. Er entschied, dass die dabei erzeugten Kopien keiner „rechtmäßigen Nutzung" dienen und daher nicht erlaubt sind. Allerdings sind sich zahlreiche Urheberrechtler einig, dass sich die Aussagen des Gerichtshofs problemlos auf andere Streaming-Konstellationen übertragen lassen. Demnach ist davon auszugehen, dass der Streaming-Abruf verboten ist, wenn Nutzer wissen, dass es sich nicht um ein legales Angebot handeln kann. Gleichwohl ist festzustellen, dass bisher weder eine Abmahnwelle eingesetzt hat noch Nutzer für unerlaubten Streaming-Abruf schuldig gesprochen wurden. Das liegt vor allem daran, dass es für die Rechteinhaber sehr schwierig ist, die Identität der Nutzer illegaler Streams herauszufinden. Daher konzentrieren sie sich eher darauf, die eigentlichen Quellen und Plattformen aus dem Netz zu ziehen. Dennoch gilt es, die Augen offen zu halten und gerade bei kostenlosen Angeboten Vorsicht walten zu lassen. Illegale Videoportale sind zudem häufig dafür bekannt, Schadsoftware zu verbreiten oder in Abofallen zu locken. Zudem schaden sie den Urhebern oder Rechteinhabern zumindest dann finanziell, wenn sie anstelle eines legalen Angebots genutzt werden.

(Redaktion klicksafe: Urheberrecht und illegale Download-Angebote, ohne Datum, Landeszentrale für Medien und Kommunikation, Ludwigshafen; http://www.klicksafe.de/themen/rechtsfragen-im-netz/irights/wie-erkenne-ich-rechtswidrige-angebote-im-internet/teil-1-urheberrecht-und-illegale-download-angebote/; Autoren: Valie Djordjevic, unter Mitarbeit von Alexander Wragge [18.02.2020])

Fallbeispiel

M 9c Fotos und das Recht am eigenen Bild

Der Fall

Julius erstellt eine Präsentation mit den Bildern der letzten Klassenfahrt mit etwa vierzig Bildern. Drei Beispiele findet ihr auf der nächsten Seite. Er lädt seine Präsentation auf der

Homepage der Schülerzeitung hoch. Am nächsten Tag ruft die Mutter einer Mitschülerin wutentbrannt bei ihm an und wirft ihm vor, gegen die Rechte ihrer Tochter verstoßen zu haben. Hat sie recht?

(Autorentext)

Die Hintergrundinformationen

Eng verknüpft mit dem „Recht auf informationelle Selbstbestimmung“ ist das „Recht am eigenen Bild“. In Anlehnung an die Paragraphen 22 und 23 des Kunsturheberrechtsgesetzes (KunstUrhG) gilt verkürzt, dass eine Abbildung (z.B. ein Foto) nur mit Einwilligung des Abgebildeten verbreitet oder öffentlich zur Schau gestellt werden darf. Hierunter fallen unter anderem die Veröffentlichung eines Fotos in einem sozialen Netzwerk oder das Verschicken per Messenger-App (WhatsApp, Threema etc.).

Ausschlaggebend ist die „Erkennbarkeit“ der abgebildeten Person. Auf dem Bild muss also nicht unbedingt das vollständige Gesicht zu sehen sein. Es reicht, dass durch den auf dem Foto dargestellten Ausschnitt der Abgebildete eindeutig identifiziert werden kann. Wird also beispielsweise über eine abfotografierte Tätowierung auf dem Oberarm deutlich, wer auf dem Bild zu sehen ist, dann darf dieses Bild nicht ohne Zustimmung des Tätowierten veröffentlicht werden.

Folgende Ausnahmen schränken das „Recht am eigenen Bild“ ein:

- Der Abgebildete ist nur „Beiwerk“ und nicht der eigentliche Grund der Aufnahme. Ein klassisches Beispiel wäre, dass jemand ein Foto vom Kölner Dom macht und eine Person eher zufällig mit abgelichtet wird. Wird dieses Foto dann im Internet veröffentlicht, dann kann dieser Veröffentlichung in aller Regel nicht widersprochen werden.
- Der Abgebildete ist Teil einer Menschenansammlung, also nur „einer von vielen“. Teilnehmer von Demonstrationen oder Konzerten wären hier zu nennen.
- Der Abgebildete ist eine Person der Zeitgeschichte (z.B. ein Prominenter); aber auch Prominente müssen sich nicht jede Abbildung gefallen lassen.
- Der Abgebildete hat für die Aufnahmen ein Honorar erhalten (z.B. ein Fotomodell).
- Das Bild hat einen künstlerischen Wert und dient damit einem höheren Interesse der Kunst.

In allen anderen Fällen muss der Abgebildete vor einer Veröffentlichung oder Verbreitung gefragt werden. Eine Veröffentlichung ist es übrigens auch dann, wenn ein Foto beispielsweise in einem sozialen Netzwerk nur einem ausgesuchten Personenkreis zugänglich gemacht wird.

Will man **Fotos von Minderjährigen** im Internet veröffentlichen oder wollen Minderjährige selbst Fotos von sich ins Netz stellen, ist in rechtlicher Hinsicht Folgendes zu beachten: Bei Kindern bis einschließlich sechs Jahren sind die Erziehungsberechtigten allein entscheidungsbefugt darüber, ob eine Abbildung des Kindes veröffentlicht werden darf. Zwischen sieben und einschließlich 17 Jahren hängt es vom Entwicklungsstand des jeweiligen Kindes/Jugendlichen ab: Bei entsprechendem Entwicklungsstand (Juristen sprechen hier von „erreichter Einsichtsfähigkeit") sind sowohl die Eltern/Erziehungsberechtigten als auch das Kind/der Jugendliche in die Entscheidung einzubinden (Stichwort „Doppelzuständigkeit"). [...]

(Redaktion klicksafe: Das Recht am eigenen Bild, ohne Datum, Landeszentrale für Medien und Kommunikation, Ludwigshafen; http://www.klicksafe.de/themen/datenschutz/privatsphaere/datenschutz-broschuere-fuer-eltern-und-paedagogen/das-recht-am-eigenen-bild/; Autor: Martin Müsgens [18.02.2020])

Fallbeispiel

M 9d Urheberrecht im Unterricht

Der Fall

Hendrik erstellt für den Politik- und Wirtschaftunterricht eine Präsentation zu einem aktuellen Thema. Am Ende ist er sehr stolz: Er hat mehrere Bilder, Texte und sogar ein kurzes Video zum Thema gefunden und alles in einer Präsentation zusammengeführt. Um auch das Präsentieren zu üben, bittet er seine große Schwester darum, beim Probevortrag zuzuhören und ihm Tipps zu geben. Seine Schwester findet den Vortrag auch gut, aber sie sagt, dass er die Texte, Bilder und Fotos nicht ohne Zustimmung der Urheber nutzen darf. Hat sie recht? (Autorentext)

Die Hintergrundinformationen

Nehmen wir mal an, ihr sammelt für ein Referat Texte und Bilder oder auch Videos aus Zeitschriften, Büchern oder dem Internet. Dürft ihr sie verwenden? Wie so oft bei Rechtsfragen ist auch hier die Antwort nicht ganz einfach:

- Für private Zwecke ist es erlaubt, Texte und Bilder abzulegen, auszudrucken oder zu speichern (das nennt man Privatkopie). Was ihr nur für euch allein sammelt, interessiert niemanden. So dürftet ihr euch eine eigene Bildersammlung über Napoleon anlegen mit allen Bildern, die ihr zum Thema findet.
- Wie ihr inzwischen wisst, gilt bei jeder Veröffentlichung das Urheberrecht. Ihr dürft Werke nicht einfach veröffentlichen, es sei denn, der Urheber erlaubt es (z. B. über eine Creative-Commons-Lizenz).

Aber ...

- Ihr könnt ganz unbesorgt sein, wenn ihr das Referat nur zeigt (z. B. in Form einer PowerPoint-Präsentation). Der Unterricht ist nicht öffentlich und ihr dürft alle Bilder, Videos, Texte und Audios verwenden, die ihr wollt. Aber ihr dürft sie nicht ausdrucken und an alle Mitschüler (z. B. als Handout) verteilen.
- Es gibt eine Ausnahme bei sogenannten Zitaten. Zitate sind kleine Ausschnitte aus Texten oder Bildern, die eine „Belegfunktion" haben. So darfst du aus einem Buch etwas veröffentlichen (Quelle nennen nicht vergessen!), wenn du damit etwas zeigen möchtest, z. B. zwei Sätze aus einem Buch über Napoleon. Das darf also auch auf einem Ausdruck erscheinen.
- Das Zitatrecht ist festgelegt in § 51 des Urheberrechtsgesetzes. Juristen bezeichnen diese Nutzung im Unterricht (ohne Ausdrucke oder Weitergabe) übrigens als „nicht öffentliche, unkörperliche Nutzung".

(Marco Fileccia, Birgit Kimmel, Stefanie Rack, Isabell Tatsch, Friederike Groschup: Knowhow für junge User. Mehr Sicherheit im Umgang mit dem World Wide Web. Materialien für den Unterricht, klicksafe, Landeszentrale für Medien und Kommunikation Rheinland-Pfalz, Ludwigshafen, 1. vollständig überarbeitete Auflage März 2016, S. 61; leicht verändert)

3. Offline und online einkaufen

5.3, 6.1, 6.4

M 10 Wie geht Online-Shopping?

Ein Fallbeispiel

Oma Elisabeth hat bei ihrer Freundin von einem Trinkwasser-Sprudler erfahren, mit dem man Leitungswasser mit Kohlensäure versetzen kann. Sie erhofft sich davon, dass sie keine Getränkekisten mehr tragen muss und die Umwelt schont, wenn sie nicht mehr so oft mit dem Auto einkaufen fahren muss. Ihre Freundin hat den Sprudler online bestellt und ihr die Adresse des Versandhauses zukommen lassen. Leider kennt sich Elisabeth mit dem Online-Shopping aber noch nicht gut aus und bittet ihre 19-jährige Enkelin Lena um Hilfe. Lena zeigt ihrer Oma Elisabeth zum ersten Mal, wie man online etwas bestellen kann. Während Lena vom Einkaufen im Internet überzeugt ist, steht Elisabeth dem Online-Shopping im Allgemeinen recht kritisch gegenüber.

(Autorentext)

Schreibt einen möglichen Dialog zwischen Oma und Enkelin.

M 11 Werbung für Trinkwasserspender überall!

Am nächsten Tag ist Oma Elisabeth sehr verwundert: Egal, auf welchen Seiten sie sich im Internet befindet: Immer wieder taucht Werbung für Trinkwasser-Sprudler auf! Auf der Seite der Lokalzeitung genauso wie auf ihrer Lieblingsseite zum Thema Hundesport. Und wenn sie anfängt, etwas in die von ihr verwendete Suchmaschine zu tippen, kommen bereits nach den Buchstaben „Tri..." Vorschläge für „Trinkwasserspender". Sie ist äußerst beunruhigt und fühlt sich überwacht.

(Autorentext)

Welche Erklärungen könnt ihr Elisabeth für diese Form der Werbung nennen? Sammelt diese zunächst in der Klasse, bevor ihr euch mit den folgenden Materialien beschäftigt.

Maßgeschneiderte Werbung, passgenau auf jeden Interessenten und möglichen Kunden zugeschnitten. Wäre das nicht gut für den Verbraucher und für die Unternehmen? **Personalisierte Werbung** heißt der Fachbegriff. Zunächst zeigen die beiden folgenden Materialien auf, welche technischen Möglichkeiten es gibt, um gezielt Werbung zu platzieren. **Cookies** (s. auch S. 51) helfen den Werbetreibenden auf die Spur (M 12a). Aber wenn man die Informationen aus den Cookies kombiniert mit weiteren Daten, die ermittelt werden können, ergeben sich neue vielversprechende Möglichkeiten, von denen einige in M 12b vorgestellt werden.
Eine zentrale Rolle spielen bei der Internetnutzung und Internetwerbung **Algorithmen** und **Filter**. Sie entscheiden nämlich darüber, was man im Internet angezeigt bekommt und was nicht. Wie das funktioniert, wird in M 13 zunächst am Beispiel der Social Media erklärt, die ja schon im Kapitel 2 eine wichtige Rolle gespielt haben. Auf die Bedeutung von Algorithmen ist aber dort noch nicht hingewiesen worden. Sie spielen – genauso wie in der werbenden Wirtschaft – eine sehr große Rolle. Diese sollt ihr nun sowohl für die Nutzung durch die Wirtschaft als auch für die Nutzung durch die Social Media beurteilen können.

M 12 Personalisierte Werbung – Woher wissen die, was ich will?

M 12a Mit Cookies auf Spurensuche

(© CDA Verlags- und Handelsges. m. b. H.)

Wer kennt es nicht? [Man sucht] in einem Onlineshop nach einer schicken Winterjacke, entscheidet sich dann doch gegen den Kauf und beim Weitersurfen wird [...] urplötzlich der Artikel in einer Werbeeinblendung angezeigt. Bei vielen Menschen löst diese Art von Werbung immer noch Verwunderung aus. [...]

Wie funktioniert personalisierte Werbung?
Mithilfe der beim Surfen im Internet hinterlassenen Spuren (Cookies) sowie Browser- und Geräteidentifizierung wird das Surfverhalten des Nutzers analysiert, um so eine möglichst personalisierte Werbung anzuzeigen, die den persönlichen Interessen entspricht. Dies hat zur Folge, dass [...] auf beliebigen Webseiten, Apps und Facebook Produkte angezeigt werden, die [...] zuvor in den unterschiedlichsten Onlineshops gesucht [worden sind]. Diese Online-Spionage wird gern als „Ad Tracking" bezeichnet, welches sich in den letzten Jahren zu einem hochrentablen Geschäftsfeld entwickelt hat. Onlineunternehmen bezahlen stolze Summen, um in den Besitz solcher Datensätze zu kommen und um den potenziellen Kunden Produkte und Dienstleistungen möglichst personalisiert anzubieten. Dazu wenden sich die Unternehmen an Werbenetzwerke wie Facebook Ads oder Google Ads, die schon aus ihrer Grundfunktion heraus über viele persönliche Daten der Nutzer verfügen. Kleine Code-Bausteine, im Fachjargon auch Tracker genannt, sammeln auf den unterschiedlichsten Webseiten Daten über den jeweiligen Nutzer, etwa wenn jemand einen Onlineshop nach bestimmten Schuhen durchsucht. Verwenden auch andere Webseiten das entsprechende Werbenetzwerk, wird letztlich ein Querverweis hergestellt und die Schuhe erscheinen als Werbeeinblendung.

Wie kann ich mich davor schützen?
[Es gibt] auf den unterschiedlichsten Webseiten die Möglichkeit, personalisierte Werbung zu deaktivieren. So ist es möglich, direkt in den Einstellungen von Google und Facebook die maßgeschneiderte Werbung auszuschalten. Es kann aber auch schon helfen, regelmäßig die Cookies des verwendeten Webbrowsers zu löschen. Und da die meisten Browser auch einen Inkognito-Modus anbieten, empfehlen wir unbedingt dessen Verwendung. Damit ist es möglich, anonym im Internet zu surfen und keine Spuren zu hinterlassen. Dass man generell sorgsam mit persönlichen Daten umgehen soll, bedarf eigentlich keiner gesonderten Erwähnung.

(Christoph Lumetzberger: Wie geht das?: Personalisierte Werbung, Androidmag.de, 01.12.2019, CDA Verlags- und Handelsges.m.b.H, Arbing; https://androidmag.de/tipps/wie-geht-das-personalisierte-werbung/ [18.02.2020])

M 12b „Das könnte diese Zielgruppe auch interessieren" – Vorausschauende personalisierte Werbung

Personalisierte Werbung mittels Predictive Behavioural Targeting [in etwa: vorausschauende Zielgruppenansprache] setzt sich im Online-Werbemarkt immer stärker durch. Der Traum aller Werber rückt damit in greifbare Nähe: Unnötige Streuverluste reduzieren und durch passgenaue Ansprache die Akzeptanz für Werbung beim Konsumenten erhöhen. [...]

Nahezu 20 Prozent der Online-Werbung in Deutschland werden momentan mit sogenanntem Predictive Behavioral Targeting, also personalisiert nach Nutzerinteressen, ausgeliefert. Die Tendenz steigt. Was für den Nutzer eine größere Relevanz der ihm gezeigten Werbung bedeutet, garantiert der Werbebranche eine bessere Wirkung ihrer Botschaften und die Reduktion von Streuverlusten. […]

In den klassischen Werbemedien TV und Print wird die gezielte Ansprache über Marktforschung und Umfeldplatzierung [die Anzeige oder Werbung wird im passenden Umfeld platziert] betrieben: Schaut jemand Kochshows, gehen die Werber davon aus, dass ihre Lebensmittel-Werbung in den Werbepausen gut platziert ist. […]

In der digitalen Welt – momentan hauptsächlich im Internetbrowser, zukünftig auch auf dem Handy und im DigitalTV – bieten sich effizientere Möglichkeiten der gezielten Konsumentenansprache. Eine davon ist das Predictive Behavioral Targeting. […]

Der technologische Grundsatz ist simpel erklärt: Durch die Zusammenführung pseudonymer [anonymer] Daten aus dem Surfverhalten von Nutzern, gespeichert in einem Cookie, und der Hinzuziehung ebenfalls pseudonym ausgefüllter Fragebögen zu Soziodemografie [bspw. zu Einkommen, Geschlecht oder Wohnregion] und Produktinteressen wird statistisch hochgerechnet, welchen soziodemografischen Eigenschaften ein Internet-Nutzer höchstwahrscheinlich entspricht, wenn er ein bestimmtes Surfverhalten an den Tag legt. […] Targeting ist also dabei, das Internet zu revolutionieren, und das nicht nur im Sinne eines Werbemediums.

Eine weitere Anwendung ist, dass eine ganze Webseite nach den Interessen eines Nutzers ausgerichtet wird, **obwohl er sie noch nie zuvor besucht hat**. Dieses sogenannte **Content Targeting** basiert auf den gleichen statistischen Schätzungen, die auch gezielte Werbeauslieferungen ermöglichen. […]

(Stephan Noller: Effizient und relevant. Wie Targeting-Technologien das Internet und die Werbung revolutionieren. In: Landesanstalt für Medien Nordrhein-Westfalen (LfM) [Hrsg.]: Digitaltrends Medien LfM: Personalisierung, Ausgabe 1/2012, Juni 2012, Düsseldorf, S. 32 f.; https://www.medienanstalt-nrw.de/fileadmin/user_upload/lfm-nrw/Foerderung/Digitalisierung/Digitaltrends/Digitaltrends_Personalisierung.pdf [26.02.2020])

* **Predictive Behavioral Targeting** […] ermöglicht die Ansprache von Zielgruppen unabhängig vom thematischen Umfeld. Dafür kombiniert Predictive Behavioral Targeting Informationen aus dem Surfverhalten von Nutzern [z. B. über Cookies] mit den Informationen aus anderen Datenquellen wie Befragungs- oder Registrierungsdaten. Die Auswertung aller Informationen liefert geschätzte Angaben zum Beispiel zu Alter, Geschlecht und Produktinteressen, woraus statistische Profile (Personas) entstehen. Diese Profile lassen sich dann auf alle Nutzer einer Website übertragen.

(Onlinemarketing-Praxis, Markus Mattscheck, Asendorf: Glossareintrag „Definition Predictive Behavioral Targeting", ohne Datum; https://www.onlinemarketing-praxis.de/glossar/predictive-behavioral-targeting [26.02.2020])

Erläutert, wie es Unternehmen gelingt, im Internet Werbung für Produkte zu personalisieren (M 12a und b), und stellt dabei sehr genau den Unterschied zwischen den beiden technischen Möglichkeiten zur Werbung heraus

M 13 Wie Algorithmen die Social Media-Nutzung beeinflussen

[…]

Was sind Algorithmen? Und wo sind sie?

Einfach ausgedrückt: Algorithmen entscheiden automatisiert, was du im Internet angezeigt bekommst und was nicht. […]

Algorithmen: unsichtbar, intransparent und einflussreich

Algorithmen sind weit verbreitet und begegnen dir fast täglich – eventuell ohne dass du es merkst. Sie sind nicht prinzipiell schlecht und können in unserem Alltag sogar äußerst nützlich sein. Aber sie haben auch ihre Schattenseiten.

Einflussreich: Sie wirken als starker Filter zwischen all den Informationen im großen weiten Internet und dem kleinen Ausschnitt, den du davon zu sehen bekommst. Das heißt, dass sie einen starken Einfluss auf deine Wahrnehmung und vielleicht auch auf deine Meinungsbildung haben können.

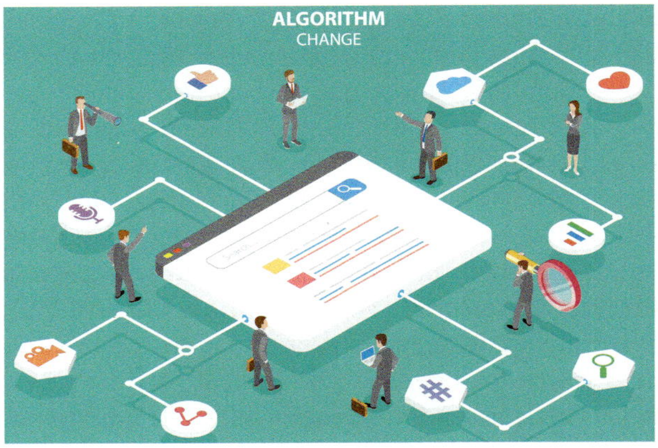

Intransparent: Wie genau Algorithmen funktionieren, warum sie welche Entscheidungen treffen, wissen nur die Anbieter*innen (Google, Facebook & Co) selbst.

Unsichtbar: Häufig ist für dich gar nicht oder zumindest nicht auf den ersten Blick ersichtlich, wo und wann sie zum Einsatz kommen und deine Onlinenutzung beeinflussen.

Soziale Netzwerke, Interaktion und Interessen

Insbesondere in den sozialen Medien spielen Algorithmen eine einflussreiche Rolle.
Ein Beispiel: Emily hat in einem sozialen Netzwerk 250 Freund*innen. In ihrem Newsfeed [Liste der Beiträge auf der Startseite] bekommt sie aber nur die Beiträge von etwa 20 Freund*innen angezeigt. Warum? Weil der Algorithmus des sozialen Netzwerkes berechnet hat, dass Emily die Posts dieser 20 Leute wohl am interessantesten findet.
Doch wie kommt er zu dieser Einschätzung? Der Algorithmus guckt sich an, wie häufig Emily in der Vergangenheit bei Beiträgen gestoppt, gelesen, geklickt, geliked, geteilt und kommentiert hat. Je mehr Interaktion bisher zwischen zwei Nutzer*innen stattgefunden hat, desto höher stuft der Algorithmus das gegenseitige Interesse ein. Vielleicht denkst du jetzt: „Hey, das ist doch praktisch." Es bedeutet aber leider auch, dass du nicht alle Neuigkeiten deiner Freund*innen angezeigt bekommst. Und umgekehrt: Deine Freund*innen bekommen nicht alle deine Beiträge angezeigt. Das soziale Netzwerk entscheidet darüber, was du von deinen Freund*innen siehst und was nicht.
Und es gibt noch einen weiteren Nachteil: Je aktiver du in dem sozialen Netzwerk unterwegs bist, desto mehr Leute sehen deine Posts. Eine hohe Interaktion führt zu hoher Sichtbarkeit. Das heißt jedoch auch, dass du nur dann viele deiner Freund*innen erreichen kannst, wenn du das soziale Netzwerk oft und aktiv nutzt. Beiträge von aktiven Nutzer*innen werden besser platziert als diejenigen von passiven Nutzer*innen. So schaffen soziale Netzwerke starke Anreize, möglichst viel Zeit in ihnen zu verbringen, möglichst häufig und öffentlich zu kommunizieren.

Algorithmen, Fake News und Hate Speech

Wenn Emily ein Foto ihres Gemüsegartens postet, werden das nicht alle 250 Freund*innen sehen. Nur denjenigen, mit denen sie im regen Austausch steht oder die generell Interesse an Gärtnerei haben, wird es angezeigt. Hier kommen wir zum nächsten Faktor: Die sozialen Medien beobachten dein Nutzungsverhalten. Sie dokumentieren, welche Interessen du hast, was dir gefällt und was nicht. Auch das fließt in den Algorithmus mit ein. Dir wird angezeigt, was dich interessiert. Was dich nicht interessiert, bleibt dir verborgen.

Auch das kann im ersten Moment vielleicht praktisch wirken, es verzerrt jedoch deine Wahrnehmung. Vor allem dann, wenn du Informationen hauptsächlich über Suchmaschinen und soziale Netzwerke aufnimmst. So kannst du Gefahr lau-

fen, dir deine eigene kleine Welt aus den dir angenehmen Informationen zu bauen. Die Realität muss damit nicht zwangsläufig übereinstimmen. [...]
Besonders deutlich wird das bei Nachrichten: Ob eine Nachricht der Wahrheit entspricht oder nicht, ist dem Algorithmus egal. Für ihn ist vielmehr von Bedeutung, wie viele Reaktionen (Likes, Shares, Kommentare) die Nachricht bekommt. Ein emotional aufgeladener oder provozierender Kommentar wird daher häufiger angezeigt und stärker verbreitet als eine sachlich formulierte Meldung.
Algorithmen können somit Filterblasen, Echokammern, Fake News (Falschmeldungen) und Hate Speech (Hasskommentare) verstärken. Diese können mehr Aufmerksamkeit bekommen als Bilder und Nachrichten, die für die Gesellschaft von hohem Interesse oder hoher Wichtigkeit sind. [...]

(Saskia Rößner: Wie Algorithmen deine Social Media-Nutzung beeinflussen, webcare.plus.de, 14.03.2019, Hessische Landesstelle für Suchtfragen (HLS) e. V., Frankfurt am Main; https://webcare.plus/algorithmen-social-media/ [18.02.2020])

1 Erklärt, was Algorithmen sind, und listet auf, welche Schattenseiten von Algorithmen die Autorin sieht (M 13).

2 Erklärt, inwieweit Algorithmen und Filter für die Werbung im Internet eine vergleichbare und ebenso wichtige Rolle spielen.

3 Beurteilt abschließend den Einsatz von Algorithmen und Filtern
- aus der Sicht von Unternehmen,
- aus der Sicht von Kunden,
- aus der Sicht von Nutzern der sozialen Netzwerke allgemein.

Blickwinkel

Im Folgenden geht es um Vor- und Nachteile des Online-Handels. **Bearbeitungsvorschlag**: Bereitet mithilfe von M 14 eine Talkshow vor zu der Frage „Sollte der Staat den Online-Handel erschweren (z. B. durch höhere Besteuerung, durch Gebührenerhebung für die Retouren, durch Gesetze o. Ä.), um den Handel in Läden zu unterstützen? Übernehmt dabei die Perspektiven einer/eines
- Konsumenten,
- Besitzers eines Ladengeschäftes (zieht dafür auch die Materialien M 10 und M 11, S. 68f., aus Kapitel 3 hinzu),
- Marketingleiters eines Onlinekonzerns,
- Umweltschützers.

Blickwinkel

Findet euch zu viert in einer Gruppe zusammen und listet für die unterschiedlichen Blickwinkel entsprechende Argumente für eine eventuelle Teilnahme bei der Talkshow auf. Ihr könnt auch noch eigene Argumente ergänzen.

M 14a Online- oder Offline-Shopping – Studienergebnisse

Wenn es ums Einkaufen geht, lassen sich die Deutschen nichts vormachen: Sie kaufen Waren gezielt dort ein, wo man ihnen die meisten Vorteile bietet – und das kann mal der stationäre Handel sein, mal ein Online-Shop. Zu diesem Ergebnis kommt die Studie „Einkaufswelten 2017“ der TeamBank AG. [...]
Da sich die meisten Verbraucher mittlerweile ebenso gut im Internet auskennen wie beim Shopping vor Ort, wissen sie ganz genau, welche Vorteile sich ihnen wo bieten. In Sachen Vielfalt hat klar das Internet die Nase vorn: Rund 74 Prozent der Befragten lassen sich von der größeren Auswahl in Online-Shops begeistern und 57 Prozent von der besseren Ver-

(© TeamBank AG)

fügbarkeit. Mehr als die Hälfte der Umfrageteilnehmer bewertet zudem die Produktinformationen und die Erreichbarkeit im Netz deutlich positiver. Schlussendlich punkten Internet-Anbieter auch noch mit einem schnelleren Einkaufsprozess und vielen verschiedenen Bezahlmöglichkeiten – so das Urteil von immerhin 50 und 60 Prozent der Befragten.
Klarer Sieger in puncto Vertrauen sind jedoch die Ladengeschäfte: 88 Prozent der deutschen Kunden verlassen sich eher auf die Beratung vor Ort, während sich 71 und 46 Prozent wegen der besseren Warenpräsentation und Übersichtlichkeit im Laden leichter orientieren können. Auch die Sicherheit persönlicher Daten ist ein großes Thema beim Einkaufen: Mit 84 Prozent vertrauen hier erheblich mehr Deutsche dem stationären Handel. Knapp die Hälfte der Befragten empfindet zudem den Bezahlvorgang als einfacher. Und auch die Betreuung macht den Einkauf im Geschäft für viele Kunden vorteilhafter. So nannten 75 Prozent der Umfrageteilnehmer Kundenservices für einkaufsentscheidend und gut die Hälfte der Befragten verlässliche Terminvereinbarungen zum Beispiel für die Anlieferung von Möbeln oder für Retouren.
„Insbesondere bei größeren Anschaffungen vertrauen viele Kunden Ladengeschäften nach wie vor mehr als Online-Shops", sagt Alexander Boldyreff, Vorstandsvorsitzender der TeamBank AG […]. Händler im Netz wiederum punkten mit Vielfalt. […]

Hintergrundinformationen zur Studie
Die Studie „Einkaufswelten 2017" untersucht das Verhalten und die Einstellungen der Deutschen beim Einkaufen online und im Ladengeschäft. Dazu befragte das Marktforschungsinstitut Forsa im Auftrag der TeamBank AG 1.004 Personen im Alter von 18 bis 79 Jahren. Die Interviews der repräsentativen Bevölkerungsbefragung wurden mit der Methode des Computer Assisted Telephone Interview (CATI) durchgeführt.

(TeamBank Pressemitteilung: Laden versus Online-Shop: Wo kaufen Kunden lieber?/Geschäfte punkten bei Beratung – Online-Shops in Sachen Vielfalt/Kunden wechseln je nach Vorteil bewusst zwischen beiden Einkaufswelten, TeamBank AG, 05.12.2017, Nürnberg [ots]; https://www.presseportal.de/print/3806652-print.html [18.02.2020])

M 14b Wie gut ist der Online-Handel für die Umwelt?

Der Online-Handel erlebt einen enormen Boom. Mehr als 70 Prozent der Deutschen haben in den letzten 12 Monaten mindestens einmal online eingekauft. Ein Aspekt, den Befürworter nennen: Durch die Online-Bestellung werde auch die Umwelt entlastet. Viele Studien sprechen aber dagegen: Online-Einkäufe sind unterm Strich wohl eine Belastung.
Die Umweltbilanz von Einkäufen im Laden um die Ecke und von Online-Shops lässt sich nicht leicht berechnen, weil viele Faktoren mit hineinspielen. Je nach Geschäftsmodell der Online-Händler und den berücksichtigten Wegen zum Supermarkt (z. B. zu Fuß, mit dem Nahverkehr, mit dem Auto) ändern sich die CO_2-Ausstoßwerte im Vergleich zum Einkauf im Supermarkt deutlich.

Die Ergebnisse entsprechender Studien liegen zwischen 32 Prozent eingespartem und 240 Prozent höherem Ausstoß im Vergleich zum stationären Handel. Die meisten Studien gehen davon aus, dass der Online-Handel der Umwelt mehr schadet als der stationäre.

Kürzere Lieferzeiten machen Transport aufwendiger

Transportunternehmen können zwar ihre Ladungen und Routen besser planen als private Einkäufer. Andererseits gibt es einen Trend zu individuelleren Lieferungen in immer kürzeren Lieferzeiten und zu Wunsch-Uhrzeiten („Prime"-Dienste, die vor allem über lokale Kurierdienste abgewickelt werden). Dadurch sind die Lieferanten längst nicht so sparsam unterwegs, wie sie es sein könnten.

Amazon bietet als großer Online-Händler Lieferungen in einigen Gegenden innerhalb einer oder zwei Stunden an. Diese verursachen einen besonders hohen logistischen Aufwand und wirken sich besonders negativ auf die Umweltbilanz aus.

Statt zu Fuß oder mit dem Fahrrad zum Laden um die Ecke zu fahren, werden die Waren mit dem Lieferwagen durch halb Deutschland transportiert. Allein für die Deutsche Post sind in Deutschland Zehntausende Lieferwagen unterwegs. Davon sind derzeit circa 6.000 sogenannte StreetScooter im Einsatz, die elektrisch angetrieben werden und umweltverträglicher sind.

Viele Lieferungen klappen nicht beim ersten Versuch

Eine große Schwäche der Online-Bestellung liegt darin, dass die Kunden in vielen Fällen im ersten Anlauf gar nicht zu Hause sind und das Paket doch wieder mitfahren muss.

Rund ein Viertel der Zustellungen an die Endkunden schlägt beim ersten Versuch fehl. Rund 18 Prozent der Besteller müssen ihre Lieferung danach selbst abholen. Die dadurch entstehenden Wege verschlechtern die Öko-Bilanz deutlich.

Die meiste Kleidung wird zurückgeschickt

Mindestens jedes zweite Paket wird bei Bekleidungskäufen im Internet als Retoure an den Händler zurückgeschickt. Tag für Tag sind das etwa 800.000 Pakete, was ungefähr 400 Tonnen CO_2 oder 255 Autofahrten von Frankfurt nach Peking entspricht.

Das Bundeskabinett, also die Ministerinnen und Minister aller Ressorts, hat ein Gesetz zur Verhinderung der Retouren-Vernichtung beschlossen (Februar 2020). Momentan gibt es einen Regierungsentwurf des Gesetzes, der in den nächsten Wochen und Monaten im Bundestag beraten wird. Informiert euch über den Inhalt dieses Gesetzentwurfes und über unterschiedliche Reaktionen darauf. Hier könnt ihr euch z. B. informieren:
@ WES-116590-005

Zurückgeschickte Neuware wird teilweise bewusst vernichtet

Die vielen Rücksendungen sind also eine Belastung. Zwar versuchen Onlinehändler mit besseren Produktfotos und detaillierten Größenangaben die Retourenanzahl zu vermindern. Andererseits führt das Angebot der kostenfreien Retouren dazu, dass es auch oft genutzt wird.

[...] Einige Retouren [werden] einfach vernichtet, anstatt sie weiter zu verkaufen oder zu spenden. [...] Obwohl es unbegreiflich scheint, dass neue Produkte in den Müll wandern, ist es für den Händler manchmal preiswerter, die zurückgeschickten Produkte zu entsorgen, als sie noch einmal auf ihre Funktionsfähigkeit zu überprüfen und neu zu verpacken. Gegebenenfalls sind auch gesetzliche Regelungen nötig, die das Vernichten von Neuware oder kostenfreie Rücksendungen verbieten.

Einzel- oder Sammelbestellung

Ebenfalls große Auswirkungen hat die Anzahl der bestellten Waren je Sendung. Bei einzeln bestellten oder einzeln zurückgesendeten Waren ist die entsprechende Umweltbilanz am schlechtesten.

Lieber online oder stationär?

Die CO_2-Bilanz eine Schuhkaufs im Vergleich, Angaben in Gramm Kohlenstoffdioxid

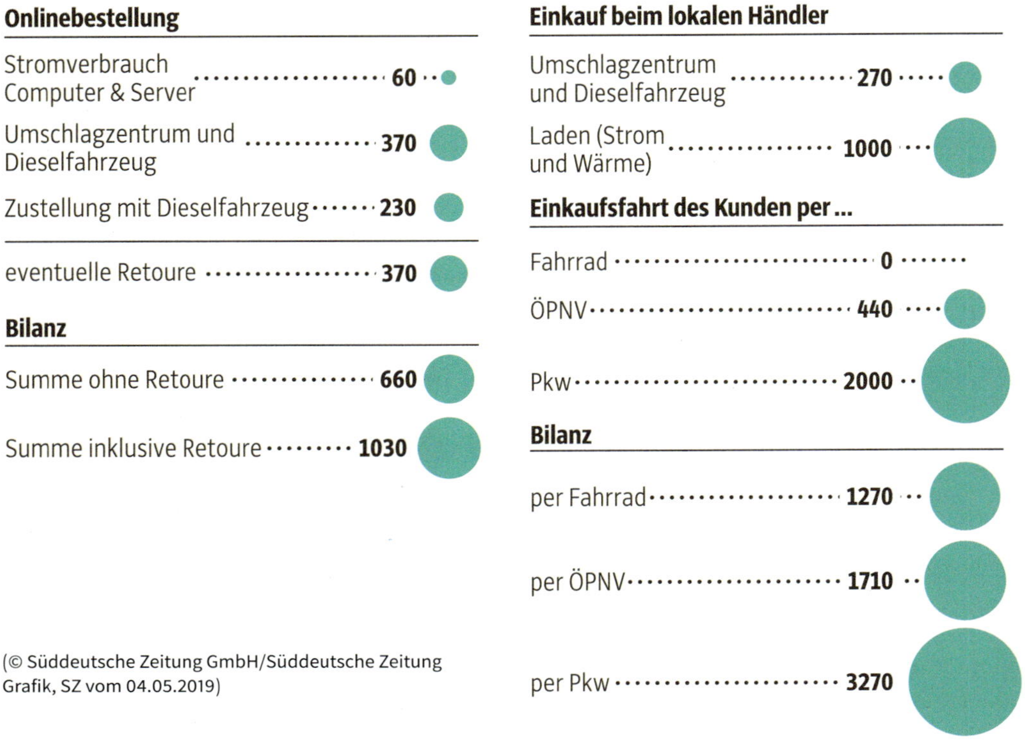

(© Süddeutsche Zeitung GmbH/Süddeutsche Zeitung Grafik, SZ vom 04.05.2019)

Mehrweg-Verpackungen im Versandhandel noch selten

Einzelbestellungen wirken sich negativ auf die Umweltbilanz aus. Individuelle Verpackungen für den Transport von heiklen Gütern über lange Strecken (z. B. bei Elektronik-Produkten) müssen zwangsläufig aufwendiger sein. Rücksendungen lassen sich oft nicht in der ursprünglichen Verpackung verschicken.
Verpackungen sollen oft individuell und hochwertig aussehen. Besser für die Umwelt wären aber Standardverpackungen, die sich mehrfach nutzen lassen.
Vereinzelt gibt es schon Anbieter, die im Versand ausschließlich Mehrweg-Behälter verwenden. Der überwiegende Anteil der Online-Anbieter arbeitet jedoch nach wie vor im ressourcenfressenden Einwegsystem. Zusätzlich werden oft auch noch billigere Standardgrößen eingesetzt, die mit zusätzlichem Material aufgefüllt werden.
Der stark wachsende Anteil von Lebensmittelbestellungen führt zu noch mehr Verpackungen. Kommen gekühlte Waren mit dem Lieferdienst nach Hause, braucht es Kühlakkus, Isoliermaterial etc..

Verschwinden Geschäfte, müssen Sie weitere Wege fahren

Die Zunahme im Online-Handel und der Trend zu Einkaufszentren am Stadtrand schaden dem Handel in den Innenstädten. Der Laden um die Ecke verschwindet allmählich. Für den Alltagseinkauf müssen viele also inzwischen öfter fahren und auch weitere Wege. […]

(Verbraucherzentrale Bundesverband: Ist Online-Handel gut für die Umwelt? Es spricht viel dagegen, 04.07.2019, Berlin; https://www.verbraucherzentrale.de/wissen/umwelt-haushalt/nachhaltigkeit/ist-onlinehandel-gut-fuer-die-umwelt-es-spricht-viel-dagegen-26661 [18.02.2020])

4. Jung und verschuldet? – Von Einnahmen und Ausgaben

M 15 Ein Weg in die Schulden?

Julia ist 19 Jahre alt und hat gerade ihre Ausbildung abgeschlossen. Jetzt arbeitet sie bei einem kleinen Konditor in ihrem Wohnort. Die Arbeit macht ihr Spaß. Sie verdient knapp 1.300 Euro im Monat. Alles läuft prima. Deshalb beschließt sie, sich eine kleine Wohnung für 550 Euro Warmmiete monatlich zu mieten. Sie kauft sich noch ein neues Schlafsofa. Dieses zahlt sie in monatlichen Raten von 70 Euro ab. Um zur Arbeit zu gelangen, kauft sie sich auch noch einen neuen Motorroller. Den bezahlt sie mit einer monatlichen Rate von 100 Euro ab. Es bleiben ihr jetzt noch 580 Euro. Wenn sie davon die Kosten für Strom, Internet, Smartphone und Benzin für den Roller abzieht, schätzt sie, dass ihr noch 450 Euro im Monat zum Leben bleiben. Das scheint auf den ersten Blick viel. Aber alles ist doch teurer, als Julia dachte: Essen, Kleidung, Versicherungen und noch vieles mehr. Schon nach kurzer Zeit übersteigen die Ausgaben ihre Einnahmen. Immer häufiger überzieht sie ihr Konto und das Minus wird immer größer. Schließlich kommt auch noch eine Mahnung wegen einer unbezahlten Rate für den Motorroller. Schon jetzt hat sie über 1.500 Euro Schulden. Aber es wird noch schlimmer: Der Konditor, bei dem Julia arbeitet, muss schließen und sie verliert ihren Job.

(Bundesverband der Deutschen Volksbanken und Raiffeisenbanken e. V. [BVR] [Hrsg.]: Jugend und Finanzen. Plus statt Minus, Dezember 2018, Berlin: Fallbeispiel: der Weg in die Überschuldung; https://www.jugend-und-finanzen.de/Sekundarstufe-1/Arbeitsblaetter/Plus-statt-Minus-so-habt-ihr-euer-Geld-im-Griff/download [18.02.2020])

Stellt Julias Problem dar.

Arbeitsvorschlag: Bearbeitet die beiden folgenden Materialien (M 16a und M 16b) in einer arbeitsteiligen Partnerarbeit.

M 16 Daten und Fakten zur Überschuldung

M 16a Gründe für Überschuldung

Für rund jede vierte Person der unter 25-Jährigen, die im Jahr 2018 eine Schuldnerberatungsstelle aufsuchten, war der Hauptauslöser der Überschuldungssituation eine unwirtschaftliche Haushaltsführung. Wie das Statistische Bundesamt (Destatis) weiter mitteilt, gaben fast 30 Prozent der älteren Personen (ab 65 Jahren), die sich 2018 in Schuldnerberatung befanden, eine Erkrankung, Sucht oder Unfall beziehungsweise Trennung, Scheidung oder Tod des Partners oder der Partnerin als Hauptauslöser der Überschuldung an.

Tabelle: Hauptauslöser der Überschuldung im Jahr 2018

Hauptauslöser	Schuldner unter 25 Jahren	Schuldner ab 65 Jahren	Alle beratenen Schuldner
Arbeitslosigkeit	19,1	8,6	20,0
Trennung, Scheidung, Tod des Partners/der Partnerin	4,1	14,4	13,1
Erkrankung, Sucht oder Unfall	10,9	15,3	15,8
Unwirtschaftliche Haushaltsführung	26,8	8,4	12,9
Gescheiterte Selbstständigkeit	1,6	12,9	8,5
Längerfristiges Niedrigeinkommen	11,7	11,7	8,3
Sonstiges	25,8	28,7	21,4

(Quelle: Hauptauslöser der Überschuldung im Jahr 2018, Statistisches Bundesamt [Destatis], 2019. In www.destatis.de/DE/Presse/Pressemitteilungen/2019/05/PD19_199_635.html [verändert])

M16b Hauptsächlich Schulden für Internet oder Handy

[…] Knapp zwei Drittel (64,9 Prozent) der unter 25-Jährigen, hochgerechnet etwa 22.459, die im Jahr 2018 eine Schuldnerberatungsstelle aufsuchten, wiesen offene Verbindlichkeiten bei Telekommunikationsunternehmen auf. Die durchschnittliche Schuldenhöhe der jüngeren Generation bei Telekommunikationsanbietern betrug 1.573 Euro. Dies entsprach gut einem Sechstel der gesamten durchschnittlichen Schuldenhöhe von 8.849 Euro. Diesem Schuldenbetrag stand bei den unter 25-Jährigen zu Beratungsbeginn ein durchschnittliches Nettoeinkommen von 777 Euro pro Person gegenüber. Unter der Annahme, dass alle Einkünfte ausschließlich zur Schuldentilgung eingesetzt werden, bräuchten junge Menschen etwas mehr als zwei Monate, um Telefonanbieter auszuzahlen, oder knapp ein Jahr zur Begleichung ihrer gesamten Schulden.

Tabelle: Beratene Personen nach Gläubigerart und Alter im Jahr 2018

Gläubigerart	Schuldner unter 25 Jahren	Schuldner ab 65 Jahren	Alle beratenen Schuldner
Kreditinstitute	27,5	62,9	50,9
Versandhandel	32,8	17,1	26,3
Inkassobüros	24,5	22,6	26,5
Öffentliche Gläubiger (inklusive Finanzamt)	53,6	38,5	59,4
Energieunternehmen	23,5	15,1	26,0
Telekommunikationsunternehmen	64,9	25,3	49,1
Vermieter	19,0	13,5	21,3
Gewerbetreibende	42,4	22,2	36,0

(ZDFheute: Schuldenfalle Handy – Unter 25-Jährige oft hoch verschuldet, 28.05.2019, Zweites Deutsches Fernsehen, Mainz; https://www.zdf.de/nachrichten/heute/handy-schuldenfalle-fuer-unter-25jaehrige-100.html)

Gläubiger: Person oder Institution, bei der man Schulden hat
Inkassobüro: Unternehmen, das sich um die Eintreibung von Schulden kümmert

1 Arbeitet arbeitsteilig wesentliche Informationen aus den Materialien M 16a und M 16b heraus.

2 Erstellt anschließend eine Übersicht zum Thema „Überschuldung in Deutschland" und konzentriert euch dabei auf die Schuldner unter 25 Jahren.

Hauptauslöser/Ausmaß:
– …
– …

Überschuldung in Deutschland

Gläubigerart/
Beratene Personen in %
– …

3 Inwiefern stellt das Beispiel von Julia (M 15) eine Ausnahme dar? Beurteilt.

4 Leitet aus euren Erkenntnissen Maßnahmen ab, die Jugendliche vor einer Überschuldung schützen können.

M 17 Alles im Griff – der Einnahmen-Ausgaben-Plan

Damit ihr nicht in die Schuldenfalle tappt, ist es wichtig, euer Taschengeld und eure sonstigen Einnahmen richtig einzuteilen. Ein Einnahmen-Ausgaben-Plan hilft euch, die eigenen Finanzen im Blick zu behalten. Dabei werden alle Einnahmen und Ausgaben aufgelistet und einander gegenübergestellt. Anschließend zieht man die Summe aller Ausgaben von der Summe aller Einnahmen ab. Ein positives Ergebnis zeigt euch, dass ihr noch Geld zur Verfügung habt, ein negatives Ergebnis bedeutet, dass ihr Schulden macht. Hier muss schnellstens gehandelt werden. Einen solchen Einnahmen-Ausgaben-Plan könnt ihr sowohl bezogen auf einen wöchentlichen, monatlichen als auch jährlichen Zeitraum anlegen. Tipp: Geld, das am Ende übrig bleibt, könnt ihr sparen und später zum Beispiel für größere Anschaffungen verwenden. […]

(Bundesverband der Deutschen Volksbanken und Raiffeisenbanken e. V. [BVR] [Hrsg.]: Jugend und Finanzen. Plus statt Minus – so habt ihr euer Geld im Griff, Seite 3, M 4: Die eigenen Finanzen im Griff – der Einnahmen-Ausgaben-Plan, Berlin, Dezember 2018; https://www.jugend-und-finanzen.de/Sekundarstufe-1/Arbeitsblaetter/Plus-statt-Minus-so-habt-ihr-euer-Geld-im-Griff/download [19.02.2020])

Vorsicht: typische Kostenfallen

[...]

- Das Taschengeld ist ausgegeben – das Sparschwein geplündert. Trotzdem möchtet ihr mit euren Freunden Eis essen gehen oder an den See fahren. Man könnte sich ja kurzfristig ein paar Euro von einem Freund leihen. Aber Vorsicht: Leiht euch lediglich in absoluten Notfällen Geld – und auch nur dann, wenn ihr es zurückzahlen könnt.
- Schnell noch von unterwegs die E-Mails checken oder die neuesten Apps herunterladen: Leicht verliert man da die Kosten aus den Augen und die monatliche Handyrechnung fällt höher aus als gewollt: Es ist wichtig, dass ihr euch ein Limit setzt – noch wichtiger ist aber, dass ihr euch daran haltet.
- Mit Beginn der Volljährigkeit könnt ihr im Regelfall einen Dispokredit aufnehmen, das heißt, das eigene Konto bis zu einer bestimmten Höhe überziehen. Doch aufgepasst: Leiht man sich Geld von der Bank, so muss man im Gegenzug dafür Zinsen bezahlen. Und ein Dispokredit eignet sich nur für unvorhergesehene, kleine und schnell vorübergehende finanzielle Engpässe.
- Nur 13 Euro monatlich und nach 32 Monaten könnt ihr die digitale Spiegelreflexkamera euer Eigen nennen: Das klingt verlockend – doch ein Ratenkauf muss gut überlegt sein, denn die Raten werden regelmäßig – in diesem Beispiel monatlich – fällig, und dann müsst ihr sie auch immer bezahlen können.

(Bundesverband der Deutschen Volksbanken und Raiffeisenbanken e. V. [BVR] [Hrsg.]: Jugend und Finanzen. Plus statt Minus – so habt ihr euer Geld im Griff, Seite 3, Vorsicht: typische Kostenfallen, Berlin, Dezember 2018; https://www.jugend-und-finanzen.de/Sekundarstufe-1/Arbeitsblaetter/Plus-statt-Minus-so-habt-ihr-euer-Geld-im-Griff/download [19.02.2020])

1 Erstellt einen Einnahmen-Ausgaben-Plan wie im folgenden Muster für euch selbst und überprüft eure eigene finanzielle Situation.

Einnahmen		Ausgaben	
Taschengeld	50,00 €	Handy	12,00 €
Schülerjob		...	
...		...	

3 Welche der genannten Kostenfallen (M 17) haltet ihr für die gefährlichsten? Wählt aus und begründet eure Auswahl.

5. Informationsmöglichkeiten bei den Verbraucherzentralen – Beispiel: die erste eigene Wohnung

Die erste eigene Wohnung ist ein großer Schritt in Richtung Erwachsenwerden. Um hier keine Fehler zu machen und die Gefahren einer Verschuldung zu verhindern, gibt es unterschiedliche Informationsmöglichkeiten, von denen eine im Folgenden vorgestellt werden soll.
Außerordentlich gute Informationsmöglichkeiten bieten die Verbraucherzentralen der einzelnen Bundesländer, die in verschiedenen Städten mit Beratungsstellen vertreten sind. Darüber hinaus haben sie ein großes Online-Angebot, wie beispielsweise den folgenden Artikel zum Thema erste eigene Wohnung.

M18 Lauras erste eigene Wohnung

Laura beginnt demnächst ihre Ausbildung zur Einzelhandelskauffrau und möchte in eine eigene Wohnung ziehen. Eine schöne und bezahlbare Bleibe zu finden, ist eine Herausforderung. Auch der Mietvertrag hat es manchmal in sich und birgt im Kleingedruckten so manche Überraschung.

Zeitung und Internet durchforsten

Der klassische Weg ist die Tageszeitung oder das Anzeigenblatt, dort finden sich spaltenweise Annoncen. Im Internet lohnt ebenfalls der Blick in die Zeitungsinserate, oder man klickt sich durch das Angebot der großen Immobilienportale. Dort kann man dank der vielen Filter sehr gezielt suchen. Mitunter findet sich die neue Bleibe auch über eine [eigene] Suchanzeige [...]. Beliebt sind zudem die „Schwarzen Bretter" der Universitäten, Cafés und Supermärkte.
Eine prima Alternative zum freien Markt bieten Wohnungsbaugenossenschaften, deren Mieten oft deutlich unter dem „normalen" Niveau liegen. Manchmal ist ein Wohnberechtigungsschein (WBS) erforderlich, den Geringverdiener wie Studenten oder Auszubildende beim städtischen Wohnungsamt beantragen.

Mietvertrag und Kaution

In der Ausbildung verdient Laura noch nicht so viel, das schreckt manche Vermieter ab. Eine schriftliche Bürgschaft der Eltern sichert den zweifelnden Wohnungsbesitzern die regelmäßige Zahlung der Miete zu. Bekommt Laura die ersehnte Wohnung, schließt sie mit dem Besitzer einen Mietvertrag ab. Darin steht genau, wie hoch die monatliche Zahlung ist, was alles zur Wohnung gehört (Keller, Dachboden) und an welchem Tag das Mietverhältnis beginnt. Mit der Unterschrift fällt eine Kaution an, in der Regel drei Monatsmieten. Dieses Geld legt der Vermieter auf ein spezielles Konto und kann es im Notfall nutzen – falls Laura ihre Miete plötzlich nicht mehr bezahlt oder sie die Wohnung beim Auszug in einem stark renovierungsbedürftigen Zustand hinterlässt.

Der Teufel steckt im Detail

Achtung: Ist der Mietpreis mit dem Zusatz „warm“ angegeben, sind die Nebenkosten (Müllabfuhr, Gartenpflege) sowie die Heizung inklusive, bei „kalt“ nicht. Oft wird der Wasserverbrauch extra über die Stadtwerke berechnet, der Strom sowieso.
Manche Verträge sind zeitlich befristet, das heißt, die Besitzer vergeben ihre Wohnung nur für ein paar Jahre, oder sie vereinbaren im Vertrag eine Mindestmietdauer, um einem häufigen Wechsel vorzubeugen. Geplante Mieterhöhungen stehen auch da, zum Beispiel eine „Staffelmiete“. Demnach kostet die Wohnung oft schon nach einem Jahr deutlich mehr. Ist alles soweit akzeptabel, kann Laura den Vertrag unterschreiben und sich auf die neue Wohnung freuen.

(Verbraucherzentrale Bundesverband: Die erste Wohnung: die wichtigsten Tipps für Suche und Mietvertrag, 05.07.2018, Berlin; https://www.verbraucherzentrale.de/laura-zieht-aus/mietvertrag [19.02.2020])

Was sollte man bei der Suche nach einer eigenen Wohnung beachten? Fasst die Informationen (M 18) in einer Checkliste zusammen.

M 19 Verbraucherzentrale in allen Bundesländern

Die Verbraucherzentralen stellen sich vor

In allen Bundesländern gibt es die Verbraucherzentralen – mit einem umfangreichen Angebot in rund 200 Beratungsstellen. Verbraucherinnen und Verbraucher bekommen hier aktuelle, verlässliche Informationen und unabhängige Beratung. In den Verbraucherzentralen der Länder und dem Verbraucherzentrale Bundesverband arbeiten circa Tausend Mitarbeiterinnen und Mitarbeiter.

https://www.verbraucherzentrale.nrw/ (© Verbraucherzentrale Nordrhein-Westfalen e. V.)

Die Verbraucherzentralen sind unabhängige, überwiegend öffentlich finanzierte, gemeinnützige Organisationen. Ziel ihrer Arbeit ist es, Verbraucherinnen und Verbraucher in Fragen des privaten Konsums zu informieren, zu beraten und zu unterstützen. Sie verschaffen Überblick bei unübersichtlichen Angeboten und Durchblick bei komplexen Marktbedingungen. Und sie benennen Gesundheits- oder Umweltaspekte, die Kaufentscheidungen beeinflussen können.

(Verbraucherzentrale Bundesverband: Über uns, ohne Datum, Berlin; https://www.verbraucherzentrale.de/ueber-uns [19.02.2020])

> **Öffentlich finanzierte, gemeinnützige Organisationen** werden hauptsächlich durch den Staat finanziert und sind nicht auf Gewinn aus. Sie machen beispielsweise auf ihren Internetseiten und in Zeitungen keine Werbung.

1 Erläutert das System der Verbraucherzentralen und macht euch mithilfe des angegebenen Links mit der Verbraucherzentrale NRW bekannt. 2.1, 2.2

2 Nennt vier Fragen aus dem Alltag, die vermutlich mithilfe der Verbraucherzentrale beantwortet werden können.

3 Überprüft, ob es in eurer Region eine Beratungsstelle gibt, und plant ggf. eine Erkundung vor Ort. Praxis

Was ihr jetzt wissen und können solltet:

- ✓ **MS**UH Fallbeispiele systematisch untersuchen;
- ✓ M**S**UH erläutern, wer Kaufverträge abschließen kann und was dabei beachtet werden muss;
- ✓ **M**SU**H** Konflikte in einem Rollenspiel darstellen und lösen;
- ✓ M**S**U**H** erläutern, was der Taschengeldparagraph ist, und diesen auf Fallbeispiele anwenden;
- ✓ M**SU**H die (Un-)Rechtmäßigkeit von Kaufverträgen vor dem Hintergrund des Verbraucherrechts beurteilen;
- ✓ M**S**UH Verbraucherfallen im Internet beschreiben;
- ✓ **M**SU**H** Arbeitsergebnisse in einem Flyer zusammenfassen und präsentieren;
- ✓ M**SU**H erörtern, unter welchen Voraussetzungen man Filme, Musik oder Bilder aus dem Internet herunterladen und nutzen darf;
- ✓ M**S**UH wissen, was Algorithmen und Filter bei der Internetnutzung bewirken
- ✓ M**SU**H Werbestrategien im Internet kennen und beurteilen können;
- ✓ M**SU**H Auswirkungen des Onlinehandels für Verbraucher, Händler und Umwelt kennen und beurteilen können;
- ✓ M**S**U**H** Informationsmöglichkeiten für Verbraucher kennen und nutzen;
- ✓ **M**SUH im Internet zielgerichtet Informationen recherchieren und präsentieren;
- ✓ M**S**U**H** Verkaufsstrategien im Supermarkt kennen und vor Ort überprüfen

Was ihr wisst – was ihr könnt – wie ihr es seht

M S U H

1. Erlaubt oder nicht?

Der siebenjährige Timo soll Schulsachen kaufen. Die Mutter gibt ihm Geld dafür. Neben den vereinbarten Heften kauft er auch vier große Tüten Süßigkeiten.
War das rechtsgültig und somit erlaubt? Wovon hängt es ab, ob Timo die Süßigkeiten behalten darf oder der Verkäufer sie zurücknehmen muss?

Bastian, 13, hat 80 Euro gespart und kauft sich davon Computerspiele. Sein Vater verlangt, dass er die Spiele zurückbringt.
Darf der Junge die Spiele behalten?

Die sechzehnjährige Sarah möchte ein neues Handy kaufen. Sie hat 100 Euro von ihrem Taschengeld und durch einen Nebenjob zurücklegen können. Da dieses Geld aber nicht ausreicht, bietet ihr der Verkäufer einen Ratenkauf an. Sie unterschreibt den Vertrag. Bald darauf verliert das Mädchen den Nebenjob und kann die Raten nicht mehr zahlen.
Muss der Verkäufer das Handy zurücknehmen?

Stellt euch vor, ihr werdet als Anwälte in den drei Fällen um eure rechtliche Einschätzung gebeten. Sind diese Geschäfte legal? Begründet möglichst ausführlich in einem Brief.

M S U H

2. Was gilt wann?

Geld-zurück-Garantie	Rückgaberecht von Ware	Kundendienst!	Reklamation

Erklärt, welche Voraussetzungen gegeben sein müssen, um die Rückgabearten in Anspruch zu nehmen. Geht besonders auf den Unterschied zur „Geld-zurück-Garantie" ein.

M S U H

3. Ein Fehlkauf im Internet

Martin Guhl

a Beschreibt die Karikatur.

b Welcher Fehler ist diesem Mann wohl passiert? Bezieht die Überschrift ein.

c Kann der Mann die Hose umtauschen? Begründet eure Entscheidung.

Wenn ihr noch mehr lernen wollt ...

D1 Warum wir immer mehr kaufen, als wir brauchen!

Ihr kennt das: Man will nur mal schnell im Supermarkt eine Flasche Cola holen und steht zehn Minuten später mit 15 verschiedenen Sachen an der Kasse. Wissenschaftler sprechen von 30 % bis 60 % Spontankäufen im Lebensmittelmarkt. Wie kommt das? Der Parcours (Durchgang) durch die Regale ist generalstabsmäßig auf eure menschlichen Schwächen ausgelegt!

Damit ihr auch weiterhin mehr kauft, als ihr eigentlich wollt, nimmt die Konsumforschung euch, die Kunden, unter die Lupe. Wissenschaftler messen die Herzfrequenz und die Körpertemperatur von Versuchspersonen beim Einkauf, installieren im Supermarkt Video- und Fotokameras, bauen elektronische Schwellen in den Ladenfußboden ein, beobachten jeden Handgriff. So analysiert, wird das Einkaufsverhalten des Einzelnen vorhersehbar und damit manipulierbar.

Nicht in die Höhle ...

Normalerweise haben Menschen Angst, ihnen unbekannte Räume zu betreten, auch wenn es nur Supermärkte sind. Deshalb wird dem meist fensterlosen Verkaufsraum durch geschickte *Beleuchtung* der „Höhlencharakter" genommen. Warmes Licht und oft auch Pflanzen im Eingangsbereich helfen die Schwellenangst zu überwinden, auch der Rest ist bis in die hintersten Winkel hell und freundlich ausgeleuchtet.

Licht, Spiegel und Farbe

Als Kunden werdet ihr erst mal gebremst. Ihr habt noch euren „Straßenschritt" drauf, und das ist natürlich zu schnell. Gestoppt werdet ihr von in *sonniges Licht* getauchten Obst- und Gemüsebergen. Durch die geschickte Anordnung von *Spiegeln* sollt ihr das Gefühl haben, euch aus einem Paradies an frischer Ware das Beste aussuchen zu können.

An der Fleischtheke wird nicht mit Spiegeln gearbeitet, dafür aber manchmal mit *farbigem Licht.* Unter einer speziellen Rotlichtlampe sieht selbst ein blasses, wässriges Schnitzel nach 1-A-Qualität aus.

Musik, Temperatur und Düfte

„Ein stiller Laden, der wirkt tot", sagen Verkaufsprofis. Deshalb wird die *Hintergrundmusik* teilweise direkt über Satellit in die Verkaufsräume eingespeist – vormittags Schlager für die Hausfrauen, nachmittags Popmusik für die Teenies. Am besten sind eingängige Melodien mit 72 Bassschlägen pro Minute: Dies entspricht der Pulsfrequenz eines gesunden, ausgeglichenen Menschen.

Zur Verbesserung der Einkaufsatmosphäre trägt ebenfalls eine *konstante Temperatur* von 19 °C bei.

Vereinzelt soll auch überlegt werden, die Nasen der Kunden mit verkaufsanregenden *Düften* zu umgarnen: „aprilfrischer" Frühlingsduft neben den Waschmitteln, Pizzageruch rund um die Tiefkühlpizza, frischer Kuchenduft beim Gebäck.

Wege durch das Labyrinth

Das kennt ihr, oder? Der Weg zu den Sachen, die ihr am häufigsten braucht, führt – ob ihr wollt oder nicht – an allen Regalen und Theken vorbei. Das ist natürlich kein Zufall. Ihr sollt bei jedem Besuch mit der gesamten Warenpalette konfrontiert werden. Der erste Gang, rechts an der Wand, führt euch fast immer erst mal bis ans Ende des Raumes. Dann geht es gegen den Uhrzeigersinn *immer links herum*. Dieser Hang zu Linkskreisen ist 95% aller Menschen angeboren. Die Gänge selbst sind mit Bedacht nicht zu eng und nicht zu breit angelegt. Wären sie zu eng, könnte Folgendes passieren: Ein Kunde, der etwas aus dem Regal genommen hat, wird versehentlich vom Einkaufswagen eines anderen Kunden gestreift. Erwiesenermaßen legt der erste Kunde bei der Berührung die Ware reflexartig wieder zurück [...]. Ist der Gang zu breit, geht ihr zu schnell durch den Laden. Die „Durchfahrt" ist mit Absicht nicht immer unproblematisch. Im Slalom müsst ihr um Körbe mit Sonderangeboten herumfahren, Packpaletten versperren euch den Weg und oft kommen keine zwei Einkaufswagen aneinander vorbei. Die neueste Idee, den Vorwärtsdrang der Kunden zu bremsen, sind riesige Aufkleber auf dem Fußboden. So soll beispielsweise vor dem Süßwarenregal eine quadratmetergroße, dreidimensional wirkende Schokoladentafel den Appetit anregen.

Platzierung in den Regalen

In den Regalreihen sind die Produkte so angeordnet, dass ihr auf die teuren Sachen zulauft, während sich die preiswerteren in eurem Rücken befinden. Salz, Streichhölzer, Toilettenpapier oder Zucker müsst ihr zudem oft erst suchen, damit ihr auf dem Weg zu diesen „Artikeln des täglichen Bedarfs" möglichst viele Produkte streift, die ihr nicht so oft braucht. Direkt neben den alltäglichen Waren befinden sich auch häufig „Impulswaren" – teure Luxusartikel, die man spontan haben will, wenn man sie sieht. Im Regal selbst geht dein Blick – wie beim Lesen – automatisch von links nach rechts. Also wird das teurere Produkt dort platziert, wo deine Augen am Schluss verweilen.

Auch bei der Höhe der Platzierung im Regal gibt es Unterschiede. So steht die teuerste Marmelade in Augenhöhe, die etwas günstigere wird ganz oben oder auf mittlerer Höhe eingeräumt, und die billigste werdet ihr meist im untersten Regal finden. „Ein Artikel, der in Kniehöhe im Regal platziert ist und dort 30-mal verkauft wird, bringt es in Hüfthöhe auf 70 Verkäufe, in Augenhöhe aber auf 100!", sagen die Verkaufsprofis.

Mogelpackung

Sondersupergünstigpackung

Manchmal werdet ihr auch mit einer ungewöhnlich großen Menge der gleichen Ware verlockt. Ein riesiger Stapel Kartoffelchips – am besten noch auf einer Packpalette mitten im Gang – sieht nach einem günstigen Großeinkauf des Anbieters aus. Ein Sonderangebot! Aber ähnlich wie beim sogenannten „Doppelpack", der Familien- oder der Vorratspackung, solltet ihr lieber kurz nachrechnen. Die 500 g-Sondersupergünstigpackung ist oft kaum preiswerter oder sogar teurer als die normale Packung.

Damit das Einkaufen nicht zur Routine wird und ihr auch mal wieder neue Produkte entdeckt, wird regelmäßig umgeräumt. Plötzlich ist das Knäckebrot nicht mehr da, wo es monatelang gelegen hat, oder es versperren „Stopper"-Regale den gewohnten Weg zur Tiefkühltruhe.

Quengelware an der Kasse

Als eine moderne Form der Wegelagerei entpuppen sich Regale und Körbe im Kassenbereich. In der Regel steht man dort in der Warteschlange und greift ungehemmt und aus Langeweile nach Zeitschriften, Süßigkeiten und Alkohol. Eine besonders lukrative Zielgruppe sind dort auch Kinder, die ihren Eltern mit Geschrei und Tränen ein Überraschungsei abtrotzen. Man nennt diese Produkte auch Quengelware. Der Umsatz in der Kassenzone ist gut zehnmal höher als in anderen Bereichen des Lebensmittelgeschäfts.

(Wi, 10.09.2014, in: checked4you – Das Online-Jugendmagazin der Verbraucherzentrale Nordrhein-Westfalen, Düsseldorf 2014; https://www.checked4you.de/doc5672A.html [28.03.2017])

1 Beschreibt die hier angeführten Tricks, mit denen Kunden zum Kaufen „verführt" werden sollen. Berichtet davon, wenn ihr diese Tricks selbst schon in Supermärkten beobachten konntet.

2 Wir schlagen euch vor, all dies auch einmal vor Ort zu überprüfen. Stellt eine Liste von Geschäften zusammen, die ihr – in kleineren Gruppen – erkunden könntet. Holt euch sicherheitshalber die Zustimmung des Filialleiters ein, wenn ihr Fotos machen möchtet, und beachtet natürlich auch die Rechte am eigenen Bild, falls andere Kunden auf dem Bild zu sehen sind. Seht euch dazu noch einmal den Hinweis auf Seite 63 unten an.

Praxis

D2 AGBs und Nutzungsbedingungen

1 Beschreibt ganz genau, was auf dem Bild zu sehen ist.

2 Informiert euch im Internet über die Kritik an den Nutzungsbedingungen sozialer Netzwerke wie beispielsweise Facebook.

3 Stellt Vermutungen darüber auf, was der Zeichner der Karikatur kritisieren möchte.

Recht § Gesetz

Ask me, this is my future?
10,9,8,7,6,...
DIE ERDE HAT FIEBER! WO BLEIBEN DIE ÄRZTE?
WARTET NICHT BIS DIE SCHULE FERTIG IST
STATT KOHLESCHMUTZ
Früher
Heute

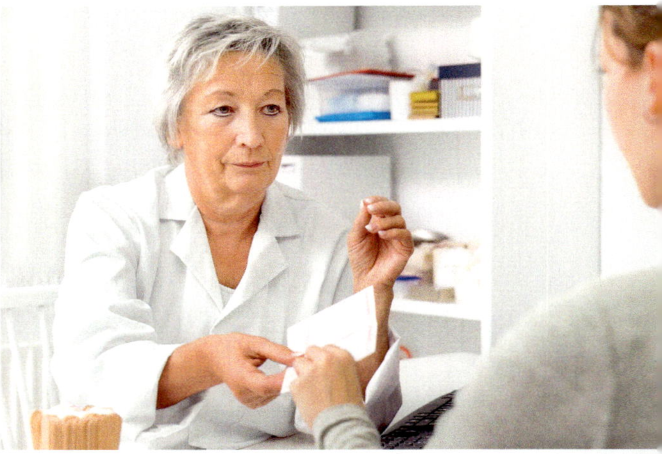

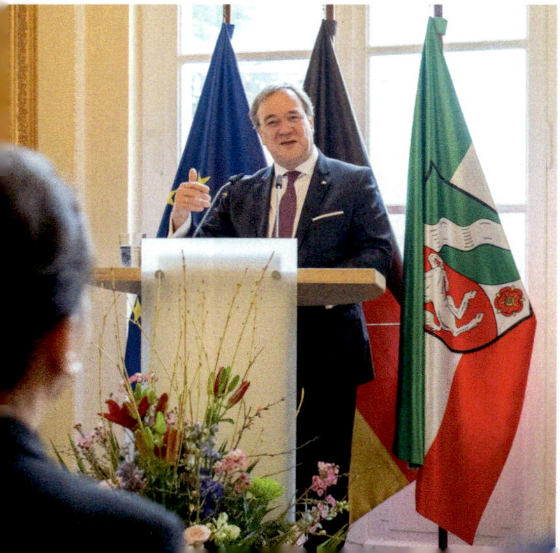

5

Welches sind die Fundamente unserer politischen Ordnung?

Darum wird es gehen

Warum gibt es in Deutschland andere Parteien, mehr oder weniger Umweltschutz und eine andere Gesundheitsversorgung als in China, den USA oder Russland?
Zu einer Beantwortung dieser Frage trägt die Bearbeitung dieses Kapitels bei. Zwar werden hier die Länder nicht direkt miteinander verglichen, aber ihr werdet die Grundprinzipien kennenlernen, die die Politik und das Leben in Deutschland wesentlich prägen. Sie bilden das oft vielen Menschen unbewusste und dennoch feste Fundament, auf dem der Staat aufbaut. Dieses Fundament ist das Grundgesetz, die Verfassung der Bundesrepublik Deutschland. Es ist so etwas wie eine Anordnung von Spielregeln und der Rahmen für die alltägliche Politik, der nicht verletzt werden darf.

*Im **ersten Abschnitt** werden die wichtigsten Grundsätze für das politische Handeln in der Bundesrepublik Deutschland genannt, die im Grundgesetz festgeschrieben sind. In den folgenden Abschnitten werden sie inhaltlich weiter ausgeführt.*
*Im **zweiten Abschnitt** erfahrt ihr, welche wesentlichen Regeln und Einrichtungen die demokratische Grundordnung im Einzelnen für die Bundesrepublik Deutschland beinhaltet. Ein demokratischer Staat gewährt viele Freiheiten; das heißt aber nicht, dass es eine grenzenlose Freiheit für den Einzelnen gibt. Die Gesetze und Verordnungen sind einzuhalten, wenn sie einmal als gültiges Recht demokratisch beschlossen worden sind. Dazu trägt das Prinzip der Rechtsstaatlichkeit bei, das ihr in den einzelnen Grundsätzen im **dritten Abschnitt** erarbeiten werdet.*
*Die Bundesrepublik Deutschland lässt keinen Bürger in einer sozialen Notlage allein, der Staat gewährt sehr viele Sozialleistungen. Im **vierten Abschnitt** werdet ihr mit der Sozialversicherung einen wichtigen Baustein des Sozialstaates in Grundzügen kennenlernen.*
*Eine Besonderheit der Bundesrepublik Deutschland ist, dass sie aus 16 verschiedenen Bundesländern besteht. Im **fünften Abschnitt** geht es darum, was diese Gliederung des Staates für die Politik und die Bürger bedeutet. Etwas ausführlicher werdet ihr euch in diesem Zusammenhang auch damit beschäftigen, wie die Politik auf der Ebene des Bundeslandes Nordrhein-Westfalen funktioniert.*

1. Die Verfassung – das Fundament des Staates

Zum Einstieg:

M1 Proteste für eine gute Verfassung für Chile

Als sie zum ersten Mal über das Drehkreuz in der U-Bahn-Station Santa Ana im Zentrum von Santiago de Chile kletterte, wusste Isabel nicht, dass ihr bald Tausende folgen würden. Vier Wochen ist das her. Vier Wochen, in denen die 17-jährige Schülerin fast jeden Tag protestiert hat, um endlich etwas zu verändern in Chile.

Anfang Oktober hatte die Regierung die Preise für U-Bahn-Tickets erhöht. Aus Protest begannen Isabel und viele andere Schülerinnen und Schüler, schwarz zu fahren. Sie organisierten sich über Instagram, trafen sich nach der Schule an den U-Bahn-Stationen der chilenischen Hauptstadt und sprangen gemeinsam über die Drehkreuze. Nach einer Woche schlossen sich andere ihrem Protest an: Studierende, Arbeiter, Rentnerinnen – inzwischen demonstrieren jeden Tag Hunderttausende Menschen überall in Chile.

Was als Aufbegehren der Jungen begann, ist zum Aufstand eines ganzen Landes geworden. Längst geht es nicht mehr nur um teurere Tickets. Es geht um soziale Ungleichheit, hohe Lebenshaltungskosten und die […] Politik von Präsident Sebastián Piñera. […] Die Hälfte der Bevölkerung verdient umgerechnet weniger als 500 Euro im Monat, bei Lebenshaltungskosten, die denen in Deutschland gleichen. […]

Die Protestierenden wollen, dass sich der chilenische Staat grundlegend ändert. Der chilenische Staat reagiert darauf mit Gewalt. Dem Nationalen Institut für Menschenrechte zufolge wurden während der Proteste bisher mehr als 5.600 Menschen verhaftet. […]

Isabel läuft Arm in Arm mit ihren Freundinnen. Da ist Pia, die schon bei früheren Protesten dabei war und sich jetzt freut, dass sich Erwachsene den Schülern angeschlossen haben. Da ist Gabriela, die wütend ist, weil ihre Großmutter nur 90.000 Pesos Rente bekommt, umgerechnet etwas mehr als 100 Euro. Und da ist Catalina, die glaubt, dass die Schüler die treibende Kraft der Proteste sind, weil sie keine Angst haben – anders als die Erwachsenen, die die Pinochet-Diktatur erlebt haben [Pinochet war ein chilenischer General, der als Diktator von 1973 bis 1990 regierte]. […]

Die Regierung hat zwar mittlerweile Reformen angekündigt und eine neue **Verfassung**, aber Protestierende wie Isabels Vater fordern den Rücktritt von Präsident Piñera und eine verfassungsgebende Versammlung, damit der Wandel von den Bürgerinnen und Bürgern selbst gestaltet werden kann. […]

Vor einem Jahr hat die Regierung das Gesetz „Aula Segura“ (auf Deutsch: „sicheres Klassenzimmer“) verabschiedet, das den Schulleitern erlaubt, rebellische Schüler der Schule zu verweisen. Das Gesetz soll die Gewalt an den öffentlichen Schulen verringern. Aber Isabel sagt, es diene eher dazu, die Proteste zu kriminalisieren [als rechtswidrig zu erklären]. „Seit es das Gesetz gibt, ist es schwieriger für uns, uns zu organisieren. Die Repression [Unterdrückung] durch die Polizei ist stärker geworden", sagt sie. Sie selbst wurde schon zweimal festgenommen, als sie mit ihren Mitschülerinnen die Schule besetzte. [...] Im Liceo 7, einer anderen öffentlichen Mädchenschule, schoss ein Polizist in der vergangenen Woche auf Schülerinnen. Gegen ihn läuft mittlerweile ein Verfahren. Er konnte identifiziert werden, weil die Schülerinnen die Situation mit ihren Smartphones gefilmt und über soziale Netzwerke verbreitet hatten. „Die sozialen Netzwerke sind unsere Waffe", sagt Isabel. „Die Leute sagen, dass wir die Generation sind, die immer nur aufs Smartphone schaut. Aber wir sind auch die Generation, die die Proteste ausgelöst hat."

(Sophia Boddenberg, ZEIT Campus: „Ich will Gerechtigkeit für Chile", ZEIT online, 15.11.2019, Hamburg; https://www.zeit.de/campus/2019-11/massenproteste-schueler-aufstand-chile-sozialreformen-unzufriedenheit/komplettansicht [11.02.2020])

Nach wochenlangen Protesten und Ausschreitungen haben sich Regierung und Oppositionsparteien in Chile darauf geeinigt, eine laut Senatspräsident Jaime Quintana „erstmals 100-prozentig demokratische **Verfassung**" zu erarbeiten. Die Bürger sollen in einem Referendum (Volksentscheid) über den Text abstimmen dürfen.

(Autorentext)

1 Gebt die Gründe wieder, die zu den Protesten der Bürger in Chile geführt haben, und beschreibt, wie der Staat darauf reagiert.

2 In den Zeilen 35 und 58 kommt der Begriff Verfassung vor. Arbeitet aus den Textstellen heraus, welche Bedeutung die neue Verfassung für das Land und die Bürger haben soll.

3 Erschließt, welche grundsätzliche Bedeutung die Verfassung für ein Land hat.

M2 Die Verfassung – die Grundlage eines Staates

In seiner Verfassung legt ein Staat fest, nach welchen Regeln er organisiert ist und wie das Zusammenleben der Menschen funktionieren soll. Die Verfassung beschreibt das politische System, also wie das Land regiert werden soll. Soll es zum Beispiel eine frei gewählte Regierung oder einen König geben? Welche Rolle sollen Parteien spielen? [Wer beschließt die Gesetze?] Es wird festgelegt, was die Regierung darf, was sie nicht darf, welche Macht die Polizei, die Streitkräfte oder andere Staatsorgane haben. Vor allem aber ist festgeschrieben, welche Grundrechte den einzelnen Menschen zustehen, damit sie frei und ohne staatlichen Zwang leben und arbeiten können. Kein anderes Gesetz darf den Bestimmungen dieser Grundordnung widersprechen. In Deutschland wird die Verfassung Grundgesetz genannt. Das Grundgesetz gibt es seit der Staatsgründung der Bundesrepublik Deutschland im Jahr 1949. In ihm stehen die allerwichtigsten „Spielregeln" für das Zusammenleben der Menschen in Deutschland.

(Hanisauland-Lexikon-Artikel „Verfassung", hrsg. von der Bundeszentrale für politische Bildung, Bonn; Verfasser: Gerd Schneider, Christiane Toyka-Seid; https://www.hanisauland.de/lexikon/v/verfassung.html [11.02.2020])

1 Erklärt, was eine Verfassung in einem Staat regelt und warum sie für die Menschen, die in diesem Staat leben, von großer Bedeutung ist.

2 Ihr seid zwar nicht wie Politiker dazu berechtigt, eine Verfassung zu schreiben, aber über wichtige Regeln und Grundsätze für ein Land könnt ihr euch auch selbst schon Gedanken machen. Bildet Gruppen und formuliert solche grundlegenden Bestimmungen, die in einer demokratischen Verfassung z. B. für das Land Chile stehen sollten und nicht verletzt werden dürfen. Dabei kann euch auch helfen, an politische Regeln in Deutschland zu denken.

M 3 Die Säulen der Bundesrepublik in Artikel 20 des Grundgesetzes

Das Grundgesetz enthält die Grundregeln und Grundsätze für die Politik in Deutschland. Sie werden in insgesamt 146 Artikeln (ohne Unterartikel) ausgeführt. Die Grundsätze sind wie in einer sehr knappen Zusammenfassung in Art. 20 konzentriert enthalten. Darin ist festgelegt, dass Deutschland eine **Republik** ist, d. h. dass es kein Königtum (Monarchie) gibt. Vielmehr ist Deutschland eine **Demokratie**, außerdem ein **Bundesstaat**, ein **Rechtsstaat** und ein **Sozialstaat**. Diese vier Säulen bilden das Fundament der Bundesrepublik Deutschland.

(Autorentext)

(Generology.de, Bünde; https://generology.de/die-verfassungsprinzipien-im-grundgesetz/ [11.02.2020])

1 Im Folgenden werdet ihr euch noch ausführlicher mit den vier entscheidenden Säulen der Bundesrepublik Deutschland beschäftigen, um sie besser verstehen zu können. Sammelt an dieser Stelle aber schon einmal spontan, was ihr über diese Säulen wisst, und notiert entsprechende Stichworte dazu.

2.1 **2** Sammelt mithilfe der Medien Nachrichten, in denen über aktuelle politische Themen in Deutschland berichtet wird (z. B. über den Bundeskanzler, Wahlen, Demonstrationen, Gerichtsurteile oder soziale Probleme).

2. Wir leben in einem demokratischen Staat

Demokratie ist für euch sicher kein unbekannter Begriff, aber dennoch ein Fremdwort. Es leitet sich von zwei Wörtern aus der griechischen Sprache ab: von „demos", das bedeutet Volk, und „kratia", was Herrschaft bedeutet. Demokratie meint also „Herrschaft des Volkes". Die Macht der Regierenden in einem Staat sowie die geltenden Gesetze sollen danach auf dem Willen des Volkes beruhen.
Im Folgenden werdet ihr euch mit den wichtigsten Grundsätzen und Einrichtungen, die die Demokratie in der Bundesrepublik Deutschland wirksam werden lassen, gründlicher befassen. Auch die Gefährdung der Demokratie durch Hassrede wird ein Thema sein.

Arbeitsvorschlag: Erarbeitet die verschiedenen Aspekte **arbeitsteilig** in vier **Gruppen** und tragt die Ergebnisse anschließend zusammen. (Es können auch mehrere Gruppen parallel ein Material erarbeiten.)
Bevor ihr die Materialien für eure Gruppe lest und bearbeitet, seht euch zunächst die jeweiligen Aufgabenstellungen dazu an. Nach der Bearbeitung des Materials könnt ihr die Ergebnisse nach dem Muster der jeweils vorgeschlagenen Übersicht zusammenfassen. Überlegt zunächst aber in eurer Klasse, mit welcher Methode ihr die Ergebnisse zum Schluss vor der Klasse präsentieren und für alle sichern wollt.

4.1

Gruppe 1: Welche Bedeutung haben Wahlen?

M 4 Ohne Wahlen keine Demokratie

In demokratischen Staaten wählt sich das Volk seine Regierung selbst. [...] Aus konkurrierenden Angeboten werden diejenigen **Personen und Parteien ausgesucht**, von denen eine Mehrheit im Volk meint, dass sie in Zukunft – für eine begrenzte Zeit – das Land regieren sollten. [...] Jede Wahlentscheidung setzt eine **Auswahl** voraus. Nach allgemeinem Sprachgebrauch heißt wählen, zwischen mehreren tatsächlich vorhandenen Möglichkeiten sachlicher oder personeller Art zu entscheiden. Es müssen verschiedene miteinander **konkurrierende Personen, Personengruppen (Parteien) und Sachprogramme vorhanden** sein, zwischen denen der Wähler eine Auswahl treffen kann. [...] Das heißt, jede Person, jede Partei und jedes Sachprogramm muss im Grundsatz in der Lage sein, sich in der Konkurrenz mit- und gegeneinander durchzusetzen. Wo das nicht möglich ist, kann man von Wahlen nicht sprechen. [...]
Um die gewählten Repräsentanten [Vertreter des Volkes] an den Willen ihrer Wähler zu binden, ist zudem unverzichtbar, dass sie sich in periodischen [zeitlich festgelegten] Abständen erneut zur Wahl stellen müssen, sodass die Wählerinnen und Wähler die Möglichkeit behalten, ihre einmal getroffene Entscheidung zu überprüfen, zu erneuern oder zurückzunehmen. Nur dadurch können die Gewählten genötigt werden, die Überzeugungen und Interessen ihrer Wählerinnen und Wähler zu respektieren. [...]

(Forschen mit Grafstat – Bundestagswahl 2013: MW 02.02 Bedeutung und Funktionen der Wahl, Bundeszentrale für politische Bildung, 05.10.2012, Bonn; http://www.bpb.de/lernen/grafstat/grafstat-bundestagswahl-2013/145523/mw-02-02-bedeutung-und-funktionen-der-wahl [11.02.2020])

[...] Demokratische Wahlen müssen **allgemein, gleich, geheim und frei** sein:

allgemein: Diese Bedingung bedeutet, dass grundsätzlich alle Bürger eines Staates ab einem bestimmten Alter [bei der Bundestagswahl ab 18 Jahren] das gleiche Stimmrecht besitzen und sich zur Wahl stellen können. Dabei spielen Rasse, Geschlecht, Sprache, Einkommen oder Besitz, Beruf, Stand oder Klasse, Bildung, Religion und politische Überzeugung keine Rolle.

gleich: Bei einem gleichen Wahlrecht hat jede Stimme das gleiche Gewicht. Das schließt zum Beispiel aus, dass die Stimme eines Wählers mit einem hohen Einkommen mehr zählt als die Stimme eines Wählers, der ein niedrigeres Einkommen hat. [...]

geheim: Bei einer geheimen Wahl kann der Wähler seine Stimme abgeben, ohne dass eine andere Person feststellen kann, was er oder sie gewählt hat. Das ist besonders wichtig, damit niemand wegen seiner Wahl unter Druck gesetzt werden kann.

frei: Beim freien Wahlrecht kann jeder Bürger selbst entscheiden, ob er sein Recht zu wählen wahrnimmt und was er wählt. Dadurch soll ebenfalls verhindert werden, dass auf den Wähler Druck ausgeübt wird.

Wer nicht zur Wahl geht, verzichtet darauf, über seine eigene Zukunft mitzubestimmen. Er muss die Entscheidung der wählenden Bevölkerung akzeptieren. [...]

(Ragnar Müller: Kernelemente eines demokratischen Staats: Wahlen, D@dalos – politische Bildung, Demokratie-, Menschenrechts- und Friedenserziehung, ohne Datum; © Pharos e. V., Stuttgart/Sarajevo; http://www.dadalos-d.org/demokratie_verstehen/wahlen.htm [11.02.2020])

1 Erklärt, warum es für die Bürger in einem demokratischen Staat wichtig ist, zu wählen und auch nach einigen Jahren erneut wählen zu können.

2 Erläutert, wozwischen die Bürger in einer Demokratie eine Wahl treffen können.

3 Benennt die vier Merkmale einer demokratischen Wahl und formuliert zu jedem einen Satz, in dem dieses kurz erklärt wird.

Vorschlag für die Präsentation:

Wahlen in der Demokratie

Das Volk wählt: ...

Die Bürger treffen eine Auswahl zwischen: ...

Dass Wahlen immer wiederkehren, ist wichtig, weil ...

Demokratische Wahlen sind

allgemein:	**gleich:**	**geheim:**	**frei:**
...	...	...	...

Gruppe 2: Welche Rolle nehmen die gewählten Abgeordneten für die Bürger ein?

M5 Abgeordnete entscheiden für das Volk – Die Aufgaben des Bundestages

Bundestag beschließt weitere steuerliche Förderung der Elektromobilität

(© Agence France-Presse, 07.11.2019)

Demokratie bedeutet übersetzt „Herrschaft des Volkes“. Praktisch ist es aber nicht möglich, dass alle Bürgerinnen und Bürger über Gesetze miteinander diskutieren und diese beschließen. Stellvertretend erfüllen von ihnen gewählte männliche und weibliche Abgeordnete diese Aufgabe. Sie repräsentieren das Volk, weshalb man auch von einer **repräsentativen Demokratie** spricht. Die politische Einrichtung, die die Abgeordneten bilden, heißt **Parlament**. Auf der höchsten Ebene von Deutschland heißt es Bundestag. Dieser hat seinen Sitz im Reichstagsgebäude in Berlin. Hier sind zurzeit [2020] 709 Abgeordnete von sieben Parteien vertreten (CDU, CSU, SPD, Die Grünen, FDP, Die Linke und die AfD). Bundestagsabgeordnete, die derselben Partei angehören, bilden eine sog. Fraktion, in der sie zusammenarbeiten und sich abstimmen. Die einen Parteien unterstützen die ihnen nahestehende Bundesregierung (die größte Fraktion und die mit dieser verbündeten Fraktionen), andere bekämpfen sie und kontrollieren sie manchmal sehr scharf (das sind die Oppositionsparteien).

Die **Gesetzgebung** ist eine sehr wichtige Aufgabe des Bundestages. In der aktuellen 19. Wahlperiode wurden bisher beim Bundesrat bzw. Bundestag insgesamt 479 Gesetzesvorhaben eingebracht (Stand: 03.02.2020).

Die Abgeordneten des Bundestages arbeiten sozusagen in Gruppenarbeit an den Gesetzen. Diese Gruppen, in denen alle Parteien bzw. Fraktionen vertreten sind, sind die Ausschüsse. Für die Gesetze muss bei den Abstimmungen im Bundestag immer eine Mehrheit zustande kommen. Anschließend gehen die Gesetze zum Bundesrat (s. S. 140, Z. 32 ff.), der die Gesetze noch ablehnen kann.

Neben der Gesetzgebung hat der Bundestag die wichtige Aufgabe, den **Bundeskanzler zu wählen**. Der Kanzler benötigt für seine Wahl mindestens eine Stimme mehr als die Hälfte aller Bundestagsabgeordneten (d.h. die absolute Mehrheit). Er kommt aus der stärksten von den Parteien, die die Regierung stellen. Der Kanzler beruft die Minister in seine Regierung.

Eine weitere wichtige Aufgabe: In jedem Jahr ist unter den Parteien sehr umstritten, wie viel Geld der Staat ausgeben soll: für Autobahnen, mehr Computer in der Schule, die Bundeswehr, die Bundesbahn, höhere Renten, Kindergeld und vieles andere mehr. Auch hierüber entscheidet der Bundestag im sog. **Haushaltsplan**, in dem die Einnahmen und Ausgaben des Staates einander gegenübergestellt sind.

(Autorentext)

Arbeitsvorschlag: Übertragt die folgende Grafik in euer Heft und setzt zunächst an den Stellen mit drei Punkten den jeweils zutreffenden Begriff (vgl. den Text) ein. Formuliert anschließend zu jedem eingesetzten Begriff zwei Sätze, die jeweils wichtige Informationen dazu enthalten. Setzt diese Sätze in der Grafik ein, so wie es an zwei Stellen schon beispielhaft geschehen ist.

Vorschlag für die Präsentation:

Repräsentative Demokratie in Deutschland

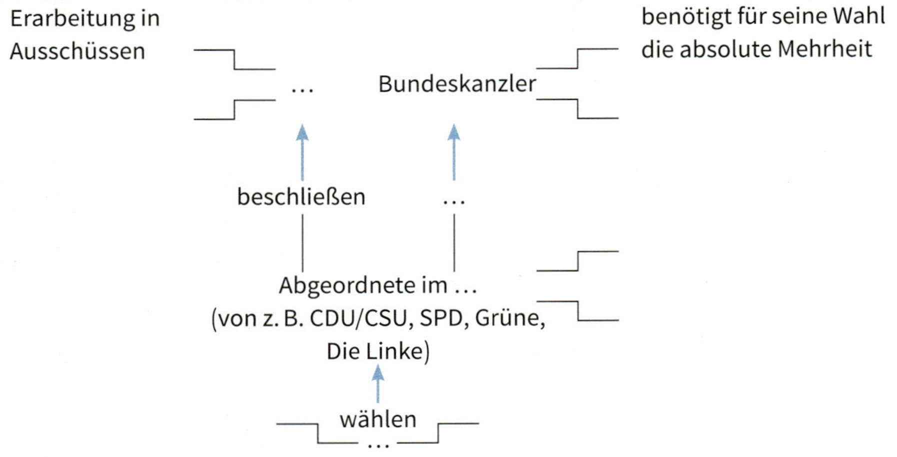

Gruppe 3: Wie wird Demokratie vor einer Diktatur geschützt?

M6 Demokratie bedeutet: politische Macht muss geteilt sein

In einer **Diktatur** regiert ein Herrscher mithilfe einer Partei das Volk. Die Regierung erlässt Verordnungen, die die Freiheit zur politischen Betätigung einschränken. Sie kann mit der herrschenden Mehrheit im Parlament Gesetze verabschieden, die die Meinungsfreiheit und Demonstrationen verbieten und der Polizei das Recht geben, kritische Politiker zu verhaften. Die Richter sind verpflichtet, alle Bürger zu verurteilen, die gegen diese Ordnung verstoßen. Damit die Bürger keine Politiker mehr wählen können, die sich für andere Gesetze in der Volksvertretung einsetzen, wird ihnen mit einem Verbot ihrer Partei die Teilnahme an Wahlen genommen. So liegt die ganze Herrschaft bei nur einer Macht im Staat. Das ist das Gegenteil von einer Demokratie.

(Autorentext)

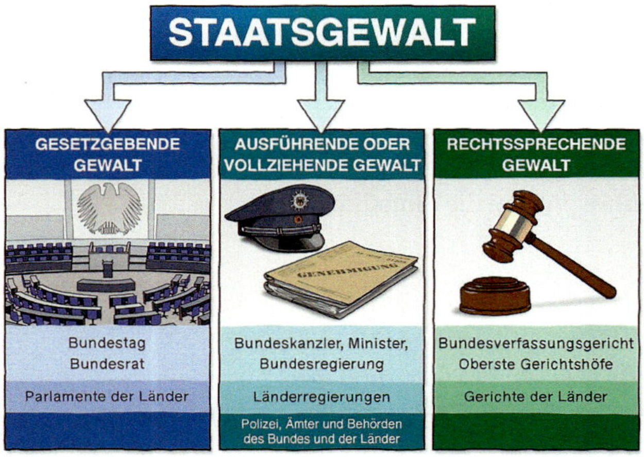

(© Bundeszentrale für politische Bildung/bpb/ Illustrator Andreas Piehl)

[…] In jedem demokratischen Land [ist die gesamte staatliche Macht] auf drei verschiedene Abteilungen aufgeteilt, die man „Staatsgewalten" nennt. Man spricht auch von „**Gewaltenteilung**". Das hat natürlich nichts mit körperlicher Gewalt zu tun, sondern bedeutet, dass es drei Abteilungen im Staat gibt, die sich die Macht teilen. Diese drei Gewalten sollen sich gegenseitig kontrollieren, damit keiner seine Macht missbraucht und zum Beispiel Gesetze macht, die für alle Bürger schlecht sind.

Die Legislative beschließt die Gesetze

Die drei Staatsgewalten haben besondere Namen: Sie heißen Exekutive, Legislative und Judikative. Die **Legislative** nennt man auch „gesetzgebende

Gewalt". Der Name kommt vom lateinischen Wort „Lex" – das bedeutet „Gesetz". Die Legislative ist also der Teil eines Staates, der Gesetze beschließen darf. Meistens sind das die Parlamente, [deren Mitglieder frei und demokratisch gewählt worden sind]. In Deutschland gehören zum Beispiel der Bundestag, der Bundesrat und die Parlamente der Bundesländer zur Legislative.

Die Exekutive führt aus

Das Wort **„Exekutive"** kommt aus dem Lateinischen. „Executio" bedeutet dort „ausführen". Die Exekutive in einem Staat ist also die „ausführende Gewalt". Sie muss dafür sorgen, dass die Gesetze, die die Legislative beschlossen hat, auch im Alltag der Menschen umgesetzt werden. Zur Exekutive gehören die ganzen Behörden, wie etwa die Polizei oder die Finanzämter. Auch die Mitglieder der Bundesregierung und der Landesregierungen sind Teil der Exekutive in Deutschland. [Die Legislative kontrolliert, wie die Exekutive die von ihr beschlossenen Gesetze ausführt.]

Wer gegen ein Gesetz verstößt, wird bestraft

Die dritte Staatsgewalt ist die **Judikative**. Auch dieser Begriff kommt aus dem Lateinischen: „Ius" bedeutet dort „Recht". Die Judikative ist nämlich die „rechtsprechende Gewalt" eines Landes – also die Gerichte. [...] Die Gerichte haben verschiedene Aufgaben: Manche entscheiden, wie Bürger bestraft werden, die gegen ein Gesetz verstoßen haben. An anderen Gerichten wird zum Beispiel überprüft, ob ein Gesetz der Verfassung widerspricht [das ist die Aufgabe des Bundesverfassungsgerichtes, s. S. 131]. Richter dürfen sich von niemandem beeinflussen lassen – auch nicht von der Regierung oder von Mitgliedern der Legislative.

(Neuneinhalb, Mehr wissen, Lexikon: Gewaltenteilung, Staatsgewalten, Westdeutscher Rundfunk, 23.03.2010, Köln; https://kinder.wdr.de/tv/neuneinhalb/mehrwissen/lexikon/g/lexikon-gewaltenteilung-staatsgewalten-100.html [11.02.2020]; ergänzt)

1 Beschreibt, wie in einer Diktatur politische Gewalt durchgesetzt wird.

2 Gebt wieder, welche Aufgaben die drei Staatsgewalten in einer Demokratie haben.

3 Erklärt, warum die Demokratie (verstanden als Herrschaft des Volkes) durch die Gewaltenteilung geschützt ist.

Vorschlag für die Präsentation:

Demokratie erfordert eine Gewaltenteilung

So wird in einer Diktatur die Freiheit unterdrückt: ...

In einer Demokratie ist die Staatsgewalt aufgeteilt auf die

Legislative	**Exekutive**	**Judikative**
Aufgabe: ...	Aufgabe: ...	Aufgabe: ...
Zuständig (z. B.): ...	Zuständig (z. B.): ...	Zuständig (z. B.): ...

Darin besteht der Schutz der Demokratie durch die Gewaltenteilung: ...

Gruppe 4: Politischer Hass – wie gefährdet er die Demokratie?

M 7 Blindwütiger Hass auf Politiker

Anfeindungen auf der Straße und im Netz sind für viele Volksvertreter fast Routine. Dabei werden die Aktionen und die Wortwahl immer extremer. […]
Martin Patzelt sitzt in seinem Berliner Büro und erzählt. Von den Hass-Mails, die er als Bundestagsabgeordneter bekommt, von den Menschen, die ihn auf offener Straße anfeinden, von Briefen mit Morddrohungen. Dass sich Patzelt für Flüchtlinge stark macht, dass er zwei junge Eritreer bei sich aufgenommen hat, das passt manchen Leuten nicht. […] Der Hass der Radikalen richtet sich längst nicht mehr nur gegen die Schutzsuchenden, sondern zunehmend auch gegen Menschen, die sich für die Ankömmlinge einsetzen: Ehrenamtler und Politiker. […]

(Christina Michaelis: Blindwütiger Hass auf Politiker, Frankfurter Rundschau, 18.12.2015; https://www.fr.de/politik/blind-wuetiger-hass-politiker-11142970.html [11.02.2020]; © Alle Rechte vorbehalten, Frankfurter Rundschau GmbH, Frankfurt)

[…] Der Einstieg in den Hass beginnt schon, wenn Nutzer aufgrund von Entscheidungen eines Politikers, die sie persönlich ablehnen, gleich den Rücktritt fordern und dem Entscheider Schaden wünschen.
Schon jetzt halten Kommunalpolitiker den Hass kaum noch aus. Für Bürgermeisterposten in kleineren Gemeinden finden sich vielerorts nur wenige Bewerber. Betroffene berichten von enormem Druck und Angst. Kommen dann noch Morddrohungen hinzu, kann dies zum Rücktritt führen. […] Spätestens seit dem Mord an dem Kasseler Regierungspräsidenten und CDU-Politiker Walter Lübcke scheint es nicht mehr abwegig zu sein, dass auf Drohungen tödliche Angriffe folgen.
Der Hass bedroht zudem jegliche Diskussionskultur, die essenziell [sehr wichtig] für eine Demokratie ist. Er kann viele kluge und fähige Menschen davon abhalten, sich für die Gesellschaft als Politiker zu engagieren. Dabei kann jeder etwas an diesem Klima des Hasses ändern. Ein Weg: sich gegen Hassrede im Netz auflehnen und ihr widersprechen. Man kann die Demokratie gegenüber Hatern verteidigen und strafbare Inhalte der örtlichen Polizei melden. Zudem sollte man sie von den Plattformbetreibern löschen lassen.

(Eva Przybyla: Der Hass bedroht die Diskussionskultur, Weser-Kurier Mediengruppe, 04.11.2019, Bremen; https://www.weser-kurier.de/deutschland-welt/deutschland-welt-politik_artikel,-der-hass-bedroht-die-diskussionskultur-_arid,1872820.html [11.02.2020])

Hasskommentare schüchtern die direkt Betroffenen ein. Aber sie haben auch eine einschüchternde Wirkung auf „das Publikum". Eine hessenweite repräsentative Studie des Instituts für Demokratie und Zivilgesellschaft (IDZ) im Auftrag von Campact (einer Bürgerbewegung, die für „progressive Politik" kämpft) ergab, dass 84 % schon mit Hasskommentaren konfrontiert waren. Zielscheiben waren Geflüchtete, Muslime, aber auch Politiker und die Demokratie. Drei von vier Internetnutzern gaben an, die Vielfalt von Meinungen im Internet werde gefährdet, weil sie Menschen einschüchtern und verdrängen. Etwa die Hälfte gab an, sich als Reaktion auf Hassrede im Internet seltener zu ihrer politischen Meinung zu bekennen und sich seltener an Diskussionen im Netz zu beteiligen.

(Autorentext)

1 Gebt wieder, in welchen Formen politischer Hass geäußert wird und gegen wen er sich richtet.

2 Erklärt, warum Hassrede der Demokratie schadet.

5.2

3 Stellt Regeln zusammen, an die Menschen sich in einer Demokratie halten sollten.

Vorschlag für die Präsentation:

Hassrede – eine Gefährdung der Demokratie

Formen von Hass: …

Gerichtet gegen: …

Hass schadet der Demokratie, weil: …

An diese Regeln sollten sich die Menschen in der Demokratie halten: …

3. Wir leben in einem Rechtsstaat

In einem Staat sind die geltenden Gesetze einzuhalten. Weil das nicht immer geschieht, werden Gesetzesverletzungen verfolgt und geahndet, denn die Bürger müssen erfahren, dass das Recht Gültigkeit hat und gerechte Urteile gesprochen werden. Wenn das nicht so wäre, würden die Menschen ihr Vertrauen in den Staat verlieren. Verschiedene Regeln und Rechte sollen gewährleisten, dass in diesem Sinne der Staat in Deutschland ein „Rechtsstaat“ ist.
Die folgenden Beispiele in M 8a–g geben euch die Möglichkeit, die grundlegenden Regeln und Prinzipien zu verstehen, die wesentlich für den deutschen Rechtsstaat sind. **Vorschlag: Bearbeitet das erste Fallbeispiel (M 8a) gemeinsam und die folgenden (M 8b–g) gruppenweise**, indem ihr euch die jeweils dazugehörigen Aufgabenstellungen vornehmt. Bei der dritten Aufgabe wird erwartet, dass ihr jeweils ein oder mehrere Grundprinzipien formuliert, die in einem Rechtsstaat gelten sollen. Das heißt, ihr sollt in einer allgemeinen Form möglichst knapp die Regel oder den zugrunde liegenden Leitgedanken formulieren, der bei dem Beispiel angewendet wird bzw. beachtet werden soll. Schreibt das in diesem Sinne verstandene Grundprinzip auf ein DIN-A5-Blatt und heftet es am Schluss der Präsentation eurer Arbeitsergebnisse an die Tafel. Dies kann dann wie folgt aussehen:

Grundprinzipien des Rechtsstaates

Grundprinzip in M 8a: Eine Strafe muss in einer Verhältnismäßigkeit zur Tat stehen.

Grundprinzip in M 8b: ???

Grundprinzip in M 8c: ???

Grundprinzip in M 8d: ???

Grundprinzip in M 8e: ???

Grundprinzip in M 8f: ???

Grundprinzip in M 8g: ???

M 8 Gerichtsurteile – Grundsätze der Rechtsordnung

Fallbeispiel

a) Teurer Schweinebraten

Er klaute einen kalten Schweinebraten und ein Glas Honig im Wert von acht Euro. Jetzt hat ein Gericht den Dieb zu 18 Monaten Haft auf Bewährung und 5.000 Euro Geldbuße verurteilt. [...] Da der Mann bei seiner Flucht aus einem Erdinger Supermarkt die Filialleiterin schubste, wertete das Gericht den Fall als räuberischen Diebstahl, auf den ein Jahr Mindeststrafe steht. Weil er sich zudem vehement gegen seine Festnahme durch einen Polizisten wehrte, kam noch Widerstand gegen die Polizei und Körperverletzung dazu. Der Angeklagte beteuerte, er habe nichts gestohlen und sei in Panik weggerannt.

(Florian Tempel: Teurer Schweinebraten, Süddeutsche Zeitung, 29.04.2011, München; http://www.sueddeutsche.de/muenchen/erding/erding-dieb-wegen-ladendiebstahl-verurteilt-teurer-schweinebraten-1.1091210 [11.02.2020])

1 Stellt dar, warum es zu einer Verurteilung gekommen ist.

2 Prüft, ob ihr dem Urteil zustimmen könnt.

Blickwinkel

3 Formuliert das Grundprinzip, nach dem eurer Meinung nach ein Strafmaß verhängt werden sollte.

Fallbeispiel

b) Polizist soll 100 Fälle nicht bearbeitet haben

Drei Jahre lang mussten sich gewalttätige Fußballfans in Bochum kaum Sorgen machen. Denn der zuständige Sachbearbeiter bei der Polizei ließ viele Akten einfach im Schrank verschwinden. […]

Rund eine Stunde dauert die Verlesung der Anklage. Es geht um fast 100 Fälle – bei den meisten geht es um Straftaten von Fußballfans. Einige haben im Stadion des Zweitligisten VfL Bochum bengalische Feuer oder Rauchbomben gezündet, andere haben sich mit gegnerischen Fans geprügelt, Polizisten beleidigt oder Bierbecher und Flaschen auf Ordner geworfen. Außerdem geht es um gefälschte Eintrittskarten, Diebstähle und Sachbeschädigung. […]

(© dpa)

1 Stellt dar, warum der Sachbearbeiter bei der Polizei angeklagt worden ist.

2 Erschließt, warum es wichtig ist, dass eine Anklage erhoben worden ist.

3 Formuliert anhand dieses Beispiels das Grundprinzip, nach dem bei festgestellten Verstößen gegen geltendes Recht eurer Meinung nach unbedingt verfahren werden muss.

Fallbeispiel

c) Nicht verurteilt

Die Staatsanwaltschaft Essen wird kein Ermittlungsverfahren gegen die frühere Bundestagsabgeordnete Petra Hinz einleiten. Es bestehe kein Anfangsverdacht für das Vorliegen einer Straftat, teilte die Behörde mit. Die 54-Jährige hatte ihren Lebenslauf gefälscht. […] Hinz hatte unter anderem Abitur und juristische Staatsexamina vorgetäuscht und sich Juristin genannt, obwohl sie weder Abitur noch Studium vorweisen kann. Seit 2005 saß sie im Bundestag.

Gegen sie wurden nach Angaben der Staatsanwaltschaft 59 Anzeigen erstattet. Die Behörde habe jedoch keine Ermittlungen aufgenommen, sondern das Verfahren bereits nach einer rechtlichen Prüfung eingestellt, hieß es in der Mitteilung. Hinz' Angaben in ihrer Biografie seien nicht als unbefugtes Führen eines Titels zu werten und damit nicht strafbar, teilte die Behörde mit. Die Selbstbeschreibung als Juristin sei zwar unzutreffend, aber es handle sich um keine geschützte Bezeichnung, die vom Strafgesetzbuch erfasst werde. […]

(© dpa)

1 Stellt den geschilderten Vorgang dar.

2 Arbeitet heraus, warum die frühere Bundestagsabgeordnete **nicht** verurteilt worden ist.

3 Überlegt, nach welchem Grundprinzip in diesem Beispiel verfahren wird.

Fallbeispiel

d) Komplette Jury war weiß

Das oberste US-Gericht hat nach fast drei Jahrzehnten das Todesurteil gegen einen Afro-Amerikaner aufgehoben, weil in der Geschworenen-Jury nur Weiße saßen. Timothy Tyrone Foster war 1987 im Alter von 18 Jahren für den Mord an einer 79-jährigen Weißen schuldig gesprochen worden und sitzt seitdem in Georgia in der Todeszelle. Die Entscheidung des Supreme Court vom Montag heißt nun für den heute 47-Jährigen, dass sein Fall neu verhandelt wird. Einblicke in die Prozessunterlagen hätten deutlich gezeigt, dass es „eine gemeinsame Anstrengung gegeben hat, schwarze Juroren aus der Jury herauszuhalten", schreibt Verfassungsrichter John G. Roberts in der Begründung. Fosters Anwalt betonte, das Schicksal seines Klienten sei ein Fall wie aus dem Lehrbuch. [...] Das Votum der obersten Richter fiel sieben zu eins. [...]

(© dpa)

1 Stellt dar, warum das oberste US-Gericht ein früher verhängtes Todesurteil aufgehoben hat.

2 Erläutert, was zunächst die Verurteilung und dann die Aufhebung des Urteils für T. T. Foster bedeutet haben könnte.

3 Formuliert anhand dieses Beispiels ein Grundprinzip, das für Gerichte und ihre Urteilsfindung gelten muss.

Fallbeispiel

e) Den Mindestlohn erstritten – Gericht gibt ehemaliger „Praktikantin" recht

Mehr als fünf Jahre lang arbeitete sie vertraglich festgelegte 43 Stunden pro Woche als Praktikantin bei einem Finanzdienstleister. Bereits die extrem lange Dauer dieses „Praktikums" erscheint merkwürdig. Die Entlohnung für ihre Mühen indes lässt noch mehr aufhorchen: ganze 300 Euro im Monat, umgerechnet also nicht einmal 2 Euro pro Stunde. Es kam, wie es in einem solchen Fall kommen sollte: Die Dame zog vor Gericht und dies mit Erfolg. Das Landesarbeitsgericht (LAG) München hat nun entschieden, dass der ehemalige Arbeitgeber der Dame eine erhebliche Summe nachvergüten muss. Das Gericht stellte fest, dass der vereinbarte Stundenlohn von genau 1,62 Euro sittenwidrig und damit nichtig sei. Die Dame sei vielmehr mit 8,50 Euro pro Stunde zu vergüten, also exakt dem Betrag des aktuell gültigen Mindestlohns. Auf den ehemaligen Arbeitgeber kommt nun eine Nachzahlung in Höhe von nahezu 50.000 Euro für Vergütung sowie Steuern und Beiträgen zur Sozialversicherung zu.

Urteil des LAG München v.13.06.201, AZ. 3 SA 23/16

(Markus Matt, Lohn+Gehalt/Datakontext GmbH, 04.07.2016, Frechen; https://www.lohnundgehalt-magazin.de/news/den-mindestlohn-erstritten [2018])

1 Stellt den geschilderten Sachverhalt dar.

Blickwinkel

2 Setzt euch damit auseinander, inwieweit ihr dem Urteil zustimmen könnt.

3a Erschließt, welche Bedeutung das Gericht bzw. das Urteil für die Klägerin hat.

3b Formuliert anhand dieses Beispiels ein Grundprinzip, das für alle Bürger in einem Staat gelten muss.

f) Ist Foltern erlaubt, um die Wahrheit zu erfahren?

Fallbeispiel

Am Freitag, dem 27.9.2002, wurde der 11-jährige Jakob Metzler entführt. Am 1.10.2002 wurde dem festgenommenen Tatverdächtigen, der beharrlich zum Aufenthaltsort des Jungen schwieg, auf Weisung des stellvertretenden Polizeipräsidenten D. angedroht, dass ihm Schmerzen zugefügt werden sollten, die er nicht vergessen werde. Wenige Minuten nach der Androhung gab der Tatverdächtige das Versteck preis, in dem sich der tote Jakob Metzler befand. Gegen den ehemaligen stellvertretenden Frankfurter Polizeipräsidenten D. wurde wegen des Verdachts auf Verleitung eines Untergebenen zu einer Straftat und gegen den mitangeklagten Kriminalhauptkommissar E. wegen des Verdachts auf Nötigung im Amt ein Strafverfahren eingeleitet. Das Verfahren endete am 20. Dezember 2004 mit einem Schuldspruch gegen beide Angeklagten. Die Strafkammer kam zu dem Urteil, die angeordnete Androhung von Schmerzen mit dem Ziel, eine Aussage zu erzwingen, sei rechtswidrig, da auch die Androhung von Folter bereits die Verletzung der Menschenwürde des Täters in Kauf genommen habe und eine Verletzung des fundamentalsten Menschenrechts überhaupt durch nichts zu rechtfertigen sei.

(Alfred Rodorf: 05 Verletzungen der Menschenwürde – Fallgruppen, ohne Datum, Münster; http://www.rodorf.de/04_staatsr/gr_02.htm [11.02.2020])

1 Stellt dar, warum der stellvertretende Polizeipräsident D. und Kriminalhauptkommissar E. verurteilt worden sind. (Anmerkung zum Verständnis des Hergangs: Zum Zeitpunkt der Androhung von Schmerzen war nicht klar, ob Jakob Metzler noch lebte.)

2 Diskutiert, ob die Verurteilung gerechtfertigt ist.

Blickwinkel

3 Formuliert ausgehend von diesem Beispiel ein Grundprinzip, das für jeden Bürger gelten muss, auch für einen Tatverdächtigen.

g) Bundesverfassungsgericht schützt Menschenwürde

Fallbeispiel

Wer länger keine Arbeit hat, bekommt vom Staat Arbeitslosengeld 2, umgangssprachlich Hartz IV. Der Regelsatz liegt derzeit für einen alleinstehenden Arbeitssuchenden bei 432 Euro pro Monat [i.J. 2020]. [...] Im Gegenzug sind die Hartz-IV-Empfänger verpflichtet, alle Möglichkeiten auszuschöpfen, um ihre Hilfsbedürftigkeit zu beenden oder zu verringern. Verpassen Arbeitssuchende einen Termin beim Jobcenter, mindert sich der Regelsatz für drei Monate um zehn Prozent. Verweigern Hartz-IV-Empfänger einen zumutbaren Job oder brechen sie eine Ausbildungsmaßnahme ab, wird härter sanktioniert. Für drei Monate werden über 25-Jährigen dann 30 Prozent des Regelsatzes gekürzt. Bei einem zweiten Regelverstoß innerhalb eines Jahres sind es 60 Prozent. [...]

Ein arbeitsloser Mann aus Erfurt hatte einen Job als Lagerarbeiter ausgeschlagen, weil er lieber in den Verkauf wollte. Auch eine Erprobung für einen anderen Job hatte er nicht angenommen. Das Arbeitslosengeld 2 wurde ihm um 60 Prozent gekürzt. Dagegen klagte er vor dem Sozialgericht Gotha. Die Richter dort hielten die Sanktionen für verfassungswidrig. Deshalb setzten sie das Verfahren aus und schickten die Sache nach Karlsruhe [dort befindet sich der Sitz des Bundesverfassungsgerichts]. [...]

(Kolja Schwartz: Sind Hartz-IV-Sanktionen zulässig?, ARD-aktuell/tagesschau.de, 05.11.2019, Norddeutscher Rundfunk, Hamburg; https://www.tagesschau.de/inland/faq-hartzvier-101.html [11.02.2020])

Wenn jemand die Meinung vertritt, dass der Staat ihn in seinen Grundrechten einschränkt, kann er vom Bundesverfassungsgericht prüfen lassen, ob das zutrifft. Ebenso prüft das Bundesverfassungsgericht auf Antrag, ob ein Gesetz mit der Verfassung (dem Grundgesetz) vereinbar ist. Es ist, wie man sagt, der „Hüter der Verfassung". Dem Bundesverfassungsgericht gehören 16 Richter an.
Das Bundesverfassungsgericht hat im obigen Fall entschieden, dass monatelange Kürzungen von Hartz IV um 60% und mehr gegen das Grundgesetz verstoßen, weil das geringe Einkommen das Grundrecht auf ein menschenwürdiges Existenzeinkommen verletze.

(Autorentext)

1 Stellt die rechtliche Situation eines Hartz-IV-Empfängers dar.

2 Beschreibt, warum der Fall des arbeitslosen Mannes bis vor das Bundesverfassungsgericht gekommen ist.

3 Formuliert davon ausgehend ein Grundprinzip bzw. nennt die entscheidende Grundlage, wonach das Bundesverfassungsgericht geurteilt hat.

M9 Grundprinzipien des Rechtsstaates

Die Prinzipien und Grundsätze, die ihr anhand von Beispielen erarbeitet habt, werden im Folgenden mit den entsprechenden Fachbegriffen ausgedrückt und kurz erläutert. Sie bilden die Grundlage des Rechtsstaates in Deutschland.

- **Rechtsgleichheit:** Vor dem Gesetz sind alle Bürger gleich. Rechtliche Bevorzugungen oder Benachteiligungen einzelner Bürger darf es nicht geben.
- **Freiheitssicherung:** Jeder Bürger hat bestimmte Grundrechte, die ihm niemand nehmen darf, auch der Staat nicht.
- **Rechtssicherheit:** Der Einzelne muss wissen, was erlaubt und was verboten ist und welche rechtlichen Folgen sein Handeln hat. Er muss sich auf die bestehenden Gesetze verlassen können. Ein Bürger darf nur auf der Grundlage eines gültigen Gesetzes verurteilt werden. Ein geändertes Gesetz darf nicht rückwirkend gelten.
- **Rechtswegegarantie:** Jeder Bürger kann bei einer vermuteten Rechtsverletzung die Gerichte anrufen und klagen.
- **Verhältnismäßigkeit (Übermaßverbot):** Die Strafe muss in einem angemessenen Verhältnis zur Schwere der Tat und zum Verschulden des Täters stehen.

- **Unabhängige Gerichte** schützen die Bürger vor willkürlichen Eingriffen des Staates (Rechtsschutz). Auch er muss sich an die Gesetze halten. Die Richter, die Recht sprechen, dürfen nicht beeinflussbar sein und müssen ihre Aufgabe neutral erfüllen.
- Gesetze müssen mit dem Grundgesetz vereinbar sein. Kein Gesetz darf gegen die Verfassung verstoßen. Die **Verfassungsgemäßheit** prüft das Bundesverfassungsgericht, wenn dazu ein Antrag gestellt worden ist.

Darüber hinaus ist zu ergänzen, dass der Rechtsstaat in eine **Demokratie** eingebettet sein muss. Das heißt, dass die Gesetze, die der Rechtsprechung zugrunde liegen, auf demokratischem Wege zustande gekommen sein müssen (s. S. 123, M 5, Z. 21 ff.). Nach diesen Gesetzen allein richtet sich die Rechtsprechung. Sie ist auch unabhängig von den Regierenden, die vielleicht in ihrem Interesse bestimmte Urteile verhindern oder herbeiführen wollen. Zu einem Rechtsstaat gehört also auch die **Gewaltenteilung** (s. S. 124, M 6). Eine Diktatur ist kein Rechtsstaat.

(Autorentext)

1 Seht euch noch einmal die Beispiele in M 8 an. Ordnet diesen die Begriffe bzw. Grundprinzipien des Rechtsstaates passend zu, die in M 9 genannt werden (Fettdruck).

2 Prüft, ob eure zu M 8 a–g selbst formulierten Grundprinzipien die Begriffe treffend umschreiben. Stellt fest, was ihr verbessern müsstet.

3 In der Abbildung ist Justitia, die altrömische Göttin der Gerechtigkeit, dargestellt. Sie ist als Symbol für Recht und Gerechtigkeit oft in Gerichtsgebäuden oder Rathäusern zu sehen. Erschließt die dargestellten Symbole Waage, verbundene Augen und Schwert vor dem Hintergrund von Grundsätzen des Rechtsstaates.

4. Wir leben in einem Sozialstaat

Die Bundesrepublik Deutschland ist ein Sozialstaat. Diese Bestimmung ist im Grundgesetz fest verankert. Der Sozialstaat hat in unserer politischen Ordnung denselben Stellenwert wie die Demokratie und die Rechtsstaatlichkeit. Das konntet ihr schon am Beispiel von M 8 erkennen. Die folgenden Materialien zeigen euch, welch große Bedeutung der Sozialstaat für die Menschen in Deutschland hat. Dabei beschränken wir uns auf die soziale Absicherung der größten Lebensrisiken. Die Probleme von sozialen Unterschieden und Armut werden erst im Band für die Jahrgangsstufen 9/10 ein Thema sein.

Fallbeispiel

M 10 Zum Glück sozialversichert

Lena, 16, Schülerin
„Ich zähl mal zusammen: Die Mandeln raus mit sechs. Die üblichen Kinderkrankheiten. Arm gebrochen mit acht. Der doofe Heuschnupfen. Ich brauche Tabletten, Salben, Schienen, Spritzen, Arztbehandlungen. Zählt man dazu, was mein Bruder und meine Eltern so hatten, wird klar: Das kann nicht jede Familie locker allein finanzieren."

Hannes, 28, Ergo-Therapeut
„Ich gebe in meiner Freizeit Skateboard-Unterricht in einem Jugend-Zentrum. Bei einem Sprung über die Treppe bin ich übel hingeknallt. Mehrere Wirbel waren gebrochen. Mit Krankengymnastik bin ich wieder auf die Beine gekommen. Meine Wirbel sind aber steif geblieben. Zum Glück habe ich einen Lohnersatz bekommen, solange ich krank war. Nun mache ich eine Umschulung zum Gesundheitsberater."

Florian, 19, KfZ-Mechatroniker
„Meine Großeltern sind jetzt Rentner. Sie haben sich ein gebrauchtes Wohnmobil gekauft. Ich hab natürlich beim Ausbau geholfen und den Wagen flott gemacht. Jetzt wollen sie damit kreuz und quer durch Europa reisen. Beide sind fit und haben Zeit. Das will ich später auch mal machen."

Necla, 25, Physikerin
„Mein erster Job an der Uni ist auf zwei Jahre befristet. Da muss ich forschen und schnell Ergebnisse bringen. Die nächste Stelle wird wahrscheinlich auch nur befristet sein. Und das wird wohl noch einige Jahre so weitergehen, bis ich eine feste Stelle habe. Dazwischen werde ich vielleicht auch mal arbeitslos sein. Wenigstens weiß ich, dass ich dann Unterstützung bekomme."

Boris, 18, Student
„Meine Oma kann in ihrem eigenen Haus bleiben. Das ist ihr größter Wunsch. Sie wohnt zwei Stunden entfernt von uns. Vor einem halben Jahr hat sie sich das Bein gebrochen. Seitdem schafft sie nicht mehr alles allein. Meine Eltern können beruflich nicht weg von hier. Jetzt hat sie Hilfe vom Pflegedienst. Er kommt mehrmals täglich und versorgt sie. Zum Glück müssen wir nur einen Teil der Kosten selbst tragen."

(Susanne Patzelt: Leistungen der Sozialversicherungen, in: Sozialpolitik – Grundwissen Sozialversicherung, Arbeitsheft Sekundarstufe I, Ausgabe 2016/2017, Herausgeber: Stiftung Jugend und Bildung in Zusammenarbeit mit dem Bundesministerium für Arbeit und Soziales, Eduversum GmbH, Wiesbaden 2016, Seite 4)

M 11a Die Zweige der Sozialversicherung

Arbeitslosen-versicherung	Kranken-versicherung	Renten-versicherung
Pflege-versicherung	Unfall-versicherung	

M 11b Die Leistungen der Versicherungen – welche zahlt was?

Zahlt zum Beispiel Behandlungen beim Arzt und Medikamente.
Zahlt außerdem Krankengeld, wenn man länger nicht arbeiten kann, weil man krank ist.

Gibt Hilfe und Geld, wenn jemand einen Unfall bei der Arbeit hat.
Sorgt dafür, dass Unfälle vermieden werden.
Sorgt für Sicherheit bei der Schule und bei der Arbeit.

Sorgt dafür, dass man Rente bekommt, wenn man so alt ist, dass man nicht mehr arbeiten muss, oder so krank, dass man nicht mehr arbeiten kann.

Hilft, wenn man arbeitslos ist, mit Arbeitslosengeld.
Unterstützt bei der Suche nach Arbeit oder nach einem Ausbildungsplatz.
Hilft, wenn man Kurse braucht, um neue Dinge zu lernen.

Hilft zum Beispiel, wenn man Pflege oder Hilfe im Haushalt braucht oder in ein Pflegeheim gehen muss.

(Autorentext)

1 Beschreibt die soziale Lebenslage der Menschen in den Beispielen (M 10), die soziale Leistungen erhalten bzw. einmal beziehen könnten.

2a In M 11b werden die Leistungen der verschiedenen Sozialversicherungszweige kurz beschrieben. Ordnet die Beschreibungen der entsprechenden Versicherung (M 11a) zu.

2b Erschließt, von welcher Versicherung die Menschen in den Beispielen in M 10 soziale Leistungen erhalten würden.

3 Beurteilt, ob die Personen in den Beispielen auch ohne diese Leistungen zurechtkommen könnten. Bedenkt, wie sich ihr Leben ohne diese Leistungen verändern würde.

M 12 Verlass auf die Versichertengemeinschaft

Das Wort „sozial“ leitet sich von dem lateinischen Wort „socius“ ab und bedeutet so viel wie „gemeinsam, gemeinschaftlich“ oder auch „Gefährte, Mitmensch“. Kein Mensch kann ohne die Unterstützung eines anderen auskommen, wenn er in eine Notlage gerät. Dabei kann er sich in der heutigen modernen Gesellschaft noch weniger auf eine dauerhafte und ausreichende Hilfe von Familienangehörigen, Verwandten, Freunden oder

(Quelle. Deutsche Gesetzliche Unfallversicherung e. V [DGUV])

Bruttolohn (100 %)	
Nettolohn	Abzüge

Nachbarn verlassen als in früherer Zeit, als viele Menschen noch in Großfamilien lebten. So z. B., wenn er krank wird, wenn er seine Arbeit verliert und kein Geld mehr für Nahrungsmittel, Kleidung und Wohnung hätte. Schlimm wäre es für ihn im Alter, wenn er keine Kraft mehr hat zu arbeiten und auch kein Geld gespart hat, um seinen Lebensunterhalt zu finanzieren. Das wären bedrohliche Lebensrisiken in unserer heutigen Zeit, die ein Mensch allein nicht bewältigen könnte.

Deshalb sorgt in unserer politischen Ordnung der Staat durch die verschiedenen Zweige der Sozialversicherung dafür, dass die Menschen aufgrund von Lebensrisiken wie Krankheit, Arbeitslosigkeit, Arbeitsunfähigkeit, Alter und Pflegebedürftigkeit nicht in eine soziale Notlage geraten und dass sie menschenwürdig weiterleben können.

Weil jeder Arbeitnehmer allein oder mit seiner Familie eine soziale Absicherung benötigt, ist jeder auch der Sozialversicherung angeschlossen. Er ist sozialversicherungs*pflichtig*, d. h., er kann nicht frei entscheiden, ob er sich der Sozialversicherung anschließt, sondern ist gesetzlich dazu verpflichtet. Ausgenommen von der Versicherungspflicht sind nur Beamte und Selbstständige; diese sind anders versichert bzw. müssen sich selbst von ihrem Einkommen privat versichern. Für den gesetzlich Versicherten bedeutet die Versicherungspflicht, dass er einerseits Leistungen von der Sozialversicherung erhält, wenn er sie benötigt. Andererseits muss er aber von seinem Lohn Beiträge in die Sozialversicherung einzahlen, wovon die Ausgaben der Versicherung bezahlt werden. In gleicher Höhe wie die Arbeitnehmer zahlen auch die Arbeitgeber Beiträge in die Sozialversicherung ein (mit Ausnahme der Unfallversicherung, s. Grafik „Sozialversicherung“).

Der Lohn, den ein Arbeitnehmer verdient, ist der Bruttolohn. Der Lohn, der nach Abzug von Sozialversicherungsbeiträgen und Lohnsteuer übrigbleibt, ist der Nettolohn. Nur dieser wird auf das Konto des Arbeitnehmers überwiesen; davon kann er seine Lebenshaltungskosten bezahlen.

(Autorentext)

1 Führt aus, warum die staatliche Sozialversicherung für die Arbeitnehmer sehr wichtig ist.

2 Erklärt, wie die Sozialversicherung funktioniert.

3 Beurteilt folgende Aussage: „Die Sozialversicherung sollte man abschaffen. Dann könnte jeder Arbeitnehmer über mehr Lohn verfügen.“

5. Wir leben in einem Bundesstaat

Das Wort „Bundesrepublik" drückt es schon aus: Deutschland ist ein Bundesstaat. Das bedeutet, dass der Gesamtstaat in Bundesländer gegliedert ist, und zwar in 16. Eines davon ist Nordrhein-Westfalen (NRW). Anhand der folgenden Materialien erfahrt ihr zunächst am Beispiel von NRW etwas über die politische Ordnung auf der Ebene eines Bundeslandes. Darüber hinaus könnt ihr erkennen, was die Gliederung des Bundes (auch als Föderalismus bezeichnet) grundsätzlich für die politische Ordnung von Deutschland und für die Bürger bedeutet.

M13 Die Länder der Bundesrepublik Deutschland

Legt eine Übersicht zu allen Bundesländern nach dem folgenden Muster in eurem Heft an und füllt sie mithilfe von Informationen aus dem Internet aus.

2.1

Bundesland	Einwohnerzahl	Regierende Parteien
...	...	...

M14 Nordrhein-Westfalen – Nachrichten aus der Landespolitik

a) Landtag beschließt neues Kita-Gesetz

Der NRW-Landtag will das neue Kita-Gesetz beschließen. Die Kitas bekommen ab dem nächsten Jahr insgesamt 1,3 Milliarden Euro mehr. Ob das Geld reichen wird, ist noch unklar. Es wird weiter gestritten.

(José Narciandi: Landtag beschließt neues Kita-Gesetz, Veranstaltergemeinschaft für „98.5 Radio Bochum" e. V., 27.11.2019, Bochum; https://www.radiobochum.de/artikel/landtag-beschliesst-neues-kita-gesetz-417952.html [12.02.2020]))

b) Landtag streitet über aktuelle Kriminalitätsstatistik

Die Entwicklung der Kriminalität in Nordrhein-Westfalen stand im Mittelpunkt einer kontroversen Debatte des Landtags. […]

(Landtag NRW, 21.02.2019, Verfasser: sow, tob, zab; © Der Präsident des Landtags NRW, Düsseldorf; https://www.landtag.nrw.de/portal/WWW/GB_II/II.1/Pressemitteilungen-Informationen-Aufmacher/Pressemitteilungen-Informationen/Pressemitteilungen/2019/02/Aufmacher178897.jsp [12.02.2020])

c) Landesregierung verabschiedet Entwurf für ein Gifttiergesetz

Das Ministerium für Umwelt, Landwirtschaft, Natur- und Verbraucherschutz teilt mit:
Zum Schutz der Bürgerinnen und Bürger will die Landesregierung die Haltung von besonders giftigen Tieren verbieten und nur noch in Ausnahmen erlauben. Deshalb hat das Kabinett am Dienstag (26. November 2019) den Entwurf für ein Gifttiergesetz verabschiedet. […]

(Entwurf für ein Gifttiergesetz, Land Nordrhein-Westfalen – Staatskanzlei des Landes Nordrhein-Westfalen, 26.11.2019, Düsseldorf; https://www.land.nrw/de/pressemitteilung/landesregierung-verabschiedet-entwurf-fuer-ein-gifttiergesetz [12.02.2020])

d) Armin Laschet neuer Ministerpräsident

Armin Laschet wurde am Dienstag im Landtag zum neuen Ministerpräsidenten des Landes Nordrhein-Westfalen gewählt und vereidigt. Er erhielt 100 der 180 gültigen Stimmen. Insgesamt hat der Landtag Nordrhein-Westfalen 199 Abgeordnete. Armin Laschet ist damit der 11. Ministerpräsident Nordrhein-Westfalens. […]

(Land Nordrhein-Westfalen – Staatskanzlei des Landes Nordrhein-Westfalen, 27.06.2017, Düsseldorf; https://www.land.nrw/de/pressemitteilung/armin-laschet-neuer-ministerpraesident [12.02.2020])

e) Mehr Lehrer

Die Landesregierung und die Hochschulen in Nordrhein-Westfalen vereinbaren eine gemeinsame Studienplatz-Offensive für die Lehrkräfte von morgen und schaffen im pädagogischen Bereich 1.000 zusätzliche Studienplätze an den Hochschulen in Nordrhein-Westfalen. Das hat das Landeskabinett [die Landesregierung] bei seiner gestrigen Sitzung (12. November 2019) beschlossen. In den vier Bereichen Grundschullehramt, Sonderpädagogik, Pflegepädagogik und Sozialpädagogik können damit allein in den nächsten fünf Jahren bis zu 5.000 Studierende zusätzlich ein Studium an einer nordrhein-westfälischen Hochschule beginnen. […]

(Offensive für mehr Lehrkräfte, Land Nordrhein-Westfalen – Staatskanzlei des Landes Nordrhein-Westfalen, 13.11.2019, Düsseldorf; https://www.land.nrw/de/pressemitteilung/offensive-fuer-mehr-lehrkraefte-landesregierung-und-hochschulen-schaffen-1000-neue [12.02.2020])

f) Laschet: Kein deutschlandweites Zentralabitur

NRW-Ministerpräsident Laschet hat im WDR die Einführung eines deutschlandweiten Zentralabiturs ausgeschlossen. Das sei „im Moment nicht machbar“, sagte er nach Abschluss der Jahreskonferenz der Ministerpräsidenten der Länder. Laschet sprach sich aber dafür aus, gemeinsame Standards zwischen den 16 Bundesländern zu verabreden. […]

(Westdeutscher Rundfunk, 25.10.2019, Köln; https://www1.wdr.de/nachrichten/rheinland/laschet-kein-deutschlandweites-zentralabitur-100.html [12.02.2020])

M 15 Der Landtag – „das Haus der Bürgerinnen und Bürger"

Alle fünf Jahre finden die Landtagswahlen statt. Die dort gewählten Abgeordneten bilden zusammen den nordrhein-westfälischen Landtag. Der Landtag wird deshalb auch „das Haus der Bürgerinnen und Bürger" genannt, denn die Abgeordneten repräsentieren das Gesamtvolk unseres Bundeslandes.
Die Abgeordneten beraten und beschließen Gesetze, verabschieden den Landeshaushalt und wählen die Ministerpräsidentin bzw. den Ministerpräsidenten [...]. Außerdem übernehmen sie die Kontrolle von Regierung und Verwaltung sowie die Verhandlung öffentlicher Angelegenheiten. [Der Ministerpräsident ernennt die Minister, die der Landesregierung angehören.]
Die Vollversammlung der Abgeordneten wird **„Plenum"** genannt. Es ist das oberste politische Entscheidungsgremium. Hier finden Parlamentsdebatten statt, hier fallen die endgültigen Entscheidungen. Im Plenum finden die Lesungen zu den Gesetzentwürfen und die Beratung der von den Abgeordneten eingebrachten Anträge statt. In Aktuellen Stunden, bei Großen Anfragen und Anträgen diskutiert der Landtag wichtige politische Themen. Im Plenum beantwortet die Landesregierung auch Fragen der Abgeordneten, die im Rahmen der Kontrollfunktion des Landtags gestellt werden. Das Plenum tagt grundsätzlich öffentlich und kommt 30 bis 35 Mal im Jahr zu Plenarsitzungen zusammen.

(Grüne NRW: Der Landtag NRW, ohne Datum, © BÜNDNIS 90/DIE GRÜNEN, Landesverband NRW, Düsseldorf; https://gruene-nrw.de/landtagswahl/landtag-nrw/ [12.02.2020])

1 Arbeitet heraus, wer in den Berichten eine politische Entscheidung für NRW getroffen hat (M 14).

2 Gebt wieder, worum es inhaltlich in den Berichten geht.

3 Arbeitet aus M 14 (a – f) und M 15 zur Landesregierung, zum Landtag und zum Chef der Landesregierung Antworten zu folgenden Fragen heraus:
a) Welche Bezeichnung tragen die jeweiligen Amtsinhaber?
b) Wie erhalten sie ihr Amt?
c) Welche Aufgaben haben sie?

4 In M 14, Abschnitt c wird von einem Entwurf für ein Gesetz berichtet, das die Haltung von Gifttieren verbieten soll. Erklärt, was geschehen wird bzw. geschehen muss, damit aus dem Entwurf schließlich ein Gesetz wird (M 15).

M 16 Der Bund und die Bundesländer – kein einfaches Verhältnis

Alle 16 Bundesländer zusammen bilden den Gesamtstaat Bundesrepublik Deutschland. Er ist die umfassende Einheit, die höhere Ebene quasi wie ein gemeinsames Dach über den Ländern. Der Bund (wie man abgekürzt sagt) vertritt den Gesamtstaat nach außen gegenüber anderen Staaten in der Welt. Das ist z. B. der Fall, wenn in Europa festgelegt werden soll, wie viel CO_2 in jedem Land zum Schutz des Klimas noch ausgestoßen werden darf. Oder wenn es darum geht, welcher Staat wie viele Flüchtlinge aufneh-

men soll. Das muss international abgestimmt werden. Dafür ist die **Bundesregierung** zuständig.
Die Bundesregierung wirkt auch nach innen in die Bundesländer hinein, wenn es um gemeinsame Angelegenheiten geht und es sinnvoll ist, dafür in ganz Deutschland gleiche Regeln zu haben. So müssen beispielsweise bestimmte Steuern, die beim Kauf von Waren bezahlt werden (z.B. die Mehrwertsteuer), für alle Menschen in Deutschland gleich sein, egal ob in NRW oder Thüringen. Es ist auch sinnvoll, überall ein allgemeines Höchsttempo auf Autobahnen zu haben. Auch der Umweltschutz ist wirksamer, wenn bestimmte Regeln für alle Länder vorgeschrieben sind. Gesetze, die für alle Bundesländer in gleicher Weise gelten, werden vom **Bundestag** beschlossen.

In Band 3 (für die Jahrgangsstufen 9/10) wird die Gesetzgebung in ihren einzelnen Schritten ausführlicher behandelt.

Die Regelungen, die der Bund vornehmen möchte, können aber möglicherweise einigen Ländern nicht gefallen. Beispielsweise könnten ihnen Vorschriften und Kosten für Klimaschutzmaßnahmen zu drastisch sein. Dann gibt es Streit zwischen Bund und Ländern. Dieser wird im **Bundesrat** ausgetragen, wo alle Landesregierungen vertreten sind. Er ist sozusagen das Tor, das alle Gesetze des Bundes passieren müssen, weshalb er ein sehr wichtiges politisches Organ ist. Der Bundesrat kann an den Gesetzen Änderungen bewirken, einige kann er auch ganz stoppen.
Es gibt aber auch Bereiche, in denen der Bund den Ländern die Freiheit lässt, ihre Angelegenheiten selbst zu regeln, und in die er nicht eingreift. Das ist besonders bei der Schulpolitik der Fall. Weiter zählen zu den selbst zu regelnden Feldern das Polizeiwesen, Kindertagesstätten, die Regelung des Ladenschlusses, die Ausweisung von Naturschutzgebieten und die Versorgung mit Krankenhäusern, um nur einige zu nennen.
(Autorentext)

1 Führt aus, welche Aufgaben der Bund als Gesamtstaat hat.

2 Erklärt, welche Bedeutung der Bundesrat hat und warum er für die Länder wichtig ist.

Fallbeispiel

M17 Umzug mit Hindernissen

Muss eine Familie mit schulpflichtigen Kindern in ein anderes Bundesland umziehen, wird es schwierig. Denn Schulen sind in Deutschland Ländersache. Das heißt: In den verschiedenen Bundesländern gelten unterschiedliche Gesetze. [...] Die Schüler müssen nicht nur neue Freunde finden, auch die Schulbücher sind anders und der Lernstoff unterscheidet sich teilweise gravierend. [...] Grund dafür ist das föderale Bildungssystem in Deutschland. [...] In manchen Bundesländern erfolgt die Einschulung mit fünf Jahren, in

anderen müssen die Grundschüler erst mit sieben in die Schule. Manche lernen schon in der dritten Klasse Englisch, andere erst ab der fünften. In einigen Bundesländern kann Spanisch als erste Fremdsprache gewählt werden, in anderen nicht. Manche Erstklässler starten mit Druckbuchstaben, andere mit Schreibschrift. Die Liste der Unterschiede in den jeweiligen Schulsystemen ist lang. Die Leidtragenden sind die Kinder - und ihre Eltern.

[...] Schicken Eltern [vor dem Umzug in ein anderes Bundesland] Anfragen bestimmter Fächerkombinationen ihrer Kinder an Schulen und diese passen nicht, kommt meistens eine einfache Absage. [...] Sind [...] Fristen vor dem neuen Schuljahr abgelaufen, ist ein Durchkommen beim Schulamt schwer. [...] In manchen Fällen macht es sogar Sinn, ein fast volljähriges Kind in der Heimat seinen Abschluss machen zu lassen. Oder es direkt die Klasse auf der neuen Schule wiederholen zu lassen. Das ist vor allem empfehlenswert, wenn absehbar ist, dass zum Beispiel die Fremdsprachen in einer anderen Reihenfolge angeboten werden oder die Noten nicht stabil genug sind, um einen Wechsel gut zu überstehen. [...]

Meistens kommen Kinder am besten zurecht, wenn sie zu Beginn des Schuljahres in eine neue Klasse kommen. Der Lernstoff ist dann für alle Schüler neu, die Lehrerin hat Zeit, sich auf die Fähigkeiten und den Wissensstand des neuen Schülers einzustellen, und möglicherweise gibt es noch einen „Neuen" in der Klasse.

(Jenni Zwick, t-online.de: Umzug mit Hindernissen - Schulwechsel im föderalen System, 04.01.2011, Ströer Digital Publishing GmbH, Frankfurt am Main; https://www.t-online.de/leben/familie/schulkind-und-jugendliche/id_43914582/umzug-mit-hindernissen-schulwechsel-im-foederalen-system.html [12.03.2020])

1 Arbeitet die in M 17 angesprochenen Probleme heraus, die daraus folgen, dass das Schulsystem in jedem Bundesland anders ausgeprägt ist. Nennt die Konsequenzen, die sich für die betroffenen Schülerinnen und Schüler aufgrund eines Schulwechsels ergeben.

2 Vergleicht den Ferienkalender von NRW mit dem von Baden-Württemberg oder einem anderen Bundesland. Erläutert, welche Folgen sich aus den Unterschieden ergeben können.

3 Möglicherweise ist schon einmal jemand von euch von einem Bundesland in ein anderes gezogen. Beschreibt die Erfahrungen, die ihr dabei in der Schule gemacht habt. Vielleicht kennt ihr auch von Kindern aus anderen Bundesländern Unterschiede zwischen eurer und deren Schule. Berichtet davon.

Kalender 2020 Baden-Württemberg

schulferien.org

Januar 2020

	Mo	Di	Mi	Do	Fr	Sa	So
01			1	2	3	4	5
02	6	7	8	9	10	11	12
03	13	14	15	16	17	18	19
04	20	21	22	23	24	25	26
05	27	28	29	30	31		

Februar 2020

	Mo	Di	Mi	Do	Fr	Sa	So
05						1	2
06	3	4	5	6	7	8	9
07	10	11	12	13	14	15	16
08	17	18	19	20	21	22	23
09	24	25	26	27	28	29	

März 2020

	Mo	Di	Mi	Do	Fr	Sa	So
09							1
10	2	3	4	5	6	7	8
11	9	10	11	12	13	14	15
12	16	17	18	19	20	21	22
13	23	24	25	26	27	28	29
14	30	31					

April 2020

	Mo	Di	Mi	Do	Fr	Sa	So
14			1	2	3	4	5
15	6	7	8	9	10	11	12
16	13	14	15	16	17	18	19
17	20	21	22	23	24	25	26
18	27	28	29	30			

Mai 2020

	Mo	Di	Mi	Do	Fr	Sa	So
18					1	2	3
19	4	5	6	7	8	9	10
20	11	12	13	14	15	16	17
21	18	19	20	21	22	23	24
22	25	26	27	28	29	30	31

Juni 2020

	Mo	Di	Mi	Do	Fr	Sa	So
23	1	2	3	4	5	6	7
24	8	9	10	11	12	13	14
25	15	16	17	18	19	20	21
26	22	23	24	25	26	27	28
27	29	30					

Juli 2020

	Mo	Di	Mi	Do	Fr	Sa	So
27			1	2	3	4	5
28	6	7	8	9	10	11	12
29	13	14	15	16	17	18	19
30	20	21	22	23	24	25	26
31	27	28	29	30	31		

August 2020

	Mo	Di	Mi	Do	Fr	Sa	So
31						1	2
32	3	4	5	6	7	8	9
33	10	11	12	13	14	15	16
34	17	18	19	20	21	22	23
35	24	25	26	27	28	29	30
36	31						

September 2020

	Mo	Di	Mi	Do	Fr	Sa	So
36		1	2	3	4	5	6
37	7	8	9	10	11	12	13
38	14	15	16	17	18	19	20
39	21	22	23	24	25	26	27
40	28	29	30				

Oktober 2020

	Mo	Di	Mi	Do	Fr	Sa	So
40				1	2	3	4
41	5	6	7	8	9	10	11
42	12	13	14	15	16	17	18
43	19	20	21	22	23	24	25
44	26	27	28	29	30	31	

November 2020

	Mo	Di	Mi	Do	Fr	Sa	So
44							1
45	2	3	4	5	6	7	8
46	9	10	11	12	13	14	15
47	16	17	18	19	20	21	22
48	23	24	25	26	27	28	29
49	30						

Dezember 2020

	Mo	Di	Mi	Do	Fr	Sa	So
49		1	2	3	4	5	6
50	7	8	9	10	11	12	13
51	14	15	16	17	18	19	20
52	21	22	23	24	25	26	27
53	28	29	30	31			

01. Jan	Neujahr	**01. Mai**	Tag der Arbeit	**03. Okt**	Tag der Deutschen Einheit
06. Jan	Heilige Drei Könige	**21. Mai**	Christi Himmelfahrt	**01. Nov**	Allerheiligen
10. Apr	Karfreitag	**01. Jun**	Pfingstmontag	**25. Dez**	1. Weihnachtsfeiertag
13. Apr	Ostermontag	**11. Jun**	Fronleichnam	**26. Dez**	2. Weihnachtsfeiertag

(https://www.schulferien.org)

M18 Föderalismus – Vorteile für Bürgerinnen und Bürger

Die Gliederung des Bundes in Länder hat einige Vorteile. Bereiche, die das Leben der Menschen unmittelbar betreffen, wie beispielsweise die Schule, die Polizei oder Ladenschlusszeiten, können von einem Bundesland bürgernäher geregelt werden als auf der Bundesebene. Je näher die Politiker, die die Entscheidungen treffen, bei diesen Themen an den Menschen sind, desto mehr müssen sie auf ihre Vorstellungen eingehen. Die Landespolitiker sind bestrebt, die Sorgen und Forderungen der Menschen aufzugreifen, weil sie das Ziel haben, dass sie als Abgeordnete von den Bürgern in den Landtag gewählt werden und dass ihre Partei als die erfolgreichste auch die Regierung im Land stellt. Sie werden beispielsweise berücksichtigen, welche Schulformen die Eltern für ihre Kinder haben wollen. Ihnen kann nicht gleichgültig sein, ob die Schulen gut ausgestattet sind oder viel Unterricht ausfällt. Sie können über erwünschte Ladenschlusszeiten entscheiden und über die erforderliche Anzahl von Polizisten, um die Kriminalität im Land erfolgreich zu bekämpfen.

In der Ordnung des Gesamtstaates mit einer Bundes- und einer Länderebene ist die Macht des Staates grundsätzlich demokratischer verteilt als in einem zentral regierten Staat ohne Untergliederung. Denn in diesem herrschen für alle Bürger in jedem Landesteil auf jedem Lebensgebiet alle Gesetze in gleicher Weise, die entscheidenden Politiker sind von den Bürgern weiter entfernt als in einem Bundesstaat. Die Besonderheiten von Regionen, wie z.B. in der Wirtschaft (unterschiedliche Bedeutung von Landwirtschaft, Industrie, Tourismus), unterschiedliche Wohnsituationen in großen Städten und auf dem Land oder die Bedeutung von Verkehrsmitteln würden dann nicht genügend berücksichtigt werden.

Zur Demokratie in Deutschland trägt auch bei, dass die Länder an der Gesetzgebung des Bundes beteiligt sind (s. S. 140, M16, Bundesrat). Denn sie können ihre Meinung zu den von der Bundesregierung geplanten Gesetzen äußern, eine Berücksichtigung ihrer Interessen fordern oder Gesetze sogar stoppen. Das führt dazu, dass die Bundesregierung auf die Interessen der Länder Rücksicht nehmen muss.

(Autorentext)

1 Gebt die Vorzüge wieder, die der Föderalismus aus der Sicht der Bürger hat.

2 Erläutert, warum die Bundesebene bei der Gesetzgebung auf die Länder Rücksicht nehmen muss (M16, M18).

Blick-winkel

3 Die Bundesstaatlichkeit führt zu mehr Zeitaufwand bei der Gesetzgebung und auch mehr Kosten (es gibt mehr Regierungen, Parlamente, Behörden). Beurteilt abschließend, ob es bei dem föderalen Aufbau von Deutschland bleiben sollte.

Was ihr jetzt wissen und können solltet:

- ✓ M**S**UH die Verfassung eines Staates als das Fundament der politischen Ordnung des Landes verstehen;
- ✓ M**S**UH Demokratie, Rechtsstaat, Sozialstaat und Bundesstaatlichkeit als die im Grundgesetz verankerten Leitprinzipien nennen;
- ✓ M**S**UH nachvollziehen, dass freie und regelmäßig stattfindende Wahlen wesentlich zur Demokratie gehören;
- ✓ M**S**UH das politische System der Bundesrepublik als Ausdruck einer repräsentative Demokratie erklären;
- ✓ M**S**UH die Aufgaben der wichtigsten politischen Organe auf Bundesebene ausführen;
- ✓ M**S**UH die klassische Gewaltenteilung als Gewährleistung von Demokratie darstellen;
- ✓ MS**U**H beurteilen, welches Verhalten demokratischen Grundsätzen entspricht;
- ✓ M**SU**H erkennen, welches Verhalten mit demokratischen Regeln unvereinbar ist;
- ✓ MS**U**H die Gefahren erkennen, die von einem undemokratischen Verhalten ausgehen;
- ✓ MSU**H** sich für demokratische Werte einsetzen und sich an demokratischen Willensbildungs- und Entscheidungsprozessen beteiligen;
- ✓ M**S**UH die Grundsätze des Rechtsstaates kennen und erläutern;
- ✓ M**SU**H erklären, wie die rechtsstaatlichen Grundsätze die Rechte des Bürgers in einem demokratischen Staat sichern, und begründen, warum sie unbedingt einzuhalten sind;
- ✓ M**S**UH die Zweige der Sozialversicherung nennen und zentrale Leistungen einzelner Versicherungen erläutern;
- ✓ M**S**UH die Finanzierung der Leistungen des Sozialstaates in Grundzügen erklären;
- ✓ M**SU**H die Sozialversicherung als erforderliche solidarische Einrichtung für den Einzelnen in der modernen Gesellschaft bewerten;
- ✓ M**S**UH die Aufgaben der Landespolitik und die politische Ordnung auf der Ebene von NRW erklären;
- ✓ M**SU**H die bundesstaatliche Ordnung als Ausdruck von Demokratie und Machtteilung bewerten;
- ✓ M**SU**H die Vor- und Nachteile der bundesstaatlichen Ordnung erläutern und beurteilen;
- ✓ **MS**UH in Gruppen einen Sachverhalt erarbeiten, ein gemeinsames Ergebnis erstellen und dieses präsentieren

Was ihr wisst – was ihr könnt – wie ihr es seht

MSUH

1. Demokratie-Rätsel

In dem Rätsel sind zwei Arten von Begriffen versteckt (insgesamt 14). Findet zum einen die Begriffe, die eurer Meinung nach zur Demokratie gehören oder sie fördern, und zum anderen die Begriffe, die nicht mit einer demokratischen Ordnung vereinbar sind oder ihr schaden. Ordnet sie in zwei Spalten in eurem Heft und begründet eure Zuordnung anhand von drei Beispielen.

K	R	A	S	S	I	S	M	U	S	S	F
A	O	D	E	M	O	M	K	G	G	K	R
N	W	N	W	W	W	A	A	E	L	A	E
P	A	R	T	E	I	C	I	S	E	N	I
C	H	S	G	R	Y	H	S	E	I	D	H
T	L	Q	J	R	O	T	E	T	C	A	E
M	E	I	N	O	A	L	R	Z	H	L	I
A	N	G	S	T	S	N	L	E	C	E	T
F	Y	A	V	M	E	D	I	E	N	D	F
T	O	L	E	R	A	N	Z	X	C	U	V

(Günther Gugel, Uli Jäger, Nadine Ritzi: Arbeitsblatt 35: Schwedenrätsel: Demokratisch – undemokratisch, aus: Thema im Unterricht/Extra: Was heißt hier Demokratie? Hrsg.: Bundeszentrale für politische Bildung, Bonn, 2. Aufl. 2012, S. 37; leicht verändert)

MSUH

2. Ein Lückentext zum politischen System Deutschlands

a) Demokratie bedeutet die ??? zwischen verschiedenen Parteien und politischen Vorschlägen.
b) Die Abgeordneten ??? das Volk im ???, wo sie ??? beschließen.
c) Die Abgeordneten schließen sich in ??? zusammen.
d) Neben dem Bundestag ist auch der ??? an der Gesetzgebung beteiligt. Hier ist das Land NRW durch seinen ???, den Chef der ???, vertreten.
e) Der Bundeskanzler kommt durch eine ??? in sein Amt.
f) In einer Diktatur sind die Richter gezwungen, Urteile nach den Interessen der alleinherrschenden Partei zu fällen. Dies wird in einer Demokratie durch die ??? verhindert.
g) In ihr wird die ??? geteilt in ???, ??? und ???.
h) Vor dem Gesetz sind alle Bürger ???, völlig unabhängig von ihrer gesellschaftlichen Stellung. Auch der Staat selbst muss sich an die ??? halten.
i) Die Bürger sind durch die ??? gegen die größten Lebensrisiken versichert.
j) Jeder Arbeitnehmer ist ???. Seine Beiträge werden vom ??? abgezogen.

Übertragt den Text in euer Heft und füllt die Lücken mit den korrekten Begriffen aus.

3. Demokratie theoretisch – und praktisch?

M S U H

Michael Hüter

a Analysiert die Karikatur (nach der euch bekannten Methode).

b Diskutiert, inwieweit es bei euch in der Schule demokratisch zugeht. Blickwinkel

4. Methoden und Einrichtungen, die etwas mit Demokratie in der Schule zu tun haben

M S U H

Gruppenarbeit
Projektwoche
Klassensprecherwahl
Mehrheitsentscheidung über Klassenausflugsziel
Schülervertretung
Mitteilung von Kursabschnittsnoten an Schüler
Schülerzeitung
Vertrauenslehrer
Streitschlichtung
Beschwerdemöglichkeiten bei Lehrern und Schulleitung
Entscheidungsmöglichkeit bei Wahlpflichtfächern
Elternsprechtag

a Einigt euch in Gruppenarbeit auf die vier Methoden oder Einrichtungen, die am meisten zur Demokratie in der Schule beitragen. Legt eine Reihenfolge fest und begründet eure Entscheidung.

b Führt in eurer Schule eine Umfrage durch, in der die Schüler beurteilen, inwieweit sie ihre Schule für demokratisch halten (z. B. einen Wert auf einer Skala von 0 bis 5 ankreuzen) und darüber hinaus angeben, wo sie sich in der Schule Veränderungen wünschen. Praxis

Wenn ihr noch mehr lernen wollt …

D1 Soll das Volk selbst entscheiden? – Die direkte Demokratie

Das Wort **Plebiszit** stammt aus dem Lateinischen, bedeutet so viel wie „Volksbeschluss“ und leitet sich vom lateinischen Wort für das einfache Volk, „Plebs“, ab.

Im Gegensatz zu einer Bundestagswahl, bei der die Wahlberechtigten Parteien wählen, die in das Parlament einziehen und dort stellvertretend für das Volk die Entscheidungen treffen [sog. repräsentative Demokratie, s. S. 123, M 5], können bei einem Plebiszit bzw. einer Volksentscheidung die Wahlberechtigten ohne Umwege, ganz unmittelbar, über eine politische Sachfrage entscheiden. Diese Art der Politik wird auch „direkte Demokratie“ genannt. In Ländern wie der Schweiz, Frankreich oder Italien sind Volksabstimmungen, an denen sich alle wahlberechtigten Einwohner des Landes beteiligen können, schon längst möglich.

[In Deutschland] gibt es Volksentscheide […] nur in den Bundesländern und auf kommunaler Ebene, das heißt in Städten und Gemeinden. […]

Innerhalb der einzelnen Bundesländer gab es […] schon zahlreiche Volksentscheide, die von der Bevölkerung selbst veranlasst wurden. In Bayern fanden beispielsweise bereits 19 Volksentscheide statt. 1991 wurde zum Beispiel auf diese Art ein neues Abfallbeseitigungsgesetz beschlossen, im Jahre 2010 ist für alle bayerischen Kneipen durch einen Volksentscheid ein striktes Rauchverbot durchgesetzt worden.

Pro und Kontra Volksentscheide

Die Diskussion, ob man einen Volksentscheid auch auf Bundesebene durchsetzen soll, ist nach wie vor ungebrochen. Die Gegner des Volksentscheides führen mehrere Argumente an. Zum einen seien die Bürger mit der Aufgabe, über wichtige Sachverhalte zu entscheiden, die das ganze Land betreffen, einfach überfordert. Des Weiteren sei die Bevölkerung zu leicht für eine Meinung zu beeinflussen, was eine große Gefahr für das Land darstellen könnte. So könnten politische Feinde, die bewusst ein schlechtes Ergebnis provozieren wollen, leicht Einfluss auf die Wähler ausüben. Auch könnte die Bevölkerung durch einen Volksentscheid in zwei Lager gespalten werden, was zu zusätzlichen Problemen führen könnte.

Befürworter des bundesweiten Volksentscheides entgegnen, dass die Menschen, die heutzutage häufig das Interesse an Politik verloren haben, durch eine direkte Beteiligung wieder für Politik interessiert werden könnten und ihnen so das Gefühl gegeben würde, dass sie direkt an der Gestaltung ihres Landes und der Gesellschaft mitwirken können. Die Bevölkerung sei nach Meinung der Befürworter bei ausreichender Aufklärung und Informationsvermittlung durchaus in der Lage, auch über wichtige Belange und Fragen entscheiden zu können.

(Helles-Koepfchen.de: Plebiszit/Volksentscheid, 05.09.2019, Cosmos Media UG, Mainz; https://www.helles-koepfchen.de/lexikon/volksentscheid-plebiszit.html [13.02.2020])

Am 23. September 2018 haben die Schweizer zum Beispiel die sogenannte „Fair-Food-Initiative“ abgelehnt. Die Mehrheit entschied sich bei einer Volksabstimmung dagegen, dass Lebensmittel per Gesetz umwelt- und tierfreundlicher werden sollen.

(Autorentext)

1 Erklärt die Idee der direkten Demokratie und vergleicht sie mit der repräsentativen Demokratie.

Pro und Kontra

2 Formuliert möglichst knapp die verschiedenen Pro- und Kontra-Argumente zu Volksentscheiden auf Bundesebene. Diskutiert die Argumente in Form einer Podiumsdiskussion. Notiert die Gesichtspunkte, die in der Diskussion darüber hinaus zur Sprache gekommen sind (z. B. weitere Argumente, Gewichtung von Argumenten, Voraussetzungen für „gute“ Volksentscheide).

3 Recherchiert mithilfe des Webcodes, welche Möglichkeiten die Bürger von NRW haben, ihre Forderungen bei Gesetzen einfließen zu lassen.

2.1
@ WES-116590-006

Wahlen gehören zur Demokratie. Eine echte und lebendige Demokratie besteht aber aus noch mehr, als nur im Abstand einiger Jahre auf einem Stimmzettel ein Kreuz zu machen. Auch zwischen den Wahlen können Bürger sich an der politischen Willensbildung beteiligen und Entscheidungen beeinflussen. Diese Beteiligung wird auch „Partizipation“ genannt.

D2 Partizipation an der politischen Willensbildung

Das lateinische Wort „participare“ bedeutet „teilnehmen, teilhaben oder teilen“; Partizipation meint also die (politische) Teilhabe. Die Teilnahme am politischen Prozess heißt, dass man bei Entscheidungsprozessen mitmacht, von denen man in irgendeiner Weise betroffen ist – sei es in der Schule, in Jugendzentren, in der Gemeinde, in der Region oder bei konkreten sozialen oder gesellschaftspolitischen Anliegen (z. B. durch die Mitarbeit bei Amnesty YOUTH oder dem Jugendrotkreuz).
Partizipation kann auf unterschiedliche Weise geschehen: Ein Mittel sind direktdemokratische Instrumente wie Wahlen, Volksbegehren, Volksabstimmung oder Volksbefragung. Die Mitarbeit bei Parteien, NGOs [Nichtregierungsorganisationen, z. B. Greenpeace] oder Verbänden ist genauso eine Form von Partizipation wie die Mitwirkung an Bürgerinitiativen, das Schreiben von LeserInnenbriefen, Kontakte zu PolitikerInnen (wie E-Mails oder Blogs) oder der Boykott von Waren, zu deren Herstellung Kinder (Kinderarbeit) gezwungen wurden.
Die Teilnahme an Demonstrationen oder Streiks ist eine andere Form von Partizipation, in jedem Fall geht es aber darum, nicht nur zuzuschauen, sondern aktiv zu werden. Partizipation kann dabei Unterstützung für die Regierenden bedeuten, ebenso aber auch Protest gegen sie. Je mehr Menschen sich aktiv an Politik beteiligen, desto sichtbarer werden deren Interessen auch für politische Parteien und PolitikerInnen.

(Politik-Lexikon für junge Leute: Partizipation, © Copyright 2008 by Verlag Jungbrunnen, Wien, im Auftrag des österreichischen Bildungsministeriums; Verfasser: Reinhold Gärtner; http://www.politik-lexikon.at/partizipation/ [13.02.2020])

- einen Antrag an die Stadt stellen
- Beschwerde einreichen
- Mitgliedschaft in einer Partei
- Unterschriften sammeln
- für ein Amt kandidieren
- Flashmob

1 Notiert alle Möglichkeiten der politischen Beteiligung in eure Arbeitshefte.

2 Erläutert, welche Möglichkeiten man allein, welche man gemeinsam mit anderen Menschen wahrnehmen könnte.

3 Begründet, welche Aktionen auch von Kindern und Jugendlichen durchgeführt werden könnten, und berichtet davon, an welchen ihr möglicherweise schon teilgenommen habt.

FREE
HONG KONG
DEMOCRACY
NOW
撤回惡法 還我自由

NO RACISM

6

Welche Rechte hat ein Mensch? – Der Auftrag zur Einhaltung der Menschenrechte

Darum wird es gehen

Für die Menschen in Deutschland ist es selbstverständlich, keine Angst um die tägliche Versorgung mit Nahrungsmitteln zu haben. Es ist möglich zu demonstrieren und jeder hat das Recht, seine Meinung zu sagen, ohne vom Staat verfolgt zu werden. In vielen anderen Staaten der Welt haben Menschen diese Rechte jedoch nicht.

*Im **ersten Abschnitt** lernt ihr zunächst einige Beispiele von Menschenrechtsverletzungen in einem knappen Überblick kennen. Stehen nicht jedem Menschen auf der Welt, ganz gleich, wo er lebt, dieselben Rechte zu? Mit dieser Frage werdet ihr euch eingehender beschäftigen.*

*Die Idee der Menschenrechte hat sich nur allmählich durchgesetzt. Sie ist erst im Verlauf von vielen Jahrzehnten zu einem wichtigen Maßstab für die meisten Staaten auf der Welt geworden. Einen Meilenstein auf diesem Weg bildet die Allgemeine Erklärung der Menschenrechte. Sie ist sozusagen der Geist, der in vielen später verabschiedeten Menschenrechtsverträgen enthalten ist. Darum geht es im **zweiten Abschnitt**.*

*Nachdem ihr die von den Staaten vereinbarten Menschenrechte kennengelernt habt, sollt ihr euch im **dritten Abschnitt** noch eingehender damit befassen und ausführlicher recherchieren, wo heute Menschenrechtsabkommen verletzt werden. So werdet ihr erkennen, dass die Einhaltung der Menschenrechte in der Welt eine sehr wichtige politische Aufgabe ist und die Menschen in ihrer Not und Verzweiflung nicht allein gelassen werden dürfen. Der Menschenrechtsrat der Vereinten Nationen hat den Auftrag, die Menschenrechtslage zu verbessern. Darüber hinaus lernt ihr einige nichtstaatliche Organisationen kennen, die sich mit unterschiedlichen Schwerpunkten für die Opfer von Menschenrechtsverletzungen einsetzen.*

1. Menschenrechte – Rechte für alle Menschen?

Zum Einstieg:

Fallbeispiel

M1 Menschenrechte – nicht selbstverständlich auf der Welt

a) Malala Yousafzai ist in Pakistan zur Schule gegangen, lebt aber inzwischen in Großbritannien. In Pakistan besteht zwar Schulpflicht für alle Kinder von 5 bis 16 Jahren, aber sie kann nicht überall durchgesetzt werden. Gerade auf dem Land und gerade für Mädchen gibt es oft gar keine oder nur sehr schlechte Bildung, weil die Klassen sehr groß und die Lehrerinnen und Lehrer nicht immer gut ausgebildet sind.
In Malalas Heimat, im Swat-Tal, hatte eine Taliban-Organisation [eine islamistische Terrorgruppe] Mädchen verboten, Musik zu hören, zu tanzen sowie in die Schule zu gehen. Sie führten dafür religiöse Gründe an. Malala setzte sich trotzdem für das Recht auf Bildung für Mädchen ein und erhielt dafür einen pakistanischen Friedenspreis. 2012 verübten die Taliban ein Attentat auf sie. Das Engagement von Malala für Mädchenbildung ist dennoch ungebrochen. Im Jahr 2014 hat Malala den Friedensnobelpreis verliehen bekommen. [...]

(Landeszentrale für politische Bildung Baden-Württemberg, Stuttgart [Hg.]: Politik & Unterricht, Heft 3/4 2014: Menschenrechte, Neckar-Verlag GmbH, Villingen Schwenningen 2014, S. 31; Verf.: Gertrud Gandenberger, Michael Krennerich)

b) Olga ist Journalistin. Ein neues Gesetz in ihrem Land stellt – zum „Schutz des Ansehens der Republik“ – die Weitergabe „falscher Informationen“ ans Ausland und die „Diffamierung der Regierung“ unter Strafe. Olga traut sich nicht mehr, die Regierung wegen offensichtlicher Korruption [Missbrauch von Macht zum eigenen Vorteil] zu kritisieren, denn sie befürchtet eine hohe Geld- oder Haftstrafe bzw. den Verlust des Arbeitsplatzes. Einige ihrer Kollegen wurden schon entlassen.

c) Madhav arbeitet als Gastarbeiter in einem Wüstenstaat Tag und Nacht auf der Baustelle eines Fußballstadions. Er ist nicht vor der sengenden Hitze geschützt und erhält nur unzureichend sauberes Trinkwasser. Als Ausländer in dem Land darf sich Madhav weder gewerkschaftlich organisieren noch darf er protestieren oder streiken. Zugleich haben die Arbeitgeber seinen Reisepass einbehalten und verbieten ihm, das Land zu verlassen und in sein Heimatland zurückzukehren.

d) Xi Jinming und seine Kinder leben nahe einer Chemiefabrik, die giftige Abwässer in das Grundwasser sickern lässt. Sie leiden unter Hautausschlägen und Kopfschmerzen. Als Xi Jinming gemeinsam mit anderen Dorfbewohnern gegen die gesundheitsgefährdende Umweltverschmutzung protestiert, wird die Versammlung von der lokalen Polizei gewaltsam aufgelöst. Xi Jinming wird wegen Störung der öffentlichen Ordnung verhaftet und angeklagt.

(b) – d) aus: Landeszentrale für politische Bildung Baden-Württemberg, Stuttgart [Hg.]: Politik & Unterricht, Heft 3/4 2014: Menschenrechte, Neckar-Verlag GmbH, Villingen Schwenningen 2014, S. 23; Verf.: Gertrud Gandenberger, Michael Krennerich)

e) Tayo ist 62 Jahre alt und kommt aus Nigeria. Dort betreibt er einen kleinen Kiosk mit Imbiss – ein Treffpunkt für Menschen aus der Nachbarschaft. Vor einigen Monaten ist ein Kollege und Nachbar, Inhaber eines Cafés, vom Militär abgeholt worden, weil er angeblich Menschen zu politischen Versammlungen in sein Lokal eingeladen hat. Er war viele Wochen im Gefängnis und sagt, er sei auch gefoltert worden. Jetzt hat Tayo Angst, wenn zu viele Leute auf einmal in seinem Kiosk zu Gast sind.

f) Adil ist 32 Jahre alt und kommt aus Syrien. Dort lebt er mit seiner Frau, Kinder haben sie noch keine. Er arbeitet als Apotheker, seine Frau als Krankenschwester – beide haben Angst, denn Bomben und Anschläge gehören seit Jahren zum Alltag, immer wieder werden auch Krankenhäuser gezielt angegriffen. Wie ihre Zukunft aussieht, wissen sie nicht, sie wollen aber in Syrien bleiben.

g) Aung ist 48 Jahre alt und kommt aus Myanmar. Seine Familie lebt schon seit Generationen dort, sie haben aber nicht die Staatsangehörigkeit, weil sie Muslime sind und nicht Buddhisten. Auch sonst haben sie wegen ihrer Religionszugehörigkeit häufiger Probleme: Sie leben vom Fischfang, doch kaufen wollen viele Bewohner nichts von ihnen. Als Minderheit haben sie schlechte Chancen, Schuldige anzuklagen, wenn es zu Übergriffen und auch Toten kommt. Bei einem der letzten tropischen Stürme haben sie gar keine Hilfe bekommen, obwohl sie von den Folgen am stärksten betroffen waren.

(e) – g) leicht verändert aus: Alles, was Menschen recht ist – Musterstunde/Kurzeinheit zum Thema Menschenrechte [ab Klasse 9], erstellt von Anne Ulmen, © Misereor, Aachen 2016, S. 4, 5; https://www.misereor.de/fileadmin/publikationen/unterrichtsmaterial-menschenrechte-sek1.pdf [11.02.2020])

Arbeitsvorschlag: Bildet für jedes Beispiel (a – g) eine Gruppe. Führt euch die Lebenslagen der Menschen jeweils vor Augen und besprecht zunächst, woran es den Menschen konkret fehlt und was ihnen helfen könnte.
Formuliert anschließend Rechte, die die Menschen haben sollten und für sich in Anspruch nehmen können müssten. Schreibt jedes Recht auf ein DIN-A5-Blatt. Vervollständigt jeweils den Satz: „Jeder Mensch soll das Recht haben, …“ Stellt nach der Gruppenarbeit euer Beispiel kurz vor und heftet dann die beschrifteten Blätter an die Tafel oder eine Pinnwand.

Die **Allgemeine Erklärung der Menschenrechte** ist eine bedeutende Errungenschaft für den Schutz der Rechte von Menschen. Sie umfasst insgesamt 30 Artikel, wovon die letzten drei eher formale Festlegungen enthalten. Das folgende Material enthält eine knappe Übersicht über die Menschenrechte, mit der ihr die Aufgaben zu den Materialien M 3 – M 5 besser bearbeiten könnt. In M 6 erfahrt ihr dann genauer, warum die Erklärung der Menschenrechte zustande gekommen ist.

M2 Die Artikel der Menschenrechtserklärung

Artikel 1: Freiheit, Gleichheit, Brüderlichkeit
Artikel 2: Verbot der Diskriminierung
Artikel 3: Recht auf Leben und Freiheit
Artikel 4: Verbot der Sklaverei und des Sklavenhandels
Artikel 5: Verbot der Folter
Artikel 6: Anerkennung als Rechtsperson

Artikel 7: Gleichheit vor dem Gesetz
Artikel 8: Anspruch auf Rechtsschutz
Artikel 9: Schutz vor Verhaftung und Ausweisung
Artikel 10: Anspruch auf faire Gerichtsverfahren
Artikel 11: Unschuldsvermutung
Artikel 12: Freiheitssphäre des Einzelnen

Artikel 13: Freizügigkeit und Auswanderungsfreiheit
Artikel 14: Asylrecht
Artikel 15: Recht auf Staatsangehörigkeit
Artikel 16: Eheschließung, Familie
Artikel 17: Recht auf Eigentum
Artikel 18: Gedanken-, Gewissens-, Religionsfreiheit

Artikel 19: Meinungsäußerungs-, Informationsfreiheit
Artikel 20: Versammlungs- und Vereinigungsfreiheit
Artikel 21: allgemeines und gleiches Wahlrecht
Artikel 22: Recht auf soziale Sicherheit
Artikel 23: Recht auf Arbeit, gleichen Lohn
Artikel 24: Recht auf Erholung und Freizeit

Artikel 25: Recht auf Wohlfahrt
Artikel 26: Recht auf Bildung
Artikel 27: Freiheit des Kulturlebens
Artikel 28: Sozial- und Internationalordnung
Artikel 29: Grundpflichten
Artikel 30: Auslegungsregel

1 Vergleicht die Rechte, die ihr anhand der Bespiele in M 1 auf den DIN-A5-Blättern herausgearbeitet habt, mit den Überschriften der Artikel der Allgemeinen Erklärung der Menschenrechte. Stellt fest, in welchen eure Ergebnisse so oder sinngemäß enthalten sind.

2.1, 2.2

@ WES-116590-007

2 Bildet Arbeitsgruppen in einer neuen Zusammensetzung. Teilt auf sie die ersten 27 Artikel der Allgemeinen Erklärung der Menschenrechte auf. Prüft und begründet jeweils, welche Artikel auf die Beispiele von M 1 zutreffen. Dazu könnt ihr mithilfe der Links (s. Webcode) die Menschenrechte im Wortlaut oder in leicht verständlicher Sprache lesen.

M3 Menschenrechte – Rechte für alle Menschen?

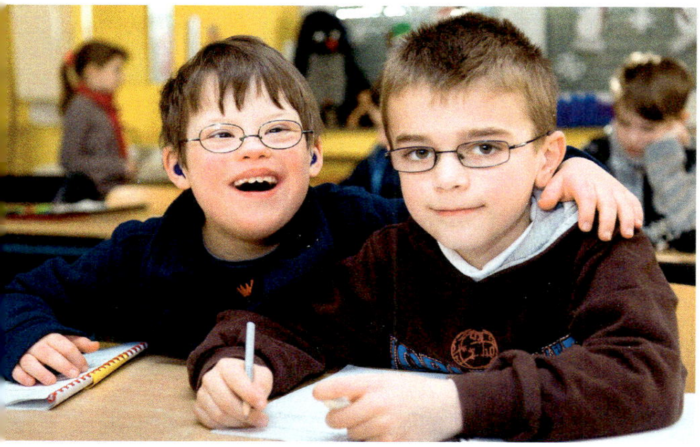

1 Seht euch die Abbildungen an. Erläutert, warum manche Menschen, Regierungen oder Gruppen möglicherweise die Ansicht vertreten könnten, dass nicht alle Menschen die gleichen Rechte haben.

2 Diskutiert die Frage, ob alle Menschen gleich viel „wert“ sind und ob die Menschenrechte für alle Menschen in gleicher Weise gelten sollen. Haltet das Ergebnis eurer Diskussion fest.

Blickwinkel

M 4 Sind alle Menschenrechte gleich wichtig? – Ein Gedankenspiel

Stellt euch Folgendes vor: Jede und jeder von euch hat 540 Euro, womit sie oder er die ersten 27 Artikel der Allgemeinen Erklärung der Menschenrechte bewerten kann. Bei einer gleichen Bewertung würdet ihr jeden Artikel also mit 20 Euro bewerten.

Zunächst soll jede bzw. jeder von euch eine persönliche Bewertung von jedem Menschenrecht vornehmen. Weist ihm einen eurer Meinung nach angemessenen Betrag zu. Vergleicht anschließend eure Bewertungsergebnisse in einer Gruppe und stellt Gemeinsamkeiten und Unterschiede fest.

(Autorentext)

Blickwinkel

1 Diskutiert, ob ihr bereit wäret, auf eines der Menschenrechte zu verzichten, es vielleicht sogar für einen bestimmten Geldbetrag zu verkaufen.

2 Erläutert anhand von möglichen Beispielen, inwieweit die Abschaffung eines der Menschenrechte auch andere Menschenrechte in Mitleidenschaft ziehen würde.

M 5 Die Merkmale der Menschenrechte

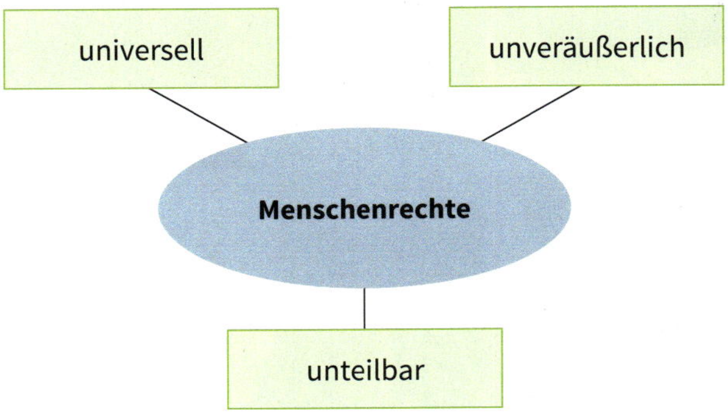

[…] „Alle Menschen sind frei und gleich an Würde und Rechten geboren." Dieser erste Artikel der Allgemeinen Erklärung der Menschenrechte der Vereinten Nationen von 1948 garantiert jedem Menschen – unabhängig von seiner Herkunft, Staatsangehörigkeit, Hautfarbe und seinem Geschlecht, seiner Sprache, Religion oder seinem Vermögen – die gleichen Rechte. Sie gelten ausnahmslos für jeden Menschen weltweit, sie sind also universell gültig. Alle Menschenrechte sind gleichrangig und unteilbar. Das heißt, dass wir uns nicht aussuchen können, welche Menschenrechte wir anerkennen und achten wollen. Sie stehen in einem engen Zusammenhang und setzen einander voraus. Ohne Meinungsfreiheit kann beispielsweise niemand sein Recht auf Nahrung einfordern. Nur in ihrer Gesamtheit können die Menschenrechte die Würde des Menschen schützen. […]

(Deutsches Institut für Menschenrechte, Berlin [Hrsg.]: Menschenrechte. Materialien für die Bildungsarbeit, Berlin, Januar 2016, S. 11; Verfasserinnen: Judith Feige, Meike Günther, Bettina Hildebrand, Janina Mitwalli, Mareike Niendorf, Sandra Reitz, Beate Rudolf)

1 Erläutert mithilfe des Textes die Begriffe in der Grafik, die die Menschenrechte charakterisieren (M 5).

2 Ordnet die folgenden Aussagen den genannten drei Merkmalen der Menschenrechte (s. Begriffe in der Grafik) jeweils passend zu. Bildet dann mit jeder Aussage einen vollständigen Satz zu den Menschenrechten und notiert ihn in eure Hefte.

angeboren – in jedem Land – allein aufgrund des Menschseins – Weiße und Farbige – nicht vorübergehend außer Kraft – nicht käuflich und nicht verkäuflich – Ausländer und Inländer – alle hängen zusammen – keines wichtiger als ein anderes – müssen nicht verdient werden durch besondere Leistungen – mit einem Menschenrecht fallen auch andere – Reiche und Arme – für Staatenlose

2. Die Verankerung der Menschenrechte

M6 Die Erklärung der Menschenrechte (1948)

In Erinnerung an die Verkündung der Menschenrechte wird in jedem Jahr am 10. Dezember der Internationale Tag der Menschenrechte begangen.

[...] Die Verbrechen der Nationalsozialisten und die Zerstörungswucht der ersten Atombomben in Hiroshima und Nagasaki erschütterten die Menschheit in bis dahin nie gekanntem Ausmaße. Das dringende Bedürfnis entstand, jeden einzelnen Menschen in Zukunft vor derartigem Unrecht zu schützen. Mit diesem Ziel wurden 1945 in New York die Vereinten Nationen als Nachfolgeorganisation des Völkerbundes gegründet. Diese neue Weltgemeinschaft verpflichtete sich in ihrer Charta [eine Urkunde als Grundlage für das Staats- und Völkerrecht] vom 26. Juni 1945, die Welt vor „der Geißel des Krieges zu bewahren". Sie bekräftigte ihren Glauben an die Würde des Menschen und versprach, bessere Lebensbedingungen in Freiheit für alle Menschen zu fördern.
Kurze Zeit später trat ein Ausschuss von Vertretern der damaligen Mitgliedstaaten zusammen, um einen gemeinsamen Wertekatalog zu erarbeiten. Welche Lebensbedingungen braucht ein Mensch für ein würdevolles Dasein? Welche Rechte muss ein Staat garantieren? Nach mehr als zweijähriger Arbeit wurde am 10. Dezember 1948 die „Allgemeine Erklärung der Menschenrechte" verkündet. Die 30 Artikel dienen bis heute im weltweiten Kampf um die Würde des Menschen als gemeinsame Orientierung und Ideal fast aller Völker.
Zum ersten Mal in der Geschichte der Menschheit wurden Rechte formuliert, die für alle Menschen unabhängig von Alter, Geschlecht, Nationalität oder Rasse gelten sollen. Die Erklärung wurde seit 1948 in mehr als 200 Sprachen übersetzt. Die anwesenden Staaten verpflichteten sich, durch „fortschreitende nationale und internationale Maßnahmen" die Einhaltung dieser Rechte zu gewährleisten. [...]

(Auszüge aus: Julia Lohrmann: Geschichte der Menschenrechte,16.12.2016, Planet Wissen, Westdeutscher Rundfunk, Köln; http://www.planet-wissen.de/geschichte/menschenrechte/geschichte_der_menschenrechte/index.html [11.02.2020])

M7 Die Allgemeine Erklärung der Menschenrechte (AEMR) – Präambel

Da die Anerkennung der angeborenen Würde und der gleichen und unveräußerlichen Rechte aller Mitglieder der Gemeinschaft der Menschen die Grundlage von Freiheit, Gerechtigkeit und Frieden in der Welt bildet, [...] **da die Mitgliedstaaten sich verpflichtet** haben, in Zusammenarbeit mit den Vereinten Nationen auf die allgemeine Achtung und Einhaltung der Menschenrechte und Grundfreiheiten hinzuwirken, **da ein gemeinsames Verständnis** dieser Rechte und Freiheiten von größter Wichtigkeit für die volle Erfüllung dieser Verpflichtung ist, verkündet die Generalversammlung **diese Allgemeine Erklärung der Menschenrechte** als das von allen Völkern und Nationen zu erreichende gemeinsame Ideal, damit jeder Einzelne und alle Organe der Gesellschaft sich diese Erklärung stets gegenwärtig halten und sich bemühen, [...] die Achtung vor diesen Rechten und Freiheiten zu fördern und [...] ihre allgemeine und tatsächliche Anerkennung und Einhaltung [...] zu gewährleisten.

(Amnesty International Deutschland e. V., Berlin, 25.06.2018; https://www.amnesty.de/alle-30-artikel-der-allgemeinen-erklaerung-der-menschenrechte [11.02.2020])

* **Präambel:** bei Vertragswerken eine Art Einleitung, die Beweggründe und Ziele für den Abschluss des Vertrages bzw. der Erklärung enthält

1 Stellt den geschichtlichen Hintergrund für die Verabschiedung der „Allgemeine(n) Erklärung der Menschenrechte" dar (M 6).

2 Erläutert die Gründe und Ziele, die mit der AEMR verbunden waren bzw. sind, und notiert sie knapp formuliert in eure Hefte (M 6, M 7).

3 Prüft anhand der Präambel (M 7), wie streng verpflichtend euch die Geltung der AEMR für die unterzeichnenden Staaten erscheint. Seht euch genau die Formulierungen an und arbeitet die für euer Urteil bedeutenden Textstellen und Begriffe heraus.

Als Vorsitzende der UN-Menschenrechtskommission war Eleanor Roosevelt maßgeblich an der Ausarbeitung der Allgemeinen Erklärung der Menschenrechte beteiligt. Hier ist sie mit einem Poster der Deklaration in englischer Sprache zu sehen.

M 8 Vereinbarte Menschenrechtsabkommen

Die Allgemeine Erklärung der Menschenrechte ist die erste internationale Menschenrechtserklärung. Sie enthält bürgerliche und politische, soziale, wirtschaftliche und kulturelle Rechte. Allerdings ist sie von Beginn an **kein Vertrag**, der von den Staaten rechtlich verbindlich einzuhalten ist. Es handelt sich vielmehr um eine Resolution (schriftlicher Beschluss) der Vereinten Nationen (UN), die eine Richtlinie oder Empfehlung darstellt. Die Absichtserklärung der AEMR ist aber dennoch nicht beliebig. Sie enthält Grundsätze, die heute weitgehend anerkannt sind. Dazu hat auch beigetragen, dass die erklärten Menschenrechte später in zwei Verträge überführt worden sind, die völkerrechtlich **verbindlich** sind. Das ist zum einen der **Internationale Pakt über bürgerliche und politische Rechte** („UN-Zivilpakt") und zum anderen der **Internationale Pakt über wirtschaftliche, soziale und kulturelle Rechte** („UN-Sozialpakt"). Beide sind 1966 vereinbart worden und 1976 in Kraft getreten. Der UN-Zivilpakt ist bis 2019 von 172 Staaten ratifiziert (d. h. völkerrechtlich verbindlich unterzeichnet) worden, der UN-Sozialpakt von 170 Staaten. Diese Staaten garantieren damit die Einhaltung der grundlegenden Menschenrechte.
Die beiden Pakte wurden später noch durch weitere internationale Abkommen ergänzt, z. B. durch das „Übereinkommen gegen Folter und andere grausame, unmenschliche oder erniedrigende Behandlung oder Strafe" (seit 1987 in Kraft) oder das „Übereinkommen über die Rechte des Kindes" (1989). Hiermit wurden keine neuen Menschenrechte geschaffen, sondern die bestehenden wurden noch genauer gefasst oder auf bestimmte Bevölkerungsgruppen (z. B. Frauen, Kinder, Behinderte, Wanderarbeiter) hin formuliert.

(Autorentext)

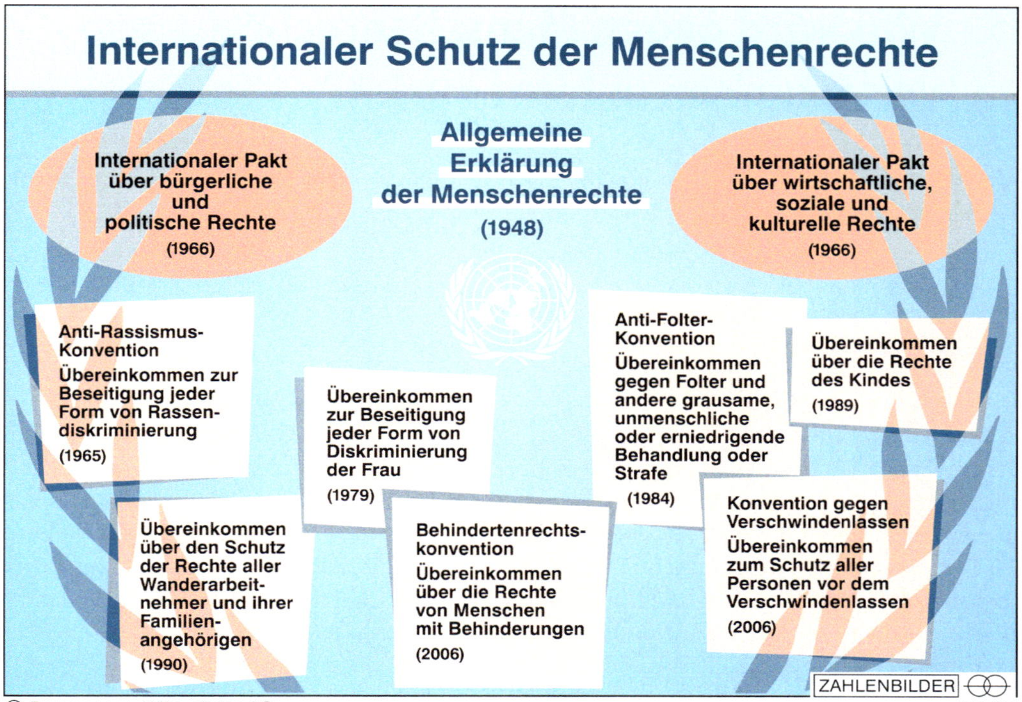

 615 531

1 Gebt wieder, inwieweit die Erklärung der Menschenrechte verbindlich ist.

2 Im Schaubild werden einige Abkommen genannt, die die Allgemeine Erklärung der Menschenrechte weiter ausführen und verpflichtend machen. Wählt einige Artikel aus diesen Abkommen aus und prüft, welche Artikel der AEMR sie konkretisieren und weiter ausführen. Haltet die Ergebnisse des Vergleichs fest, indem ihr in einer Übersicht in die linke Spalte den Artikel der Menschenrechte schreibt und in die rechte die Bestimmungen des entsprechenden Artikels in dem Abkommen. Diese Aufgabe könnt ihr in Gruppen bearbeiten. Dabei kann euch die Seite https://www.institut-fuer-menschenrechte.de/menschenrechtsinstrumente/vereinte-nationen/menschenrechtsabkommen/ helfen, auf der ihr Links zu den verschiedenen Abkommen findet.

2.1, 2.2

3. Was wird gegen Menschenrechtsverletzungen unternommen?

Obwohl klar ist, dass die Menschenrechte zu achten sind, werden sie weltweit dennoch immer wieder verletzt. Das zeigen die folgenden beiden Beispiele.

M 9 Berichte über Menschenrechtsverletzungen

Mehr als tausend Demonstranten in Moskau festgenommen
Beim Protest für freie Wahlen ist die Polizei mit Schlagstöcken gegen Demonstranten vorgegangen, einige erlitten Nasenbrüche. [...] Bei Protesten gegen den Ausschluss von Oppositionskandidaten für die Kommunalwahl in Moskau hat die Polizei Hunderte Menschen festgenommen. [...]

(Quelle: ZEIT ONLINE, dpa, AFP, AP, dp, js, sc, ces, 28.07.2019; https://www.zeit.de/politik/ausland/2019-07/russland-moskau-festnahme-oppositionelle-demonstration-polizei [11.02.2020])

Chinas Umerziehungslager für Muslime: „Geht darum, ein ganzes Volk zu brechen"
Im Westen Chinas werden rund eine Million Muslime in Lagern festgehalten – meist Uiguren. Die Regierung spricht von Zentren zur Ausbildung. Ehemalige Insassen berichten von Folter. [...]

(mkm/dpa, 28.03.2019, FOCUS online; https://www.focus.de/politik/ausland/umerziehungslager-fuer-muslime-in-china-geht-darum-ein-ganzes-volk-zu-brechen_id_10514272.html [11.02.2020])

1 Lest zunächst die vollständigen Berichte mithilfe der in den Quellen angegebenen Links. Versucht dann zu beschreiben, was die Menschenrechtsverletzungen für die Opfer bedeuten.

2.1, 2.2, 4.1

2 Bildet Arbeitsgruppen und recherchiert für jeweils ein anderes Land, ob bzw. welche Menschenrechte verletzt werden (ihr könnt z. B. die Recherche für jeweils ein Land auf einem Kontinent durchführen). Folgende Leitfragen können euch helfen:

- Leben die Menschen sicher vor Gewalt und Unterdrückung durch den Staat?
- Gibt es für alle Menschen ein faires Gerichtsverfahren?
- Kann man frei über seinen Aufenthaltsort bestimmen?
- Kann die eigene Meinung frei geäußert werden, ohne dafür bestraft zu werden?
- Können die Menschen frei wählen?
- Gibt es genügend Wasser und eine ausreichende medizinische Versorgung?
- Haben Frauen die gleichen Rechte wie Männer?
- Werden Kinderrechte geachtet?
- Werden Menschen(gruppen) diskriminiert (benachteiligt, verächtlich gemacht)?
- Von wem gehen die Menschenrechtsverletzungen aus?

Präsentiert eure Ergebnisse in einer PowerPoint-Präsentation.

4.1

3 Präsentiert einige der von euch zusammengestellten Materialien an geeigneter Stelle in eurer Schule so, dass möglichst viele Mitschülerinnen und Mitschüler darauf aufmerksam werden.

M10 Menschenrechte – eine Aufgabe der Staatengemeinschaft

Die Staaten sind verantwortlich für die Umsetzung der Menschenrechte. Kein Staat und keine seiner Einrichtungen (z.B. die Polizei) dürfen die Menschenrechte verletzen. Das zu beachten, dazu ist jeder Staat verpflichtet (**Achtungspflicht**).
Menschenrechtsverletzungen können allerdings nicht nur vom Staat selbst ausgehen. Sie können in einem Land auch durch Gruppierungen geschehen, die Menschen terrorisieren oder mit militärischer Gewalt um die Macht im Staat kämpfen. Auch Wirtschaftsunternehmen verletzen manchmal die Menschenrechte, wenn sie Arbeitskräfte ausbeuten oder die Lebensgrundlage von Menschen zerstören (z.B. durch die Abholzung von Wäldern, die Verseuchung von Böden oder die Verdrängung der Bewohner von ihrem Grundbesitz). Der Staat hat dann die Aufgabe, die Menschen vor solchen Eingriffen zu schützen. Das ist seine **Schutzpflicht**.
Darüber hinaus hat der Staat die Pflicht, durch Leistungen, die er zur Verfügung stellt, die Verwirklichung von Menschenrechten zu gewährleisten. Das ist seine **Gewährleistungspflicht**. Das geschieht beispielsweise durch die Sicherstellung einer ausreichenden Versorgung der Bevölkerung mit Nahrungsmitteln, Gesundheitsdiensten und Wohnraum.
Oft sind Staaten allerdings zu schwach, um diese Aufgaben zu erfüllen. Einige sind zu arm, in anderen verfolgen die Regierungen nicht immer konsequent die Menschenrechtsverletzungen, etwa wenn Täter nicht verfolgt und verurteilt werden, wenn sie die Regierenden z.B. mit Geld bestechen. In anderen Staaten werden Minderheiten beim Schulbesuch benachteiligt oder sie dürfen ihre Sprache nicht sprechen und keine politische Meinung äußern. So kann die Menschenrechtslage in einem Land für die Betroffenen sehr schwierig sein, obwohl der Staat Menschenrechtsverträge unterzeichnet hat. Deshalb hat es sich die Gemeinschaft aller Staaten zur Aufgabe gemacht, darauf hinzuwirken, dass die Menschenrechte stärker geschützt werden. Diese Staatengemeinschaft sind die Vereinten Nationen (UN). Sie wurden 1945 nach dem Zweiten Weltkrieg gegründet. Die UN haben verschiedene Einrichtungen geschaffen, um die Ziele der Allgemeinen Erklärung der Menschenrechte durchzusetzen. Das **Hochkommissariat für Menschenrechte** ist für die Koordination der Menschenrechtsarbeit im System der Vereinten Nationen zuständig, es hat seinen Sitz in Genf. Die wichtigste Einrichtung der UN für den Menschenrechtsschutz ist der **Menschenrechtsrat**. Er ist für die weltweite Überwachung der Menschenrechtssituation in den Mitgliedstaaten zuständig.

(Autorentext)

1 Lest noch einmal die Beispiele in M 1 und prüft jeweils, ob der Staat die drei genannten Pflichten (M 10) verletzt oder andere Akteure für die Verletzung der Menschenrechte verantwortlich sind.

2 Arbeitet heraus, welche Maßnahmen der Staat jeweils ergreifen müsste.

3 Erklärt, warum die Vereinten Nationen eine Verantwortung für die Einhaltung der Menschenrechte haben.

M11 Der UN-Menschenrechtsrat

Der Menschenrechtsrat ist ein Nebenorgan der Generalversammlung [der UN]. Er besteht aus 47 Mitgliedsstaaten, die von der Generalversammlung mit absoluter Mehrheit (96 Stimmen) für drei Jahre gewählt werden: 13 Sitze für die afrikanischen, 13 für die asiatischen, 6 für die osteuropäischen, 8 für die lateinamerikanischen und karibischen und 7 für die westeuropäischen und anderen Staaten. Neben seinen regulären Sitzungen hält der Menschenrechtsrat Sondersitzungen zu Themen und Ländersituationen ab und ernennt dazu Sonderberichterstatterinnen und Sonderberichterstatter. In einem Allgemeinen Periodischen [in festgelegten Zeitabständen stattfindenden] Überprüfungsverfahren wird regelmäßig die Menschenrechtssituation in allen 193 Mitgliedsstaaten der Vereinten Nationen begutachtet. Darüber hinaus existiert ein vertrauliches Untersuchungsverfahren für Fälle systematischer Menschenrechtsverletzungen. [Sanktionen gegen einen Staat, also Strafen wegen Menschenrechtsverletzungen, kann der Menschenrechtsrat allerdings nicht verhängen.]

(Deutsches Institut für Menschenrechte e. V., Berlin: Menschenrechtsrat, ohne Datum; https://www.institut-fuer-menschenrechte.de/menschenrechtsinstrumente/vereinte-nationen/menschenrechtsrat/ [11.02.2020])

Sonderberichterstatterinnen/Sonderberichterstatter: Vom Menschenrechtsrat der Vereinten Nationen beauftragte, unabhängige Expertinnen beziehungsweise Experten, die zu bestimmten Menschenrechtsthemen oder Ländern arbeiten. Ihre Ergebnisse dokumentieren sie in öffentlich zugänglichen Jahresberichten. Viele von ihnen nehmen auch individuelle Beschwerden an.

(Deutsches Institut für Menschenrechte e. V., Berlin: Glossar, ohne Datum; https://www.institut-fuer-menschenrechte.de/menschenrechtsinstrumente/vereinte-nationen/menschenrechtsrat/ [11.02.2020])

Der Menschenrechtsrat an seinem Tagungsort in Genf (Schweiz). Hier tagt er drei Mal im Jahr, insgesamt mindestens zehn Wochen im Jahr.

M12 Wahlversprechen für Menschenrechte

[...] Im Vorfeld der Wahl [für den Menschenrechtsrat] geben die Kandidaten Wahlversprechen ab, in denen sie sich verpflichten, Menschenrechtsprobleme im eigenen Land anzugehen, die nationale Gesetzgebung voranzutreiben oder bestimmte internationale Menschenrechtsverträge zu unterzeichnen. Im Falle einer erfolgreichen Kandidatur sind diese Zugeständnisse ein wirkungsvolles Instrument für die Zivilgesellschaft [z. B. Vereine, Bürgerinitiativen, politisch und sozial aktive Bürger], um an die Verpflichtungen des Staates zu appellieren. [...]

(Deutsche Gesellschaft für die Vereinten Nationen e. V., Berlin: Wahl der Mitglieder im UN-Menschenrechtsrat, ohne Datum; http://menschenrechte-durchsetzen.dgvn.de/akteure-instrumente/menschenrechtsrat/wahl-und-zusammensetzung-der-mitglieder/ [11.02.2020])

M13 „Hoffe, der Menschenrechtsrat wird irgendwann überflüssig"

Seit 2006 kämpft der UN-Menschenrechtsrat weltweit für Bürgerrechte. Sein Berater Jean Ziegler sieht zwar Teile der Welt in einem „fürchterlichen Zustand", im Gespräch mit der ARD [im Jahr 2016] äußert er aber die Hoffnung, dass der Rat irgendwann nicht mehr benötigt wird.

ARD: Herr Ziegler, warum brauchen wir eine Institution wie den UN-Menschenrechtsrat?

Jean Ziegler: Die Menschenrechte sind in vielen Teilen der Welt in einem fürchterlichen Zustand – denken Sie zum Beispiel an Syrien [...]. Und es braucht eine Instanz, die wenigstens das Schweigen bricht. Natürlich: Untersuchungskommissionen [...] bringen keine Menschenleben zurück, aber sie bringen Licht ins Dunkel. Die Täter von Menschenrechtsverletzungen werden benannt und vielleicht einmal vor Gericht gebracht. Und das ist Gold wert.

ARD: Kann man denn sagen, die zehn Jahre Menschenrechtsrat sind auch eine Erfolgsgeschichte?

Ziegler: Sie sind eine Erfolgsgeschichte, weil der Menschenrechtsrat sehr viel arbeitet. Er hat Spezialberichterstatter, die für alle Bereiche wie Hungersnöte oder Wasserarmut Berichte abliefern. Die werden veröffentlicht und können so von den Zivilgesellschaften als Argumente dienen im Kampf für die Menschenrechte. Auch wenn diese in einem fürchterlichen Zustand sind, bleibt ihre Einhaltung das Ziel jeder zivilisierten Gesellschaft.

ARD: Was sind denn die entscheidenden Verdienste des UN-Menschenrechtsrats?

Ziegler: Zwei Verdienste hat er ganz sicher: Erstens überwacht er die Menschenrechtspolitik der 193 UN-Mitgliedsstaaten und schaut, ob die Vorgaben erfüllt werden. Zweitens schafft der Rat dort neue Völkerrechtsnormen, wo nach einem Umbruch neue soziale Strukturen aufgebaut werden.

ARD: Nun sitzen ja auch Länder im Menschenrechtsrat, die Menschenrechte mit Füßen treten. Ist das nicht ein Grundproblem dieser Institution?

Ziegler: [...] Besser ist es, die Halunken im Rat zu haben, sie zu überwachen, als ihnen in der Nacht nachzulaufen.

ARD: Was wünschen Sie dem Menschenrechtsrat für die nächsten Jahre und Jahrzehnte?

Ziegler: Ich wünsche ihm, dass er selbst einmal überflüssig wird, dass die Menschenrechte zu Normen jeder vernünftigen Gesellschaft werden – zu einem gelebten Gesetz, sodass das Gremium nicht mehr gebraucht wird. Aber solange der Menschenrechtsrat noch da ist, wünsche ich ihm eine viel größere Aufmerksamkeit in der Öffentlichkeit. Denn das Entscheidende ist, dass die Zivilgesellschaften vom Menschenrechtsrat Unterstützung erhalten, um gegen die menschenverachtenden Regime vorzugehen.

(Interview von Daniel Hechler, ARD-Studio Genf, mit Jean Ziegler, ARD-aktuell/tagesschau.de, 13.6.2016, Hamburg; http://www.tagesschau.de/ausland/interviewmenschenrechtsrat-101.html [11.02.2020]))

M14 UN-Menschenrechtsrat stärkt Hoffnung auf Gerechtigkeit

Fallbeispiel

Der UN-Menschenrechtsrat hat am 27. September 2019 eine Resolution [schriftlicher Beschluss] zur Einrichtung einer Kommission verabschiedet, um die schweren Menschenrechtsverletzungen und Völkerrechtsverbrechen zu untersuchen, die in Venezuela begangen werden. [...]

Die Resolution sieht eine Kommission zur Untersuchung der repressiven [unterdrückenden] Politik der Regierung von Nicolás Maduro vor, zu der außergerichtliche Hinrichtungen, Folter und andere Misshandlungen, das Verschwindenlassen und willkürliche Inhaftierungen zählen.

Bürgerliche und politische Rechte sowie die Rechte auf Nahrung, Gesundheit und angemessene Lebensqualität werden in Venezuela nach wie vor verletzt. Mithilfe der geplanten Untersuchungskommission sollen die Verantwortlichen für die Taten zur Rechen-

schaft gezogen werden und die Betroffenen Gerechtigkeit erfahren. […]

„Mit der Resolution reagieren die UN auf die Forderungen der Betroffenen, der zivilgesellschaftlichen Organisationen und der Staaten der Region, die Verantwortlichen zur Rechenschaft zu ziehen, da sie bei den nationalen Gerichten keine Unterstützung gefunden haben und die Regierung von Nicolás Maduro sich in jeder Hinsicht einer regionalen Überprüfung entzogen hat." sagt Erika Guevara Rosas, Direktorin für die Region Amerikas bei Amnesty International. […]

(Amnesty International Deutschland e. V., Berlin, 27.09.2019; https://www.amnesty.de/informieren/aktuell/venezuela-un-menschenrechtsrat-staerkt-hoffnung-auf-gerechtigkeit [11.02.2020])

1 Gebt wieder, wie der Menschenrechtsrat zustande kommt und wie er sich zusammensetzt (M 11).

2 Erklärt, welchen Zweck das Versprechen hat, das die Mitglieder des Menschenrechtsrats vor ihrer Wahl abgeben müssen (M 12).

3 Arbeitet heraus, welche Instrumente und Möglichkeiten der UN-Menschenrechtsrat hat und wie er bewirken kann, dass die Menschenrechte besser eingehalten werden (M 11, M 13).

4 Stellt fest, in welcher Interviewfrage ein Problem für eine wirksame und erfolgreiche Arbeit des Menschenrechtsrats angesprochen wird, und erläutert die Antwort von Jean Ziegler (M 13).

5 Erläutert am Beispiel von Venezuela, welche Bedeutung der Menschenrechtsrat für die Opfer von Menschenrechtsverletzungen hat (M 14).

Blickwinkel

6 Bewertet aus eurer Sicht zusammenfassend die Bedeutung des Menschenrechtsrates für die Einhaltung der Menschenrechte.

M 15 Menschenrechte – nicht nur eine Angelegenheit für Staaten

Nichtregierungsorganisationen (NRO) sind für den Schutz der Menschenrechte ebenso wichtig wie Regierungsorganisationen. Darin engagieren sich Menschen mit einer großen Motivation für die Einhaltung der Menschenrechte. Sie setzen sich für einzelne Menschen oder Gruppen von Menschen ein und drängen Regierungen weltweit, die Menschenrechte einzuhalten. Dies sind die wichtigsten:

terre des hommes – Hilfe für Kinder in Not

FIAN

RSF – REPORTER OHNE GRENZEN

AMNESTY INTERNATIONAL

TERRE DES FEMMES – Menschenrechte für die Frau e.V. – Gleichberechtigt, selbstbestimmt und frei

(Autorentext)

1 Recherchiert in Gruppen Informationen zu den beispielhaft genannten Menschenrechtsorganisationen. Überlegt zunächst gemeinsam, nach welchen Gesichtspunkten ihr Informationen über diese Organisationen zusammenstellen wollt. Präsentiert abschließend ein Porträt über sie. 2.1, 2.2, 4.1

2 Erklärt anhand einiger Beispiele, warum Nichtregierungsorganisationen einen wichtigen Beitrag für die Verwirklichung der Menschenrechte leisten.

V **Vorschläge** mit weiteren Anregungen für eine Auseinandersetzung mit dem Thema Menschenrechte – vielleicht könnt ihr damit auch Interesse über den Unterricht hinaus wecken:

- Versucht im Unterricht/in eurer Schule mit einer Menschenrechtsorganisation eine Veranstaltung zu organisieren, in der sie ihre Arbeit vorstellt. Praxis
- Gestaltet ein großes Wandbild zum Thema Menschenrechte für eine Präsentation in der Schule oder an einem anderen Ort (z. B. Jugendzentrum, Rathaus oder ein anderes öffentlich zugängliches Gebäude). Überlegt, ob auch andere Fächer einen Beitrag dazu leisten könnten (z. B. Religion, Deutsch, Geschichte). 4.1
- Veröffentlicht eine eigene Webseite oder einen eigenen Blog zu Menschenrechten. 4.1, 4.2
- Erstellt einen Menschenrechtskalender (das ist besonders sinnvoll in der Zeit zwischen den Herbst- und Weihnachtsferien): Jeder von euch gestaltet eine Kalenderseite (in DIN-A3-Größe). Sie kann sich aus verschiedenen Elementen zusammensetzen, z. B. aus Bildern, Texten, Kommentaren, Appellen. Wählt dann die 12 Seiten aus, die ihr für die gelungensten haltet, und hängt den Kalender in eurem Klassenraum auf.
- Markiert im Kalender den Welttag der Menschenrechte am 10. Dezember. Überlegt, ob ihr an diesem Tag auch eine der oben genannten Veranstaltungen oder eine andere Aktion durchführen könntet. Praxis

Was ihr jetzt wissen und können solltet:

- ✓ M **S** U H Beispiele und Formen von Menschenrechtsverletzungen erläutern;
- ✓ M **S** U H die Merkmale der Menschenrechte nennen und erklären;
- ✓ M **S** U H den geschichtlichen Hintergrund der Allgemeinen Erklärung der Menschenrechte (AEMR) darstellen;
- ✓ M **S** U H zentrale Artikel der Allgemeinen Erklärung der Menschenrechte nennen;
- ✓ M **S** U H einzelne Menschenrechtsabkommen als verbindliche Konkretisierung der AEMR nennen;
- ✓ M S **U** H Menschenrechtsverletzungen, die in den Medien bekannt werden, sensibel wahrnehmen;
- ✓ M S **U** H die Notwendigkeit erkennen, dass es einer alle Staaten übergreifenden Einrichtung bedarf, die die Einhaltung der Menschenrechte in den einzelnen Staaten beobachtet und fördert;
- ✓ M **S** **U** H den Menschenrechtsrat als Einrichtung der Vereinten Nationen und seine Möglichkeiten kennen und beurteilen, den Schutz der Menschenrechte zu stärken;
- ✓ M **S** U H die Grenzen eines wirksamen Handelns des Menschenrechtsrates erklären;
- ✓ M **S** U **H** wichtige nichtstaatliche Organisationen zum Schutz der Menschenrechte kennen und ihr Informationsangebot nutzen;
- ✓ **M** S U **H** Aktionen planen und durchführen, die über Menschenrechtsverletzungen informieren und dafür sensibilisieren

Was ihr wisst – was ihr könnt – wie ihr es seht

M S U H

1. Menschenrechte sind unteilbar

Überlegt, wie die in der folgenden Übersicht zusammengestellten menschenrechtlichen Forderungen zum Teil zusammenhängen. Zieht entsprechende Verbindungen und erklärt, wie die Menschenrechte direkt oder indirekt miteinander verflochten sind.

- Sauberes Trinkwasser
- Keine Zwangsvertreibung
- Ausreise
- Bildung für alle
- Anspruch auf einen Verteidiger
- Fairer Arbeitslohn
- Demonstrationsrecht
- Erholung
- Gleichheit
- Allgemeines und freies Wahlrecht
- Gesundheit
- Gewerkschaften
- Sichere Unterkunft
- Freie Meinung
- Keine Folter
- Faires Gerichtsverfahren
- Kein Hunger
- Menschenwürdige Arbeit
- Keine willkürliche Verhaftung

(Leicht verändert und ergänzt aus: Landeszentrale für politische Bildung Baden-Württemberg, Stuttgart [Hg.]: Politik & Unterricht, Heft 3/4 2014: Menschenrechte, Neckar-Verlag GmbH, Villingen Schwenningen 2014, S. 23; Verf.: Gertrud Gandenberger, Michael Krennerich)

M S U H

2. Die Menschenrechte – Anspruch und Wirklichkeit

a Ersetzt in eurem Heft die Lücken im Text passend durch die folgenden Begriffe.

Internationale Verträge – Willkür – Gewissen – Menschen – Strafen – Staat – Menschenrechtsverletzungen – 47 – Menschenrechtsrat – Menschenrechte – Menschheit – frei und gleich – Vereinten Nationen (UN) – Brüderlichkeit – Hoffnung

Die Allgemeine Erklärung [der Menschenrechte] garantiert allen ??? Rechte, wo auch immer auf der Welt sie leben mögen und ungeachtet der Tatsache, was ihr ??? davon hält. […] Die in der Erklärung aufgeführten Rechte waren unvollständig und sollten in den nachfolgenden Jahrzehnten um neue ??? ergänzt werden, doch die Bedeutung dieses Dokuments kann nicht hoch genug veranschlagt werden. Es stellt einen Wendepunkt in der menschlichen Zivilisation dar: Zum ersten Mal sah man von einem juristischen Blickwinkel aus auf die ??? in ihrer Gesamtheit und stellte sie über die ???, die Tyrannei und die Ungleichheit. Bereits der erste Artikel der Erklärung ließ nichts zu wünschen übrig: „Alle Menschen sind ??? an Würde und Rechten geboren. Sie sind mit Vernunft und ??? begabt und sollen einander im Geiste der ??? begegnen".

(Bart Somers: Zusammen leben, übersetzt von Gerd Busse, C. H. Beck, München 2018, S. 112 f.)

Es gibt Staaten, die Menschenrechtsabkommen (z. B. den Internationalen Pakt über bürgerliche und politische Rechte, die Anti-Folter-Konvention) zwar unterzeichnet haben, in denen aber dennoch die Menschenrechte verletzt werden. Die ??? haben mit dem ??? eine Einrichtung geschaffen, mit dem die Menschenrechtssituation überwacht und verbessert werden soll. In ihm sind ??? Mitgliedsstaaten aus der ganzen Welt vertreten. Diese können im Fall von Menschenrechtsverletzungen jedoch keine ??? gegen Staaten verhängen. Dennoch ist er eine sehr wichtige Organisation, weil er ??? vor der ganzen Welt öffentlich macht, Beweise für mögliche spätere Verurteilungen von Tätern sammelt und den Opfern wie auch denen, die für die ??? kämpfen, ??? bedeutet.

(Autorentext)

b Erklärt, in welchem Satz umschrieben wird, dass die Menschenrechte universell sind.

Wenn ihr noch mehr lernen wollt ...

Wenn wir von Menschenrechtsverletzungen hören, denken wir meist, dass sie nur in weniger entwickelten Ländern vorkommen. Aber auch in Deutschland ist die Einhaltung der Menschenrechte zuweilen ein Thema. Das Deutsche Institut für Menschenrechte berichtet jährlich an den Deutschen Bundestag über die Menschenrechtssituation in Deutschland, zuletzt in seinem am 4.12.2019 veröffentlichten Bericht. In diesem Bericht geht das Institut besonders auf die Situation der Wohnungslosen ein, deren Anzahl stetig steigt. Mithilfe der folgenden Materialien könnt ihr euch näher mit diesem Problem beschäftigen.

D1 Immer mehr Menschen ohne Wohnung

Die Zahl der Wohnungslosen in Deutschland wird noch nicht flächendeckend statistisch erfasst. Schätzungen beruhen auf Zahlen, die in einzelnen Bundesländern (z. B. in NRW), Städten oder von Verbänden erhoben werden. Die Bundesregierung hat beschlossen, erst von 2022 an eine bundesweite Statistik zur Wohnungslosigkeit erstellen zu lassen.
(Autorentext)

Die Zahl der Menschen ohne Wohnung in Deutschland ist einer neuen **Schätzung** zufolge gestiegen. Im Jahr 2018 waren rund 678.000 Menschen in Deutschland wohnungslos gemeldet. Ein Jahr zuvor lag die Zahl noch bei 650.000 Menschen. Darunter sind etwa 41.000 Menschen, die ohne jegliche Unterkunft auf der Straße lebten. Die neue Schätzung veröffentlichte die Bundesarbeitsgemeinschaft Wohnungslosenhilfe (BAGW) anlässlich ihrer bis Mittwoch dauernden Bundestagung.

Rund 17 Prozent oder 40.000 Wohnungslose seien EU-Bürger [vor allem aus Osteuropa], hieß es weiter. Viele dieser Menschen lebten ohne jede Unterkunft auf der Straße. Vor allem in den Metropolen betrage ihr Anteil bis zu 50 Prozent der Obdachlosen.

„Gegenüber dem Vorjahr 2017 bedeutet dies einen Anstieg bei der Jahresgesamtzahl um 4,2 Prozent", sagte Werena Rosenke, Geschäftsführerin der BAGW. Dabei sei die Zahl der wohnungslosen Menschen ohne Fluchthintergrund mit 1,2 Prozent weniger stark angestiegen als die Zahl der wohnungslosen anerkannten Geflüchteten mit 5,9 Prozent. Laut Schätzung des Verbands lag die Zahl der wohnungslosen Kinder und Jugendlichen bei acht Prozent aller Wohnungslosen. Alleinerziehende und junge Erwachsene sind besonders gefährdet, wohnungslos zu werden, erklärte Werena Rosenke.

Als Hauptgründe für die steigende Zahl der Wohnungslosen nannte Rosenke das unzureichende Angebot an bezahlbarem Wohnraum, die Schrumpfung des Sozialwohnungsbestandes und die Verfestigung von Armut. Alleinerziehende und junge Erwachsene seien besonders gefährdete Personengruppen. [...]

Die Präsidentin des Sozialverbands VdK Deutschland, Verena Bentele, zeigte sich bestürzt: „Gerade die Zahl der betroffenen Kinder und Jugendlichen macht uns große Sorgen." Auch für Alleinerziehende, Ältere oder Menschen mit Behinderung werde es immer schwerer, eine bezahlbare Wohnung zu finden. Bentele forderte „mehr bezahlbare Wohnungen, mehr sozialen Wohnungsbau, aber auch Löhne und Renten, von denen man seine Miete bezahlen kann".

Als wohnungslos werden Menschen bezeichnet, die nicht über einen Mietvertrag verfügen. Viele von ihnen leben etwa in Notunterkünften, stationären oder kommunalen Einrichtungen oder bei Freunden. Obdachlose sind eine Untergruppe der Wohnungslosen. Bei ihnen handelt es sich um Menschen, die keinen festen Wohnsitz und keine Unterkunft haben.

(ARD-aktuell/tagesschau.de, 11.11.2019, Norddeutscher Rundfunk, Hamburg: Mehr Menschen ohne Wohnung; https://www.tagesschau.de/inland/wohnungslose-anstieg-deutschland-101.html [11.02.2020]))

1 Notiert alle angegebenen Zahlen zur Situation der Wohnungslosigkeit in eure Hefte.

2 Erläutert die Gründe, die für die zunehmende Wohnungslosigkeit verantwortlich sind.

D2 Wohnungslose haben ein Recht auf Unterbringung

Der Anteil der kommunal untergebrachten Personen am Gesamtanteil der Wohnungslosen ist sehr hoch: In NRW waren zum Stichtag 30. Juni 2018 knapp 70 Prozent der Wohnungslosen (30.736 Personen) durch die Kommunen untergebracht.

Die Kommunen sind aus den Ordnungs- und Polizeigesetzen der Länder verpflichtet, unfreiwillig obdachlosen Menschen eine Unterbringung zu gewähren, die sogenannte ordnungsrechtliche Unterbringung. Weitergehende Anforderungen an das Wo und Wie der Unterbringung sind nicht gesetzlich geregelt [...]. In der Praxis sieht die Unterbringung von Kommune zu Kommune sehr unterschiedlich aus: Wohnungslose können in „Normalwohnraum" (Wohnungen) untergebracht werden oder aber in Mehrbettzimmern in Sammelunterkünften; hygienisch einwandfrei oder an der Grenze zur Verwahrlosung; am Rande der Stadt oder nah zur ärztlichen und sozialen Versorgung; mit Anknüpfung an das Hilfesystem und damit der Möglichkeit, wieder eine Wohnung zu erlangen, oder völlig auf sich gestellt. [...] Die ordnungsrechtliche Unterbringung findet nicht mehr – wie eigentlich vom Gesetzgeber vorgesehen – für eine sehr kurze Zeit statt, sondern dauert in vielen Fällen mehrere Monate bis Jahre, teilweise bis an das Lebensende der Betroffenen. Dieser Entwicklung vom Notversorgungssystem hin zu einer mittel- bis längerfristigen Unterbringungsform ist bis heute keine entsprechende Entwicklung von Standards gefolgt.

Dieser Situation stehen grund- und menschenrechtliche Verpflichtungen Deutschlands gegenüber – in erster Linie das Recht auf Wohnen als Teil des Rechts auf einen angemessenen Lebensstandard (Artikel 11 des UN-Sozialpakts). [...] Der Staat muss [...] durch gesetzliche und politische Maßnahmen darauf hinwirken, dass alle Menschen ihr Recht auf angemessenes Wohnen wahrnehmen können. Das Recht auf menschenwürdiges Wohnen ergibt sich auch aus dem Grundgesetz (Artikel 1, Artikel 20 GG) beziehungsweise der ständigen Rechtsprechung des Bundesverfassungsgerichts.

(Deutsches Institut für Menschenrechte, Berlin 2019: Entwicklung der Menschenrechtssituation in Deutschland Juli 2018 – Juni 2019 – Bericht an den Deutschen Bundestag gemäß § 2 Absatz 5 DIMRG; Redaktion: Claudia Engelmann, Heike Rabe; https://www.institut-fuer-menschenrechte.de/fileadmin/user_upload/Publikationen/Menschenrechtsbericht_2019/Menschenrechtsbericht_2019.pdf, S. 44 f. [11.02.2020])

1 Erklärt, welche rechtlichen Grundlagen eine Unterbringung von Wohnungslosen erfordern und welche rechtliche Lücke für die Lösung des Problems dennoch vorhanden ist.

2 Erläutert, wie sich die Situation für die Wohnungslosen trotz der rechtlichen Vorgaben häufig darstellt.

3 Erstellt einen Lagebericht über das Problem der Wohnungslosigkeit in eurer Stadt oder Gemeinde. Nehmt zu diesem Zweck Kontakt mit der Stadtverwaltung und sozialen Einrichtungen auf. Präsentiert eure Ergebnisse anschließend in einer digitalen Präsentation oder als Podcast.

Praxis

2.1, 4.1, 4.2

PSW

REFUGEES
WELCOME

kein
mensch
ist
illegal

Asylantra
Zutreffende

7

Eine neue Heimat finden? – Ursachen und Folgen von Migration

Darum wird es gehen

Schon seit Mitte der 1950er-Jahre ist Deutschland ein Einwanderungsland. Nach Angaben des Statistischen Bundesamtes für das Jahr 2018 betrug der Anteil der Bevölkerung mit ausländischen Wurzeln in Deutschland 25,5 Prozent der Gesamtbevölkerung. In absoluten Zahlen: ca. 20,8 Mio. von insgesamt ca. 81,6 Mio. Menschen in Deutschland.

Im ***ersten Abschnitt*** *soll am Beispiel zweier Lebensgeschichten von Kindern, die zugewandert sind, deutlich werden, warum Menschen aus dem Ausland zu uns kommen. Ihr erhaltet Informationen über die geschichtliche Entwicklung der Zuwanderung nach Deutschland und erfahrt, welche unterschiedlichen Gruppen von Zuwanderern es gibt und was unter „Migration" zu verstehen ist.*

Im ***zweiten Abschnitt*** *soll deutlich werden, unter welchen Bedingungen ein Flüchtling in Deutschland bleiben kann. Ihr sollt am Beispiel Farids das Asylverfahren kennenlernen und von möglichen Konsequenzen für die Flüchtlinge erfahren, die die Bedingungen für die Gewährung von Asyl nicht erfüllen.*

Im ***dritten Abschnitt*** *geht es um das schwierige Thema „Integration". Was wird darunter verstanden? Wie kann Integration gelingen und wo zeigen sich Schwierigkeiten? Mit diesen Fragen sollt ihr euch beschäftigen. Unter bestimmten Bedingungen kann auch die deutsche Staatsbürgerschaft erlangt werden – z. B. muss ein Test zur Einbürgerung bestanden werden. Ihr könnt ihn selbst einmal durchführen.*

1. Migration nach Deutschland – ein neues Phänomen?

Zum Einstieg:

Fallbeispiel

M1 Haya, Ranim und Tasnim berichten von ihrer Flucht aus Syrien

Wir sind eine Familie von drei Mädchen, zwei Jungen und unseren Eltern. Früher wohnten wir in einem kleinen Dorf. Es heißt Jaba und liegt [...] in Syrien. In Syrien fanden wir es schön. Wir wohnten in einem großen Haus und mochten es dort sehr. Wir hatten auch Haustiere, vor allem Kühe und Schafe. Wir gingen in die Schule und alles war sehr gut. Wir waren fleißige Schüler – die besten in der Schule. Wir hatten viele Freunde und mein Vater hatte viel Arbeit. Er war Bauer, er arbeitete auf dem Land, um zu säen und zu ernten. Er war auch Friseur und hatte ein Bekleidungsgeschäft. Meine Mutter war Grundschullehrerin. Es war ein schönes und ruhiges Leben.
Plötzlich begann der Krieg, alles wurde schlecht. Es gab keinen Strom mehr. Einmal verbrachten wir drei Monate ohne Elektrizität. Die Bäckerei wurde geschlossen und die Lebensmittel wurden sehr teuer. Die Bomben fielen auf unser Dorf und die Flugzeuge kamen ohne Vorwarnung. Als die Bomben fielen, versteckten wir uns unter den Tischen oder in den Ecken. Manchmal dauerte es den ganzen Tag und auch nachts, wir konnten dann nicht schlafen. Als wir uns zur Flucht entschlossen, hat uns die syrische Armee die Flucht verboten. Wir konnten nicht mehr zur Schule gehen, weil es zu gefährlich war. Manchmal konnten wir nur für eine Unterrichtsstunde dorthin gehen. Als mein Vater zu seiner Arbeit ging, hat ihm die Armee sein Auto weggenommen. Nach drei Tagen bekam er es wieder. Wir hatten Glück, denn viele andere bekamen ihr Auto nicht zurück. Die Armee hat einige Leute aus unserem Dorf verhaftet. Es war nicht immer ganz klar, weshalb. [...] Mein Vater konnte deshalb nicht zur Arbeit gehen. Dann verschlechterte sich die Situation und unsere Eltern hatten Angst um uns. Deshalb hat mein Vater entschieden, dass wir flüchten.

(Haya, Ranim und Tasnim: Von Syrien nach Föhr – unsere lange Flucht, aufgezeichnet von Eugenia Loginova für Flüchtling Magazin, 30.11.2017, Hamburg; https://www.fluechtling-magazin.de/2017/11/30/von-syrien-nach-foehr-unsere-lange-flucht/ [17.02.2020])

M2 Weitere Fluchtursachen

1 Erklärt, weshalb die Familie aus ihrer Heimat flüchten musste. Erstellt dazu eine Stichwortliste zu den Fluchtursachen (M 1).

2 Vergleicht die Fotos (M 2) mit dem Fallbeispiel M 1. Welche Fluchtursachen werden hier abgebildet? Ergänzt anschließend eure Stichwortliste aus Aufgabe 1 um weitere Ursachen, die den Bildern zu entnehmen sind.

Deutschland ist schon seit langer Zeit ein Einwanderungsland. Die Menschen kamen aus den unterschiedlichsten Gründen nach Deutschland. Das nächste Material gibt euch dazu Informationen.

M 3 Die Entwicklung der Zuwanderung von 1950 bis 2005/2006

Anfang der 1950er-Jahre lebten nur wenige Ausländer in Deutschland. Ihr Anteil an der Gesamtbevölkerung lag bei 1,2 Prozent. Das hat sich aus verschiedenen Gründen im Laufe der Jahre deutlich verändert.

Die wirtschaftliche Entwicklung in Deutschland ab Mitte der 1950er-Jahre wird oftmals als „Wirtschaftswunder" bezeichnet. Diese Bezeichnung entstand, weil nach den Zerstörungen aufgrund des Zweiten Weltkrieges ein rascher Auf- und Ausbau von z. B. Häusern, Straßen, Unternehmen, der Herstellung von Konsumgütern und Maschinen stattfand. Dazu benötigte man sehr viele Arbeitskräfte. Aus diesem Grund wurden ab Anfang der 1960er-Jahre sogenannte **„Gastarbeiter"** angeworben. Sie stammten überwiegend aus Italien, Spanien, Griechenland, Portugal, der Türkei (also aus den südlichen Ländern Europas) und hatten einen großen Anteil an der guten wirtschaftlichen Entwicklung. Bis 1973 nahm die Zahl der Ausländer in Deutschland dadurch auf knapp 4 Millionen zu (Anteil an der Bevölkerung: 6,4 %).

Kennzeichen der zweiten Phase der Zuwanderung von Ausländern war in den späten 1980er- und frühen 1990er-Jahren der Zuzug von **Flüchtlingen** aus vielen Ländern der Welt: Bürgerkriegsflüchtlinge kamen aus den Balkan-Ländern (z. B. Kosovo, Serbien, Kroatien, Montenegro), Roma wanderten aus Rumänien und Bulgarien zu, Menschen aus armen Entwicklungsländern und Ländern, in denen es kriegerische Auseinandersetzungen gab, suchten Zuflucht in Deutschland.

Die politische Entwicklung 1989/1990 (Zerfall der Sowjetunion) führte in einer dritten Phase die sogenannten **Spätaussiedler** in verstärktem Maße nach Deutschland. Hierbei handelte es sich um deutsche Familien aus Siedlungsgebieten in Ländern der ehemaligen Sowjetunion. Mit der Aner-

Zweiter Weltkrieg: Der Zweite Weltkrieg begann am 1. September 1939 mit dem Überfall Deutschlands auf Polen und endete am 8. Mai 1945 mit der Kapitulation Deutschlands. Durch den Krieg verloren weltweit ca. 60 Millionen Menschen (Soldaten und Zivilisten) ihr Leben. Nach dem Krieg haben sich die USA und die Sowjetunion als die mächtigsten Staaten der Welt entwickelt.

Zerfall der Sowjetunion: Als Siegermacht im Zweiten Weltkrieg hatte die Sowjetunion viele Länder in Osteuropa und in Asien unter ihren Einfluss gebracht. In Europa gehörte auch der Ostteil Deutschlands, *die Deutsche Demokratische Republik* (DDR), dazu. In den Jahren nach 1980 wurde der Ruf nach mehr Demokratie laut. Michail Gorbatschow, der damalige Staatspräsident der Sowjetunion, gab sein Einverständnis zu diesen Entwicklungen. Ein Ergebnis dieser Prozesse war die deutsche Wiedervereinigung von ehemals DDR und BRD am 20.9.1990. Im Dezember 1991 wurde die Sowjetunion offiziell aufgelöst.

kennung als Spätaussiedler erhielten sie automatisch die deutsche Staatsangehörigkeit. Bis zum Jahr 1996 stieg die Zahl der Ausländer so auf rd. 7,4 Millionen und führte zu einem Ausländeranteil an der Gesamtbevölkerung von knapp 9 %. Diese Zahlen blieben so bis ca. zum Jahr 2005/2006.

(Autorentext)

1 Beschreibt die unterschiedlichen Phasen der Zuwanderung in die Bundesrepublik.

2 Erstellt aus den Angaben in M 3 in eurem Heft einen Zeitstrahl (Muster siehe unten). Ordnet die jeweiligen Phasen der Zuwanderung entsprechend zu. Recherchiert zur Ergänzung weitere Informationen im Internet.

Zeitstrahl: Phasen der Zuwanderung

1960er-Jahre
1. Phase:
Gastarbeiter
Herkunft: …
Insgesamt: …
in Prozent der Bevölkerung: …

V Erläutert, warum es deutsche Siedlungsgebiete mit deutscher Bevölkerung in Ländern der ehemaligen Sowjetunion gab.

M 4 Die Entwicklung der Zuwanderung seit ca. 2010

Seit ca. 2010/2011 hat sich in einer **vierten Phase** die Zuwanderung nach Europa verstärkt. Viele der Flüchtlinge haben den Wunsch, in Deutschland zu leben. Die Länder der Europäischen Union haben vereinbart, dass Flüchtlinge aus Nicht-EU-Ländern – also z. B. aus Afrika und Asien – dort aufgenommen werden müssen, wo sie zuerst die Grenze in ein EU-Land überschreiten („sichere Drittstaaten"; vgl. dazu M 10, S. 178). Viele (nord-)afrikanische Flüchtlinge flohen und fliehen über das Mittelmeer nach Italien. Die italienische Mittelmeerinsel Lampedusa, nur 138 Kilometer von der tunesischen Küste entfernt, ist ein Symbol für das Leid der Flüchtlinge geworden. Flüchtlinge aus (Vorder-) Asien hingegen suchen oft den Weg über die Türkei nach Griechenland.

Mit dem Spätsommer 2015 ergab sich aus vielen Staaten Afrikas und Vorderasiens – vor allem aus Syrien – eine massive Fluchtbewegung nach Europa. In dem Fallbeispiel (siehe M 1) werden einige Ursachen dafür deutlich. Außerdem erklären auch extreme Armut, die Auswirkungen des Klimawandels (siehe dazu Kapitel 8), Arbeitslosigkeit und Hoffnungslosigkeit in vielen Ländern Afrikas und Asiens diese Entwicklung.

Die Südstaaten Europas – vor allem Italien und Griechenland – waren und sind damit überfordert, die Vielzahl der Flüchtlinge aufzunehmen. Die Nachrichten und Bilder aus den Aufnahmelagern, in denen die Flüchtlinge unter extrem schlechten Bedingungen leben müssen, waren für Deutschland und andere Länder in Europa Anlass, die Zuwanderung in das eigene Land zuzulassen. Daraufhin haben sich viele Flüchtlinge auf den Weg gemacht, vor allem über die Balkanroute (vgl. dazu die Karte auf S. 190), um nach Deutschland und in andere europäische Länder zu gelangen. Dabei kamen auch Flüchtlinge zu uns, deren Herkunft aufgrund der schwierigen Umstände zum Teil nicht korrekt erfasst wurde.

Im Laufe der Zeit hat sich allerdings herausgestellt, dass die Staaten in Europa sehr unterschiedliche Auffassungen darüber haben, wo und wie viele Flüchtlinge aufzunehmen sind. Das Spektrum der Einstellungen dazu reicht von der Aussage der deutschen Bundeskanzlerin „Wir schaffen das" im Herbst 2015 bis hin zu den Entscheidungen einiger Länder der EU (z. B. Ungarn), im Verlauf des Jahres 2016 Mauern zu bauen, Zäune (s. Foto), Notunterkünfte und sog. Auffanglager zu errichten, um eine Zuwanderung der Flüchtlinge in ihr Land – teils mit Gewalt – zu verhindern. Dies sowie ein Abkommen mit der Türkei, gegen entsprechende Bezahlung Flüchtlinge aufzunehmen, hat dazu geführt, dass ab 2016 weit weniger Flüchtlinge auf der Balkanroute nach Deutschland gekommen sind. Seit dem Höhepunkt im Jahr 2015 ist die Zuwanderung in den letzten Jahren wieder leicht rückläufig, wenngleich weiterhin mehr Menschen nach Deutschland kommen als wegziehen. Im Jahr 2018 lag der Zuwanderungssaldo (Zuwanderung minus Abwanderung) bei rund 400.000 Menschen, in dem Jahr ist die Bevölkerungszahl in Deutschland also um diese Zahl gestiegen.

(Autorentext)

M5 Die Zuwanderung nach Deutschland in Zahlen (1991–2018)

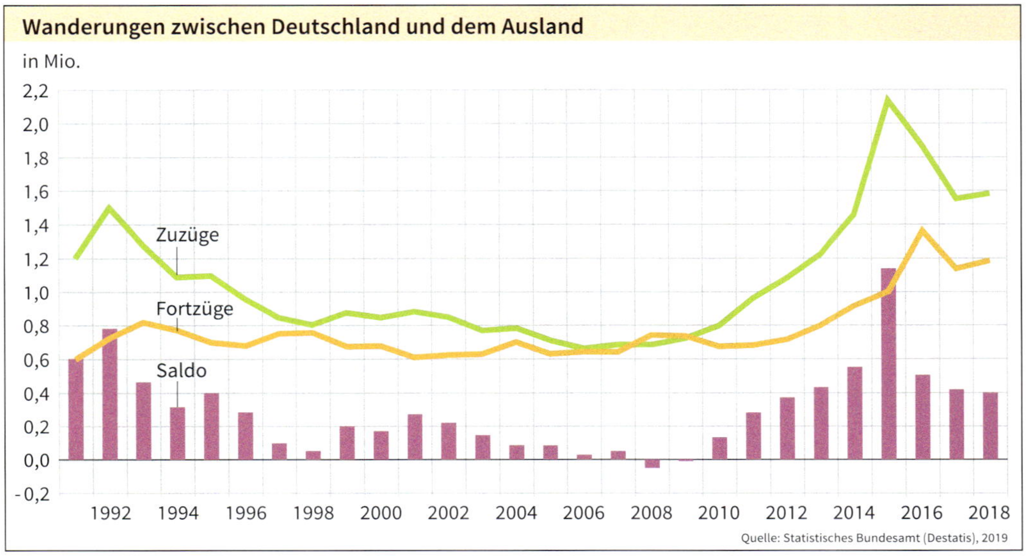

(DOMKE/© Statistisches Bundesamt (Destatis), 2020 „Vervielfältigung und Verbreitung, auch auszugsweise, mit Quellenangabe gestattet")

1 Beschreibt die Entwicklung der Zuwanderung von 1991 bis 2018.

2 Erklärt die Entwicklung der Zuwanderung mithilfe eurer bisherigen Kenntnisse.

M 6 Wie hätte sich die deutsche Bevölkerung ohne Einwanderung entwickelt?

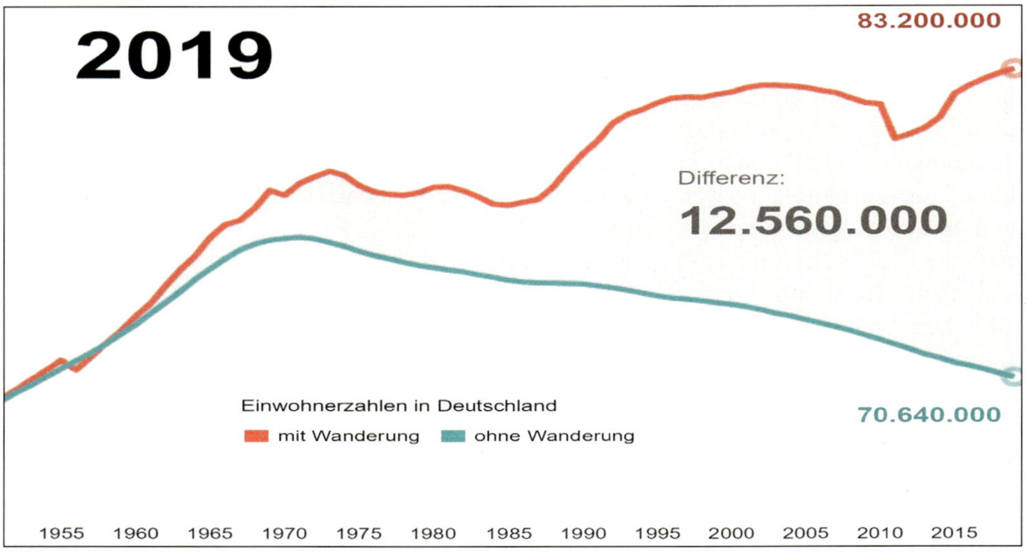

(Quelle: Mediendienst/ „Demografie-Blog“)

M 7 Migration als Chance

„Angesichts der demografischen Entwicklung [gemeint ist, dass die Bevölkerung insgesamt immer älter wird] braucht Deutschland dringend Zuwanderer – und die müssen möglichst gut ausgebildet werden.“

(Maria Marquart: Wirtschaftsfaktor Flüchtling – was auf Deutschland zukommt, SPIEGEL Wirtschaft, 03.11.2015, Hamburg; https://www.spiegel.de/wirtschaft/soziales/fluechtlinge-probleme-und-chancen-fuer-deutschland-a-1060764.html [14.02.2020])

1 Wertet die Statistik (M 6) aus und verdeutlicht, welche Auswirkungen die Einwanderung auf die Einwohnerzahl in Deutschland hat.

2 Erläutert das Zitat (M 7) unter Berücksichtigung der Statistik (M 6).

3 Diskutiert unter Berücksichtigung von M 6 und M 7 (siehe Methode S. 216) in der Klasse, welche Vor- und Nachteile sich aus der Einwanderung für Deutschland ergeben können.

M 8 Zuwanderer, Einwanderer, Migranten ... – Was bedeuten diese Begriffe?

Menschen, die ihre Heimat verlassen und sich eine neue Heimat suchen, in der sie leben wollen, bezeichnet man als **Migranten** (lat.: migrare – „wandern“).
Wählen sie ihre neue Heimat in einem anderen Land, werden sie von dem aufnehmenden Land als **Einwanderer, Zuwanderer** oder auch **Immigranten** bezeichnet. Dementsprechend werden sie in dem Land, das sie verlassen, als **Auswanderer** oder auch **Emigranten** bezeichnet.

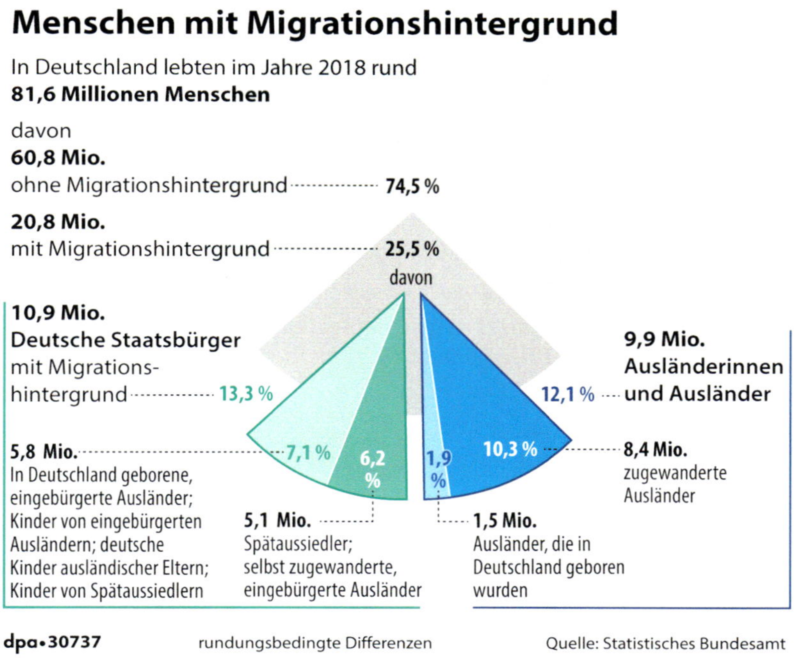

Ein Migrant verlässt seine Heimat üblicherweise freiwillig, um seine Lebensbedingungen zu verändern oder zu verbessern. Sollte er zurückkehren, genießt er weiterhin den Schutz seiner Regierung. **Flüchtlinge** hingegen fliehen in der Regel vor Krieg, (drohender) Verfolgung oder schlechten Lebensbedingungen und können meist nicht in ihr Heimatland zurückkehren, ohne Gefahr zu laufen, bestraft zu werden.
Ein **Asylant** oder **Asylbewerber** ist jemand, der dauerhaft im Ausland Schutz vor Verfolgung sucht.
Als **Ausländer** werden alle Personen bezeichnet, die nicht die deutsche Staatsangehörigkeit haben.
Als **Eingebürgerte** bezeichnet man Zuwanderer, die die deutsche Staatsbürgerschaft angenommen haben. (Zur Gruppe der **Spätaussiedler** siehe die Aussagen in M 3.)
Seit dem Jahr 2005 wird in Deutschland eine neuer Begriff gebraucht, der alle Menschen erfassen will, die zugewandert sind: **Personen mit Migrationshintergrund**.

(Autorentext)

1 Übertragt die fett gedruckten Begriffe in M 8 in euer Arbeitsheft und ordnet die entsprechenden Merkmale zu. Findet zu jedem Begriff ein konkretes Beispiel.

2 Untersucht den „Migrationshintergrund" in eurer Klasse. Jede Schülerin und jeder Schüler steckt auf einer im Klassenzimmer aufgehängten (große) Weltkarte eine Stecknadel an den Ort, an dem sie oder er geboren wurde. Dies geschieht ebenso für die Geburtsorte der Eltern und Großeltern. Für jede Generation sollte eine andere Farbe verwendet werden. Was stellt ihr fest?

3 Findet für die in der Grafik dargestellten „Menschen mit Migrationshintergrund" jeweils ein Beispiel (siehe die unterste Ebene der Grafik).

4 Deutschland wird häufig als „Zuwanderungsland" bzw. „Einwanderungsland" bezeichnet. Erläutert mithilfe eurer erworbenen Kenntnisse, warum das so ist.

2. Eine neue Heimat finden – Welche Flüchtlinge können bleiben?

Nicht alle Flüchtlinge haben einen Anspruch darauf, in Deutschland leben zu können. Es gibt Vorschriften und Gesetze, in denen dies genau festgelegt ist. Eine besondere Rolle spielt dabei das Recht auf **Asyl**. Ob Flüchtlinge, die zu uns kommen, das Recht erhalten, in Deutschland bleiben zu können, ist im Grundgesetz geregelt. Dort sind die Regeln für das Zusammenleben von Menschen für alle verpflichtend festgeschrieben. In Art. 16, Absatz 1 heißt es: „Politisch Verfolgte genießen Asylrecht." Das Wort „Asyl" kommt aus dem Griechischen und bedeutet so viel wie „Unterkunft", „Sicherheit". Es meint heute sichere Orte und eine Zuflucht für Menschen in Gefahr und Verfolgung.

Fallbeispiel

M 9 Warum ist Farid M. asylberechtigt?

Farid M., 20 Jahre alt, hatte Glück bei der Passkontrolle im Zug von Ungarn nach Deutschland. Keiner bemerkte den falschen Pass. Seinen richtigen Pass hatte man ihm in seinem Heimatland Afghanistan abgenommen, weil er sich kritisch gegen das Vorgehen von Terrorgruppen in seinem Land geäußert hat. Ein solches Verhalten kann in Afghanistan das Todesurteil bedeuten. Man hat Farid verhört und ihm mit Bestrafung gedroht. Farid hat sich nach einem langen Gespräch mit seiner Familie entschlossen, aus Afghanistan zu fliehen. Er hatte Angst um sein Leben. Mit Unterstützung seiner Familie und von Freunden hat er sich einen neuen Pass „besorgt". Sein Weg führte ihn über den Iran und die Türkei nach Europa.
In Deutschland angekommen, hat er sich – wie vorgeschrieben – bei der Polizei gemeldet, um zu sagen, dass er ein politischer Flüchtling sei und um Asyl bitte.
Die Beamten brachten ihn zu einer Außenstelle des Bundesamtes für Migration und Flüchtlinge (BAMF). Dort schrieb man seine Personalien auf und nahm seine Fingerabdrücke, um festzustellen, ob er vielleicht bereits in einem anderen europäischen Land einen Asylantrag gestellt hatte.
Das Verteilungssystem für Asylbewerber schreibt vor, dass Flüchtlinge in etwa gleichmäßig auf die Bundesländer und Städte/Gemeinden zu verteilen sind. Farid musste am nächsten Tag in eine kleine Stadt in Süddeutschland fahren, um dort sein Asylverfahren durchzuführen. Er wäre lieber in eine Stadt in Norddeutschland gekommen, da dort seit fünf Jahren ein Onkel wohnt, der ihm helfen könnte. So musste er allein mit dem Zug nach Süddeutschland fahren. Den Fahrschein bekam er gestellt.
Am Bahnhof traf er glücklicherweise Flüchtlinge aus seinem Land, die ihm in seiner Sprache erklären konnten, wie er die Asylbewerberunterkunft finden konnte. Er meldete sich im Büro. Wieder wurden seine Personalien aufgenommen und ihm wurde mitgeteilt, dass er während des Verfahrens die Gemeinde nicht verlassen dürfe, um immer erreichbar zu

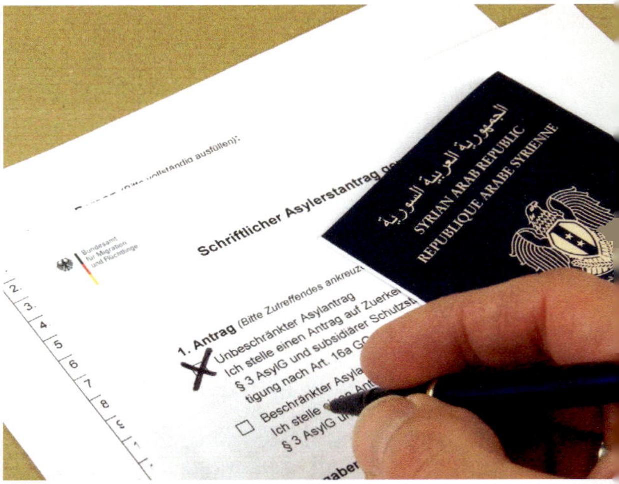

sein. Er bekam einen Termin für seine Anhörung und eine Aufenthaltsgestattung, die bescheinigte, dass er sich zur Durchführung des Asylantrags in Deutschland aufhalten dürfe.

Die Anhörung fand erst 8 Wochen später statt, weil sehr viele Flüchtlinge einen Asylantrag gestellt hatten und der erforderliche Dolmetscher nicht immer zur Verfügung stand. Farid wurde zunächst nach seinem Fluchtweg befragt, bevor er ausführlich erzählen konnte, was ihm in seinem Land passiert und weshalb er geflohen war und was ihm drohe, wenn er zurückgehen würde.

Während Farid auf die Entscheidung wartete, gab es für ihn nichts zu tun. Er spielte in der Unterkunft Tischtennis, guckte fern und lernte dabei ein wenig Deutsch, hielt über sein Smartphone Verbindung zu seiner Familie in Afghanistan. Nach 6 Wochen kam der Brief vom Bundesamt. Es war eine Ablehnung. Farid bekam Panik. Warum hatte man ihm nicht geglaubt, dass er in seinem Land verfolgt wurde? Sein Zimmergenosse beruhigte ihn und riet ihm, mit Hilfe einer Beratungsstelle weiter Beweise für seine Erlebnisse in Afghanistan zu sammeln und mit Hilfe eines Rechtsanwaltes gegen diesen Bescheid zu klagen.

Dieses Verfahren dauerte sehr lange. Er durfte in dieser Zeit nicht arbeiten und auch nicht wegfahren. Dann kam endlich die Nachricht für den Gerichtstermin. Im Gerichtsverfahren wurde die BRD verpflichtet, ihn als asylberechtigt anzuerkennen, da ihm aufgrund seiner politischen Aktivitäten höchstwahrscheinlich Haft und Folter in seinem Heimatland drohen würden.

Nun war Farid als Flüchtling nach dem Grundgesetz-Artikel 16a anerkannt. Er bekam eine Aufenthaltserlaubnis, einen Flüchtlingsausweis und eine Arbeitserlaubnis.

Seinem Zimmernachbarn erging es nicht so gut. Er war abgelehnt worden, weil er keine Verfolgungsgründe darlegen konnte. Aber zurück in sein Heimatland konnte er dennoch nicht, weil es für ihn in seinem Land viel zu gefährlich gewesen wäre. Er bekam eine Duldung. Auf dem Schreiben mit seinem Foto stand, dass seine Ausreise nur vorübergehend aufgeschoben ist. Was bedeutet vorübergehend? Auf jeden Fall wurde seine Duldung immer wieder um zwei Monate verlängert. Er durfte nicht wohnen, wo er wollte, und nicht arbeiten und Geld verdienen. So ging das schon vier Jahre und er hatte keine Ahnung, ob und wann sich das ändern würde.

Mittlerweile hat Farid auch erfahren, dass nur sehr wenige Asylbewerber anerkannt werden und zum Teil auch keine Duldung bekommen. Sie werden dann in ihr Heimatland abgeschoben oder gehen freiwillig zurück. Er weiß auch, dass viele Flüchtlinge nach einer Ablehnung nicht in ihr Heimatland zurückgehen, sondern „untertauchen". Man bezeichnet diese Flüchtlinge dann als „illegale Flüchtlinge".

(Autorentext)

1 Erklärt, was mit dem Begriff „Asyl" gemeint ist. Welche Flüchtlinge haben nach dem Grundgesetz einen Anspruch auf Asyl?

2 Verdeutlicht anhand des Beispiels von Farid das Asylverfahren.

3 Stellt die Probleme dar, die sich für Farid im Asylverfahren ergeben haben.

4 Arbeitet die genannten Gründe für die beiden unterschiedlichen Möglichkeiten heraus, mit denen ein Asylverfahren enden kann.

M10 Erhalten nur politisch Verfolgte Asyl?

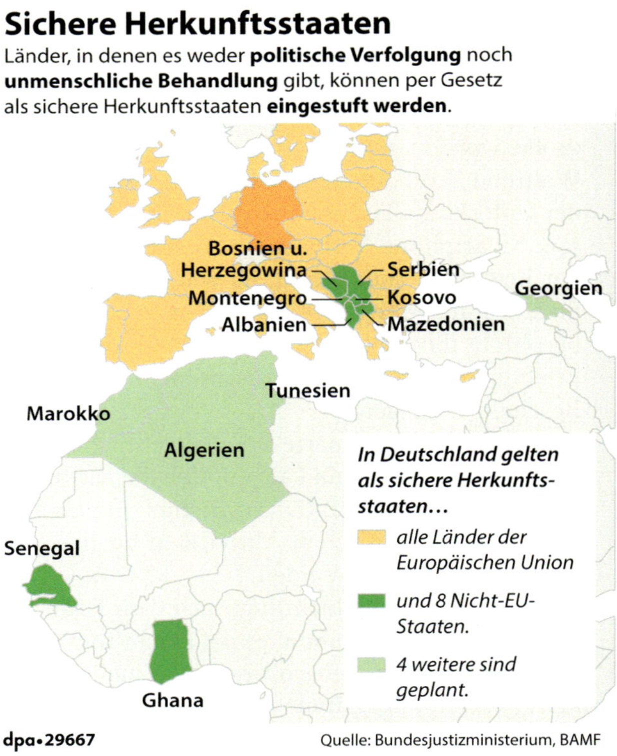

Im Jahr 2018 sind ca. 1,6 Mio. Menschen nach Deutschland zugewandert und ca. 186.000 Asylanträge gestellt worden. Nach der Statistik des Bundesamtes für Migration und Flüchtlinge (BAMF) sind lediglich 2.841 Personen auf der Grundlage des Art. 16a GG als Asylberechtigte anerkannt worden und ca. 41.000 weitere als Flüchtlinge. Wie lassen sich diese Zahlen erklären?

Viele Flüchtlinge kommen aus „sicheren Drittstaaten" und „sicheren Herkunftsländern" zu uns. Als „sichere Drittstaaten" gelten alle Länder der Europäischen Union (EU) sowie Norwegen und die Schweiz. „Sichere Herkunftsstaaten" werden in der Grafik dargestellt.

Flüchtlinge, die z. B. über das Mittelmeer nach Italien oder Griechenland kommen, sind somit in einem „sicheren Drittstaat" angekommen. Kommen sie aus diesen Staaten nach Deutschland, haben sie in der Regel keinen Anspruch auf Asyl. Denn man geht davon aus, dass es in diesen „sicheren Herkunftsstaaten" keine politische Verfolgung und unmenschliche Behandlung und Bestrafung gibt. Dies ist in Art. 16 GG, Satz 2 festgelegt.

Auf der Grundlage der Genfer Flüchtlingskonvention von 1951 haben Flüchtlinge allerdings auch dann einen Anspruch auf Schutz, wenn in ihrer Heimat neben der Furcht vor politischer Verfolgung auch die Verfolgung z. B. wegen ihrer Rasse, Religion oder Nationalität zu befürchten ist oder wenn Todesstrafe, Folter oder unmenschliche Behandlung drohen. Hier ist jeder Fall im Asylverfahren entsprechend zu prüfen. Dies erklärt die hohe Zahl der Asylanträge und die zum Teil sehr langen Wartezeiten.

(Autorentext)

1 Erklärt den Unterschied zwischen „sicheren Drittstaaten" und „sicheren Herkunftsstaaten". Benennt die Länder, die jeweils dazugehören. Was stellt ihr fest?

2 Erläutert, welche Konsequenzen sich für Flüchtlinge ergeben, die aus diesen Ländern nach Deutschland kommen.

3. Integration – wie kann sie gelingen?

Für die Bearbeitung der folgenden Problemfrage (M 11) schlagen wir euch die Methode Think-Pair-Share vor. Macht euch zunächst mit diesem Verfahren vertraut.

Methode Think-Pair-Share

Think-Pair-Share beschreibt eine besondere Vorgehensweise beim gemeinsamen Lernen. Es ist folgendes Vorgehen gemeint:

1. **Think:** Überlegt zuerst für euch alleine. Lest den Text, studiert die Aufgabenstellung, macht Notizen.
2. **Pair:** Anschließend tauscht ihr zu zweit die Ergebnisse eurer Überlegungen aus.
3. **Share:** Tragt dann eure Arbeitsergebnisse im Plenum vor, vergleicht und vertieft sie gegebenenfalls oder verwendet sie als Argumente für eine Diskussion.

(Autorentext)

M 11 Wie groß ist die Integrationsbereitschaft?

Blickwinkel

Mit dieser Frage sollt ihr euch nun beschäftigen, und zwar aus unterschiedlichen Blickwinkeln. Eine Einwanderungsgesellschaft erfordert von allen Beteiligten die Bereitschaft, aufeinander zuzugehen. Doch wie ist es um die Integrationsbereitschaft bestellt? Die Klasse wird in zwei Gruppen eingeteilt, und zwar in „Einheimische“ (A) und in „Zuwanderer“ (B). In dieser Gruppe B sollten sich am besten auch die Schülerinnen und Schüler aus eurer Klasse befinden, deren Familien zugewandert sind.

Gruppe A: „Einheimische“

Fragebogen (Muster):

Zuwanderer und Zuwanderinnen bringen neue Gewohnheiten und Verhaltensweisen mit, und sie haben andere kulturelle Regeln und religiöse Vorstellungen.

Was ich daran gut finde:
.... ??? ....

Was ich nicht tolerieren kann:
.... ??? ....

Was ich akzeptieren kann:
.... ??? ....

Ich erwarte von Zuwanderern, dass
.... ??? ....

1. Jedes Mitglied der Gruppe A bearbeitet zunächst (im Heft) den Fragebogen für sich allein. (Think)
2. Sucht euch anschließend ein anderes Mitglied aus der Gruppe A, stellt euch gegenseitig eure Gedanken vor und diskutiert sie. (Pair)
3. Nun setzt ihr euch mit zwei Mitgliedern der Gruppe B (ihr seid nun zu viert) zusammen und vergleicht eure Vorstellungen mit denen der „Zuwanderer". Reichen die Übereinstimmungen für eine insgesamt erfolgreiche Annäherung aus? Wo bestehen konfliktträchtige Unterschiede? Wie können Brücken gebaut werden? (Pair)
4. Haltet die Ergebnisse schriftlich fest, damit ihr sie im letzten Schritt der gesamten Klasse vorstellen könnt. (Share)

Gruppe B: „Zuwanderer"

Fragebogen (Muster):

Als Zuwanderer ist für mich hierzulande vieles ungewohnt.

Was mir hier gefällt:
.... ??? ....

Woran ich mich gewöhnen kann:
.... ??? ....

Was ich nicht aufgeben kann:
.... ??? ....

Ich erwarte von den Einheimischen, dass
.... ??? ....

1. Jedes Mitglied der Gruppe B bearbeitet zunächst den Fragebogen für sich allein. (Think)
2. Sucht euch anschließend ein anderes Mitglied aus der Gruppe B, stellt euch gegenseitig eure Gedanken vor und diskutiert sie. (Pair)
3. Nun setzt ihr euch mit zwei Mitgliedern der Gruppe A (ihr seid nun zu viert) zusammen und vergleicht eure Vorstellungen mit denen der „Einheimischen". Reichen die Übereinstimmungen für eine insgesamt erfolgreiche Annäherung aus? Wo bestehen konfliktträchtige Unterschiede? Wie können Brücken gebaut werden? (Pair)
4. Haltet die Ergebnisse schriftlich fest, damit ihr sie im letzten Schritt der gesamten Klasse vorstellen könnt. (Share)

(Autorentext; Fragebögen nach: Themenblätter im Unterricht Nr. 111: Migration und Integration, Hrsg.: Bundeszentrale für politische Bildung, Bonn, April 2016; Verf.: Bruno Zandonella)

Fallbeispiel

M 12 Die Sprache als Schlüssel zur Integration

„Ich bin Saria, ich bin 10 Jahre alt, ich komme aus Syrien, ich spreche Arabisch, Englisch, bisschen Türkisch und ein bisschen Deutsch." – „Hallo, ich bin Dionys. Ich bin Albaner." – „Arnel. 11 Jahre alt. Bosnien. Sprechen Deutsch und Russisch, Bosnisch." – „Ich bin Arman. Ich bin 11 Jahre alt. Armenisch, Russisch und ein bisschen Englisch." Die Willkommensklasse der katholischen St. Franziskus-Schule in Berlin-Schöneberg. Seit Oktober lernen sie gemeinsam Deutsch. 8 Kinder, 5 Muttersprachen. Guten Tag! […]

Dass überall bunte Klebezettel hängen, auf denen „Toilette", „Spiegel" oder „Waschbecken" steht, daran musste sich die St. Franziskus-Gemeinde gewöhnen. „Diese Zettel mit den deutschen Begriffen im ganzen Haus helfen enorm beim Deutschlernen", erläutert Lehrerin Aniko Ramshorn [...]. Noch haben Saria, Arnel, Farshad, Arman, Dionys und die anderen keine gemeinsame Sprache, aber lange wird es nicht mehr dauern, ist die Lehrerin überzeugt. „Sie warten auf neue deutsche Wörter, auf neue deutsche Sätze, die sie benutzen können. Ich merke da wirklich ihre Erwartung, Neues zu lernen. Viele Kinder haben durch Krieg und Fluchtsituationen über Jahre zum Teil keine Schule besucht. Für uns – wie ich glaube, für alle inzwischen – ist der Erwerb der deutschen Sprache der Schlüssel zur Integration. Wir müssen – so schnell es geht – die Möglichkeiten bieten, die Sprache zu lernen, weil das natürlich – und das ist keine Überraschung – der Weg in Bildung, in Arbeit und in unsere Gesellschaft ist."

[...] Dursun Güzel – ein gepflegter älterer Herr mit weißem Schnauzbart – lebt seit 46 Jahren in Deutschland. Zwei Drittel seines Lebens hat Güzel in Deutschland, nur ein Drittel in der Türkei verbracht – trotzdem spricht der 73-Jährige nur gebrochen Deutsch. [...] „Heute würde ich das anders machen, ganz klar. Ich würde als Erstes die Sprache lernen. Denn ich weiß, wie wichtig das ist. Ohne Sprache kann man sich nicht verständlich machen, noch nicht einmal beim Arzt." [...]

Vier Monate nach Schulstart – zweiter Besuch in der Willkommensklasse. Deutsch wird langsam aber sicher zur gemeinsamen Sprache der Kinder aus Afghanistan, Syrien, Italien, Albanien, Bosnien. Die Leistungsstärksten dürfen bereits einige Stunden in die Regelklassen wechseln, zunächst in den Fächern Sport, Kunst und Musik. Die ersten Kinder beginnen, ihren Eltern bei Behördengängen und beim Arztbesuch zu helfen.

„Ich komme aus Afghanistan. Ich heiße Aida. Ich bin 10 Jahre alt." – „Können Mama und Papa schon Deutsch?" – „Nein." – „Noch gar nicht?" – „Ich ein bisschen und meine Bruder groß bisschen."

„Ich habe mich letzte Woche mit einer Schülerin unterhalten, die ganz stolz erzählt hat, dass sie ihre Eltern dazu auffordert, Deutsch zu sprechen. Wo sie erzählt hat, Papa sagt immer, sprich mit mir Arabisch, sonst verstehe ich dich nicht. Und sie sagt: Nein, Papa, du musst Deutsch lernen."

(Claudia van Laak: Integration – Ist Sprache das einzige Kriterium?, Deutschlandfunk, 07.02.2016, Köln; http://www.deutschlandfunk.de/integration-ist-sprache-das-einzige-kriterium.724.de.html?dram:article_id=344861 [14.02.2020])

1 Stellt dar, wie die Lehrerin der „Willkommensklasse" den Lernerfolg der Zuwandererkinder einschätzt.

2 Erläutert, welche Bedeutung im Text der Sprache für die Integration zugemessen wird. Wie sehen das die Schülerinnen und Schüler?

3 Diskutiert in der Klasse, in welchen Bereichen deutsche Sprachkenntnisse für eine Integration besondere Bedeutung haben. Beachtet dabei die methodischen Hinweise auf S. 216.

M 13 Integrationskurse

Fallbeispiel

[...] „Guten Morgen – ja, nehmen Sie Platz."

Martina Kaminski begrüßt ihre Schülerinnen und Schüler aus dem Integrationskurs der Volkshochschule Friedrichshain-Kreuzberg. 14 Männer und Frauen sind an diesem Morgen mehr oder weniger pünktlich gekommen – zwölf Muttersprachen haben sie mitgebracht. Von Arabisch bis Tschechisch, von Hebräisch bis Spanisch, nur asiatische Sprachen sind nicht vertreten.

Mit der deutschen Sprache lehrt Dozentin Martina Kaminski gleichzeitig die Eigenheiten und Gepflogenheiten des Gastlandes. Auch ganz wichtig für die Neuankömmlinge: das Amt. „Ramon war auf dem Amt, warum? Richtig. Der Führerschein war nicht gültig. Was machen wir noch auf dem Amt? Einen Pass bekommen wir auf dem Amt.“
Lama Habib und Abed Dahla sitzen nebeneinander an einem Tisch, ab und zu tuscheln sie auf Arabisch. Die beiden syrischen Flüchtlinge sind etwa vor einem Jahr nach Berlin gekommen. Obwohl die Hausaufgaben der 44-jährigen syrischen Lehrerin perfekt sind – „meine Söhne helfen mir mit dem Deutsch“, sagt Lama Habib –, spricht Abed Dahla besser als sie. Der 20-Jährige teilt sich eine Wohnung mit deutschen Freunden – das hilft. […] Abed Dahla hat ein Ziel vor Augen. Er will die Prüfung am Ende des Integrationskurses unbedingt bestehen. Zum Studieren reicht das Deutsch dann noch nicht aus, aber für eine Ausbildung schon. Der Syrer träumt von einer Lehrstelle als Automechaniker. Vorher steht allerdings noch die komplizierte deutsche Grammatik auf der Tagesordnung, an der er bisher scheitert. Genau wie Lama Habib. [Beide sind jedoch zuversichtlich, auch bald diese Hürde zu schaffen.]

(Claudia van Laak: Integration – Ist Sprache das einzige Kriterium?, Deutschlandfunk, 07.02.2016, Köln; http://www.deutschlandfunk.de/integration-ist-sprache-das-einzige-kriterium.724.de.html?dram:article_id=344861 [14.02.2020])

1 Erklärt, welche Aufgaben die Integrationskurse erfüllen sollen.

2 Erläutert in der Klasse, was man unter „Eigenheiten und Gepflogenheiten des Gastlandes“ versteht.

Fallbeispiel

SPORT spricht alle Sprachen

M14 „Sport spricht alle Sprachen“

a) buntkicktgut Würzburg

buntkicktgut
interkulturelle straßenfußball-ligen

Das erste große Event der buntkicktgut-Liga in Würzburg war ein Turnier im Frühjahr 2014. Die teilnehmenden Jugendlichen unter 15 Jahren spielten mit vollem Einsatz um die heiß begehrten Preise und Pokale. Nach spannenden Spielen waren sich alle Beteiligten einig: Das erste Turnier in Würzburg war ein voller Erfolg für gelungene Integration.
buntkicktgut ist eine soziale Initiative, bei der Kinder und Jugendliche aus ganz unterschiedlichen gesellschaftlichen und kulturellen Hintergründen miteinander und selbst organisiert eine kontinuierliche Straßenfußball-Liga gestalten. Durch den Fußball kommen die Kinder und Jugendlichen in Kontakt mit anderen Kindern deutscher und ausländischer Herkunft.
Während der Spiele fragen die Jugendlichen nicht nach der kulturellen Herkunft ihrer Mit- und Gegenspieler. Alle werden – auch unabhängig von ihrer Lebenslage – angenommen. Zudem erfordert das Spiel u. a. Fairness, Übernahme von Verantwortung,

Verfolgung eines nur gemeinsam zu erreichenden Ziels, Gewaltfreiheit. Und: auf keinem Feld werden Regeln besser akzeptiert als auf dem Fußballfeld.

(Autorentext)

b) Bekannte Sportler „bekennen Farbe“

Seit 2013 unterstützt die UEFA (Union of European Football Associations) tatkräftig die größte Antidiskriminierungskampagne Europas zur Bekämpfung von Rassismus und allen Formen von Diskriminierung. Auch die deutsche Fußballnationalmannschaft setzt sich gegen Rassismus ein.

(Autorentext)

* Der **Rassismus** behauptet, dass eine bestimmte Art von Menschen, zum Beispiel die Menschen mit weißer Hautfarbe, besser und zu größeren Leistungen fähig seien als andere Menschen. Meist versuchen Menschen mit solchen unsinnigen Aussagen, den eigenen Stellenwert zu erhöhen und andere Menschen und Völker abzuwerten.

(Gerd Schneider, Christiane Toyka-Seid: Rassismus, Hanisauland-Lexikon, hrsg. von der Bundeszentrale für politische Bildung, Bonn, ohne Datum; https://www.hanisauland.de/lexikon/r/rassismus.html [14.02.2020])

1 Erläutert die Zielvorstellungen der Initiative „buntkicktgut“.

2 Stellt fest, welche Spieler mit Migrationshintergrund in der deutschen Fußballnationalmannschaft spielen.

3 Diskutiert, ob solche Initiativen der Fußballer zu einer besseren Integration von Ausländern beitragen können.

4 Entwickelt in Gruppen Ideen für Maßnahmen, die ihr durchführen könntet, um Jugendliche bei ihrer Integration zu unterstützen.

M15 Wie wird man Deutscher? – Wege zur Einbürgerung

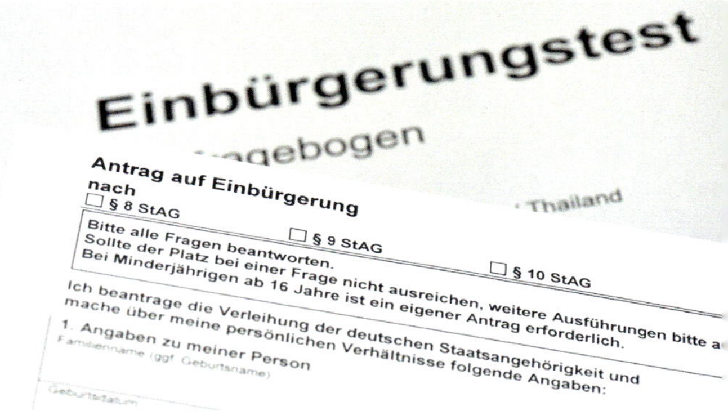

Nach den gesetzlichen Vorgaben entsteht der Anspruch auf Einbürgerung von Zuwanderern, wenn bestimmte Voraussetzungen vorliegen. Erfüllt ein Zuwanderer diese Voraussetzungen, ist er deutscher Staatsbürger. Seit dem 1.9.2008 müssen Ausländer, die deutsche Staatsbürger werden wollen, den sog. „Einbürgerungstest“ bestehen. Darin müssen sie nachweisen, dass sie über Kenntnisse der Lebensverhältnisse in unserer Gesellschaft, der Regeln im Zusammenleben und der

Rechte und Pflichten eines jeden Menschen verfügen. Sie müssen in der Lage sein, ihren Lebensunterhalt eigenständig zu finanzieren, und über ausreichende Deutschkenntnisse verfügen. Für Erwachsene ist dies in der Regel eine Voraussetzung, um eine Arbeitsstelle zu bekommen. Sie müssen seit 8 Jahren eine Aufenthaltsgenehmigung haben und in dieser Zeit nicht straffällig geworden sein. Außerdem müssen sie sich zu unserer Auffassung, wie Politik gestaltet wird (Demokratie), bekennen. Sie müssen die Grundwerte unserer Gesellschaft – z. B. die Gleichstellung und Gleichberechtigung aller Menschen – akzeptieren und erkennen, dass Recht und Gesetze nicht von der Religion, sondern vom Staat bestimmt werden.

(Autorentext)

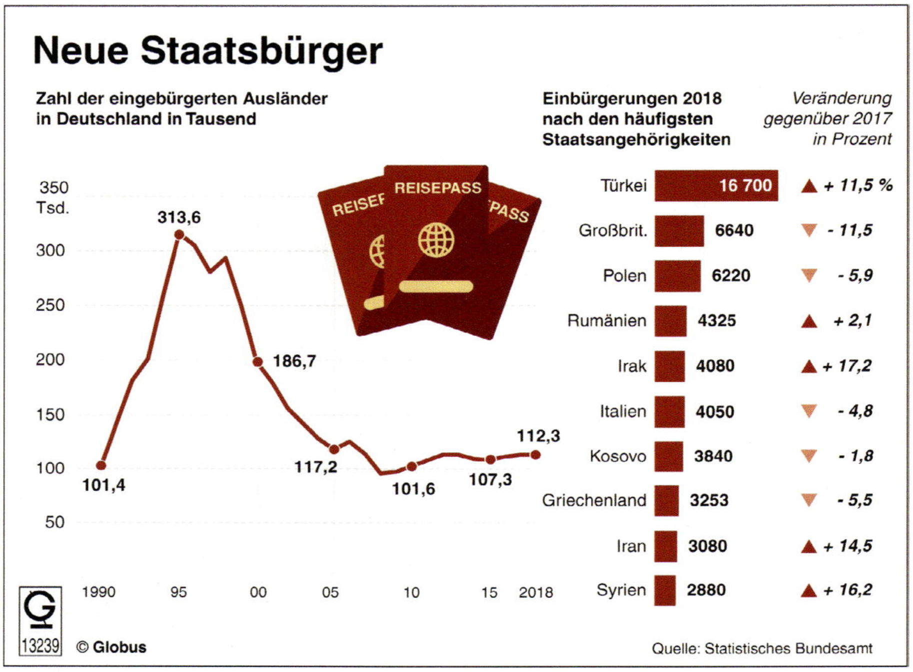

1 Erläutert einzelne Voraussetzungen für eine Einbürgerung von Ausländern.

2 Beschreibt anhand der Grafik, wie sich die Zahl der jährlichen Einbürgerungen entwickelt hat. Beachtet dazu auch die methodischen Hinweise auf S. 31.

3 Analysiert, aus welchen Ländern Zuwanderer eingebürgert worden sind und wie sich die Zahlen im Lauf der Zeit verändert haben. Welche Gründe könnt ihr für diese Veränderungen angeben?

2.1, 2.2

V Wenn alle Voraussetzungen erfüllt sind, erhält der Bewerber einen deutschen Pass. Recherchiert, welche weiteren Vorteile damit verbunden sind.
Hier findet ihr Internetseiten, die euch dabei behilflich sein können: @ WES-116590-008

M16 Welche Anforderungen stellt der Einbürgerungstest?

Um den Einbürgerungstest zu bestehen, müssen die Kandidaten mindestens die Hälfte der Fragen richtig beantworten, bei 33 Fragen also 17. Dafür hat man 60 Minuten Zeit. Zu jeder Frage gibt es vier Antwortmöglichkeiten, nur eine davon ist richtig. Außerdem

gibt es fünf Schwierigkeitsgrade (Standard, leicht, mittel, schwer, sehr schwer). Der Einbürgerungstest kann beliebig oft wiederholt werden. Beim Online-Einbürgerungstest wird nicht geprüft, ob der Test innerhalb von 60 Minuten abgeschlossen wurde; es sind auch keine Gebühren zu bezahlen.
Im Folgenden findet ihr Auszüge aus dem Einbürgerungstest mit Fragen aus Nordrhein-Westfalen, und zwar aus dem Schwierigkeitsgrad „mittel".

1. Eine Partei im Deutschen Bundestag will die Pressefreiheit abschaffen. Ist das möglich?
- Ja, wenn mehr als die Hälfte der Abgeordneten im Bundestag dafür sind.
- Ja, aber dazu müssen zwei Drittel der Abgeordneten im Bundestag dafür sein.
- Nein, denn die Pressefreiheit ist ein Grundrecht. Sie kann nicht abgeschafft werden.
- Nein, denn nur der Bundesrat kann die Pressefreiheit abschaffen.

2. In welcher Besatzungszone wurde die DDR gegründet? In der …
- amerikanischen Besatzungszone.
- französischen Besatzungszone.
- britischen Besatzungszone.
- sowjetischen Besatzungszone.

3. Was muss jeder deutsche Staatsbürger/jede deutsche Staatsbürgerin ab dem 16. Lebensjahr besitzen?
- einen Reisepass
- einen Personalausweis
- einen Sozialversicherungsausweis
- einen Führerschein

4. Ein Mann mit dunkler Hautfarbe bewirbt sich um eine Stelle als Kellner in einem Restaurant in Deutschland. Was ist ein Beispiel für Diskriminierung? Er bekommt die Stelle nur deshalb nicht, weil …
- seine Deutschkenntnisse zu gering sind.
- er zu hohe Gehaltsvorstellungen hat.
- er eine dunkle Haut hat.
- er keine Erfahrungen im Beruf hat.

5. Sie haben in Deutschland einen Fernseher gekauft. Zu Hause packen Sie den Fernseher aus, doch er funktioniert nicht. Der Fernseher ist kaputt. Was können Sie machen?
- eine Anzeige schreiben
- den Fernseher reklamieren
- das Gerät ungefragt austauschen
- die Garantie verlängern

6. Deutschland ist …
- ein sozialistischer Staat.
- ein Bundesstaat.
- eine Diktatur.
- eine Monarchie.

7. Wo müssen Sie sich anmelden, wenn Sie in Deutschland umziehen?
- beim Einwohnermeldeamt
- beim Standesamt
- beim Ordnungsamt
- beim Gewerbeamt

8. Welches Recht gehört zu den Grundrechten, die nach der deutschen Verfassung garantiert werden? Das Recht auf …
- Glaubens- und Gewissensfreiheit
- Unterhaltung
- Arbeit
- Wohnung

9. Das Berufsinformationszentrum BIZ bei der Bundesagentur für Arbeit in Deutschland hilft bei der …
- Rentenberechnung.
- Lehrstellensuche.
- Steuererklärung.
- Krankenversicherung.

10. Wann war der Zweite Weltkrieg zu Ende?
- 1933
- 1945
- 1949
- 1961

(© 2009 – 2020 Einbürgerungstest online, verantwortlich: Alexander Bondar, Germering; https://www.einbuergerungstest-online.eu/einbuergerungstest/nw/mittel/ [17.02.2020])

1 Zur Bearbeitung des Tests wird euch eure Lehrerin/euer Lehrer sicherlich eine Kopie, einen vollständigen Test (33 Fragen) oder Auszüge daraus zur Verfügung stellen. Beantwortet die Fragen zunächst in Einzelarbeit. Klärt anschließend im Unterrichtsgespräch die richtigen Antworten ab und stellt ggf. durch eine kurze Befragung das Klassenergebnis fest: Wie viele Fragen sind wie oft richtig beantwortet worden?

2 Beurteilt den Schwierigkeitsgrad der hier aufgeführten Testfragen.

3 Haltet ihr einen Integrationstest in dieser Form für eine sinnvolle Voraussetzung, um eingebürgert zu werden? Diskutiert darüber in der Klasse.

Lösungen: 1. Nein, denn die Pressefreiheit ist ein Grundrecht. Sie kann nicht abgeschafft werden.; 2. sowjetischen Besatzungszone; 3. einen Personalausweis; 4. er eine dunkle Haut hat; 5. den Fernseher reklamieren; 6. ein Bundesstaat; 7. beim Einwohnermeldeamt; 8. Glaubens- und Gewissensfreiheit; 9. Lehrstellensuche; 10. 1945

M17 Fremdenfeindlichkeit in Deutschland

Fremdenfeindlichkeit bedeutet, dass Menschen schlecht über andere Menschen denken oder reden, nur weil die eine andere Herkunft, eine andere Hautfarbe oder eine andere Religion haben als sie selbst. Manche Leute, die fremdenfeindliche Gedanken haben, werden gegenüber Menschen aus anderen Ländern auch gewalttätig. Fremdenfeindlichkeit bedeutet aber nicht immer direkte Gewalt. Es gibt auch Leute, die ihre fremdenfeindlichen Gedanken nicht offen zeigen oder aussprechen. Insgeheim finden sie aber, dass Menschen mit einer anderen Hautfarbe oder einer anderen Religion nicht nach Deutschland gehören.
Sie glauben nämlich oft, dass Fremde ihnen die Arbeit wegnehmen oder dass Ausländer besser behandelt würden als sie selbst. Man könnte sagen, Menschen mit fremdenfeindlichen Gedanken machen Ausländer für ihre eigenen Probleme verantwortlich. Fremdenfeindliches Verhalten und Gedanken sind ungerecht und falsch. Denn alle Menschen sind gleich und Ausländer sind nicht an den Problemen anderer schuld.

(ZDFtivi, logo!: Fremdenfeindlichkeit, 01.02.2019, Zweites Deutsches Fernsehen, Mainz; http://www.tivi.de/fernsehen/logo/artikel/20152/index.html [20.01.2020])

[Es gibt Personen in Deutschland, die finden,] dass Menschen aus anderen Ländern oder mit einer anderen Religion nicht in Deutschland leben sollten. Besonders der Islam löst bei vielen Deutschen Ängste aus. Für viele ist die Religion des Islam etwas Fremdes, etwas, das nicht nach Deutschland gehört. Sie sind der Meinung, dass vor allem Muslime aufgrund ihrer Religion und ihrer Art zu leben in Deutschland nicht mit anderen zusammenleben können.
Die Ängste gegenüber dem Islam und Menschen aus anderen Ländern sind oft bestimmt von Vorurteilen und Unwissenheit. Und Angst haben Menschen bekanntlich oft vor Dingen, die sie nicht kennen.

(Redaktion kindersache: Trauriger Trend: Rechtsextremismus in Deutschland?, 18.10.2010, Deutsches Kinderhilfswerk e. V., Berlin; http://www.kindersache.de/bereiche/schon-gewusst/politik/artikel/trauriger-trend-rechtsextremismus-deutschland [17.02.2020])

Seit 2002 erheben Forscher u. a. die fremdenfeindlichen Einstellungen in Deutschland. Die repräsentative Studienreihe wird auch als „Mitte-Studie" bezeichnet. Im Folgenden wird dargestellt, wie viele der Befragten den beiden aufgeführten Aussagen zustimmen.

M18 Umfrage zu fremdenfeindlichen Einstellungen in Deutschland („Mitte-Studie" 2018)

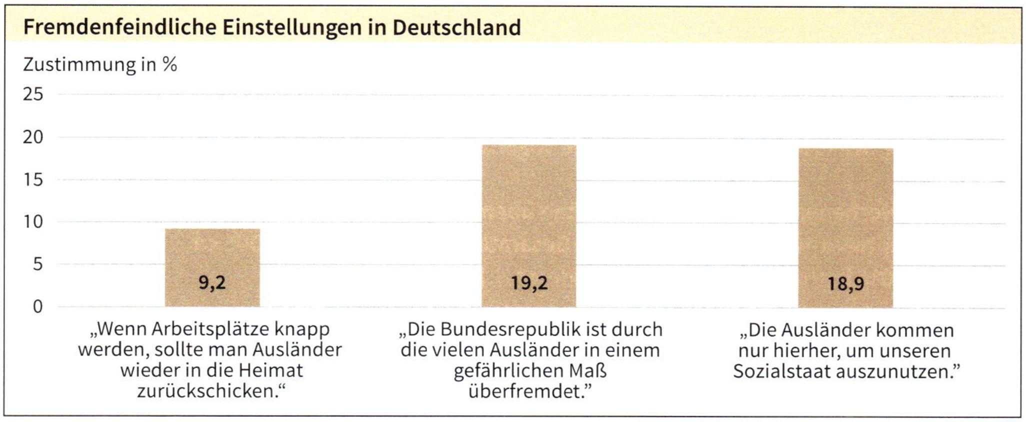

(Lukas Diekhans/Andreas Zick/Beate Küpper/Wilhelm Berghan: Verlorene Mitte – Feindselige Zustände. Rechtsextreme Einstellungen in Deutschland 2018/19. Hg. für die Friedrich-Ebert-Stiftung v. Franziska Schröter, Verlag J.H.W. Dietz, Bonn 2019)

1 Erläutert unter Berücksichtigung von M 17 und M 18, was Fremdenfeindlichkeit bedeutet und mit welchen Vorstellungen sie häufig verbunden ist.

2 Wertet die Statistik M 18 aus. Methodische Hilfen dazu findet ihr auf S. 31.

3 Erklärt, inwiefern die Aussagen in M 18 fremdenfeindlich sind.

4 Erörtert in der Klasse Möglichkeiten zur Veränderung einer fremdenfeindlichen Haltung.

Was ihr jetzt wissen und können solltet:

- ✓ MSUH aus Fallbeispielen und Abbildungen unterschiedliche Gründe ermitteln, die Menschen bewegen, ihre Heimat zu verlassen;
- ✓ MSUH Chancen und Herausforderungen der Migration erläutern und bewerten;
- ✓ MSUH wissen, in welchen Phasen sich die Zuwanderung nach Deutschland vollzog und welche Gruppen von Zuwanderern sich unterscheiden lassen;
- ✓ MSUH in einem „Zeitstrahl" die Phasen der Zuwanderung darstellen;
- ✓ MSUH die Gründe für die Flüchtlingsströme ab 2015 erläutern;
- ✓ MSUH Menschen mit unterschiedlichen Migrationshintergründen unterscheiden;
- ✓ MSUH das Asylverfahren beschreiben und erklären;
- ✓ MSUH das Recht auf Asyl nach dem Grundgesetz und auf der Grundlage der Genfer Flüchtlingskonvention erklären und beurteilen;
- ✓ MSUH Konsequenzen der Ablehnung eines Asylantrages benennen und beurteilen;
- ✓ MSUH erläutern, was „sichere Drittstaaten" und „sichere Herkunftsstaaten" sind;
- ✓ MSUH erklären, was unter Integration verstanden wird;
- ✓ MSUH Voraussetzungen erläutern, die eine gelingende Integration begünstigen;
- ✓ MSUH die besondere Rolle von Sprachkenntnissen für eine Integration beurteilen;
- ✓ MSUH die Rolle des Sports für Integrationsprozesse beschreiben und beurteilen;
- ✓ MSUH Fremdenfeindlichkeit als ein Problem erkennen, das eine Integration erschwert;
- ✓ MSUH Maßnahmen der Politik erläutern und beurteilen, die zu einer Integration beitragen;
- ✓ MSUH Vorschläge für ein eigenes Engagement entwickeln und umsetzen

Was ihr wisst – was ihr könnt – wie ihr es seht

M S U H

1. Was wisst ihr über Zuwanderer in Deutschland?

Führt in eurem Heft die folgenden Aussagen weiter:

a) Ab Anfang der 1960er-Jahre kamen viele sogenannte Gastarbeiter nach Deutschland, weil … ??? …
b) Die angeworbenen Gastarbeiter stammten überwiegend aus … ??? …
c) Der prozentuale Ausländeranteil an der Gesamtbevölkerung betrug 2005 ca. … ??? …
d) Im Jahr 2016 betrug die Zahl der Zuwanderer … ??? …
e) Der größte prozentuale Anteil der Zuwanderer 2015 kam aus … ??? …
f) Der Weg der Flüchtlinge über das Mittelmeer führte vor allem zu den Ländern … ??? …
g) Ein Anrecht auf Asyl nach dem GG hat laut Grundgesetz eine Person, die … ??? …
h) „Sichere Herkunftsstaaten" und „sichere Drittstaaten" unterscheiden sich durch … ??? …
i) Ein Einbürgerungstest ist für Bewerber verpflichtend seit dem … ??? …
j) Der Einbürgerungstest verlangt vom Bewerber Kenntnisse über … ??? …
k) Eine wichtige Voraussetzung für Integration ist die … ??? …

M S U H

2. Ein Test rund um den Begriff „Menschen mit Migrationshintergrund"

Ermittelt bei den folgenden sechs Beispielen, welche Einordnung(en) richtig ist/sind (Mehrfachnennungen sind möglich).

1. Metim K. ist 14 Jahre alt und in Deutschland geboren. Seine Eltern sind vor 18 Jahren aus der Türkei gekommen und haben einen deutschen Pass.
Metim K. • ist Deutscher • hat eigene Migrationserfahrung • ist Ausländer
• hat einen Migrationshintergrund.

2. Katharina S. ist 13 Jahre alt. Ihre Eltern, mit denen sie als kleines Kind nach Deutschland gekommen ist, sind Spätaussiedler aus Russland.
Katharina S. • ist Deutsche • hat eigene Migrationserfahrung • ist Ausländerin
• hat einen Migrationshintergrund.

3. Antonia M. ist 14 Jahre alt und Tochter italienischer Eltern, die seit mehr als 25 Jahren in Deutschland leben. Ihre Eltern haben sich einbürgern lassen, haben aber auch noch ihren italienischen Pass. Antonia ist in Deutschland geboren.
Antonia M. • ist Deutsche • hat eigene Migrationserfahrung • ist Ausländerin
• hat einen Migrationshintergrund.

4. Mohammed U. ist 13 Jahre alt und mit dem Beginn des Bürgerkriegs in Syrien vor vier Jahren nach Deutschland geflohen.
Mohammed U. • ist Deutscher • hat eigene Migrationserfahrung • ist Ausländer
• hat einen Migrationshintergrund.

5. Karolina P. ist 13 Jahre alt und vor zwei Jahren mit ihren Eltern aus Polen nach Deutschland zugewandert.
Karolina P. • ist Deutsche • hat eigene Migrationserfahrung • ist Ausländerin
• hat einen Migrationshintergrund.

6. Evi C. ist 13 Jahre alt und lebt seit vier Jahren in Deutschland. Ihre Eltern sind in China geboren und vor vier Jahren nach Deutschland gekommen.

Evi C. ● ist Deutsche ● hat eigene Migrationserfahrung ● ist Ausländerin ● hat einen Migrationshintergrund.

(Landeszentrale für politische Bildung Baden-Württemberg [Hg.]: Politik und Unterricht Nr. 2/2011: Integrationsland Deutschland, Neckar-Verlag, Villingen-Schwenningen 2011, S. 23; Verf.: Karl-Heinz Meier-Braun, Reinhold Weber)

3. Aufgepasst! Wann gilt ein Mensch in Deutschland als integriert?

M S U H

Um in Deutschland als integriert zu gelten, müssen Menschen ...

a) einen deutschen Pass haben.
b) von Deutschland als ihre Heimat sprechen.
c) das Wahlrecht besitzen und auch an Wahlen teilnehmen.
d) auch zu Hause deutsch sprechen.
e) am Karneval teilnehmen.
f) einen festen Arbeitsplatz haben.
g) pünktlich sein.
h) einem (Sport-)Verein angehören.
i) deutsche Freunde haben.
j) mit einer deutschen Frau oder einem deutschen Mann verheiratet sein.
k) sich an Gesetze halten.
l) sich zu den Grundwerten der Demokratie in Deutschland bekennen.
m) einen deutschen Schul- oder Hochschulabschluss haben.
n) bei internationalen Wettkämpfen deutsche Sportler bejubeln.
o) in der Öffentlichkeit nicht (durch ihre Kleidung) auffallen.

(Aus: Themenblätter im Unterricht Nr. 111, Bundeszentrale für politische Bildung, Bonn, April 2016; Verf.: Bruno Zandonella)

Hinweis: Beachtet bei euren Entscheidungen, ob es sich um eine rechtliche Voraussetzung zur Integration oder eher eine möglicherweise hilfreiche Maßnahme oder Vorgehensweise bzw. Tatbestand handelt.

4. Eure Meinung ist gefragt

M S U H

Analysiert die Karikatur. Beachtet in besonderem Maße, auf welchen Aspekt der Integration die Karikatur Bezug nimmt

Gerhard Mester

Wenn ihr noch mehr lernen wollt ...

D1 Flucht nach Europa

1 Auf der Karte könnt ihr erkennen, aus welchen Ländern Menschen zwischen 2014 und 2015 geflohen sind. Informiert euch über die Situation in diesen Ländern und darüber, welche Ursachen für die Flucht bestehen.

2.1, 2.2

V Recherchiert im Internet, inwiefern sich die Flüchtlingsrouten im Vergleich zum Jahr 2014/2015 verändert haben.

D 2 Flüchtlingsgeschichten: Recht auf Asyl – ja oder nein?

Fallbeispiel

Mohamed, 20 Jahre alt, iranischer Staatsbürger, ist im islamischen Glauben erzogen worden. Im Zuge seines Studiums in Teheran [Hauptstadt des Iran] lernt er eine Gruppe christlicher Studenten kennen und beginnt, sich intensiv mit dem Christentum auseinanderzusetzen. Der Wunsch, sich taufen zu lassen, wächst immer stärker in ihm. Er weiß jedoch, dass ihn im Iran, wenn er zum Christentum konvertiert [konvertieren: den Glauben wechseln], die Todesstrafe erwartet. Er flieht nach Deutschland, lässt sich hier taufen und stellt einen Asylantrag. Als Grund führt er an, als Konvertit [Mensch, der den Glauben gewechselt hat] im Iran seines Lebens nicht mehr sicher zu sein.

Ahmed ist mit 18 Jahren aus Syrien geflohen. Da er wegen seines Alters hätte Soldat werden können, befürchtete er, entweder von der syrischen Regierung zum Militärdienst eingezogen zu werden oder aber für eine der aufständischen Gruppen in der Region kämpfen zu müssen. Ahmed sieht sich als „unpolitisch“. Er hat weder Sympathie mit der Regierung noch mit den Aufständischen, außerdem kann er es mit seinem Gewissen nicht vereinbaren, auf andere Menschen zu schießen. Er flieht nach Deutschland. Bei seinem Asylantrag erklärt er dies den Behörden und betont, dass er bei einer Rückkehr nach Syrien im Fall einer Wehrdienstverweigerung gegenüber der Regierung oder einer Verweigerung, bei den Aufständischen zu kämpfen, Folter, Misshandlungen oder den Tod befürchten muss.

Kristina, eine Staatsbürgerin Serbiens, leiht sich eine große Summe Geld bei ihrem „Bekannten“ Dragan und verspricht ihm, die volle Summe samt Zinsen drei Monate später zurückzuzahlen. Als Dragan nach Verstreichen der Frist bei ihr zu Hause erscheint und das Geld sehen will, kann Kristina aber nicht zahlen. Dragan wird wütend und droht damit, Schläger zu ihr nach Hause zu schicken. Außerdem rät er ihr, gar nicht daran zu denken unterzutauchen, denn er habe einflussreiche Freunde, die Kristina überall finden können. Kristina traut der serbischen Polizei nicht, schaltet diese daher nicht ein, sondern flüchtet aus Furcht vor Dragan und seinen Freunden nach Deutschland, wo sie einen Asylantrag stellt und diesen damit begründet, dass ihr im Falle einer Rückkehr nach Serbien Racheakte bis hin zur Ermordung durch Dragan und seine Schläger drohen.

(Aus: polis aktuell Nr. 5/2015: Flucht und Asyl, Kopiervorlage „Fluchtgeschichten“, S. 12; Herausgeber: Zentrum polis – Politik lernen in der Schule, Wien; http://www.politik-lernen.at/dl/slutJMJKomLmOJqx4KJK/pa_2015_5_flucht_asyl_web.pdf [17.02.2020]; Verf.: Patricia Hladschik, Norbert Kittenberger)

Überprüft, ob die Personen in den Beispielen das Recht auf Asyl in Deutschland haben oder nicht. Begründet jeweils eure Entscheidung.

ESES Plakat
GENAU SO
ERBÄRMLICH WIE
RE KLIMAPOLITIK
Seit 1970
50%
weniger
Mutter
Natur
RET
DIE
WE

8

Wie kann ich das Klima schützen? – Prinzipien nachhaltigen Handelns

Darum wird es gehen

Umweltschäden und Umweltbelastungen sind weltweit unübersehbar. Sie machen nicht vor Ländergrenzen Halt und sind daher zu einer Herausforderung für die gesamte Menschheit geworden. Nachdem ihr bereits im Band 1 für die Jahrgangsstufen 5/6 einiges darüber erfahren habt, habt ihr im vorliegenden Kapitel die Möglichkeit, euer Wissen zu vertiefen und zu erweitern.

*Im **ersten Abschnitt** sollt ihr nachvollziehen, wie sich das sich verändernde Klima auf einzelne Menschen einer kleinen Inselrepublik und ihr persönliches Leben auswirken kann. Dabei sollt ihr auch darüber nachdenken, inwiefern das Schicksal der Menschen dort auch euch etwas angeht.*

*Mit dem Einfluss des Menschen auf das globale Klima beschäftigt sich der **zweite Abschnitt**. Hier stellen wir Materialien zur Verfügung, anhand derer ihr euch eigenständig einen Überblick über die verschiedenen Ursachen und Folgen des Klimawandels verschaffen könnt.*

*Im **dritten und vierten Abschnitt** wird eure Rolle als Verbraucherin bzw. Verbraucher näher untersucht: Inwiefern hat euer Konsumverhalten Auswirkungen auf die Umwelt und welchen Beitrag könnt ihr ganz persönlich zum Umwelt- und Klimaschutz leisten? Dies wird am Beispiel des Smartphones in den Blick genommen.*

1. Paradies in Gefahr! – Doch was geht mich das an?

Zum Einstieg:

Fallbeispiel

M1 Paradies in Gefahr

Stell dir einmal Folgendes vor: Du wohnst mit deiner Familie in einem schönen Haus am Meer – glasklares Wasser und weißer Strand, soweit das Auge reicht. Schon deine Großeltern und Ur-Großeltern haben hier gelebt. Es ist deine Heimat und du lebst unheimlich gerne hier: Nach der Schule kannst du mit deinen Freunden schwimmen, surfen oder tauchen gehen. Sie wohnen auch alle nicht weit weg. Tuvalu, deine Heimat, ist nämlich sehr klein. Der Inselstaat mitten im Pazifischen Ozean besteht hauptsächlich aus kleinen Inseln mit langen Küstenregionen, die durch Korallenriffe geschützt werden. Du, deine Familie und deine Freunde können sich nicht vorstellen, einmal woanders zu leben. Doch eines Tages droht ein Brief diese Idylle zu zerstören ...

Sehr geehrte Familie Latasi,

im Rahmen einer Risikobewertung hat die Stadtverwaltung in enger Kooperation mit dem nationalen Institut für Gefahrenabwehr festgestellt, dass Ihre Familie zeitnah umgesiedelt werden muss. Der anzunehmende Anstieg des Meeresspiegels macht diese drastische Maßnahme leider unausweichlich. Ihr Haus sowie das von Ihnen bewohnte Grundstück liegen in einer Zone, welche in naher Zukunft überflutet sein wird. Alle Bewohner dieser küstennahen Gefahrenzone werden ins Landesinnere und damit in höher gelegene Gebiete umgesiedelt. Der Erfolg dieser Maßnahme hängt auch vom Ausmaß des Meeresspiegelanstiegs ab. Wir hoffen durch die Umsiedlung zu verhindern, dass Sie und Ihre Nachbarn unseren Inselstaat Tuvalu gänzlich verlassen müssen. Die Umsiedlung wird innerhalb der nächsten zwölf Monate durchgeführt.

Mit freundlichen Grüßen

Die Stadtverwaltung

(Autorentext)

1 Beantworte zunächst die folgenden Fragen für dich. Tausche dich dann mit deinem Sitznachbarn aus und besprecht die Ergebnisse anschließend gemeinsam in der Klasse:

- Wie würdest du dich angesichts dieser Situation fühlen? Traurig? Wütend?
- Welche Veränderungen würden (abgesehen vom Wohnortwechsel) in deinem Leben eintreten?
- Wie würdest du reagieren? Würdest du versuchen dich zu wehren? Wenn ja, wie?

2 Welche weitreichenderen Konsequenzen kannst du dir vorstellen, z. B. für den Staat, dessen Bewohner wegziehen müssen?

3 Tuvalu ist ein Inselstaat mitten im Pazifik, gut 15.000 Kilometer von Deutschland entfernt. Diskutiert gemeinsam in der Klasse, ob das Schicksal der Bewohner Tuvalus auch euch etwas angeht.

M2 Die Situation Tuvalus – Folgen des Klimawandels

Tuvalu gehört weltweit zu den vom Klimawandel verletzlichsten Staaten. Besonders der Meeresspiegelanstieg, verbunden mit extrem hohen Wellen und intensiver auftretenden Stürmen, bedroht den südpazifischen Inselstaat in seiner Existenz. Das Staatsgebiet umfasst nur 26 km² Landfläche, im Durchschnitt liegt das Land lediglich zwei Meter über dem Meeresspiegel, der höchste Punkt der Inselatolle liegt nur vier Meter über dem Meeresspiegel. [...]
Sandsäcke und künstliche Zementbarrieren gibt es bereits, um die Küsten vor der Erosion durch die Gezeiten zu schützen. Neue Landflächen wurden sehr aufwendig geschaffen, indem mit Pumpen Sand vom Meeresgrund der Lagune zum Auffüllen des Atolls eingesetzt wurde. Die dörflichen Siedlungen sollen insgesamt mithilfe der Sandauffüllungen höher gelegt werden. Überall finden sich nun Sandhügel, auf denen gebaut wird. [...] Direkt vor dem Regierungsgebäude wurde mit angepumptem Sand vom Meeresboden eine große Landfläche neu geschaffen. Mit den fünf Tonnen schweren Sandsäcken wird die künstlich geschaffene Landfläche vor der Erosion durch den Meeresspiegelanstieg geschützt. Weitere Projekte für den Schutz des Staates sind geplant und auch dringend notwendig, um das Leben der Insulaner zu schützen. [...]

(Sabine Minninger: Should I stay or should I go, Blog-Beitrag für Brot für die Welt, 30.9.2016, Berlin; https://info.brot-fuer-die-welt.de/blog/should-i-stay-or-should-i-go [17.02.2020])

Erosion: die natürliche Abtragung von Boden und Gestein durch Wasser, Gletscher und Wind

M3 Die Bewohner Tuvalus – Sollen sie gehen oder bleiben?

Wäre es angesichts des Aufwands der Anstrengungen und mit dem Wissen über die Risiken des Klimawandels nicht auch eine Überlegung, einen Umsiedlungsprozess anzugehen, wie ihn der Inselstaat Kiribati bereits plant?
„Auf gar keinen Fall siedeln wir um", gibt Maatia Toafa [der Finanzminister und stellvertretende Premierminister Tuvalus 2019] nachhaltig zu verstehen. „Wenn der Staat Tuvalu untergeht, dann gehen wir mit Tuvalu unter, es wird kein Tuvalu II auf einem anderen Staatsgebiet geben. Was Tuvalu ausmacht, ist das Land, die Menschen, die Kultur und die Sprache – das lässt sich nicht umsiedeln".
Die Drastik dieser Worte erklärt der Finanzminister mit dem tief verwurzelten Glauben der Bevölkerung von Tuvalu. „Wir glauben, dass Gott uns helfen wird. Wir müssen natürlich auch unseren Beitrag leisten, und das bedeutet, dass wir das Pariser Klimaabkommen zügig umsetzen und die

Pariser Klimaabkommen: eine 2015 nach heftigen Streitereien getroffene Vereinbarung von 195 Mitgliedsstaaten der Vereinten Nationen mit dem Ziel des Klimaschutzes; u. a. soll eine Begrenzung des Anstiegs der globalen Durchschnittstemperatur auf deutlich unter 2 °C, wenn möglich auf 1,5 °C erreicht werden.

globale Erwärmung auf unter 1,5 °C halten müssen. Tuvalu wird auch seine ohnehin wenigen Treibhausgase reduzieren und sich sehr stark an den Klimawandel anpassen!" […] „Wir unterstützen [jedoch] jeden, der gehen will – diese Entscheidung muss jeder für sich selbst treffen, der Staat selbst wird aber nicht umsiedeln."
Aber wäre es nicht besser, wenn alle geschlossen umziehen, statt dass jeder Einzelne für sich verstreut um die Welt eine neue Heimat sucht? […] „Das wäre das falsche Signal an die internationale Staatengemeinschaft, dass sie sich für Tuvalu nicht mehr anstrengen müssen – dann müssen sie sich auch für die Welt nicht mehr anstrengen. Tuvalu zu schützen bedeutet, auch den Planeten zu schützen." […]

(Sabine Minninger: Should I stay or should I go, Blog-Beitrag für Brot für die Welt, 30.9.2016, Berlin; https://info.brot-fuer-die-welt.de/blog/should-i-stay-or-should-i-go [17.02.2020])

1 Beschreibt kurz in eigenen Worten, mit welchen Schwierigkeiten der Inselstaat Tuvalu zu kämpfen hat. (M 2)

2 Erklärt, welche Konsequenzen sich aus diesen Schwierigkeiten für Tuvalu ergeben. (M 2, M 3)

3 Erläutert die vom Finanzminister genannten Gründe, warum die Bevölkerung Tuvalu nicht einfach verlässt und sich eine neue „Heimat" sucht. (M 3)

4 Diskutiert, ob ihr eure Heimat verlassen würdet, wenn ihr Bewohner Tuvalus wärt.

M 4 Geht Tuvalu wirklich unter?

[…] Seit Jahrzehnten warnt die [internationale Staatengemeinschaft], dass Tuvalu wegen des Klimawandels der Untergang drohe. […] Der neuseeländische Forscher Paul Kench hat nun untersucht, wie der Klimawandel das Inselreich verändert – und ist zu verblüffenden Ergebnissen gekommen: […] Nur ein unbewohntes Eiland ist erwartungsgetreu abgesoffen. 27 Inseln sind geschrumpft, einzelne sogar um mehr als die Hälfte. Der größte Teil von Tuvalu aber ist auf wundersame Weise gewachsen – um fast drei Prozent seit 1971. […] Und das kam so: Wann immer das Wasser Sand abtrug von der Küste Tuvalus, landete es anderswo wieder Sand an. Wenn hohe Wellen eine Insel überspülten, blieben die im Wasser mitgeführten Sedimente [z. B. Sand] auf dem Land zurück. Die wegen des Klimawandels heftiger gewordenen Stürme brachen Korallen von den umliegenden Riffen ab, die dann als neues Baumaterial auf die Strände geschwemmt wurden.
Die Küstenverläufe haben sich über die Jahrzehnte teils beträchtlich verändert. Manche Inseln sind auf ihren Riffen regelrecht gewandert. Aber nie stand Tuvalu in Gefahr, von der Landkarte zu verschwinden. […] Erst wenn der Meeresspiegel tatsächlich um einen ganzen Meter bis 2100 steigen sollte, wie das extremste Szenario des Weltklimarats es beschreibt, könne es gefährlich werden für die Inselstaaten, sagt Kench. […] Bisher besiedeln die Tuvaluer vor allem zwei Atolle [Koralleninseln]. Kench empfiehlt ihnen, künftig auch die mittelgroßen Inseln zu bewohnen, da diese sich in den vergangenen 40 Jahren als die stabilsten erwiesen haben. Die kleinsten Inseln hingegen zeigten sich besonders empfindlich gegenüber den Kräften der Erosion. […] Der Klimawandel setze Tuvalu weiterhin zu, nur anders als gedacht. Häufigere Dürren gefährden zum Beispiel die Trinkwasserversorgung, salzigere Böden erschweren die Nahrungsmittelproduktion. […]

(Warum Tuvalu nun doch nicht untergeht, © DER SPIEGEL [online], Marco Evers, 23.02.2018; https://www.spiegel.de/spiegel/inselstaaten-wie-tuvalu-trotzen-dem-steigenden-meeresspiegel-a-1194295.html [17.02.2020])

1 Fasst die Ergebnisse der Studie von Paul Kench kurz zusammen und stellt die wichtigsten Inhalte eurem Sitznachbarn vor.

2 Der aktuelle Premierminister Tuvalus hat auf die Veröffentlichung der Studie sehr ärgerlich reagiert. Versucht diese Reaktion zu erklären.

3 Beurteilt auf Grundlage der Ergebnisse der Studie gemeinsam, ob die Bedrohung Tuvalus durch den Klimawandel übertrieben dargestellt wird.

V Erstellt mithilfe der methodischen Anleitung auf S. 199 Kurzreferate, in denen ihr weitere Staaten oder Regionen auf der Welt vorstellt, die vom Klimawandel betroffen sind. Dazu könnt ihr die unter dem Webcode angegebenen Links als Ausgangspunkt eurer Recherche verwenden.

@ WES-116590-009

2. Das Klima auf der Kippe? – Ursachen und Folgen des Klimawandels

Greta Thunberg, die für ihren Protest für mehr Klimaschutz freitags nicht mehr zur Schule geht, sondern streikt, habt ihr ja schon in Band 1 kennengelernt. Sie ist zu einer Symbolfigur des Klimaschutzes geworden und gerade für viele Kinder und Jugendliche auf der ganzen Welt ein Vorbild. In ihren zahlreichen Fernsehauftritten und Reden wendet sie sich immer wieder an die politischen Entscheidungsträger und stellt Forderungen für mehr Klima- und Umweltschutz auf. So auch in dem folgenden Zitat:

M5 Zitat von Greta Thunberg

„Entweder begrenzen wir die Erwärmung auf 1,5 Grad Celsius gegenüber dem vorindustriellen Niveau [s. S. 201], oder wir tun es nicht. Entweder wir erreichen einen Kipppunkt, an dem wir eine Kettenreaktion mit Ereignissen beginnen, die weit über die menschliche Kontrolle hinausgehen, oder wir tun es nicht. Entweder wir bleiben eine Zivilisation, oder wir tun es nicht."

(Stefanie Jakob: Klima-Heldin Greta: Das sind ihre 7 stärksten Zitate, Utopia.de, 15.09.2019, München; https://utopia.de/greta-thunberg-zitate-128025/ [17.02.2020])

1 Tauscht euch mit eurem Sitznachbarn über das Zitat aus und versucht es euch zu erklären. Sprecht auch darüber, was ihr evtl. noch nicht versteht.

2 Greta Thunberg bezieht sich mit ihrem Zitat auf den sogenannten Klimawandel. Tragt zusammen, was ihr darüber wisst. Sammelt diese Informationen in einer Mindmap.

Blickwinkel

Die folgenden Materialien **M6–M10** könnt ihr in **einer arbeitsteiligen Gruppenarbeit** erarbeiten: Erstellt in kleinen Gruppen mithilfe der Texte und Abbildungen Kurzreferate zum Thema „Klimawandel". Jede Gruppe sollte dabei eines der fünf Materialien bearbeiten. Ihr könnt natürlich auch noch weitere Informationen im Internet recherchieren.
Orientiert euch beim Erstellen und Präsentieren eurer Kurzreferate an der Methodenbeschreibung auf der folgenden Seite. Jedoch sollt ihr nicht als Gruppe ein ganzes Referat zum Thema Klimawandel erstellen, sondern jede Gruppe bearbeitet nur einen Aspekt. So erhält jede und jeder in eurer Klasse die Gelegenheit, sich im Halten von Kurzvorträgen zu üben. Da die Angaben im Methodenkasten eher allgemein gehalten sind, findet ihr in der rechten Spalte noch konkrete Erklärungen, die euch beim Bearbeiten der Aufgabe helfen.
Überarbeitet nach der Präsentation aller Kurzvorträge eure Mindmap aus Aufgabe 2 oben mithilfe der Informationen aus den Kurzvorträgen. Ergänzt Fehlendes und verbessert ggf. nicht korrekte Inhalte.

Methode – Ein Kurzreferat erstellen und halten

Methodenbeschreibung allgemein	Bezug zur Aufgabe auf Seite 198:
Ein Referat ist ein **mündlicher Vortrag** über ein klar abgegrenztes Thema. Es dient dazu, einer Gruppe von Zuhörern, in eurem Fall eurer Klasse, neue Informationen über ein bestimmtes Thema zu vermitteln, die sie sonst selbst mit größerem Aufwand recherchieren müsste. Die Referentin/der Referent kann sich so darin üben, Sachverhalte in zusammenhängender, geordneter Form vorzutragen.	Ihr sollt jeweils nur über die Informationen des jeweiligen Materials eurer Gruppe (M 6, M 7, M 8, M 9 oder M 10) referieren.
Für die Vorbereitung ist Folgendes zu beachten: • Das Thema sollte klar formuliert und eingegrenzt sein, damit ihr euch nicht „verzettelt“. Die Erstellung einer Gliederung hilft euch sehr dabei. • Ebenfalls eingegrenzt werden sollte das Material, mit dem ihr arbeitet. Bereits bei dessen Zusammenstellung solltet ihr darauf achten, was wirklich relevante Informationen zu eurem Thema liefert.	Die Gliederung ist durch die Überschriften von M 6 – M 10 schon vorgegeben und muss nicht extra erstellt werden. Auch informiert ihr nur über euren Teilaspekt und bezieht euch dazu auf das vorgegebene Material. Natürlich könnt ihr auch weiteres recherchieren.
Für die Durchführung sind folgende Grundsätze hilfreich: • Ihr solltet euer Referat einteilen in eine kurze **Einleitung**, den (oft in mehrere Unterpunkte aufgeteilten) **Hauptteil** und einen **Schlussteil**, der zumeist eine kurze Zusammenfassung des Gehörten, einen Ausblick oder auch die Meinung der Referentin/des Referenten enthält. Dies hilft nicht nur der/dem Vortragenden, sondern auch den Zuhörern beim Verständnis der Referatsinhalte. Am Ende sollte außerdem die Möglichkeit für die Zuhörenden bestehen, Fragen zu stellen. • Vor allem ein Kurzreferat sollte tatsächlich kurz sein, um sicherzustellen, dass die Zuhörer den Inhalten noch folgen können. Dies gilt aber auch für alle längeren Referate. Manchmal ist es auch hilfreich, bereits zwischendurch die Zuhörer Fragen stellen zu lassen. • Ein Referat sollte möglichst frei vorgetragen und nicht abgelesen werden. Zur Unterstützung der/des Vortragenden und auch der Zuhörer bietet sich außerdem die Verwendung von Folien, einer computergestützten Präsentation, von Flipcharts usw. an.	Auch wenn ihr nur über einen ausgewählten Aspekt informiert, solltet ihr euch überlegen, wie ihr sinnvoll ins Thema einleitet und den Bezug zum übergeordneten Thema „Klimawandel“ herstellt. Findet auch einen sinnvollen Abschluss und lasst Fragen zu. Solltet ihr weiteres Material recherchieren, achtet darauf, euch auf das wirklich Wesentliche zu beschränken. Überlegt euch, wie ihr den Kurzvortrag durch den sinnvollen Einsatz von Medien unterstützen könnt.

(Autorentext)

M 6 Der Treibhauseffekt (Gruppe 1)

a) Natürlicher Treibhauseffekt

Die Sonne schickt kurzwellige Strahlung auf die Erde. Dort wird sie auf der Erdoberfläche in langwellige Strahlung verwandelt und wieder zurückgestrahlt. Treffen diese langwelligen Strahlen auf eine Barriere – wie das Glasdach in einem Treibhaus –, werden sie zurückreflektiert. Ein ganz natürlicher Vorgang, bei dem ein gewisser Prozentsatz der Strahlung zurück ins All gelangt, während der andere Teil reflektiert und zurück auf die Erde geworfen wird.

Dies geschieht durch eine natürliche Schutzschicht: Die Gasschicht der Atmosphäre, die auch natürliches Kohlendioxid (CO_2) enthält, lässt die langwellige Strahlung nicht durch und schickt sie zurück zur Erde. Ohne diesen natürlichen Treibhauseffekt läge

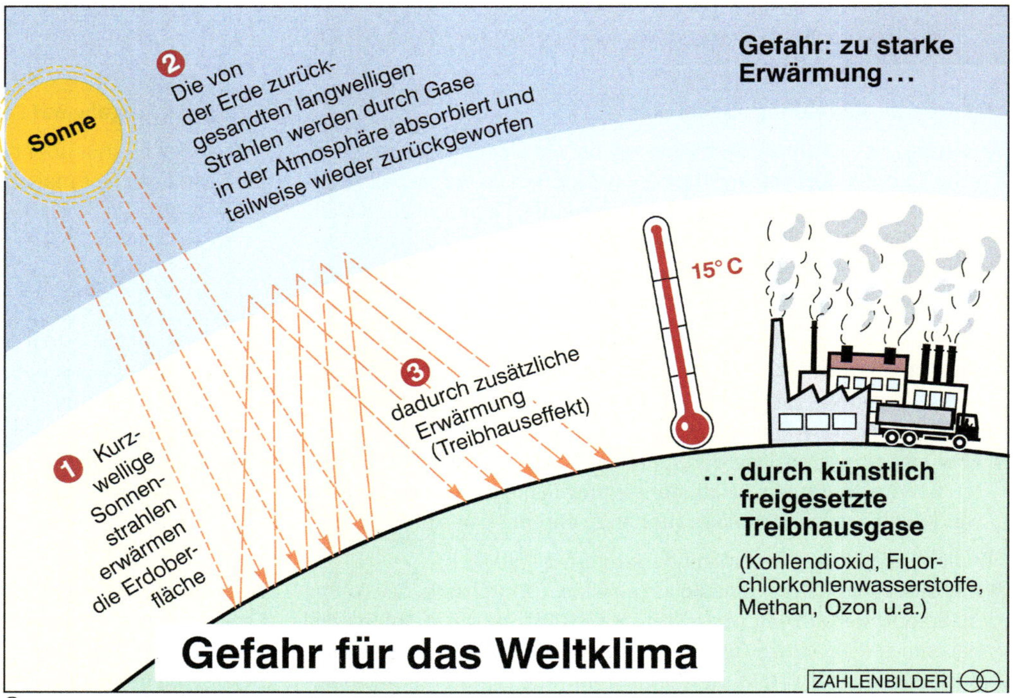

© Bergmoser + Höller Verlag AG 665 050

die Durchschnittstemperatur auf der Erde bei minus 18 Grad Celsius – Leben wäre unmöglich.

Die richtige Menge CO_2 und anderer Treibhausgase bestimmt unser Klima. Nimmt der Gehalt dieser Gase zu, heizt sich die Atmosphäre zu stark auf – als wäre in einem Treibhaus das Glas zu dick. Seit Beginn der Industrialisierung haben die Treibhausgase stark zugenommen, seitdem spricht man vom anthropogenen [durch den Menschen verursachten] Treibhauseffekt.

b) Anthropogener Treibhauseffekt

Verschiedene Gase sind für das Klima und den Treibhauseffekt relevant. Mehr als die Hälfte des von Menschen verursachten Effekts geht auf Kohlendioxid (CO_2) und Kohlenmonoxid (CO) zurück, beide entstehen bei der Verbrennung fossiler Energieträger wie Öl, Kohle und Gas.

Vor allem in hohen Konzentrationen außerdem relevant für den Treibhauseffekt ist Methan (CH_4). Es entsteht in Landwirtschaft und Massentierhaltung, in Klärwerken und auf Mülldeponien. Auch in Permafrostböden [Dauerfrostböden] ist Methan erhalten. Wenn also die globale Temperatur steigt und die Permafrostböden auftauen, wird die Atmosphäre zusätzlich weiter aufgeheizt.

Ein Großteil der Methankonzentration stammt aus dem Magen von Wiederkäuern, außerdem entsteht es beim Reisanbau. Ähnlich klimawirksam ist Lachgas, das ebenfalls in der Landwirtschaft entsteht, beispielsweise beim Abbau von Stickstoffverbindungen in den Böden. Stickstoff ist in den meisten gängigen Düngemitteln enthalten. […]

(Gönke Harms/ Annika Franck: Klimawandel, planet-wissen.de, 28.11.2019, Westdeutscher Rundfunk, Köln; https://www.planet-wissen.de/natur/klima/klimawandel [17.02.2020])

M7 Das 1,5 Grad-Ziel und die Klima-Kipppunkte (Gruppe 2)

2015 wurde in der Abschlusserklärung des Pariser Klimagipfels das Zwei-Grad-Ziel formuliert: Die Staaten sollen Maßnahmen ergreifen, damit die Durchschnittstemperatur im Vergleich zum vorindustriellen Zeitalter nicht um mehr als zwei Grad Celsius steigt. Besser wäre es sogar, die Klimaerwärmung auf 1,5 Grad zu begrenzen. Wenn Wissenschaftler versuchen, den Klimawandel und seine Folgen vorherzusagen, macht ihnen eines besonders Angst: Viele Phänomene können sich ab sogenannten Kipppunkten verselbstständigen. Sie würden sich also auch ohne das Zutun der Menschen weiter verstärken, sobald die Klimaerwärmung einen gewissen Punkt erreicht hat. Besonders gut kannst du dir das am Beispiel der Permafrostböden vorstellen. Dies sind dauerhaft gefrorene Böden, die es in weiten Teilen der nördlichen Halbkugel gibt und die enorme Mengen an CO_2 und Methan enthalten. Durch die Klimaerwärmung beginnen die Permafrostböden, abzutauen und die gespeicherten Treibhausgase freizusetzen. Dadurch wiederum verschärft sich die Klimaerwärmung – und die Böden tauen noch schneller ab. Solche Beispiele gibt es überall auf der Welt. Besonders dramatisch wäre es, wenn der „Point of no return“ erreicht werden würde, denn dann ließen sich diese Entwicklungen nicht mehr rückgängig machen. [...] Der Weltklimarat IPCC empfiehlt Politikern, dringend auf das 1,5-Grad-Ziel zuzuarbeiten. Selbst wenn wir dieses Ziel erfüllen, hätte der Klimawandel Folgen wie eine Zunahme von extremen Wetterereignissen. Bei einer Erwärmung von zwei Grad wären die Folgen aber weitaus gravierender. Studien der European Geoscience Union und der Universität von Oxford bestätigen diese Vermutung. Da es jedoch sehr unwahrscheinlich erscheint, dass die Menschheit das 1,5-Grad-Ziel erreicht, soll als Alternative zumindest das Zwei-Grad-Ziel eingehalten werden – in der Hoffnung, dass der Klimawandel dann immer noch kontrollierbar ist. Momentan liegt die globale Durchschnittstemperatur an der Erdoberfläche bereits ein Grad über der globalen Durchschnittstemperatur des vorindustriellen Zeitalters. Das klingt erstmal harmlos. Der Trend ist jedoch besorgniserregend: Wenn die Staaten keine weitreichenden Klimaschutzmaßnahmen treffen, die über die bisherigen Maßnahmen hinausgehen, könnte sich die Erde bis 2100 um mindestens drei Grad erwärmen.

(Leonie Barghorn: Zwei-Grad-Ziel einfach erklärt: Das musst du wissen, Utopia.de, 21.7.2019, München; https://utopia.de/ratgeber/zwei-grad-ziel-einfach-erklaert-das-musst-du-wissen/ [17.02.2020])

vorindustrielles Zeitalter: Vergleichszeitraum von ca. 1850 bis 1900. Aktuelle Daten z. B. zu den Treibhausgas-Emissionen werden mit Daten aus dieser Zeit verglichen.

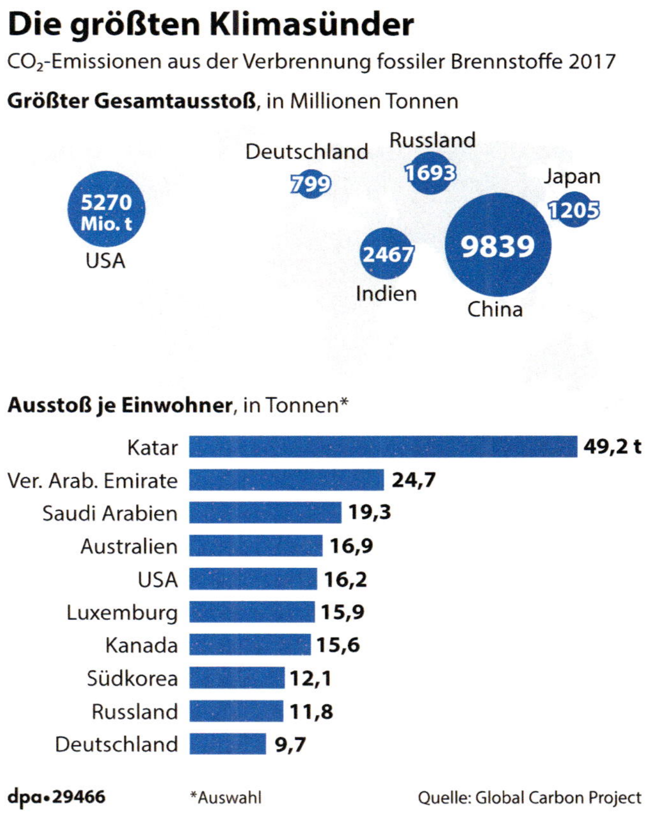

M8 Globale Verursacher des Treibhauseffekts (Gruppe 3)

[...] Hauptverursacher des Klimawandels sind die Länder des industrialisierten Nordens. Insbesondere durch ihren Energieverbrauch in den letzten hundert Jahren haben sie maßgeblich die bereits jetzt stattfindenden Klimaveränderungen hervorgerufen. Die Schwellenländer ziehen mit den Emissionen nach, sie haben aber historisch nur sehr wenig zum Klimawandel beitragen [...]. Betrachtet man allerdings, wie rasant die Emissionen in den Schwellenländern ansteigen, wird schnell klar, dass ohne beispielsweise China und Indien kein ernsthafter Klimaschutz im 21. Jahrhundert betrieben werden kann. Eine der großen Herausforderungen für die internationale Klimapolitik ist es deshalb, diesen Ländern Entwicklungsperspektiven zu eröffnen, sie aber gleichzeitig von der Notwendigkeit zu überzeugen, in eine eigene Klimaschutzpolitik einzusteigen.

(Christof Arens: Ein Problem, viele Verursacher – Fazit, Dossier Klimawandel, Bundeszentrale für politische Bildung, 15.4.2013, Bonn; https://www.bpb.de/gesellschaft/umwelt/klimawandel/38474/industrie-und-entwicklungslaender [17.02.2020])

M 9 Geografische Folgen des Klimawandels (Gruppe 4)

Besonders deutlich ist der Klimawandel schon jetzt in den Polarregionen sichtbar. Noch vor wenigen Jahrzehnten war das Nordpolarmeer zu einem großen Teil von Eis bedeckt. Doch durch die steigenden Temperaturen schmilzt diese Eisdecke: In den letzten 30 Jahren hat sich ihre Fläche fast halbiert. Gleichzeitig wird die Eisschicht immer dünner. Klimaforscher haben berechnet, dass das Eis in den nächsten 20 Jahren ganz abschmelzen könnte. Der Meeresspiegel würde dadurch um einige Meter steigen. Doch nicht nur die Eisschilde an den Polen schmelzen. Auch die Gletscher der Hochgebirge verlieren an Masse. Weil durch die Eisschmelze der Meeresspiegel steigt, werden immer größere Küstengebiete überschwemmt. Niedrig gelegene Inselstaaten, wie die Malediven im Indischen Ozean oder Tuvalu im Pazifik, sind darum von Sturmfluten immer stärker bedroht. Und nicht nur der Meeresspiegel, auch die Wassertemperatur steigt mit dem Klimawandel. Dadurch verdunstet mehr Wasser und in der Luft wird mehr Wasserdampf gespeichert. Das verstärkt den Treibhauseffekt, der die Atmosphäre weiter aufheizt. Zusätzlich erhöht sich dadurch die Gefahr von Unwettern wie Starkregen

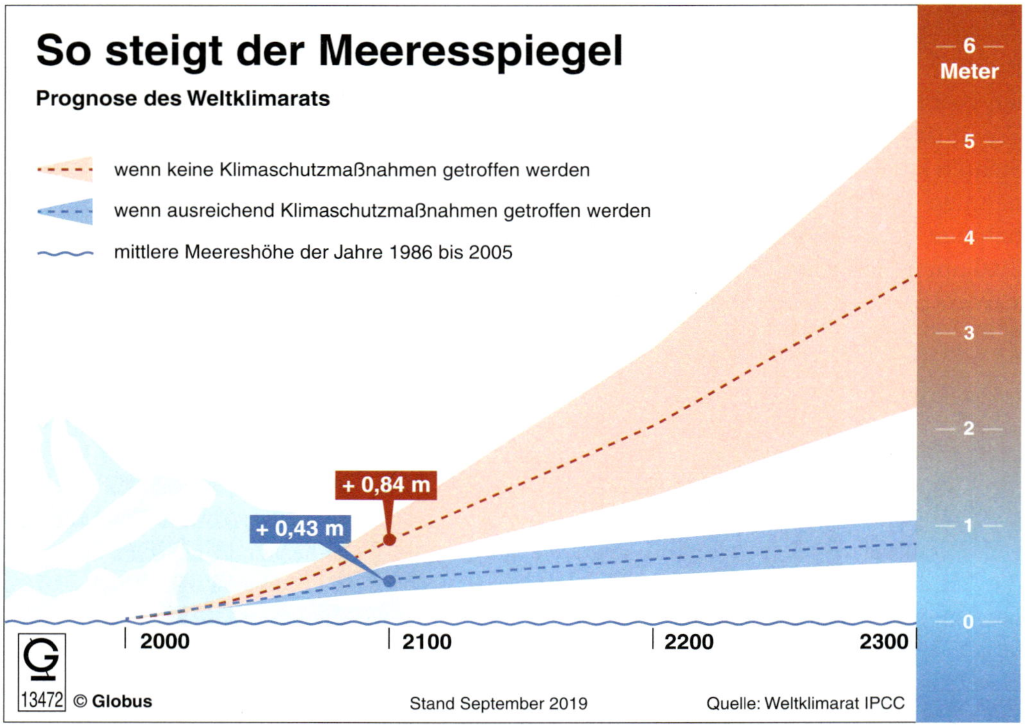

und Wirbelstürmen. In trockenen Regionen breiten sich durch steigende Temperaturen die Wüsten aus. Immer mehr Dürren sorgen dafür, dass Flüsse austrocknen und bisher grüne Landstriche verdorren. Im Süden von Spanien bleiben zum Beispiel schon seit Jahren die gewohnten Regenfälle aus, die für die Landwirtschaft dringend benötigt werden. Und die Wasserknappheit in Südeuropa verstärkt sich weiter. All diese Folgen des Klimawandels kann man bereits jetzt beobachten. Wie es weitergeht, versuchen Klimaforscher mithilfe von Computermodellen zu berechnen. Doch die Zukunft lässt sich nur schwer voraussagen, weil so viele Einflüsse unser Klima bestimmen. So wird durch die Gletscherschmelze das salzige Meerwasser mit Süßwasser verdünnt. Der Salzgehalt des Meeres jedoch treibt die Meeresströmungen an. Was könnte also geschehen, wenn durch den geringeren Salzgehalt der warme Golfstrom abreißt? Wird es dann in Europa zunächst kälter statt wärmer? Was würde passieren, wenn im hohen Norden der Permafrost taut? Entweichen dann aus dem Boden Tonnen des Treibhausgases Methan? Und wird dadurch der Klimawandel beschleunigt? […]

(planet-schule.de: Die Folgen des Klimawandels, ohne Datum, Textautoren: Claudia Heidenfelder, Kirsten Röber, Kristof Köhler, Südwestrundfunk 2015, Stuttgart; https://www.planet-schule.de/mm/die-erde/Barrierefrei/pages/Die_Folgen_des_Klimawandels.html#Die_Folgen_des_Klimawandels [17.02.2020])

M10 Politische Folgen des Klimawandels (Gruppe 5)

Menschen flüchten aus ihrer Heimat wegen Kriegen, Konflikten, Verfolgung und politischen Auseinandersetzungen – das bekommen wir nahezu täglich durch die Medien mit. Über eine andere Fluchtursache wird allerdings deutlich weniger berichtet: den Klimawandel.

Dabei ist der Klimawandel weltweit sogar die Hauptursache dafür, dass Menschen ihre Heimat verlassen. Zu diesem Ergebnis kommt eine neue Studie von Greenpeace. Laut der Studie werden jedes Jahr durchschnittlich 21,5 Millionen Menschen durch Naturkatastrophen vertrieben. Egal ob durch Brände, Erdrutsche, extreme Temperaturen, Stürme oder Fluten – der Klimawandel zwingt laut Greenpeace mehr Menschen zur Flucht als Kriege und Gewalt.

(Autorentext)

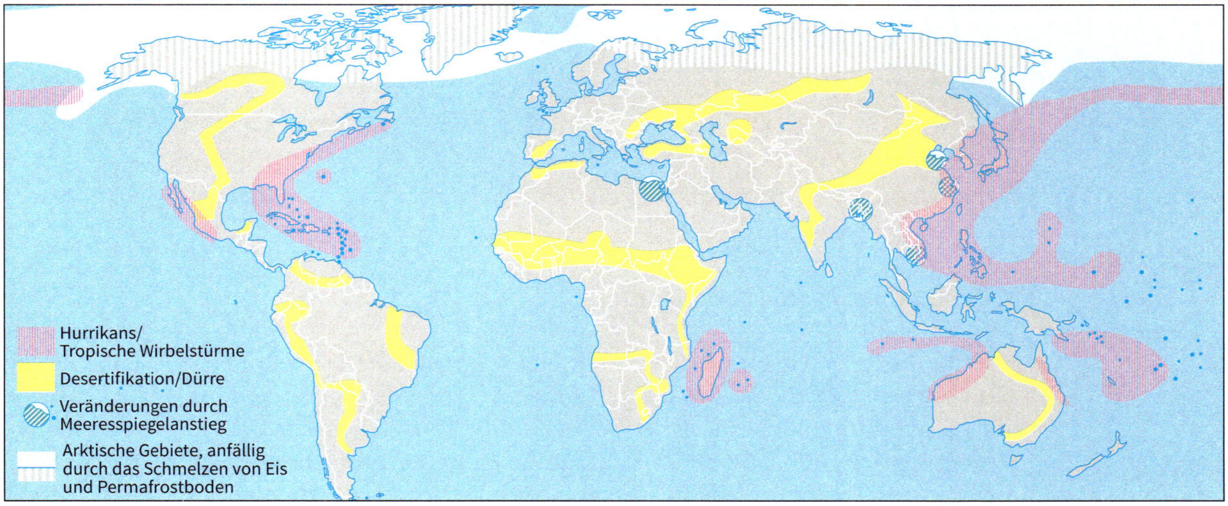

Abb.: Gebiete, in denen aufgrund des Klimawandels lokale Umweltveränderungen zu Klimaflucht führen könnten

3. Klimawandel – Welche Verantwortung trägt der Verbraucher?

Dass der Klimawandel das Leben vieler Menschen auf der Erde bedroht und dass der Klimaschutz daher zu den wichtigsten Menschheitsaufgaben der Gegenwart und Zukunft gehört, habt ihr in den vorherigen Abschnitten erarbeitet. In diesem Abschnitt soll nun die Rolle des Verbrauchers bzw. der Verbraucherin näher untersucht werden: Wie trägt jeder Einzelne von uns zum Klimawandel bei? Ein Bewusstsein hierfür ist wichtig, um auch Maßnahmen zum individuellen Klimaschutz ergreifen zu können.

M11 Ab heute leben wir auf Pump! – Der Earth Overshoot Day

* Am „**Earth Overshoot Day**" haben wir Menschen alle natürlichen Ressourcen aufgebraucht, die die Erde innerhalb eines Jahres regenerieren und nachhaltig zur Verfügung stellen kann. Die Biokapazität der Erde beträgt pro Jahr 1,7 Globale Hektar pro Person (gha). Jeder Mensch verbraucht im Schnitt allerdings 3,3 Globale Hektar pro Jahr.

Erklärt, was die einzelnen Zeichnungen auf dem Plakat darstellen.

M12 Der ökologische Fußabdruck

Wie viel Erde benötigt der Lebensstil eines Menschen? Der ökologische Fußabdruck zählt die Ressourcen, die wir für den Alltag verbrauchen, und zeigt auf, wie viel Fläche und CO_2 benötigt wird, um all die Energie und Rohstoffe dafür zur Verfügung zu stellen. Der ökologische Fußabdruck ist nicht nur für Einzelpersonen berechenbar, sondern auch für Nationen. Das Ergebnis für Deutschland: Der deutsche Fußabdruck ist 5,09 Hektar groß. Der gerechte ökologische Fußabdruck läge jedoch bei 1,9 Hektar.
Der ökologische Fußabdruck ist auch ein Gerechtigkeitsindikator, denn er basiert auf

der Grundannahme, dass allen Menschen gleich viel zur Verfügung steht. Dazu wird die Kapazität der Erde unter allen Menschen aufgeteilt.

(Ressourcenknappheit, Klimawandel und Ökologischer Fußabdruck – Dein Ökologischer Fußabdruck, Quelle: KonsUmwelt, Agrar Koordination – Forum für Internationale Agrarpolitik e. V., ohne Datum, Hamburg; http://www.going-green.info/themen/konsum/ressourcenverbrauch/ [17.02.2020])

1 Stellt dar, was der ökologische Fußabdruck misst. (M 12)

2 Stellt einen Bezug zum Plakat (M 11) her.

V Ihr könnt auch euren persönlichen ökologischen Fußabdruck berechnen. Nutzt dazu den angegebenen Webcode. Bei der Beantwortung einiger Fragen müssen euch eventuell eure Eltern unterstützen. Stellt euch die Ergebnisse in der Klasse vor und vergleicht eure ökologischen Fußabdrücke.

@ WES-116590-010

M 13 Der Treibhausgas-Ausstoß eines Deutschen

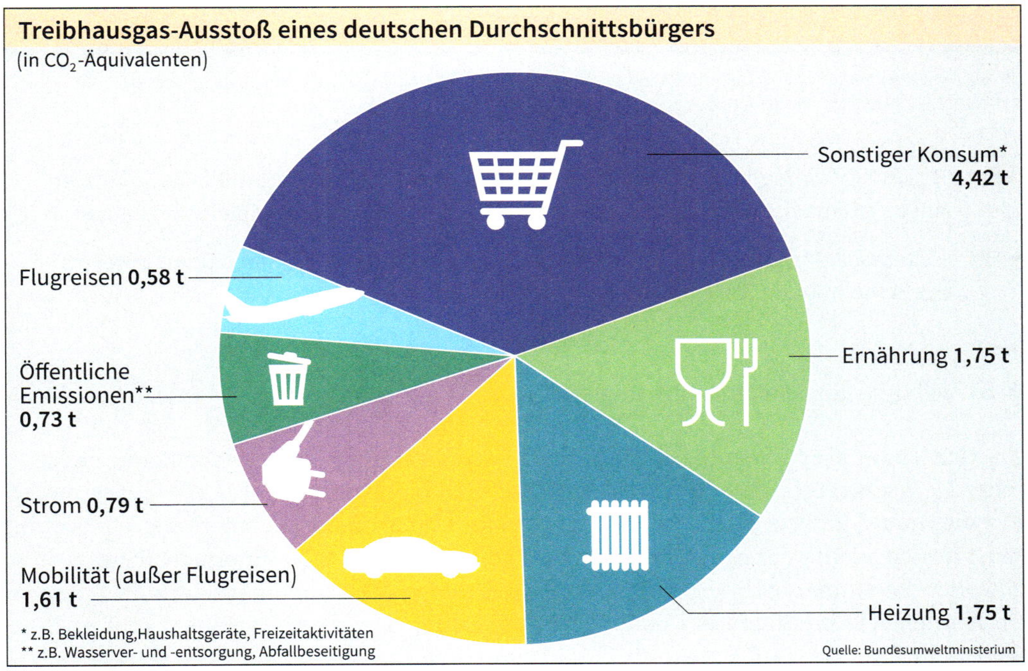

(Datenquelle: Bundesumweltministerium)

CO_2-Äquivalente: Maßeinheit zur Vereinheitlichung der Klimawirkung unterschiedlicher Treibhausgase (z. B. CO_2, CH_4, N_2O); je höher, desto schädlicher

1 Wertet die Grafik aus. Hilfen dazu erhaltet ihr in den Methodenanweisungen auf S. 31.

2 Erläutert anhand der Grafik, wie der Verbraucher bzw. die Verbraucherin zum Klimawandel beiträgt. Bezieht dabei eure Kenntnisse zum Treibhauseffekt und anthropogenen Klimawandel mit ein.

3 Entwickelt gemeinsam in der Gruppe Vorschläge, wie jeder Einzelne seinen CO_2-Ausstoß konkret senken könnte. Geht dabei auf die in der Grafik genannten Bereiche ein (Ernährung, Heizung ...).

4 Präsentiert eure Vorschläge in der Klasse und diskutiert gemeinsam, ob ihr diese für umsetzbar haltet.

M 14 Klimafolgen der Lebensmittelproduktion

1 KG	TREIBHAUSGASE	WASSERVERBRAUCH
Tomaten	340 g	214 l
Kaffee	470 g	18.900 l
Äpfel	550 g	820 l
Brot	660 g	1610 l
Käse	8510 g	5060 l
Rindfleisch	13.310 g	15.420 l

KLEINE ÄPFEL, GROSSE WIRKUNG

Wirft man ein Kilogramm Äpfel weg, werden 820 Liter Wasser vergeudet – fünf Badewannen voll. Bei der Produktion, dem Transport und der Kühlung entstehen pro Kilogramm Äpfel rund 550 Gramm klimawirksames Kohlendioxid – das entspricht etwa einer Autofahrt von fast vier Kilometern. Bei Brot oder Rindfleisch sind die Werte noch deutlich höher.

(Presse- und Informationsdienst der Bundesregierung: Schwarzrotgold. Das Magazin der Bundesregierung, 04/2019, Berlin, 13.09.2019, S. 14; Illustration: WRK Design)

1 Beschreibt anhand von M 14, inwiefern der Konsum von Lebensmitteln Auswirkungen auf das Klima hat. Bezieht euch dabei möglichst auf konkrete Beispiele und Zahlen.

2 In Deutschland werden viele Lebensmittel ungenutzt weggeworfen. Erklärt unter Berücksichtigung von M 14, weshalb dies besonders schädlich ist.

M 15 Wir alle konsumieren gern und viel ...

... jeden Tag. Unser Konsum ist Motor der Wirtschaft. Aber auf das **Wie** kommt es an. Jeder Deutsche verbraucht durchschnittlich 7-mal mehr Energie als ein Mensch in den Entwicklungsländern. Jeder Amerikaner sogar 13-mal mehr. Nehmen wir einmal an, wir würden nichts daran ändern, entspräche unser weltweiter Energiebedarf im Jahr 2050 den Ressourcen von vier Planeten Erde. Um den Menschen heute und in Zukunft, im Norden wie im Süden ein gutes Leben garantieren zu können, muss nicht nur der weltweite Energie- und Rohstoffverbrauch verringert werden. Auch die Arbeitsbedingungen, unter denen Produkte für unseren Verbrauch in Ländern der Dritten Welt hergestellt werden, müssen verbessert werden.

Unser Kaufverhalten steht auf dem Prüfstand. Mit unseren Entscheidungen, die wir an der Ladentheke treffen, können wir viel zu Veränderungen beitragen. Denn ob wir uns für eine ressourcenintensiv hergestellte Tiefkühllasagne entscheiden oder ein Gericht frisch zubereiten, ob wir einen normalen Bodenbelag kaufen oder einen umwelt- und sozialverträglich zertifizierten Teppich wählen, ob wir in den Kurzurlaub fliegen oder mit der Bahn reisen, das hat durchaus eine große Wirkung.

Nachhaltig (s. M 16) konsumieren heißt: anders einkaufen, verbrauchen, nutzen, mobil sein – bewusst entscheiden. [...]

(Rat für Nachhaltige Entwicklung, Berlin 2003: Der Nachhaltige Warenkorb – Ein Wegweiser zum zukunftsfähigen Konsum https://orgprints.org/806/4/Nachhaltiger-Warenkorb-Broschuere.pdf, Seite 2 [17.02.2020])

M16 Nachhaltigkeit – Was heißt das?

Der Begriff der Nachhaltigkeit geht auf Carl von Carlowitz (1645–1714) und die Waldwirtschaft zurück. Carlowitz zufolge sollte in einem Wald nur so viel abgeholzt werden, wie sich binnen gewisser Zeit auf natürliche Weise regenerieren konnte. Das Prinzip Nachhaltigkeit sollte also sicherstellen, dass ein sich erneuerndes, natürliches System – wie z. B. ein Wald – in seinen wesentlichen Eigenschaften dauerhaft erhalten bleibt. Die Definition, die bis heute am weitesten verbreitet und anerkannt ist, hat ihren Ursprung im sogenannten Brundtland-Bericht von 1987, der erstmals festschrieb: „Nachhaltige Entwicklung ist eine Entwicklung, die gewährt, dass künftige Generationen nicht schlechter gestellt sind, ihre Bedürfnisse zu befriedigen, als gegenwärtig lebende."

Generell wird Nachhaltigkeit in drei Bereichen bzw. Dimensionen zu erreichen versucht, die eng miteinander verbunden und gleichermaßen wichtig sind: Ökologie, Ökonomie, Soziales.

- **Ökologisch** nachhaltig zu handeln heißt vor allem, schonend mit den Ressourcen der Erde umzugehen, sie nicht zu verschmutzen und keine (Umwelt-)Schäden anzurichten, die nicht rückgängig gemacht oder behoben werden können.
- **Ökonomisch** nachhaltig heißt, dafür zu sorgen, dass die Wirtschaft(skraft) eines Landes dauerhaft erhalten bleibt und Güter und Dienstleistungen (relativ) frei gehandelt werden können.
- **Soziale** Nachhaltigkeit meint in vielen Fällen eine gleiche und/oder gerechte Behandlung aller Menschen. Dies kann beispielsweise die Verteilung von Ressourcen betreffen oder auch die Gleichbehandlung von Menschen unterschiedlicher Geschlechter, Herkunft oder Religionen. Auch menschenwürdige Arbeitsplätze oder der Zugang für jede/jeden zu Bildung gehören dazu.

(Autorentext)

1 Erklärt in eigenen Worten den Begriff der Nachhaltigkeit. (M 15 – M 16)

2 Erläutert, wie in M 15 die Forderung nach einem veränderten Konsumverhalten begründet wird. Versucht für die drei angeführten Beispiele zu erklären, inwiefern die Entscheidung für den Kauf eines bestimmten Produktes Auswirkungen auf den Klimaschutz haben kann.

M 17 „Kauf weniger!"

Das Plakat weist auf die Kampagne „Kauf weniger. Weil uns Nachhaltigkeit wichtiger ist." hin, mit der das Berliner Unternehmen „Bio Company" als erster Supermarkt zu weniger Konsum aufruft. „Bio Company" ist ein Biosupermarkt-Filialist mit Hauptsitz in Berlin. Er betreibt 60 Filialen, vor allem in Berlin, Dresden, Hamburg und Potsdam.

1 Erläutert die Forderung „Kauft weniger" (M 17) unter Berücksichtigung von M 12 – M 16.

2 Die Überschrift des ersten Abschnitts lautet: „Paradies in Gefahr – Doch was geht mich das an?" Beantwortet diese Frage nun und bezieht euch dabei auf eure bisherigen Arbeitsergebnisse.

2.1, 2.2

V Die Bundesregierung will die Lebensmittelabfälle bis 2030 halbieren. Zur Erreichung dieses Ziels gibt es unterschiedliche Vorschläge. Recherchiert diese Möglichkeiten und stellt eine davon in Form eines Kurzvortrags vor (s. Methode, S. 199). Die entsprechenden Links sind unter dem Webcode hinterlegt.

@ WES-116590-011

4. „Was kann ich tun?“ – Nachhaltiger Konsum statt „Wegwerfgesellschaft“

Im Folgenden sollt ihr am Beispiel des Smartphones mehr darüber erfahren, wie sich unser Konsumverhalten auf die Umwelt auswirkt. Ihr erfahrt, woher z. B. die Rohstoffe stammen, die in euren Smartphones enthalten sind, und auch, warum man versucht, diese wiederzugewinnen, wenn Smartphones kaputt sind oder ihr sie wegwerft. Außerdem lernt ihr ein Unternehmen kennen, das versucht, Smartphones auf „faire“ Weise zu produzieren.

M18 Jedes Jahr ein neues Handy?!

Fallbeispiel

Paul ist begeistert – seine Eltern haben ihm zum Geburtstag einen Handy-Vertrag geschenkt! Endlich keine Prepaid-Karten mehr! Und solange es preislich in einem bestimmten Rahmen bleibt, darf Paul aussuchen, welcher Vertrag bei welchem Anbieter es sein soll. Ein neues Smartphone gibt es noch obendrauf! Jetzt sitzt Paul zu Hause vor dem Computer und sucht bei den verschiedenen Anbietern nach dem besten Angebot. „Das ist ja genial, bei jedem Anbieter kann ich mir jedes Jahr ein neues Smartphone aussuchen!“, denkt er und klickt von einer Seite zur nächsten. In Gedanken sieht er sich mit seinem neuen Smartphone schon bei seinen Freunden stehen und das Gerät unter ihren bewundernden Blicken vorzeigen. „Und im nächsten Jahr dann wieder das aktuellste mit dem neuesten Design, dem größten Speicherplatz, der besten Kamera …“.

(Autorentext)

Blick-winkel

Spricht euch das Angebot, jedes Jahr ein neues Smartphone zu bekommen, an? Paul sieht dieses ausschließlich positiv und vorteilhaft für sich. Diskutiert in der Klasse, ob ihr dies auch so seht oder ob es auch noch andere (weniger positive) Sichtweisen gibt. Beachtet dabei die methodischen Hinweise auf S. 216.

M19 Rohstoffe und der Lebenszyklus eines Handys

Vier Phasen umfasst der Lebenszyklus eines Handys, von der Rohstoffgewinnung und Produktion über die Nutzung bis hin zum Recycling. Die verbrauchten Ressourcen aller vier Phasen zusammengerechnet füllen den „ökologischen Rucksack“ eines Geräts.

Phase 1: Rohstoffe abbauen und aufbereiten

In einem Mobiltelefon stecken mehr als 60 verschiedene Stoffe, darunter rund 30 Metalle. Kupfer macht den größten Teil aus, aber auch Edelmetalle sind darunter: Die 1,5 Milliarden Handys, die 2010 weltweit verkauft wurden, enthalten zusammen etwa 14 Tonnen Palladium, 36 Tonnen Gold und 375 Tonnen Silber – wertvolle Rohstoffe, die überwiegend in Schwellen- und Entwicklungsländern wie China, Kongo und Südafrika abgebaut werden.

Sowohl der Bau als auch der Betrieb der Minen sind umweltschädlich. Wälder werden gerodet und viele Tonnen Gestein gesprengt, um an die Metalle zu gelangen. Um Edelmetalle aus Gestein zu lösen, werden giftige Chemikalien verwendet, die in Flüsse und Meere gelangen können. Die Industrieanlagen, in denen die Rohstoffe aufbereitet werden, benötigen natürlich eine Menge Energie. Schließlich verbraucht auch der Transport der gewonnenen Rohstoffe per Schiff und LKW Treibstoff – und damit die knappe Ressource Öl.

Phase 2: Produzieren

Insbesondere Chips und Leiterplatten zu fertigen ist aufwendig – und dadurch energie- und ressourcenintensiv. Bei der Produktion dieser Elemente können ebenfalls giftige Chemikalien ins Abwasser gelangen. Auf den meist weiten Transportwegen wird viel Energie verbraucht, was zu hohen Treibhausgasemissionen führt – etwa um die fertigen Telefone von Asien nach Europa zu transportieren.

Bild: iStockphoto

Phase 3: Aufladen und Funken

Handys verbrauchen Strom, ein Smartphone übrigens fast 50 Prozent mehr als ein herkömmliches Modell. Dazu kommt der versteckte Stromverbrauch: So nutzt man mit jedem Anruf und jeder SMS das Funknetz – das seinerseits Energie und Rohstoffe, um die riesige Anlagen aufzubauen, verbraucht. Auch ältere Ladegeräte, die trotz vollem Akku noch eingesteckt sind, ziehen Strom aus der Dose.

Phase 4: Wiederverwerten!

Idealerweise werden kaputte Geräte recycelt und ein Teil der darin enthaltenen Metalle in den Rohstoffkreislauf zurückgeführt. Glas und Aluminium zum Beispiel können nicht in ihrer reinen Form zurückgewonnen werden. Sie landen in der Schlacke, die als sogenannter „Sekundärrohstoff" Verwendung findet: Sie kann etwa Zement beigemischt werden. Alles in allem entlastet Recycling zwar die Umwelt, doch als „geschenkt" kann man die so (wieder)gewonnenen Stoffe nicht bezeichnen. Denn auch Recycling kostet Energie und verbraucht somit Rohstoffe.
[...]

Mit schwerem Gepäck unterwegs

Der Ressourcenverbrauch, der sich im Laufe des Lebenszyklus eines Handys ergibt, summiert sich im Schnitt auf etwa 44 Kilogramm. Der ökologische Rucksack, das unsichtbare Gewicht eines jeden der handlichen Geräte, ist deshalb sehr groß.
Der Großteil des ökologischen Gepäcks entfällt auf den aufwendigen Abbau von Rohstoffen. Allein für die rund zehn Gramm Kupfer, die in den Kabeln, Leiterbahnen und Platinen eines einzelnen Handys stecken, werden bereits 3,48 Kilogramm Ressourcen verbraucht.

(Bundesministerium für Bildung und Forschung/Projektgruppe Wissenschaftsjahr 2012, Bonn [Hrsg.]: Rohstoffe und der Lebenszyklus eines Handys – http://www.die-rohstoff-expedition.de/die-rohstoff-expedition/lebenszyklus-eines-handys.html [17.02.2020])

1 Beschreibt den Lebenszyklus eines Handys zunächst noch einmal in Partnerarbeit. Klärt ggf. auftretende Fragen mithilfe eurer Lehrerin oder eures Lehrers.

2 Entwerft anschließend ein Schaubild, das die einzelnen Schritte des Lebenszyklus anschaulich wiedergibt.

3 Erstellt mithilfe des Textes eine Übersicht oder Liste über die externen Kosten der Handy-Produktion.

M20 Soziale Folgen der Handyproduktion

Nicht nur ökologisch ist die Herstellung von Smartphones ein Problem – auch sozial hat diese zum Teil gravierende Konsequenzen. Für Handys, Smartwatches und Laptops müssen laut der Menschenrechtsorganisation Amnesty International z. T. Minderjährige in Bergwerken arbeiten, zum Beispiel nach Kobalt schürfen, das für die Lithium-Batterien gebraucht wird.

Ein Werbespot für ein Handy der Marke Samsung Galaxy. Das Video ist auf Hochglanz getrimmt. Das Galaxy konkurriert mit dem iPhone von Apple und wird deswegen als genauso schickes Lifestyle-Produkt angepriesen. Für Amnesty International sieht die Realität hinter dem glänzenden Design eines nagelneuen Handys weniger blendend aus. Minderjährige würden in der Demokratischen Republik Kongo in Bergwerken schuften, um Kobalt für Handys oder Laptops zu gewinnen. Kobalt wird benötigt, um Lithium-Batterien herzustellen. [...]

Im Kongo werden 50 Prozent der weltweiten Produktion von Kobalt geschürft. Die Minenarbeiter, die nur ein oder zwei Dollar am Tag verdienen, klagen über schwere gesundheitliche Probleme v.a. mit der Lunge. Zudem ist es unter Tage gefährlich. Seit September 2014 sind 80 Bergleute bei Grubenunglücken ums Leben gekommen. Unter den Arbeitern seien 40.000 Minderjährige, heißt es in dem Bericht. Zwölfjährige würden schon in die Stollen geschickt und arbeiten dort laut Amnesty in 24-Stunden-Schichten. Die kleineren Kinder suchten im Erdaushub nach dem Erz oder sortierten die Minerale, die aus der Mine stammen.

[...] Alle führenden Hersteller von Handys weltweit beteuern, dass sie strikt darauf achten, keine Kinderarbeit bei ihren Herstellern und Zulieferern zu tolerieren. Apple [zum Beispiel] lässt in einer Stellungnahme mitteilen, man sei stolz darauf, bei den Sicherheitsbestimmungen und Vorschriften Pionierarbeit geleistet zu haben. [...] Auch Samsung wehrt sich gegen die Vorwürfe; man prüfe ständig, ob das Verbot von Kinderarbeit eingehalten werde. [...]

Amnesty dagegen fordert die Verbraucher auf, Druck auf die Hersteller auszuüben. Millionen Menschen profitierten von den neuen Technologien, aber sie fragten nicht, wie sie produziert werden. Die glamourösen Läden und das Marketing der neuesten Technologien stünden in starkem Kontrast zu Kindern, die Säcke mit Steinen schleppen, oder Minenarbeitern, die mit den bloßen Händen die Schächte ausgraben.

(Friedbert Meurer: Kinderarbeit für Smartphones, Deutschlandradio, 19.1.2016, Köln; http://www.deutschlandfunk.de/amnesty-international-kinderarbeit-fuer-smartphones.1766.de.html?dram:article_id=342926 [17.02.2020])

M 21 Kampf um die Kongo-Schätze

Die Demokratische Republik (DR) Kongo ist so reich, dass es sie arm macht. Im Gebiet entlang des Flusses Kongo kommen zahlreiche Bodenschätze in großen Mengen vor. Auf den ersten Blick hat das Land unglaubliches wirtschaftliches Potenzial und trotzdem rangiert es im Vergleich mit anderen afrikanischen Staaten in finanziellen und sozialen Belangen ganz unten. [...]

Die DR Kongo wird oft als das rohstoffreichste Land der Welt bezeichnet. Bis in die 1960er-Jahre waren die Förderung und der Export von Bodenschätzen wie Gold, Diamanten, Kupfer und Öl das wichtigste finanzielle Standbein der kongolesischen Wirtschaft. [...]

Bis heute führen die Rohstoffe zu großen Konflikten zwischen Bevölkerungsgruppen, Rebellenführern, Staat, Militär, westlichen Unternehmen und den angrenzenden Staaten. [...] Ertrag-

reiche Gebiete werden erbittert umkämpft. Wer das Gebiet hat, hat die Macht über die Rohstoffe – und damit den Gewinn. [...]
Für jedes Handy, jeden Computer, jede Digitalkamera brauchen die Produzenten Coltan. Das Erz und seine metallischen Elemente Niob und Tantal sind für besonders feine Elektronik unverzichtbar geworden. [...]
Im Osten der DR Kongo, in der Provinz Kivu, befinden sich schätzungsweise 80 Prozent der weltweiten Coltan-Vorkommen. Das Erz lagert direkt unter der Oberfläche, jeder kann es mit einer Schaufel bewaffnet abbauen. Als der Preis für Coltan Mitte der 1990er-Jahre stark anstieg, zogen ganze Ströme von Einheimischen in die Kivu-Region.
Natürlich erkannten auch die an das Abbaugebiet angrenzenden Staaten den Wert des Erzes. Seit dem Beginn des Abbaus starben alleine eine halbe Million kongolesischer Soldaten im Kampf um die Kivu-Region gegen Truppen aus Ruanda und Uganda sowie gegen Milizen. Auch die Umwelt leidet unter dem Coltan-Abbau. Arbeiter holzen große Flächen Regenwald ab, um zu schürfen und Camps zu errichten. Damit zerstören sie den Lebensraum der stark gefährdeten Berggorillas, die im besonders artenreichen Regenwald der Virunga-Vulkane leben. Auch Elefanten, Raubkatzen und kleine Säugetiere verlieren ihr Zuhause. [...]

(Danielle Schippers: Kampf um die Kongo-Schätze, planet-wissen.de, 29.2.2016, Westdeutscher Rundfunk, Köln; http://www.planet-wissen.de/natur/fluesse_und_seen/kongo/pwiekampfumdiekongoschaetze100.html [17.02.2020])

1 Gebt wieder, welche Probleme und Gefahren durch die Produktion von Handys entstehen.

2 Entwerft mithilfe der Informationen aus M 20 und M 21 ein Plakat für eine Kampagne, die kritisch auf die Produktionsbedingungen aufmerksam machen will.

3 Schreibe auf der Basis deiner Arbeitsergebnisse eine E-Mail an Paul, in der du ihm erklärst, welche Konsequenzen es hat, wenn er jedes Jahr ein neues Smartphone erhält.

M 22 Es geht auch anders

Mittlerweile ist Bewegung in den Handy-Markt gekommen und einige wenige Hersteller versuchen, Mobiltelefone anders, nämlich fairer herzustellen. Ein Beispiel hierfür lernt ihr im folgenden Text kennen.

[...] Stellen Sie sich vor, Sie wollen mit nur sechs Mitarbeitern ein Smartphone bauen. Sie haben kein Design, keine Zulieferer, keine Industrieerfahrung und kein Geld. Außerdem soll es nicht irgendein Smartphone werden, sondern ein fair produziertes, dessen Teile von gut bezahlten und arbeitsrechtlich geschützten chinesischen Fabrikarbeitern verbaut werden. Die mikroelektronischen Bausteine bestehen aus Metallen, Mineralien und seltenen Erden, die es hauptsächlich in Bürgerkriegsländern wie Kongo gibt. Dennoch sollen sie bitte unter sicheren Arbeitsbedingungen ohne Kinderarbeit gefördert und auf eine Weise vertrieben werden, die lokalen Kriegsfürsten kein Geld einbringt.
Was sich der Niederländer Bas van Abel vornimmt, als er 2013 gemeinsam mit Tessa Wernink und Miquel Ballester – fast möchte man sagen: gegen jede Vernunft – das Unternehmen Fairphone gründete, klingt nicht so ganz nach der klassischen Start-up-Geschichte. Alles fing 2010 in Amsterdam an: nicht als Geschäftsidee, sondern als Aufklärungskampagne. „Wir wollten auf Konfliktmineralien in Verbraucherelektronik aufmerksam machen“, erklärt Bas van Abel, der heute Geschäftsführer des jungen Smartphone-

Unternehmens ist. Nach drei Jahren klassischer Aufklärungsarbeit wurde ihm klar, dass der moralische Fingerzeig von der Seitenlinie wichtig ist, aber nicht alles sein kann. „Nur wer in die Industrie einsteigt, kann Produktionssysteme offenlegen, Lieferketten verändern und eine praktische Diskussion über Fairness in der Produktion anstoßen. Ich wollte beweisen, dass es Käufer gibt, die Wert auf sozialverträgliche Technik legen."

Bas van Abel mit dem Fairphone

[...] „Apple übertrifft unsere Produktionsmenge um ein Vielfaches – und das jeden Tag", sagt Miquel Ballester, einer der zwei Mitgründer, und lacht. „Wir sind klein, aber wir haben einen Präzedenzfall geschaffen. Wir bringen sowohl die Käufer als auch die großen Hersteller zum Nachdenken."

Die Produktion der ersten Telefone wurde durch Crowdfunding finanziert: 25.000 Kunden legten 2013 den vollen Preis von 325 Euro für ein Produkt vor, das sie frühestens ein halbes Jahr später erhalten würden. [...] „Als diese Summe tatsächlich auf meinem Konto war, wurde mir ganz schlecht vor Angst", erinnert sich Bas van Abel. „Mein erster Reflex war, das Geld direkt wieder zurückzuüberweisen." [...]

Crowdfunding: eine Art der Finanzierung für Projekte, Unternehmen usw., bei der eine größere Anzahl (vor allem) von Internetnutzern einem Projekt oder einem Unternehmen (in diesem Beispiel für die Herstellung des Fairphones) einen bestimmten Geldbetrag zur Verfügung stellen – in der Regel bevor dieses tatsächlich begonnen hat oder etwas produziert wurde.

Faire Rohstoffe, faire Produktion, Langlebigkeit und Reparaturfähigkeit, Müllvermeidung und volle Transparenz über alle Produktionsprozesse. Die Ansprüche waren von Anfang an hoch und deshalb nur Stück für Stück umsetzbar. Zunächst fingen die Amsterdamer an, mit lokalen Initiativen in Kongo und in Peru zusammenzuarbeiten, die konfliktfreies Tantal, Gold und Zinn zertifizieren. Doch erst als sie einen Produzenten in China fanden, der einerseits bereit ist, die sehr kleinen Stückzahlen zu produzieren, und andererseits über Arbeitnehmerrechte zu verhandeln und eine Sozialkasse für seine Mitarbeiter einzurichten, kam die Sache ins Rollen. Ende 2013 konnten die ersten Mobiltelefone ausgeliefert werden. Der Lerneffekt in den ersten Monaten sei immens gewesen, sagen die Gründer. Es reiche nicht aus, eine soziale Vision zu haben. Wer das System von innen heraus verändern wolle, der müsse auch wirtschaftlich für seine Geschäftspartner attraktiv werden. [...]

Dass sie bei ihrem Produkt aus mehr als 300 Einzelteilen noch nicht die komplette Lieferkette kontrollieren können, darüber schweigen die drei nicht. „Das Fairphone ist nicht zu einhundert Prozent fair, es ist nur in vielen Punkten sozialverträglicher als andere Mobiltelefone." [...]

(Johanna Schiele: Smartphone mit Gewissen, Frankfurter Allgemeine, 02.08.2016, Frankfurt am Main; http://www.faz.net/aktuell/beruf-chance/die-gruender/fair-und-oeko-smartphone-mit-gewissen-14365993.html?printPagedArticle=true#pageIndex_2 [18.02.2020];

sozialverträglich: an sozialen Aspekten wie bspw. fairen Arbeitsbedingungen (gerechte Bezahlung, klar geregelte Arbeitszeiten, Gesundheitsschutz ...) orientiert

1 Nennt die Gründe, die Bas van Abel dazu bewogen, das Unternehmen Fairphone zu gründen.

2 „Wer das System von innen heraus verändern will, der müsse auch wirtschaftlich für seine Geschäftspartner attraktiv werden" (Z. 55 f.), sagen die Unternehmensgründer. Erläutert diese Aussage. Stimmt ihr zu?

3 Was haltet ihr vom Fairphone? Beurteilt die Idee, ein (größtenteils) fair produziertes Smartphone auf den Markt zu bringen, und geht auch auf die Frage ein, ob ihr ein solches Smartphone kaufen würdet.

V Recherchiert für ein Kurzreferat (s. Hinweise S. 199) entweder den Werdegang des Unternehmens Fairphone von seinen Anfängen bis heute oder welche anderen Hersteller außer Fairphone sich um die Produktion eines „fairen" Smartphones bemühen.

2.1, 2.2

M 23 Eine Entscheidung – verschiedene Sichtweisen: Schon wieder ein neues Handy?!

Fallbeispiel

Du erinnerst dich bestimmt noch an Paul, der ganz begeistert war von der Idee, jedes Jahr ein neues Smartphone zu bekommen. Ein Jahr, nachdem er seinen Handyvertrag abgeschlossen hat, erhält er ein Angebot seines Mobilfunkanbieters, sich nun ein neues Smartphone auszusuchen. Mit dabei liegt ein Flyer, in dem die verschiedenen Geräte auffällig und farbenfroh beworben werden. In der Schule zeigt Paul seinen Freunden den Flyer, um sich mit ihnen zu beraten, welches Smartphone er nehmen soll. Einige Mitschülerinnen und Mitschüler gesellen sich dazu und die Klassensprecherin, die sich sehr für Umweltschutz engagiert, mischt sich in das Gespräch ein. Schon bald ist eine wilde Diskussion über die Frage im Gange, ob Paul ein neues Smartphone aussuchen soll oder nicht ...

(Autorentext)

Stellt die Diskussion in eurer Klasse nach. Zur Orientierung findet ihr nachfolgend einige Rollenkarten, die euch als Anregung dienen können, jedoch von euch noch erweitert werden sollen. Wenn ihr möchtet, könnt ihr auch noch weitere Personen der Diskussion hinzufügen. Reflektiert anschließend den Verlauf und das Ergebnis der Diskussion gemeinsam mit eurer Lehrerin oder eurem Lehrer. Beachtet auch die methodischen Hinweise auf den Seiten 88 und 216.

Blickwinkel

Paul
- will unbedingt die Möglichkeiten seines Handyvertrags nutzen und sich ein neues Smartphone aussuchen.
- versteht nicht, warum ausgerechnet seine Entscheidung so große Auswirkungen auf die Umwelt haben sollte.

Fiona
- legt viel Wert darauf, stets die neuesten und angesagtesten Klamotten zu besitzen, sofern sie sich diese leisten kann.
- fehlt gerade das Geld für ein neues Handy; sie wünscht sich jedoch eins, weil sie damit ihre Mitschülerinnen und Mitschüler beeindrucken möchte.

Johanna (Klassensprecherin)
- versucht Paul davon zu überzeugen, dass die Produktion und der (jährlich neue) Erwerb eines Smartphones die Umwelt belasten.
- sieht nicht die Notwendigkeit, dauernd ein neues Handy zu besitzen.

Sven
- engagiert sich mit viel Begeisterung in einer Jugendorganisation, die sich in Projekten für bessere Lebensbedingungen für die Menschen in den Entwicklungsländern einsetzt.
- ist mit Paul befreundet und daher hin- und hergerissen, wie er sich in dieser Situation verhalten soll.

Methode Diskussion

Eine Diskussion ist ein im Unterricht inszeniertes Streitgespräch, das eine bestimmte (oft politische) Entscheidungsfrage zu einem vorher festgelegten Thema zum Gegenstand hat. Im Laufe der Diskussion werden verschiedene Standpunkte zum jeweiligen Thema deutlich. Ziel ist dabei nicht, dass alle Teilnehmerinnen und Teilnehmer bzw. Zuschauerinnen und Zuschauer am Ende dieselbe Meinung haben, sondern dass sie sich eine eigene Meinung bilden können. Diese Meinungen können ganz unterschiedlich begründet werden, z. B. mit eigenen Wertvorstellungen, mit Überlegungen zur Durchsetzbarkeit einen Vorschlags, mit der Abwägung des Kosten-/Nutzenverhältnisses u. a. m. Wichtig ist, dass die zugrunde liegenden Kriterien offengelegt werden.

Für die **Vorbereitung** ist Folgendes zu beachten:
- Das Thema sollte klar formuliert und eingegrenzt sein, damit alle auch wissen, wozu genau Stellung bezogen werden soll.
- Außerdem solltet ihr darauf achten, dass tatsächlich verschiedene und auch möglichst voneinander abgegrenzte Positionen deutlich werden.
- Die Diskussionsteilnehmerinnen und -teilnehmer sollten sich so vorbereiten, dass sie während der Diskussion möglichst frei sprechen können.
- Es ist hilfreich, einen Moderator oder eine Moderatorin zu bestimmen, der/die darauf achtet, dass alle zu Wort kommen und bestimmte, vorher festgelegte Diskussionsregeln eingehalten werden.

Für die **Durchführung** sind folgende Grundsätze hilfreich:
- Damit die Diskussion nicht „ausufert" oder die Zuschauerinnen und Zuschauer anfangen, sich zu langweilen, weil Argumente nur noch wiederholt werden, solltet ihr festlegen, wie lange die Diskussion dauern soll bzw. darf.
- Eure Moderatorin/euer Moderator sollte darauf achten, dass diese Zeit eingehalten wird, und rechtzeitig von den Diskutierenden ein „Abschluss-Statement" einfordern.
- Eure Moderatorin/euer Moderator sollte außerdem dafür sorgen, dass die Diskussionsregeln eingehalten werden.
- Im Anschluss sollten die Zuschauerinnen und Zuschauer den Diskutierenden ein kurzes Feedback geben und ggf. offen gebliebene Fragen stellen, die ihr dann gemeinsam bzw. mithilfe eurer Lehrerin oder eures Lehrers beantwortet.

(Autorentext)

Was ihr jetzt wissen und können solltet:

- ✓ M S U H Folgen von Umweltschäden und Umweltkatastrophen für unmittelbar Betroffene, für unsere Gesellschaft und die Welt erläutern;
- ✓ M S U H erklären, wie der „Treibhauseffekt" entsteht, und die Problematik des Klimawandels erläutern;
- ✓ M S U H das Prinzip der „Nachhaltigkeit" erklären;
- ✓ M S U H euer eigenes Konsumverhalten im Hinblick auf Wirtschaftlichkeit und Nachhaltigkeit kritisch reflektieren;
- ✓ M S U H Möglichkeiten, nachhaltig und umweltgerecht zu konsumieren, erläutern, entwickeln und beurteilen;
- ✓ M S U H Karikaturen analysieren;
- ✓ M S U H ein Plakat entwerfen, um auf Probleme aufmerksam zu machen bzw. zum Handeln aufzurufen;
- ✓ M S U H ein Kurzreferat/einen Kurzvortrag erstellen und halten;
- ✓ M S U H eine Diskussion durchführen

Was ihr wisst – was ihr könnt – wie ihr es seht

M S U H

1. Klimawandel und Nachhaltigkeit

a Ergänzt im Heft den folgenden Satz: Treibhausgase lassen zwar die Sonnenstrahlen zur Erde durch, aber ???

b Analysiert diese Karikatur.

Schwarwel

c Erklärt (in ein oder zwei Sätzen), was unter Nachhaltigkeit verstanden wird.

M S U H

2. Richtig oder falsch?

Entscheidet, welche dieser Tipps für einen umweltfreundlichen Umgang mit Energie richtig sind, und korrigiert die vorhandenen Fehler.

- Steig in die Pedalen statt ins Auto! Nutze das Fahrrad, wann immer es geht. Das spart Treibhausgasemissionen. Meter für Meter. Meist geht es sogar schneller, als wenn du dich mit dem Auto fahren lässt.
- Bist du ein helles Köpfchen? Dann lass das Licht an, wenn du einen Raum verlässt, denn so viel Strom verbraucht das ja nicht.
- Nutze den Stand-by-Betrieb an elektronischen Geräten. Das ist sehr praktisch!
- Bevor ihr zu Hause die Heizung anstellt: Wie wär's mit einem schönen, warmen Pullover? Damit lässt es sich in den ersten kühlen Herbsttagen auch ohne Heizung gut aushalten. Gut für die Haushaltskasse. Und gut fürs Klima.

(Bundesministerium für Umwelt, Naturschutz und nukleare Sicherheit [Hg.], ohne Datum, Berlin: Das kannst du tun: Klima und Energie; http://www.bmub-kids.de/wissen/klima-und-energie/das-kannst-du-tun-klima-und-energie/ [18.02.2020]; leicht verändert)

Wenn ihr noch mehr lernen wollt ...

D1 „Du sollst nicht atmen ..." – Verzicht als Lösung?!

In seinem Buch „Du sollst nicht atmen“ kritisiert Sebastian Moll z. T. auf humorvolle Art und Weise die immer neuen Debatten um mögliche Wege, Umwelt und Klima zu schützen. Er kommt u. a. zu dem Schluss, dass die Menschen – ginge es nach den Umweltschützern – bald nichts mehr tun dürften, weil alles in irgendeiner Art und Weise der Umwelt schadet.

Dummerweise stößt der Mensch bereits beim Atmen Kohlendioxid aus. Ich warte auf den Tag, an dem man uns abraten wird, Sport zu treiben, weil man dabei heftiger atmet. [...] Nahezu alle Errungenschaften der modernen Zivilisation haben den Ausstoß von CO_2 zur Folge. Selbst scheinbar unschuldige Dinge wie ein abendliches Bier in der Kneipe werden mit einem Mal verwerflich. Die Zutaten müssen geerntet bzw. hergestellt, das Wasser muss erhitzt, das fertige Produkt an die Kneipe geliefert werden – all das verbraucht Energie. Außerdem führt der Genuss von Bier dazu, dass man einige Zeit später die Toilette aufsuchen muss. Die Spülung verbraucht Wasser! Der elektrische Händetrockner verbraucht Strom! Für das nicht elektrische Abtrocknen der Hände mussten Wälder gerodet werden. Sie nutzen recyceltes Papier? Das musste ja auch irgendwie hergestellt werden, wobei vermutlich Energie verbraucht wurde. Sie ahnen es schon, der einzige Weg, diesem Teufelskreis zu entkommen, lautet nichts tun – und das am besten in einem dunklen, unbeheizten Raum.

(Sebastian Moll: Du sollst nicht atmen. Warum wir am besten das Atmen einstellen sollten und andere Erkenntnisse aus dem Jetzt, adeo Verlag, München 2013, S. 15 f.)

D2 Eine Karikatur zum Thema Konsumverzicht

Jan Tomaschoff

1 Stellt das Problem dar, das Sebastian Moll in seinem Buch thematisiert.

2 Erklärt in diesem Zusammenhang den Titel des Buches „Du sollst nicht atmen“.

3 Analysiert die Karikatur.

4 Nehmt Stellung zu der Frage, ob (Konsum-)Verzicht die Lösung aller Umwelt- und Klimaprobleme bedeutet.

220

Beruf
Firma
Arbeit
Ausbildung
Studium
Berufswah
Azubis
Bildung
Bewerbung
Praktikum
Erfolg
Karriere
Zukunft

9

„Was kann ich?" – Interessen, Stärken und Berufsfelder

Darum wird es gehen

Habt ihr schon einmal darüber nachgedacht, was ihr später einmal werden möchtet? Ernsthaft wohl noch nicht. Mit zunehmendem Alter aber entwickelt ihr, jeder für sich anders, Interessen für bestimmte Bereiche wie z. B. Technik, ferne Länder oder die Natur. Ihr entdeckt bei euch in der Schule oder Freizeit vielleicht sprachliche, musische oder sportliche Fähigkeiten. Darauf könnte später eure Entscheidung für eine bestimmte Ausbildung oder ein Studium aufbauen. Das wäre eine gute Entscheidung, denn je mehr die Berufswahl den Interessen und Fähigkeiten eines Menschen entspricht, desto zufriedener wird er sein.

Die Entscheidung für einen späteren Beruf ist ein Prozess, der sich bei den meisten Jugendlichen über einen längeren Zeitraum erstreckt. Deshalb ist es wichtig, sich schon früh, d. h. deutlich vor dem Schulabschluss, mit seinen Interessen und Fähigkeiten zu beschäftigen. Zunächst soll euch deshalb im **ersten Abschnitt** *klarwerden, wofür ihr euch interessiert. Wenn ein Kind bzw. Jugendlicher bestimmte Interessen hat, z. B. für Computer, so kann er auch über entsprechende technische Fähigkeiten verfügen. Das muss aber nicht in jedem Fall so sein, vielleicht schätzt er seine Fähigkeiten nicht richtig ein und seine größeren Begabungen liegen doch woanders. Deshalb soll euch anhand einiger Materialien und Aufgaben bewusst werden, was eure Stärken sind.*

In einem weiteren Schritt geht es darum, die Fähigkeiten und Stärken mit entsprechenden Berufsfeldern zu verknüpfen. Im **zweiten Abschnitt** *werdet ihr deshalb verschiedene Berufsfelder kennenlernen und ihr sollt überlegen, welche Interessen bzw. Fähigkeiten zu welchen Berufsfeldern passen. Ihr müsst euch an dieser Stelle persönlich noch nicht auf einen bestimmten Beruf festlegen, das wäre verfrüht. Ein erster Überblick über die Berufsfelder soll euch aber schon eine erste Orientierung über die Welt der Berufe verschaffen.*

1. Was mich interessiert – was ich kann

Zum Einstieg:

M 1 Schreibgespräch: Interessen und Fähigkeiten

Methode — Schreibgespräch

Bei dieser Methode tauscht man sich – anders als in einem Unterrichtsgespräch – ausschließlich schriftlich miteinander über ein Thema aus. Denn das Schreibgespräch erfordert es, schweigend seine Gedanken zu äußern.
Es wird mithilfe eines großen Blattes Papier (z. B. im Format DIN A3) durchgeführt. In dessen Mitte wird das Thema oder die Frage geschrieben, wozu das Schreibgespräch stattfinden soll. Die übrige Fläche wird in vier gleich große Felder unterteilt (vgl. M 1).
Das Arbeitsblatt wird auf einen Tisch oder eine zusammengestellte Tischgruppe gelegt, um den/die man herumgehen kann. In einer Vierergruppe notiert jedes Gruppenmitglied zunächst in dem Feld vor ihm seine Meinung, Gedanken oder Ideen zum Thema. Diese Phase kann nach Ansage der Lehrkraft z. B. 5 Minuten dauern. Dann hören alle auf zu schreiben, stehen auf und wechseln im Uhrzeigersinn den Platz, während das Arbeitsblatt liegen bleibt. Jeder nimmt dann zur Kenntnis, was sein Vorgänger in das Feld geschrieben hat, und kommentiert oder ergänzt dies ausschließlich schriftlich. Man kann Fragen formulieren, Zustimmung äußern oder Gegenargumente aufschreiben. Auch Zeichen können eingefügt werden wie Pfeile, Verbindungslinien, Frage- oder Ausrufungszeichen. Auch diese Phase wird nach vorgegebener Zeit beendet, alle wechseln zum nächsten Feld und ergänzen dieses wie zuvor. Dieses Vorgehen wird so lange fortgesetzt, bis jeder wieder bei seinem ursprünglichen Feld, ergänzt durch die Beiträge der anderen Gruppenmitglieder, ankommt. Die Gruppenmitglieder tauschen sich abschließend im Gruppengespräch über die Ergebnisse aus. Sie stellen einander klärende Fragen und halten gemeinsame Gedanken oder Meinungsverschiedenheiten fest. Diese werden dann im Plenum vorgestellt und gesammelt. Dabei kann u. a. ausgewertet werden, welche Gesichtspunkte für wichtig gehalten wurden, was bei dem Schreibgespräch gelernt wurde, was geärgert oder erfreut hat.
Eine andere Möglichkeit ist, Arbeitsblätter mit unterschiedlichen Themen oder Fragestellungen auf verschiedene Tische zu verteilen. Alle können dann mit einem Stift in der Hand von Tisch zu Tisch gehen, um ihre Meinungen stumm zu äußern und die Beiträge ihrer Mitschülerinnen und Mitschüler zu ergänzen.

(Autorentext)

1 Führt ein Schreibgespräch zum Thema „Interessen und Fähigkeiten – haben und finden". Lasst dabei eure Erfahrungen, Ideen und möglichen Fragen einfließen.

2 Gebt wieder und stellt dar, welche Gedanken sich für euch durch das Schreibgespräch neu ergeben haben.

M2 Potenzialanalyse: Erster Schritt auf dem Weg zum passenden Job

Wo liegen meine Stärken? Habe ich Talente, die ich vielleicht noch gar nicht kenne? Welcher Beruf könnte einmal der richtige für mich sein? Schon in der Schule müssen sich Jugendliche Fragen zu ihrer beruflichen Zukunft stellen. In diesem Schuljahr hat im Rahmen der sogenannten Potenzialanalyse diese Chance unter anderem das Aachener Einhard-Gymnasium wahrgenommen. Insgesamt 112 Schüler lösten jetzt im Schülerlabor „RoboScope" verschiedene Herausforderungen in Einzel- und Gruppenarbeit. Ihre Aufgabe: Als Team müssen sie bei einer großen Rettungsaktion im Regenwald knifflige Aufgaben lösen. So spinnen sie beispielsweise die Rettungsaktion weiter mit Robotern, die sie selber programmieren und die ihnen dabei helfen, aus dem Urwald zu entkommen. Am Ende inszenieren die Jugendlichen einen Bericht – mal als Nachrichtensendung, mal als Pressekonferenz verpackt – und erzählen von ihren Erlebnissen. Der Fantasie sind dabei keine Grenzen gesetzt. Jeder im Team trägt etwas bei – und entdeckt so seine Potenziale. Hier sind alle Kräfte gefragt: Kreativität, handwerkliches Geschick, gutes Projektmanagement und Programmierkenntnisse. Die verschiedenen Aufgaben halfen den Schülern, ihre fachlichen, methodischen und sozialen Fähigkeiten kennenzulernen.
„Die Potenzialanalyse zeigt den jungen Menschen ihre Stärken und besonderen Fähigkeiten", erklärt Dr. Sascha Derichs, Leiter des städteregionalen Bildungsbüros. „Im Fokus stehen das Entdecken und Erleben der eigenen Kompetenzen." Prof. Dr. Anja Richert, Geschäftsführerin des Zentrums für Lern- und Wissensmanagement, ergänzt: „Während des Tages durchlaufen die Schüler ein Potenzial-Testfeld. Das hilft ihnen dabei, sich über ihre Fähigkeiten bewusst zu werden." Im Anschluss an den Tag an der Uni erhielten die Schüler bei einem persönlichen Gespräch Rückmeldungen zu ihren individuellen Stärken und Talenten.
Bis zum Abitur haben Schüler der 8. Klasse zwar noch Zeit, um herauszufinden, was sie im Anschluss an die Schule machen wollen. Nina Neckenbürger, Lehrerin und Studien- und Berufskoordinatorin am Einhard-Gymnasium, sagt aber: „Weil Jugendliche in der Regel viele Interessen haben und zur Orientierung viele Informationen benötigen, ist es gut, wenn sie sich frühzeitig Gedanken über ihren beruflichen Werdegang machen." Dabei erhalten sie nicht nur von ihren Eltern, sondern auch in der Schule Unterstützung. So etwa in Beratungsgesprächen, bei Informationsveranstaltungen oder durch Unterstützung bei der Suche nach geeigneten Praktika.

(StaedteRegion_Aachen: 112 Schüler des Einhard-Gymnasiums entdecken ihre Talente, Lebendiges Aachen, 01.11.2015; http://www.lebendiges-aachen.de/modules.php?name=newsfile=article&sid=8416 [18.02.2020])

1 Erläutert, welches Ziel im Hinblick auf die Schülerinnen und Schüler mit der Potenzialanalyse verbunden ist.

2 Erklärt, wie die Potenzialanalyse abläuft.

3 Möglicherweise habt ihr auch selbst schon an einer Potenzialanalyse teilgenommen. Berichtet von euren Erfahrungen und den – erwarteten oder auch überraschenden – Ergebnissen hinsichtlich eurer Stärken und Fähigkeiten.

M3 Vom Hobby zum Beruf

„Ich habe mein Hobby zum Beruf gemacht, deshalb bin ich glücklich“, sagen manchmal Menschen, die mit ihrem Berufsleben überaus zufrieden sind. Sie können in ihrem Beruf das tun, was ihnen viel Freude und Spaß bereitet. Sie empfinden ihren Beruf nicht als einen Zwang, sondern verrichten gern ihre Arbeit und fühlen sich innerlich erfüllt. Diese Arbeit aufgeben zu müssen, würde sie unglücklich machen.
Ein Hobby oder eine Lieblingsbeschäftigung kann man schon als Kind oder Jugendlicher entwickeln. An einem Hobby hat man Freude, man übt es lieber aus als andere Tätigkeiten: Modellflugzeuge basteln, Tennisspielen, Tanzen, in der Natur herumstreifen, Fotografieren, mit dem Computer etwas konstruieren usw. Dadurch, dass man sein Hobby intensiver ausübt, verbessert man seine Fähigkeiten auf diesem Gebiet, man beherrscht entsprechende Tätigkeiten besser und man weiß auch mehr als andere darüber, die dieses Hobby nicht ausüben. Das alles geht ganz spielerisch. Aus deiner oder deinen Lieblingsbeschäftigungen kannst du möglicherweise Rückschlüsse auf deine Fähigkeiten ziehen. Es kann für dich lohnend sein, einmal darüber nachzudenken.

(Autorentext)

1 Erläutert den im Text ausgeführten Grundgedanken.

2 Legt eine dreispaltige Übersicht an. In der linken Spalte nennt ihr eure Hobbys bzw. Lieblingsbeschäftigung(en); in der mittleren Spalte beschreibt ihr eure Tätigkeiten genauer. In der rechten Spalte nennt ihr dann die Fähigkeiten, die ihr dabei nutzt, sowie Eigenschaften, die verlangt werden.

M4 Wünsch dir was – Was ist dir wichtig?

1. Stell dir vor, du könntest dir eine geniale Begabung aussuchen.
Was würdest du gerne beneidenswert gut können?

a) schreiben, singen oder Theater spielen
b) wissenschaftlich arbeiten, etwas erfinden
c) politisch tätig sein, die Welt verändern
d) oder …

2. Du hast einen Wunsch frei. Es muss aber etwas sein, was auf einen Lkw passt.
Was würdest du wählen?

a) ein großes Musikinstrument
b) 10.000 Bücher
c) ein großes Sportgerät
d) oder …

3. Stell dir vor, du bekämest eine komplette Foto- oder Filmausrüstung, genug Geld und jede Unterstützung, die du benötigst. Worüber würdest du eine Reportage machen?

a) über einen Slum in Südamerika
b) über einen Tag mit einem Künstler oder einer Künstlerin
c) über ein Forschungsschiff in der Arktis
d) oder …

Was ist mir eigentlich im Leben wichtig?

4. Du bekommst Zeit, Geld und Unterstützung, um etwas zu lernen, was du immer schon können wolltest.
Was wäre das?

a) eine fremde Sprache
b) eine ausgefallene Sportart
c) ein Instrument
d) oder …

5. Was würdest du machen, wenn du ab jetzt ein Jahr Zeit geschenkt bekämest?

a) nach Herzenslust ausschlafen, faulenzen und jede Menge Spaß haben
b) ein Schuljahr in Tokio verbringen, um eine fremde Kultur kennenzulernen
c) ein Jahr auf einer Farm in Südafrika mithelfen
d) oder ...

6. Angenommen, du bekämest ein komplettes Filmteam und eine Million Euro. Welchen Kinofilm würdest du gerne drehen?

a) einen Fantasyfilm
b) einen wirklich guten Krimi
c) einen Film über die Zukunft der Menschheit
d) oder ...

(Aus: Philipp Thomas: Was mir im Leben wichtig ist. Ein philosophisches Spiel zur Selbsterkundung. In: RAAbits Ethik/Philosophie. I/A/1. Stuttgart: Dr. Josef Raabe Raabe Verlags-GmbH 2002)

1 Entscheidet euch bei den sechs Fragen für jeweils eine Antwort und begründet eure Entscheidung.

2 Tauscht euch mit euren Mitschülern über eure bevorzugten Antworten aus.

M5 Aufschlussreiche Situationen und Verhaltensweisen – deine Fähigkeiten, deine Stärken

a) Ich habe neue Möbel für mein Zimmer bekommen. Bevor ich alles aufgebaut habe, habe ich mir einen Plan gezeichnet, wo später die Möbelstücke stehen sollen.
b) Gestern war Zeugnisvergabe in meiner Schule. Zu Hause habe ich das Dokument gleich in einen Ordner einsortiert.
c) Wenn ich beim Sportfest Limonade verkaufe, kassiere ich immer richtig. Es fällt mir leicht, Bestellungen schnell zu addieren.
d) Wenn ich mit meiner kleinen Schwester auf den Spielplatz gehe, lasse ich sie keine Sekunde aus den Augen.
e) Als beim Surfen im Internet mein Computer abgestürzt ist, habe ich zuerst den Stecker überprüft, dann die Lüftungsschlitze gesäubert und zuletzt die angeschlossenen Geräte neu eingesteckt.
f) Ich habe gestern einen Streit zwischen zwei Freunden geschlichtet.
g) Vorträge fallen mir leichter, wenn ich sie zusammen mit einem Freund oder einer Freundin vorbereiten und vortragen kann.
h) Ich bin in einem Handballverein aktiv. Für das Sportfest verteile ich Flyer und bereite zwei Salate vor.

(planet-beruf.de: Einfach Schritt für Schritt zur Berufswahl – Auflösungen zu den Arbeitsblättern, hrsg. von der Bundesagentur für Arbeit, ohne Datum, Nürnberg; http://planet-beruf.de/schuelerinnen/mein-fahrplan/infoboard/loesungen-einfach-schritt-fuer-schritt-zur-berufswahl/ [2018])

1 Stellt euch die Situationen vor und nennt die Fähigkeiten, die jeweils zum Ausdruck kommen.

2 Beschreibt Situationen, in denen ihr in ähnlicher Weise eure Stärken und Fähigkeiten schon einmal erfahren habt.

3 Im folgenden Material (M 6) sind verschiedene Fähigkeiten und Stärken aufgelistet. Stellt fest, welche davon auf die Beispiele von M 5 (von a – h) zutreffen.

2.1, 2.2

@ WES-116590-012

V Über verschiedene Stärken könnt ihr euch auf der Seite, zu der der Webcode führt, genauer informieren. Seht euch die Videos („Stärken leicht erklärt") an und überlegt, inwieweit ihr über diese Stärken verfügt.

M 6 Wo liegen deine Fähigkeiten und Stärken?

Mit dem folgenden Raster kannst du deine Stärken und Fähigkeiten nach deiner persönlichen Einschätzung bestimmen. Kreuze (auf einer Kopie) an, ob die Aussage vollkommen zutrifft (+ 2) oder überhaupt nicht zutrifft (– 2) oder dazwischenliegt. Versuche dich ehrlich einzuschätzen.

	Meine Stärken und Fähigkeiten	+2	+1	0	–1	–2
1	Ich bin körperlich belastbar.					
2	Ich bin handwerklich geschickt und arbeite gern praktisch.					
3	Ich habe ein gutes Gedächtnis, kann mir gut etwas merken.					
4	Ich erledige schriftliche Arbeiten schnell und zuverlässig.					
5	Ich kann mich über einen längeren Zeitraum konzentrieren.					
6	Ich kann Zusammenhänge leicht und schnell begreifen.					
7	Ich kann mich gut in die Situation und Gefühle anderer versetzen.					
8	Ich kann anderen etwas gut erklären.					
9	Ich frage nach, wenn ich etwas nicht verstanden habe.					
10	Ich kann mich mündlich und schriftlich gut ausdrücken.					
11	Ich bin aufgeschlossen für Neues.					
12	Ich erledige wichtige Dinge gleich und verschiebe sie nicht auf später.					
13	Ich lege Wert auf Ordnung in meinem Umfeld.					
14	Ich bin verantwortungsbewusst.					
15	Ich will ein Ziel, das ich mir gesetzt habe, erreichen, auch wenn es schwerfällt.					
16	Ich gehe ruhig und sachlich mit Meinungsverschiedenheiten um.					
17	Ich bin kontaktfreudig und arbeite gut mit anderen zusammen.					
18	Ich helfe meinen Mitschülerinnen und Mitschülern, wenn sie etwas nicht verstehen.					
19	Ich arbeite lieber allein als in einer Gruppe.					

	Meine Stärken und Fähigkeiten	+2	+1	0	–1	–2
20	Ich übernehme Aufgaben für die Schulgemeinschaft oder in einem Verein.					
21	Ich habe bei auftauchenden Problemen schnell eine oder mehr Lösungen.					
22	Ich kann es hinnehmen, wenn ich für einen Fehler kritisiert werde.					
23	Ich halte ein, was ich zugesagt habe.					
24	Ich kann anderen Menschen gut zuhören.					
25	Ich habe ein gutes räumliches Vorstellungsvermögen.					
26	Ich habe ein gutes zeichnerisches Darstellungsvermögen.					
27	Ich habe gute rechnerische Fähigkeiten.					
28	Ich bin sprachlich begabt.					
29	Ich habe technisches Verständnis und kann nachvollziehen, wie technische Apparate aufgebaut sind und funktionieren.					
30	Ich kann gut organisieren und planen.					

(Autorentext)

1 Ihr könnt anhand der Ergebnisse ein Stärkenprofil von euch erstellen, indem ihr die einzelnen Kreuze miteinander verbindet.

2 Im nächsten Schritt lässt jeder von einem anderen in der Klasse (oder auch zu Hause von einer anderen Person) ein Profil von sich als Fremdeinschätzung erstellen.

3 Stellt Abweichungen zwischen eurem Selbstbild und dem Fremdbild fest. Klärt mit dem, der das Fremdbild erstellt hat, warum er euch so einschätzt. Sprecht möglicherweise auch mit einer dritten Person, wie sie eure Fähigkeiten beurteilt.

2. Verkaufen, organisieren, pflegen ... – viele Berufsfelder

M 7 Welcher Beruf verlangt welche Fähigkeiten?

① Kaufmann/-frau für Büromanagement

organisieren, schreiben, abrechnen, telefonieren, sortieren, beraten

Kaufmännische Aufgaben gibt es in jedem Unternehmen, ob groß oder klein. Handwerk, Verkauf, Bank oder Versicherung. Der Beruf der Kaufleute für Büromanagement ist also branchen-übergreifend.
Sie werden vor allem in den Bereichen Textverarbeitung (Briefe, Berichte, Protokolle, Offerten), Dienstleistung (Wareneinkauf/-verkauf, Kundenkontakt) oder Rechnungswesen (Post- und Bankverkehr, Buchhaltung) tätig.
Kaufleute für Büromanagement üben eine abwechslungsreiche Tätigkeit aus: von Grundstücksverwaltung über Personalwesen, Marketing, Rechnungswesen und Mahnwesen bis hin zu Statistik. Genauigkeit und Freude an Zahlen sollten Kaufleute für Büromanagement unbedingt mitbringen, genauso wie Freude an Organisation und Strukturen. Auch sprachliches Geschick – etwa um Kundenanfragen zu beantworten oder Lieferanten zu organisieren – und eine schnelle Auffassungsgabe sind empfohlen. Routinearbeiten erledigen sie per Computer.
Kaufleute für Büromanagement arbeiten in den verwaltenden Abteilungen von Unternehmen, sowohl in der Wirtschaft als auch im öffentlichen Dienst.

② Informatiker/-in

abklären, analysieren, erarbeiten, testen, programmieren, organisieren

Schon nach kurzer Zeit ist Informatikwissen wieder überholt! Das heißt, dass auch nach dem Studium ständige Weiterbildung angesagt ist.
Informatiker/-innen setzen ihre breit gefächerten Grundkenntnisse in der Praxis ein und erweitern sie ständig: Sie entwickeln IT-Unternehmenslösungen, allgemeine Standardprogramme oder auch spezielle Betriebsprogramme. Dabei achten sie darauf, dass ihre Informatiklösungen immer klar und übersichtlich aufgebaut sind, denn dann ist eine spätere Anpassung an veränderte Vorgaben relativ einfach zu vollziehen. Informatiker arbeiten systematisch und doch flexibel, im Team mit IT-Spezialisten, Auftraggeber/-innen und anderen Partnern. Sie befassen sich mit dem Internet, erstellen Homepages, richten Möglichkeiten für E-Commerce ein, entwerfen Lern- und Schulungs-Programme für Multimedia und entwickeln sie auch.
Es gibt die Allgemeine Informatik, die Computer Science sowie verschiedene Studiengänge bzw. Fachrichtungen der Informatik. Das sind unter anderem: Wirtschafts-, Medien-, Bio- und Umweltinformatik sowie medizinische Informatik.
Englisch ist aufgrund der Fachsprache und -literatur sehr wichtig. Die einzige nicht-akademische Ausbildung im Informatikbereich – die Lehre zum Fachinformatiker – dauert 3 Jahre.

③ Polizeivollzugsbeamter/-beamtin im mittleren und gehobenen Vollzugsdienst

helfen, melden, fahnden, überwachen, ermitteln, dokumentieren

Kontakt mit Polizeivollzugsbeamten und -beamtinnen hat man schon im Kindergarten bzw. als junger Schüler. Sie bringen einem das richtige Verhalten im Straßenverkehr sowie die wichtigsten Verkehrsregeln bei.
Polizistinnen und Polizisten sind auch in der Drogen- und Gewaltprävention in den Schulen aktiv. Im Alltag begegnet man ihnen auf Streife in der Fußgängerzone, bei Hilfeleistungen, bei der Aufnahme von Verkehrsunfällen, bei einer Verkehrskontrolle oder Demonstrationen.
Die Beobachtungs- und Kontaktfähigkeit der Polizeivollzugsbeamt/inn/en wird stark geschult, sodass ihnen einerseits kein Detail eines Begegnungs- oder Ermittlungsortes entgeht und sie andererseits fähig sind, durch ihre diplomatische Gesprächsführung mögliche Aggressionen der Beteiligten abzubauen.
Der Polizist ist in seiner Arbeit immer an vorderster Front. Teamarbeit gilt dabei als Schlüssel zum Erfolg. Je nach den individuellen Fähigkeiten und Fertigkeiten der Polizist/inn/en bietet der Beruf Tätigkeiten in den verschiedensten Sparten: z. B. Streifendienst, Verkehrspolizei, Kriminalpolizei, berittene Polizei, Hubschrauberstaffel. Der Wechsel von einer Sparte in die andere ist möglich, ebenso wie der Aufstieg in den höheren Polizeivollzugsdienst oder ein Wechsel zur Kriminalpolizei.

④ Arzt/Ärztin

untersuchen, behandeln, diagnostizieren, besprechen, abklären, operieren

In der Humanmedizin steht der Mensch im Zentrum. Die Ärztin und der Arzt helfen täglich vielen Menschen, Beschwerden einer Krankheit oder eines Unfalls zu lindern und allmählich zu überwinden. Sie arbeiten entweder als Allgemeine Ärztin bzw. Allgemeiner Arzt oder als Spezialärztin oder -arzt: Zur Auswahl stehen 26 Fachgebiete. Dabei sind sie selbstständig, meist in der eigenen Praxis tätig oder in einem Krankenhaus angestellt. Im Krankenhaus bewegen sie sich in einem eher betriebsamen Umfeld, haben Kontakt zu zahlreichen anderen Mitarbeitern des Gesundheitswesens und halten regelmäßig ihre Visiten ab. In der eigenen Arztpraxis geht es meist weniger hektisch zu. Der Tagesablauf richtet sich in erster Linie nach den Sprechstunden. Ärzte führen jedoch immer eingehende Gespräche mit den Patienten über die Beschwerden und die Krankheitsgeschichte, untersuchen sie gründlich und versuchen, die Ursache der Beschwerden herauszufinden. Schließlich stellen sie eine Diagnose und legen die Behandlung fest. Je nachdem verschreiben sie sofort eine Maßnahme oder ein Medikament oder sie überweisen den Patienten an einen (anderen) Spezialisten. Sie führen für jeden Patienten eine Krankheitsakte, meist als Datei auf dem Computer.

ⓐ Anforderungsprofil

	vorteilhaft	wichtig	sehr wichtig
Ausgeprägtes logisches und abstraktes Denkvermögen			●
Fantasie		●	
Gute Konzentrationsfähigkeit und Belastbarkeit			●
Klare Ausdrucksweise	●		
Lernbereitschaft	●		
Organisationstalent		●	
Selbstständigkeit		●	
Systematische und exakte Arbeitsweise			●
Teamfähigkeit		●	
Verhandlungsgeschick			●

ⓑ Anforderungsprofil

	vorteilhaft	wichtig	sehr wichtig
Geduld und Ausdauer	●		
Gute Beobachtungsgabe und Entscheidungsfähigkeit			●
Gute Konstitution		●	
Klare Ausdrucksweise		●	
Kontaktfreudigkeit		●	
Rasche Auffassungsgabe und Offenheit		●	
Taktgefühl	●		
Teamfähigkeit			●
Zuverlässigkeit und Belastbarkeit			●
Zuverlässigkeit und Verantwortungsbewusstsein			●

ⓒ Anforderungsprofil

	vorteilhaft	wichtig	sehr wichtig
Beobachtungs- und Kombinationsfähigkeit	●		
Einfühlungsvermögen		●	
Freude am Kontakt mit kranken Menschen			●
Geduld, Ausdauer und Belastbarkeit		●	
Gutes Gedächtnis			●
Handgeschicklichkeit			●
Interesse für Naturwissenschaften			●
Konzentrationsfähigkeit	●		
Technisches Verständnis		●	
Zuverlässigkeit und Einsatzbereitschalt		●	

ⓓ Anforderungsprofil

	vorteilhaft	wichtig	sehr wichtig
Belastbarkeit (Arbeitsspitzen)		●	
Denken in Zusammenhängen			●
Freundlichkeit		●	
Geduld	●		
Gutes Gedächtnis	●		
Organisationstalent, rasche Auffassungsgabe		●	
Schriftliche und mündliche Ausdrucksgewandtheit			●
Sinn für Zahlen		●	
Teamfähigkeit			●
Verschwiegenheit, Taktgefühl			●

(Berufskatalog.de, 2016/2017, S. 127, 115, 177, 30; Berufskunde-Verlag der Alfred Amacher GmbH, Hohentengen-Bergöschingen)

1 In M 7 findet ihr kurze Beschreibungen von Berufsbildern und die dazugehörigen Anforderungsprofile. Ordnet jedem Berufsbild das passende Anforderungsprofil begründet zu.

2 Prüft, inwieweit die Anforderungsprofile eurem persönlichen Stärkenprofil entsprechen könnten.

3 Überlegt, für welche Berufe sich euer Stärkenprofil eher eignen könnte.

M 8 Unterschiedliche Berufsfelder

Betriebe und Berufe lassen sich u.a. nach ihren wirtschaftlichen Schwerpunkten in Form von Berufsfeldern ordnen, wie die folgende Übersicht zeigt:

- Bau, Architektur, Vermessung
- Dienstleistung
- Soziales, Pädagogik
- Elektro
- Gesundheit
- Gesellschafts-/Geisteswissenschaften
- Landwirtschaft, Natur, Umwelt
- IT, Computer
- Medien
- Kunst, Kultur, Gestaltung
- Naturwissenschaften
- Produktion, Fertigung
- Metall, Maschinenbau
- Wirtschaft, Verwaltung
- Technik, Technologiefelder
- Verkehr, Logistik

(planet-beruf.de: Berufsfelder, hrsg. von der Bundesagentur für Arbeit, ohne Datum, Nürnberg; https://planet-beruf.de/schuelerinnen/mein-beruf/berufsfelder/ [18.02.2020])

1 Ordnet die Fotos den passenden Berufsfeldern zu.

2 Nennt euch bekannte Berufe, die zu den verschiedenen Berufsfeldern passen könnten.

3 Überlegt, welches Berufsfeld bzw. welcher Beruf euren Interessen und Fähigkeiten entsprechen könnte.

Tipp: @ WES-116590-013

Bei der Entscheidung für ein Berufsfeld kann euch die Seite, zu der der Webcode führt, weiterhelfen. Hier findet ihr eine Liste mit Berufen, die zu den ihnen entsprechenden Berufsfeldern gehören.

2.1, 2.2

Was ihr jetzt wissen und können solltet:

- ✓ M S **U** H sich der persönlichen Interessen bewusst werden und diese beschreiben;
- ✓ M **S** **U** H begründen, warum die Kenntnis der persönlichen Interessen und Fähigkeiten für eine zufriedenstellende Ausbildungs- und Berufswahl wichtig ist;
- ✓ **M** S **U** H die Potenzialanalyse als eine Methode kennen, die dazu beiträgt, die eigenen Stärken und Fähigkeiten zu ermitteln;
- ✓ **M** S **U** **H** sich der eigenen Stärken und Fähigkeiten in der Gegenüberstellung einer Selbst- und einer Fremdeinschätzung kritisch bewusst werden;
- ✓ **M** S **U** **H** Situationen, Handeln und Verhaltensweisen reflektieren, in denen eigene Stärken und Fähigkeiten zum Ausdruck kommen können;
- ✓ M **S** U H mit Berufen spezifische Anforderungsprofile verbinden;
- ✓ M **S** U H zentrale Berufsfelder unterscheiden und nennen;
- ✓ M **S** U H Berufe entsprechenden Berufsfeldern zuordnen;
- ✓ M **S** **U** H sich bewusst sein, dass der Entscheidung für einen bestimmten Beruf bzw. eine Ausbildung eine frühzeitige und gründliche Vorbereitung vorangehen muss;
- ✓ **M** S **U** H sich vorstellen, welches Berufsfeld bzw. welcher Beruf später einmal infrage kommen könnte

Was ihr wisst – was ihr könnt – wie ihr es seht

M S U H

1. Ziele haben

„Ich will, dass die Kinder Wissenschaftler und Ingenieure werden wollen, Ärzte und Lehrer, nicht nur Baseballspieler und Rapper. Ich will, dass sie Oberste Richter werden wollen oder Präsident der Vereinigten Staaten. Ich will, dass ihre Horizonte grenzenlos sind."

(Barack Obama, ehem. Präsident der USA, in einer Rede vor einer Bürgerrechtsorganisation am 17.02.2009, zit. nach: WELT PRINT: Tu etwas für dich; https://www.welt.de/welt_print/debatte/article4198573/Tu-etwas-fuer-dich.html [18.02.2020]; © WeltN24 GmbH, Berlin)

Erläutert, welches Anliegen Barack Obama im Hinblick auf die Kinder hat.

M S U H

2. Hobbys – Tätigkeiten – Interessen

Hobby/Freizeitaktivität	Das machst du dabei:/ Das brauchst du dafür:	berufliches Interesse:
Fahrrad reparieren	???	???
Fotos von Freunden machen	???	???
die eigene Geburtstagsparty organisieren	???	???
mit den Geschwistern auf den Spielplatz gehen	???	???
einen Tanzkurs im Sportverein machen	???	???
im Eiscafé aushelfen	???	???
Kräuter auf dem Balkon anpflanzen	???	???

Übertragt die Tabelle in euer Heft und ordnet die folgenden Beschreibungen der richtigen Zeile bzw. Spalte zu.

mit der Kamera umgehen und Bilder bearbeiten können; Konzentration bei der Motivwahl und beim Abdrücken

anbauen, züchten

Samen in die Erde pflanzen, gießen, düngen; Pflanzen kennenlernen; Verantwortungsbewusstsein

Fantasie und Geduld beim Spielen; Verantwortungsbewusstsein

reparieren, montieren

bedienen, verkaufen, werben

Umgang mit Bestellungen und Gästen üben; Beträge richtig zusammenzählen; Teamfähigkeit

zeichnen, gestalten, fotografieren

Gästeliste aufstellen und Location suchen; Gäste einladen und Ablauf planen

pflegen, helfen, erziehen

tanzen, musizieren, Theater spielen

Tanzschritte erlernen und einprägen; körperliche Ausdauer trainieren; Durchhaltevermögen

Fahrradschlauch wechseln, Fahrradpumpe benutzen, Probleme selber lösen können

planen, organisieren

(Schülerarbeitsheft „Einfach Schritt für Schritt zur Berufswahl" 2014, hg. von der Bundesagentur für Arbeit, Nürnberg; https://www.planet-beruf.de/index.php?id=19877 [18.02.2020])

3. Ein Interview führen

MSUH

a Überlegt zu zweit und notiert Fragen, die ihr einem Erwachsenen zur Entscheidung für seinen Beruf und zu diesem Beruf stellen könntet.

b Führt dieses Interview mit jemandem durch, den ihr kennt. Vergleicht eure Ergebnisse.

2.1

4. Tätigkeiten – Berufsfelder – Fähigkeiten

MSUH

A) Simon muss folgende Tätigkeiten in seiner Ausbildung ausführen:
Er begrüßt ankommende Gäste, nimmt ihnen den Mantel ab, begleitet sie an den Tisch und bringt ihnen die Speisekarte. Wenn sie eine Frage haben, z. B. welcher Wein zu welchem Fisch passt, muss er jederzeit ansprechbar sein. Er geleitet sie durch den ganzen Abend und verabschiedet sie auch am Ende.

B) Oliver muss folgende Tätigkeiten ausführen:
Im Frühdienst weckt er die Patienten, erkundigt sich nach ihrem Befinden und macht das Bett. Dann geht er mit dem Pflegewagen durch die Zimmer, unterstützt beim Messen von Puls und Temperatur und verteilt das Frühstück. Danach hilft er u. a. den Patienten beim Waschen und dabei, sich etwas zu bewegen, und dokumentiert seine Tätigkeiten.
(planet-beruf.de: Einfach Schritt für Schritt zur Berufswahl – Auflösungen zu den Arbeitsblättern, hrsg. von der Bundesagentur für Arbeit, ohne Datum, Nürnberg; http://planet-beruf.de/schuelerinnen/mein-fahrplan/infoboard/loesungen-einfach-schritt-fuer-schritt-zur-berufswahl/ [2018])

a Überlegt, welchen Berufsfeldern sich die Tätigkeiten zuordnen lassen.

b Nennt die Fähigkeiten und Stärken, die Simon und Oliver bei der Ausübung ihrer Tätigkeiten haben sollten.

Wenn ihr noch mehr lernen wollt …

Mithilfe der folgenden Materialien und Aufgaben könnt ihr noch mehr über eure Interessen erfahren.

D1 Womit möchtest du später gern arbeiten?

Computer

Motoren

Textilien

Informationen

Menschen

Baustoffe

Maschinen/ Werkzeuge

Bücher

Gesetze

Lebensmittel

Glas, Keramik

Pflanzen

Elektronik, Elektrogeräte

Holz

Tiere

Zeichen-/ Schreibgeräte

Papier

Metalle

Sprachen

Medien

technische Anlagen

Sport

anderes

(Autorentext)

1 Vielleicht kannst du noch nicht genau sagen, womit du später einmal arbeiten möchtest. Aber du hast sicher schon gewisse Vorlieben für Arbeitsmittel, mit denen du später gern zu tun haben würdest. Diese kannst du abstufen nach „gern“ (1), „ist für mich vorstellbar“ (2) „weniger gern“ (3) oder „auf keinen Fall“ (4).
Ordne in deinem Heft den o. g. Arbeitsmitteln die entsprechende Zahl zu. Begründe, warum du so entschieden hast.

2 Tausche dich mit deinen Mitschülern über dein Ergebnis aus.

V Sammelt Berufe, die zu den Arbeitsmitteln passen.

D2 Wo möchtest du eines Tages einmal arbeiten?

in einem Büro

in einem Labor

in einem Hotel/ Restaurant

draußen in der Natur

in einem Verkaufsraum oder Laden

in einer Werkstatt

bei Kunden

im Krankenhaus

im Kindergarten

in einer Küche

in einem Fahrzeug oder Flugzeug

in einer Fabrik oder einem Unternehmen

in einer Schule

in einer Arztpraxis

woanders

in einem Altenheim oder Pflegeheim

in einer Bank

auf einer Baustelle

zu Hause

in einer Behörde (z. B. Finanzamt)

(Autorentext)

1 Verfahre so wie bei Aufgabe 1 zu D 1.

2 Stellt fest, wer sich in eurer Klasse für welche Arbeitsorte besonders interessiert. Teilt die Klasse in mehrere Gruppen mit einem jeweils gemeinsamen Interesse ein. Erledigt in der Gruppe folgende Aufgaben:

2a Sprecht über eure gemeinsamen Interessen und die Begründungen dafür. Wie seid ihr zu diesen gelangt?

2b Überlegt, welche Berufe an diesen Orten ausgeübt werden könnten.

2c Stellt einige Arbeitsmittel zusammen, die an den genannten Orten zum Einsatz kommen könnten.

D 3 Die Studien- und Berufsorientierung an eurer Schule

Erkundet, was in eurer Schule in den unterschiedlichen Jahrgangsstufen für eure Studien- und Berufsorientierung unternommen wird. Das könnt ihr z. B. beim Studien- und Berufswahlkoordinator eurer Schule erfahren. Haltet die Ergebnisse in eurem Heft zum Beispiel wie in der folgenden Übersicht fest.

Jahrgangsstufen	Maßnahmen zur Studien- und Berufsorientierung
8	...
9	...
10	...
11 (EF)	...
12 (Q 1)	...
13 (Q 2)	...

(Autorentext)

Register

Bildquellenverzeichnis

|alamy images, Abingdon/Oxfordshire: Arco Images GmbH 119; Bachmann, Bill 123; Devlin, Peter 220; Janine Wiedel Photolibrary 212; kolvenbach 129; Noyes, Nigel 220; Pacific Press Agency 116; Panther Media GmbH 130; Pickard, Paul 150; PjrTravel 64; Scrivener, Tim 64; Shotshop GmbH 220; Torial, E.D. 153; Zoonar GmbH 116, 225. |Amnesty International Deutschland e.V., Berlin: 162. |Baaske Cartoons, Müllheim: Mester, Gerhard 189; Tomaschoff, Jan 219. |Bergmoser + Höller Verlag AG, Aachen: 157, 200. |Bildarchiv des Landtags Nordrhein-Westfalen, Düsseldorf: Alle Rechte beim Landtag NRW/Foto: Schälte, Bernd 138, 139. |BIO COMPANY GmbH, Berlin: 208. |Bundesrat, Berlin: 140. |BUNDjugend, Berlin: 204. |buntkicktgut, München: 182; Foto: Samir Sakkal 183. |CDA Verlags- und Handelsges.m.b.H., Arbing: 98. |Deutsche Gesetzliche Unfallversicherung e.V. (DGUV), Sankt Augustin: 136. |Deutsches Kinderhilfswerk e.V., Berlin: Alexandralaw1977/thinkstockfotos.de 28; Indeed/Getty Images 28. |Diebel, Toyah, Berlin: deinkindauchnicht.org 28. |Domke, Franz-Josef, Hannover: 13, 19, 39, 39, 65, 76, 137, 203, 205; Andreas Zick/Beate Küpper/Wilhelm Berghan: Verlorene Mitte - Feindselige Zustände. Rechtsextreme Einstellungen in Deutschland 2018/19. Hg. für die Friedrich-Ebert-Stiftung v. Franziska Schröter, Verlag J.H.W. Dietz, Bonn 2019 187; © Statistisches Bundesamt (Destatis), 2020 „Vervielfältigung und Verbreitung, auch auszugsweise, mit Quellenangabe gestattet" 173. |dreamstime.com, Brentwood: Kullman, Kennerth 95. |FIAN Deutschland e.V. - FoodFirst Informations- & Aktions-Netzwerk, Köln: 162. |fotolia.com, New York: Africa Studio 87; auremar 134; bounlow-pic 182; daviles 94; Dusan Kostic, Dusan 230; ehrenberg-bilder 230; Eisenhans 114; Eppele, Klaus 114; Erhard, Thomas 176; Ernst, Daniel 87; fotomek 90, 216; Gärtner, Frank 182; Geithe, Ralf 90; isyste 43; JackF 24, 230; jolopes 82; Kadmy 230; kchung 55; Kneschke, Robert 60; Knopp, Sandra 93; kwarner 80, 83; laviejasirena 230; magele-picture 89, 91; Marco2811 177; Monkey Business 230; peshkova 60; Picture-Factory 136, 230; rangizzz 233; Reimer, Thomas 80, 95; shootingankauf 95; Smith, John 32; Syda Productions 88; Tauzin, Alexi 95; Trueffelpix 41, 82; underdogstudios 80, 83; vege 85; wildworx 224. |Generology.de, Hannover: https://generology.de/die-verfassungsprinzipien-im-grundgesetz/ 120. |Gerth Medien GmbH, Aßlar: Sebastian Moll: Du sollst nicht atmen, adeo Verlag, München 2013 219. |Handelsverband Deutschland - HDE - e.V., Berlin: HDE-Online-Monitor 2019 65, 67. |Hüter, Michael, Bochum: http://www.jugend-und-bildung.de 145. |iStockphoto.com, Calgary: adisa 113; BalkansCat 173; impson33 132; MartinPrescott 97; monkeybusinessimages 62; vlad_karavaev 170. |klicksafe.de, Ludwigshafen: 26. |KURIER RedaktionsgesmbH & Co. KG, Wien: 210. |Leitwerk. Büro für Kommunikation, Köln: Illustration aus „Bundeszentrale für politische Bildung: Themenblätter im Unterricht Extra: Wirtschaft für Einsteiger", © www.leitwerk.com 54. |Mediendienst Integration, Berlin: Demografie-Blog 174. |Picture-Alliance GmbH, Frankfurt/M.: AA/Adnan, Hamza 170; dieKLEINERT.de/Guhl, Martin 112; dieKLEINERT.de/Maurer, Leopold 42; dieKLEINERT.de/Möller, Christian 49; dieKLEINERT.de/Schwarwel 22, 218; dpa-infografik 30, 42, 42, 47, 51, 175, 178, 184, 190, 201, 202; dpa-infografik GmbH 40; dpa/Guorong, Zhang 71; dpa/Karmann, Daniel 214; dpa/Keystone/Di Nolfi 161; dpa/Keystone/Trezzini, Martial 160; dpa/Schnörrer, Karl 171; dpa/Walker, Frank 195; dpa/Woitas, Jan 183; Eibner-Presse/Baur, Joachim 32; Jazz Archiv/Reimers, Michi 35; Pressefoto Rudel 18; ROPI 172. |Polizeipräsidium Hagen/NRW, Hagen: 28. |Presse- und Informationsamt der Bundesregierung, Berlin: Schwarzrotgold. Das Magazin der Bundesregierung, 04/2019, Berlin, 13.09.2019, S. 14, Illustration: WRK Design. 206. |Radio Hochstift, Paderborn: Tobias Fenneker mit freundlicher Genehmigung Antonius Linnemann 68. |Reporter ohne Grenzen e. V., Berlin: 162. |schulferien.org, Glienicke: 141. |Shutterstock.com, New York: 06photo 64; abriendomundo 118, 158; AlejandroCarnicero 168; Alexander, U.J. 168; Alohaflaminggo 170; Andrey_Popov 153; Animaflora PicsStock 192; Arthimedes 152; asife 8; Bondzio, Bryce 147; Busquets, Dante 8, 14; CapturePB 17; Chinnapong 148; Cre8 design 192; Daniele COSSU 198; DeBerardinis, Ryan 197; DGLimages 8; DisobeyArt 106; Doerr, Miriam/Frommherz, Martin 116; doom.ko 168; Dragon Images 79; Dvorakova, Veronika 19; Ermolaev Alexander 141; FloridaStock 192; Fure, Thomas Andre 153; garagestock 153; Grigoryeva, Yulia 10; Hykko, Harry 19; jayk67 64; Jazzmany 168; Kaczmarczyk, Szymon 72; KarepaStock 168; Klintsou Ihar 166; Kosmider, Patryk 52; Kosolapov, Roman 138; Kruit 148; Kues 74; Kzenon 220; Maridav 194; Marys, Edgloris 162; Maxx-Studio 192; MDOGAN 131; Michailidis, Alexandros 148; milanzeremski 52; Monkey Business Images 8, 8, 15, 16; Motortion Films 148; nexus 7 159; pavalena 118; Petr, Makeev 150; Plendl, Rainer 52; PlusONE 72; Potter, William 78; rawf8 116, 153; Rawpixel.com 52, 64, 152; Rido 215; Serjio74 58; Shugushev, Ruslan 148; Siu, Jimmy 148; SmoothSailing 13; Spremberg, Werner 168; Srisuttiwong, Akanit 179; Vector Tradition 77; vinnstock 72; Wackenberg, Rolf G 116; Zibert, Konstantin 52. |Staatskanzlei des Landes Nordrhein-Westfalen, Düsseldorf:

Foto: Land NRW - Mark Hermenau 116; Foto: Land NRW - Ralph Sondermann 138. |stock.adobe.com, Dublin: auremar 18, 109; bakhtiarzein 126; Blue Planet Studio 64; bluedesign 139; Brad Pict 26; CrazyCloud 152; Cybrain 60; fotomek 102; gabe9000c 209; Hemmann, Tino 18; Hero 142; Karl 26; kebox 93; Kneschke, Robert 122; LIGHTFIELD STUDIOS 40, 61; m-produktfotos.de 100; makistock 80; MinDof 26; nanuvision 100; Naturestock 54; nmann77 183; nuzza11 224; ohishiftl 26; otisthewolf 29; Pixel-Shot 220; Popov, Andrey 80; ra2 studio 34; Raths, Alexander 18; Sanders, Gina 105; Söllner, Thomas 207; terovesalainen 80; Tierney 69; VadimGuzhva 18; vladwel 54, 55, 55; zzzdim 18. |Süddeutsche Zeitung GmbH, München: Süddeutsche Zeitung Grafik, SZ vom 04.05.2019 104. |TeamBank AG, Nürnberg: 102. |TERRE DES FEMMES - Menschenrechte für die Frau e.V., Berlin: 162. |terre des hommes Deutschland e.V., Osnabrück: 162. |ullstein bild, Berlin: Granger Collection 156. |Verbraucherzentrale Nordrhein-Westfalen e.V., Düsseldorf: 92, 110. |wildcard communications GmbH, Krefeld: 115. |© Bundeszentrale für politische Bildung/bpb, Bonn: Illustrator: Andreas Piehl 124.

Wir arbeiten sehr sorgfältig daran, für alle verwendeten Abbildungen die Rechteinhaberinnen und Rechteinhaber zu ermitteln. Sollte uns dies im Einzelfall nicht vollständig gelungen sein, werden berechtigte Ansprüche selbstverständlich im Rahmen der üblichen Vereinbarungen abgegolten.